BENJAMIN WARDHAUGH

ZÄHLEN

Die Geschichte von den Anfängen der Mathematik

Aus dem Englischen
von Elisabeth Schmalen

HarperCollins

Die englische Originalausgabe erschien 2024 unter dem Titel
»Counting« bei William Collins,
einem Imprint von HarperCollins*Publishers*, London.

1. Auflage 2025

Valentinskamp 24 · 20354 Hamburg
info@harpercollins.de
Gesetzt aus der Adobe Garamond
von GGP Media GmbH, Pößneck
Druck und Bindung von GGP Media GmbH, Pößneck
Printed in Germany
ISBN 978-3-365-00891-1
www.harpercollins.de

Für William, Ralph und Laurence

Inhalt

Einleitung

Was ist Zählen?

Was bedeutet es eigentlich, zu zählen?

•

Eine Frau sammelt Schneckenhäuser, bohrt ein Loch hinein, fädelt sie auf ein Lederband. Dann verknotet sie die Enden und trägt es als Kette um den Hals.

•

Menschen kriechen an einen geheiligten Ort tief unter der Erde. Sie haben Fackeln, Wasser und Pigmentfarbe dabei. An bestimmten Stellen markieren sie die Wände mit Handabdrücken: *ein Finger, zwei Finger, drei Finger …*

•

Ein Schreiber hockt in der größten Stadt der Welt auf dem Boden und versieht eine Tontafel mit Symbolen, die für ihn und seine Mitmenschen *zwei, drei, fünf, Ziegen* und *Getreidesäcke* bedeuten.

•

Ein gebildeter Bürger Athens, des Lesens und Schreibens mächtig, verbringt seinen Tag mit dem Eintauschen von Plaketten, Stimmsteinen und Münzen – in einem komplizierten Tanz, der über den Ausgang von Gerichtsverfahren entscheidet, ihm Geld für Essen verschafft und seine Stellung in der Stadt und der Welt bestätigt.

•

Eine müde niederländische Kauffrau studiert eine Liste von handgeschriebenen Symbolen in einem Kassenbuch. Sie prüft, überträgt und korrigiert, bis das Niedergeschriebene mit der Realität übereinstimmt.

•

Eine junge Koreanerin schaut immer wieder auf ihr Handy, um zu überprüfen, wie viele Likes ihr letzter Vlog-Post bekommen hat.

•

Eine Tongaerin murmelt eine Reihe traditioneller Zählbegriffe vor sich hin, während sie Hunderte Streifen aus Pandanusblättern bereitlegt, um daraus eine Matte zu flechten.

•

In einer Maya-Hauptstadt wohnt ein in Trance versunkener Herrscher der Einweihung eines neuen Monuments bei, dessen verschlungene Verzierungen Zahlen, den Verlauf der Zeit und die Götter symbolisieren.

•

Die Geschichte des Zählens ist genauso weitläufig, tiefgründig und verwoben wie die Kulturgeschichte der Menschheit. Es ist die Geschichte der Bemühungen, in einer chaotischen Welt eine Ordnung zu erkennen – oder der Versuche, einer widerspenstigen Welt die Ordnung aufzudrücken, die Menschen in sich tragen. So gut wie jede dokumentierte Kultur kannte mindestens eine Zählmethode, meist sogar mehrere. Das breite Spektrum an Zählsystemen – und an Beweggründen für das Zählen – spiegelt die unterschiedlichen Vorlieben und Betätigungsfelder der Menschen, ihre Denk- und Lebensweisen wider.

Das Zählen bildet die Basis für eine große Spanne von Aktivitäten, angefangen bei Volkszählungen und der Verwaltung von Nahrungsvorräten bis hin zur Einordnung der eigenen Beliebtheit oder dem Festhalten von Verabredungen und Jahrestagen. Spuren des Zählens finden sich schon in archäologischen Funden von vor Zehntausenden Jahren, lange bevor es Städte, Landwirtschaft oder schriftliche Aufzeichnungen gab. Zählen bildet das Fundament von Wissenschaft und Technik, und viele Leute gehen davon aus, dass es eines der ersten Gesprächsthemen wäre, sollte es uns eines Tages gelingen, Kontakt zu Lebewesen auf anderen Planeten aufzunehmen – vielleicht sogar das Thema, das einen Austausch überhaupt erst ermöglichen würde.

•

Aber was *ist* Zählen?

•

»Zählen« kann wie eine bunt gemischte Wundertüte aus mehr oder weniger unverbundenen Tätigkeiten wirken; ein Oberbegriff, der eine Vielzahl sehr unterschiedlicher kultureller Praktiken abdeckt. Das Spektrum der Aktivitäten, die darunterfallen, ist fast schon irritierend groß, und zumindest oberflächlich ist nicht klar zu erkennen, was sie – wenn überhaupt – gemeinsam haben.

Fast jede Definition des »Zählens« birgt Probleme. Eine der gelungensten stammt von Gottfried Wilhelm Leibniz, einem deutschen Philosophen des siebzehnten Jahrhunderts. Ihm zufolge ist Zählen wiederholte Aufmerksamkeit. Zählen sei das, was passiert, wenn wir »dies … dies … dies … dies« denken und den Vorgang irgendwie protokollieren.

Dieses Protokollieren kann mithilfe eines Inventars an Begriffen oder Symbolen, einer Reihe von Strichen oder Objekten auf einer Schnur erfolgen. Es gibt ganz verschiedene Möglichkeiten. Fest steht: Wer Dingen oder Ereignissen in seiner Umgebung wiederholt Aufmerksamkeit schenkt und diesen Vorgang protokolliert, der zählt.

Es sind allerdings gerade diese unterschiedlichen Protokollweisen, aus denen sich die enorme Vielfalt menschlichen Zählens ergibt.

•

Zählen ist nicht das Gleiche wie Messen, denn bei Letzterem geht es darum, ein Objekt mit einem anderen zu vergleichen, obwohl die Symbole, die zum Vermerken von Zählresultaten dienen, schon seit Langem auch zum Festhalten von Messergebnissen angewendet werden. Genauso unterscheidet sich Zählen vom Rechnen, obwohl beinahe jede Zählmethode irgendwann einmal dazu benutzt wurde, zumindest einfache Rechnungen durchzuführen, etwa zwei Zählergebnisse zu addieren oder voneinander abzuziehen.

Darüber hinaus ist Zählen etwas anderes als die Verwendung von Zahlwörtern oder Zahlensymbolen, um damit etwas zu benennen. Eine Telefonnummer ist nicht das Ergebnis eines Zählvorgangs, und

»Häftling zwei-vier-sechs-null-eins« steht nicht zwingend am Ende einer – konkreten oder vorgestellten – Reihe von 24601 Menschen. Könnte er aber.

Weniger klar ist die Abgrenzung, wenn es um zählende Maschinen wie beispielsweise Besucherzähler am Eingang von Geschäften oder Museen geht. Die Behauptung, bei diesen Automaten handle es sich nicht um echte »Zähler«, wäre absurd, und doch widersprechen die Geräte der These, dass Zählen die zielgerichtete Aufmerksamkeit eines Menschen voraussetzt. Vielleicht lässt sich nicht jede Grenze trennscharf ziehen, vor allem in einer Zeit, in der Zählmaschinen die Welt rasant verändern.

Tiere kommen von sich aus nicht auf die Idee, zu zählen. Ja, sie richten ihre Aufmerksamkeit nacheinander auf mehrere Objekte in ihrer Umgebung, aber bisher hat niemand beobachten können, dass ein wildes Tier eine Methode entwickelt hätte, die wiederholte Aufmerksamkeit zu protokollieren. Und selbst den Vertretern der klügsten Spezies fällt es schwer, vom Menschen ersonnene Zählmethoden – Wörter, Symbole – über die ersten paar Zahlen hinaus anzuwenden. Andererseits verfügen Tiere durchaus über einige der Fähigkeiten, die dem Zählvermögen des Menschen zugrunde liegen, vor allem über ein Gespür für die relative Menge von Objekten. Biologisch gesehen ist das Zählen nicht aus dem Nichts entstanden, auch wenn es ein Alleinstellungsmerkmal des Menschen zu sein scheint – zumindest auf diesem Planeten.

•

Die Geschichte des Zählens lässt sich nicht an einem einzigen Strang festmachen. Es gibt verschiedene Methoden, um das Ergebnis unserer zielgerichteten Aufmerksamkeit zu protokollieren, und je nach Situation haben diese verschiedene Vor- und Nachteile. Ob mit Worten, Gesten, Symbolen oder mithilfe von Maschinen – die diversen Zählweisen haben zu verschiedenen Zeiten und an verschiedenen Orten der Geschichte eine Blütezeit, einen Niedergang und eine erneute

Blütezeit erfahren. Es ist unmöglich, eine Rangfolge zu erstellen, von schlecht bis gut oder von primitiv bis raffiniert.

Stattdessen gleicht die Geschichte des Zählens von der Form her einem Baum mit mehreren Wurzeln, vielen Ästen und unzähligen Zweigen und Blättern. Das Zählen ist mit der Menschheit zusammen gewachsen und um die Erde gewandert; es erstreckt sich in fast alle früheren und heutigen Kulturen. Manchmal ist es möglich, einen einzelnen Ast ein Stück weit zu verfolgen und festzustellen, wo dieser Ast andere Äste kreuzt oder (fast) berührt. Das gilt etwa für die Zahlensymbole, die in Indien aufkamen und heute quasi überall verwendet werden. Man kann ihre lange – und fortdauernde – Reise von den Ursprüngen durch die ganze Welt verfolgen und dabei das Wechselspiel mit vielen anderen Zähltraditionen beobachten.

An anderen Stellen gibt es Gruppen von Ästen – oder eher Zweige an einem einzelnen Ast –, die etwas Bestimmtes gemeinsam haben. Das trifft etwa auf die Vorliebe für Zählinstrumente in Ostasien – Stäbchen, Abakusse und Mikrochips – oder für Wörter und Gesten in Ozeanien zu.

Auch dieses Buch folgt der Form eines Baumes: Am Anfang stehen zwei Kapitel über die Wurzeln des Zählens – über die Grundlagen der menschlichen Wahrnehmung und Anatomie sowie über die Lebensumstände in der Steinzeit, die uns Menschen das Zählen ermöglicht und die einfachsten, gängigsten und beständigsten Protokollierungsmethoden hervorgebracht haben. Menschen verfügen über angeborene Fähigkeiten, die für das Zählen relevant sind, und vielleicht sogar über eine angeborene Tendenz dazu, sich Mengen zu vergegenwärtigen. Die frühesten verfügbaren Hilfsmittel waren Zählsteine, Finger, Strichlisten und Wörter – Dinge, die uns in den verschiedenen Verzweigungen der Weltgeschichte des Zählens immer wieder begegnen werden.

Anschließend folgen sechs Kapitel über verschiedene Äste der Zählgeschichte, eine Art Reise um die Welt, die der Ausbreitung des Menschen folgt und ausgehend von Afrika über den Nahen Osten,

Europa sowie Süd- und Ostasien bis nach Ozeanien und schließlich auf den amerikanischen Doppelkontinent führt. Diese Kapitel stellen die charakteristischsten Entwicklungen im jeweiligen Teil der Welt in den Vordergrund, etwa die Erfindung und Verwendung der Zahlensymbole im Fruchtbaren Halbmond oder Zählsteine und Zählbretter in Europa. Ein Kapitel behandelt die indischen Zahlensymbole und führt uns dabei zwangsläufig rund um die Erde. Weiter östlich geht es um zählende Maschinen in Ostasien und die Zählwörter der Pazifikbewohner. Dabei hätte die Auswahl auch anders aussehen können; keine Region der Welt verwendet eine Zählmethode, die es ausschließlich dort gibt.

Die Geschichten, die in den einzelnen Kapiteln erzählt werden, beleuchten in erster Linie das Lokale, Persönliche: Es geht um konkrete Menschen, die aus konkreten Gründen zählen. Manche schildern Neuentdeckungen und Wendepunkte, aber die meisten handeln von Alltagsaktivitäten, von Verrichtungen, die so gewöhnlich waren, dass sie selten dokumentiert oder in Erinnerung behalten wurden. Die Illustrationen innerhalb der Kapitel sind oft nach Alter sortiert, stellen aber trotzdem Äste am Baum dar, sodass »später« häufig »anders«, aber nur selten »besser« (oder »schlechter«) bedeutet.

Ähnlich wie bei einem Baum gilt auch bei der Geschichte des Zählens, dass sich beim genaueren Hinschauen immer mehr Strukturen ausmachen lassen. Das findet seinen Höhepunkt in Amerika. Der Doppelkontinent wurde als letzte der großen Landmassen besiedelt und ist berühmt für seine sprachliche und kulturelle Vielfalt, mit Dutzenden unterschiedlichen Völkern, die sich auf Millionen Quadratkilometer verteilen. Dort finden sich alle Zählmethoden, von Perlen über Strichlisten über Wörter bis zu Symbolen, ohne dass eine klare, kontinentumspannende Präferenz auszumachen wäre. Daher bildet das letzte Kapitel statt eines Epilogs eher eine Art Baum für sich, einen Mikrokosmos des Zählens in Form einer 15 000 Kilometer umspannenden Reise von Nord-Alaska bis in das Amazonasbecken.

Doch zunächst einmal zu den Wurzeln.

Teil 1

Die Wurzeln

1

Vor dem Zählen: Der Zahlensinn

Können Tiere zählen? Haben die Menschen von ihren tierischen Vorfahren eine Art Gespür für Zahlen oder sogar mehr geerbt? Die Antwort darauf ist ein komplexes Jein. Nicht mal die klügsten Tiere können lernen, mehr als die ersten paar Zahlwörter oder Zahlensymbole anzuwenden, Rechnungen durchzuführen oder mit einem Abakus umzugehen. Trotzdem verfügen viele Tierarten über zwei Veranlagungen, die mit dem Zählen verwandt sind.

Da wäre einerseits die Fähigkeit, bei zwei Gruppen von Dingen einschätzen zu können, welche Menge größer ist. Dabei kann es sich um Nahrungsmittel, Fressfeinde, Vertreter der eigenen Spezies oder sogar um Laute oder leichte Schläge auf den Kopf handeln – es müssen keine sichtbaren Objekte sein. Dieses Schätzvermögen geht mit einigen weiteren Eigenschaften – und Beschränkungen – einher, die allen damit ausgestatteten Arten gemein sind.

Sorgsam konzipierte Experimente, bei denen die angelernten Formen des Zählens, die fast alle Menschen verinnerlicht haben, unterdrückt werden, zeigen, dass auch der *Homo sapiens* über diese Fähigkeit verfügt. Auch wir sind in der Lage, den größeren Vogelschwarm oder den Teller mit mehr Keksen auszumachen, ohne die Objekte *zählen* zu müssen – selbst dann, wenn verwirrende Faktoren wie etwa eine unterschiedliche Form oder Dichte des Schwarms vorliegen. Dies ist eine der Veranlagungen, auf die wir Menschen zurückgreifen, wenn wir in Leibniz' Sinne zählen – wenn wir also wiederholt unsere Aufmerksamkeit auf etwas richten und diesen Vorgang protokollieren.

Zudem verbindet die meisten Menschen die Eigenschaft, dass sie sehr kleine Mengen – bis etwa vier – umgehend und zutreffend erkennen. Wer drei Schafe auf einer Weide sieht, *weiß* einfach, dass es drei sind; das ist weder eine Schätzung noch ein Zählvorgang, sondern eher das unmittelbare Wiedererkennen eines Musters. Dabei funktioniert das Ganze auch, wenn die Objekte nicht auf eine vertraute Weise angeordnet sind.

Aus diesem Grund gehen viele Wissenschaftler davon aus, dass es neben dem Schätzvermögen eine weitere angeborene Fähigkeit gibt, die nur bei sehr kleinen Mengen greift. Da sie blitzartig abläuft, wird diese Art der Simultanerfassung als *Subitisation* bezeichnet, abgeleitet von *subito*, lateinisch für »plötzlich«. Ihre Existenz ist in der Forschung allerdings umstritten, da einige Fachleute die Beweislage für unzureichend halten. Die entsprechenden Experimente lassen sich nicht replizieren, und für die Ergebnisse ist mehr als eine Erklärung denkbar. Vielleicht ist das Subitisieren einfach das, was dabei herauskommt, wenn man sehr kleine Mengen schätzen muss. Doch sollte es sich wirklich um eine gesonderte, genetische Kompetenz handeln, läge sie den Zählmethoden überall auf der Welt zugrunde. Das würde einige Eigenarten dieser Methoden erklären.

Diese beiden Fähigkeiten zusammen – die Subitisation und das Abschätzen von unterschiedlich großen Mengen – können als »Proto-Zählen« bezeichnet werden. Sie sind ein Erbe unserer evolutionären Vergangenheit und bilden die Wurzel dessen, was beim Zählen in uns vor sich geht. Obwohl die Eigenschaften teilweise auch bei Tieren auftreten, sind sie ein entscheidender Aspekt der Geschichte des zählenden Menschen.

Das Schätzvermögen oder die approximative Mengenrepräsentation

Cayo Santiago, Puerto Rico, 1999: Eine baumbestandene Insel in der Karibik. Ein Rhesusaffe auf Nahrungssuche bemerkt etwas Ungewöhnliches. Vor ihm sind zwei Menschen aufgetaucht. Jeder von ihnen hat einen bunten Eimer dabei, den er jetzt einmal auf den Kopf dreht, um zu zeigen, dass er leer ist, und auf den Boden stellt. Dann legt erst der eine, dann der andere Mensch vor den Augen des Affen einige Stücke Apfel in seinen Eimer. Anschließend entfernen sich beide ein Stück weit. Und warten.

Nach kurzer Zeit bewegt sich der Affe neugierig auf die Eimer zu. Die Menschen beobachten ihn genau und dokumentieren sein Verhalten. Aus der Distanz kann der Affe nicht sehen, was in den Eimern ist. Und trotzdem nähert er sich vorzugsweise dem Eimer, in dem sich mehr Apfelstücke befinden.

Experimente wie dieses sind mit vielen Tierarten durchgeführt worden, mit immer ähnlichen Ergebnissen. Affen sind nicht die einzigen Tiere, die über einen Zahlensinn verfügen. Mehlkäfer können abweichende Anzahlen potenzieller Paarungspartner unterscheiden, Tintenfische zwischen einem Beutetier oder zweien, zwei oder drei und so weiter, bis mindestens fünf. Bestimmte Spinnenarten suchen lieber die Nähe eines Artgenossen als die von zweien oder dreien – oder keinem. Von Fröschen, die beim Quaken mitzählen, über Guppys, die sich tendenziell dem größeren Schwarm anschließen, über Papageien, die die höhere Anzahl an Leckerbissen auswählen, bis zu afrikanischen Elefanten, die lernen können, sich zwischen Stimuli aus bis zu zehn Elementen zu entscheiden – so gut wie alle Tierarten, die daraufhin untersucht wurden, scheinen in gewisser Weise zählen zu können. Tintenfische, Salamander, Schleiereulen, Haushühner, Langbeinschnäpper, Tauben, Ratten, Bären, Löwen, Hyänen, Hunde, Wölfe, ein Dutzend verschiedene Primaten … In den Wäldern, Meeren und Savannen wimmelt es offenbar vor Zahlen.

Anscheinend ist etwas dem Zählen Ähnliches durchaus ohne Sprache möglich, und ohne viel Übung – bei manchen Arten sogar ganz ohne. Ein großes Gehirn oder das zentrale Nervensystem der Wirbeltiere werden nicht benötigt.

Etwas dem Zählen Ähnliches, aber kein Zählen im eigentlichen Sinne. Die treffendere Bezeichnung dürfte »Schätzvermögen« sein; der Fachbegriff, der dafür häufig verwendet wird, lautet *approximative Mengenrepräsentation*. Was fehlt, ist Exaktheit. Das beobachtete Fehlermuster stimmt bei allen erforschten Tierarten überein: Je größer die Mengen werden, desto stärker sinkt die Treffgenauigkeit. Rhesusaffen können zwischen einem und zwei Objekten unterscheiden, zwischen zwei und drei, drei und vier, vier und fünf … doch ab fünf versagen sie. Ratten, denen beigebracht wurde, eine bestimmte Anzahl von Malen einen Hebel zu drücken – zwischen vier und 24 –, lagen bei steigender Anzahl zunehmend daneben. Am oberen Ende der Skala waren die Ergebnisse gleichmäßig rund um den Zielwert gestreut. Allgemein lässt sich sagen: Die Größe der Zahl spielt bei der Erforschung des tierischen Zahlensinnes eine wichtige Rolle.

Vergleichbar wichtig ist aber auch der Abstand zwischen zwei Zahlen: Die Antworten kamen stets schneller und waren häufiger korrekt, wenn die Zahlen weiter auseinander lagen. Zwei und Vier sind leichter zu unterscheiden als Zwei und Drei.

In Kombination betrachtet lassen diese beiden Aspekte darauf schließen, dass es bei der approximativen Mengenrepräsentation vor allem um das Verhältnis geht. Bei den meisten Tierarten scheint es ein bestimmtes Zahlenverhältnis zu geben, oberhalb dessen zwei

Mengen verlässlich unterschieden werden, während die Treffsicherheit darunter rasch abnimmt. Für Fische beträgt dieses Verhältnis etwa zwei zu eins, was bedeutet, dass sie beispielsweise 50 von 25 Objekten unterscheiden können oder 200 von 100. Hunde und Krähen schneiden etwas besser ab, sie kommen mit Verhältnissen von etwa drei zu zwei zurecht. Bei manchen Vogelarten liegt die Grenze sogar bei vier zu drei. Rhesusaffen kommen womöglich auf ein Verhältnis von sechs zu fünf – das heißt, sie können zwölf Gegenstände von zehn unterscheiden oder 24 von 20.

Die Angaben gehen auseinander; vieles hängt von der Aufgabe ab, die den Tieren gestellt wird, und natürlich davon, wie viel Übung sie haben. Außerdem schneiden individuelle Tiere besser oder schlechter ab als andere. Bei einem Experiment mit acht Zebrabärblingen stellte sich heraus, dass einige dieser Fische nicht über ein Verhältnis von drei zu zwei hinauskamen, während andere lernten, vier von drei oder sogar fünf von vier zu unterscheiden.

Das Ganze kann man sich so vorstellen: Sollten Tiere eine Art »Zahlenstrahl« im Kopf haben, sind die Abstände zwischen den einzelnen Zahlen nicht gleich groß. Stattdessen liegen die kleineren Zahlen weiter auseinander, während sich die größeren immer näher aneinanderdrängen und kaum zu unterscheiden sind. Keine Spezies der Welt kann einfach so zwischen 100 und 101 Objekten unterscheiden.

•

Es ist ganz natürlich, sich bei solchen Forschungen zu fragen, wie glaubwürdig sie sind. Schließlich hat es in dieser Hinsicht schon berüchtigte Betrugsfälle gegeben: Ein unrühmliches Beispiel für ein vermeintlich »intelligentes« Tier war der Kluge Hans, das deutsche Wunderpferd, das die Welt in den 1890er-Jahren mit dem korrekten Lösen von Rechenaufgaben verblüffte. Hans war das letzte in einer langen Reihe derart begabter Pferde (schon die Illustration »Brauner in Trance« aus dem Jahr 1594 zeigt ein rechnendes Pferd, womöglich das gleiche Tier, das in Shakespeares *Vergebene Liebesmüh* als »Kunstpferd« bezeichnet wird), doch wie sich herausstellte, beschränkten sich seine Fähigkeiten darauf, auf versteckte Hinweise seines Trainers und Aufgabenstellers zu reagieren, der durch Kopf- oder Rückenbewegungen andeutete, wann die richtige Antwort zu sehen war. Diese und ähnliche Tricksereien warfen einen langen Schatten über sämtliche ernsthafte Studien zur Zählkompetenz von Tieren.

Die jüngeren Untersuchungen hingegen sind ganz anders gelagert und zeigen, dass Tiere offenbar tatsächlich in der Lage sind, zwischen verschiedenen Mengen von Objekten zu unterscheiden. Es ist recht einfach, die Versuche »blind« durchzuführen, ohne dass die Forschenden die Gegenstände sehen oder mit den Tieren kommunizieren können. Schwieriger ist es, sicherzustellen, dass die Tiere nicht auf zahlenunabhängige Faktoren reagieren, etwa auf die reine Masse des bereitgestellten Fressens statt auf die konkrete Anzahl der essbaren Objekte, aber in den meisten Fällen ist auch das machbar (daher der Aufwand mit den undurchsichtigen Eimern bei den Rhesusaffen und den Apfelschnitzen).

Einige Tierarten scheitern, wenn derartige Einflussfaktoren ausgeschlossen werden. Katzen beispielsweise entschieden in einer Versuchsreihe nach der Größe der sichtbaren Oberfläche, wenn sie zwischen zwei Häufchen Essen wählen mussten, nicht nach der Anzahl der Objekte. (Das Gleiche trifft auf Eidechsen zu – eine Spezies, die insgesamt nicht durch ihren Zahlensinn heraussticht.) Salamander reagierten anscheinend auf das Ausmaß an Bewegung, das sie registrierten, nicht auf die Anzahl der Fruchtfliegen, die man ihnen vorsetzte.

Trotz solcher Fehlschläge gilt für den Großteil der Tierarten: Selbst, wenn man die Dichte, Form, Verteilungsfläche und Anordnung der Objekte berücksichtigt oder randomisiert, sind Tiere in der Lage, die größere Anzahl zu identifizieren. Einige machen das sogar aus eigenem Antrieb, ohne dass es Teil der Aufgabe wäre – so hat man es bei Hühnern, Hunden und womöglich einigen weiteren Tierarten beobachtet: Es gibt Umstände, unter denen Tiere ihre Entscheidung vorzugsweise nach der Anzahl der Objekte treffen statt auf Grundlage anderer Faktoren. Hühner beispielsweise orientieren sich dann an der Anzahl, wenn die räumliche Anordnung und die Menge im Widerspruch zueinanderstehen. Das gilt auch für Affen – ihnen ist die Anzahl wichtiger als die Farbe, die Oberflächengröße oder die Form der Objekte.

Darüber hinaus können Tiere die Anzahl nicht nur bei visuellen Experimenten einschätzen. Mit etwas Training gelingt es Affen, eine Abfolge von Geräuschen mit mehreren Gruppen von sichtbaren Gegenständen abzugleichen und die Gruppe zu identifizieren, bei der die Objektanzahl mit der Anzahl der Geräusche übereinstimmt. Ihre Trefferquote fällt dabei nicht geringer aus als beim Abgleich ausschließlich visueller Stimuli.

Der tierische Zahlensinn – so vage und ungenau er auch sein mag – scheint also nicht nur spontan zu funktionieren, sondern zudem erstaunlich abstrakt. Manchen Wissenschaftlern zufolge ist die Anzahl eine vorrangige Komponente der tierischen Wahrnehmung, die zur Entscheidungsfindung beiträgt und zu dem gehört, was Tiergehirne in bestimmten Situationen automatisch registrieren, »nur für den Fall«.

•

Warum haben Tiere einen ungefähren Zahlensinn? Angeborene Fähigkeiten entstehen, weil sie einen Vorteil bringen; Tiere, die über sie verfügen, schaffen es mit größerer Wahrscheinlichkeit, zu überleben, gesund zu bleiben und sich letztendlich fortzupflanzen. Es ist nicht weiter schwierig, sich Situationen vorzustellen, in denen die natürliche Selektion zugunsten jener Tiere ausfällt, die Mengen einschätzen können – der Tiere, die sich eher der größeren als der kleineren Gruppe von Artgenossen anschließen und im Ergebnis besser vor Fressfeinden geschützt sind. Der Tiere, die nur dann vor Raubtieren fliehen, wenn diese in so großer Zahl auftreten, dass sie eine echte Gefahr darstellen. Der Tiere, die den größeren Haufen Nüsse auswählen. Der Tiere, die sich für die Herde mit mehr potenziellen Paarungspartnern entscheiden. All das bedeutet – bei bestimmten Tierarten – langfristig einen evolutionären Vorteil. Und viele dieser Verhaltensweisen sind bei wilden Tieren beobachtet worden, ohne Training und in einer natürlichen Umgebung.

Die blutrünstigere Welt der rudelbildenden Fleischfresser wie Löwen, Hyänen und Wölfe betreffend geht man davon aus, dass die Tiere einschätzen können, wie viele ihrer Artgenossen sie rufen hören. Danach entscheiden sie, ob sie antworten, je nachdem, ob sie der rivalisierenden Gruppe zahlenmäßig überlegen sind oder nicht. Das ergab ein Experiment, bei dem man Löwinnen Aufnahmen fremder Artgenossen vorgespielt und ihre Reaktionen dokumentiert hat. Auch bei Schimpansen konnte beobachtet werden, dass sie eine benachbarte Horde nur angreifen, wenn sie ihr zahlenmäßig überlegen sind. Die Fähigkeit, Mengen gegeneinander abzuwägen – Verteidiger gegen Eindringlinge –, kann für den Fortbestand einer Gruppe entscheidend sein, und es ist daher absolut plausibel, dass diese Fähigkeit evolutionär betrachtet einen Vorteil darstellt.

Interessanterweise sind in all diesen Situationen die kleinen Zahlen wichtiger als die großen. Der Unterschied zwischen einem Apfel und zwei Äpfeln ist entscheidender als der zwischen zwanzig und einundzwanzig Äpfeln. Eine Unterlegenheit im Verhältnis drei zu zwei hat größere Auswirkungen als das Verhältnis elf zu zehn. Die Differenz zwischen einem Schwarm aus fünf Fischen und einem aus drei fällt deutlich ins Gewicht, bei Schwärmen aus 15 und 16 Tieren kann sie vernachlässigt werden. Die natürliche Auslese liefert nicht nur eine plausible Erklärung dafür, warum viele Tierarten überhaupt über einen Zahlensinn verfügen, sondern auch dafür, warum dieser approximativ – also annäherungsweise – funktioniert und nicht exakt.

Das Schätzvermögen und der Mensch

In einem Labor der Universität Tübingen, 2008. Elektrisches Licht auf Holz und Plastik. Eine Testperson – nennen wir sie Miriam – nimmt gerade an einer Studie teil. Sie sitzt auf einem Stuhl und schaut auf einen Computerbildschirm. Dort blinkt erst eine Gruppe von Punkten auf, dann eine weitere, jeweils zu kurz, um sie zählen zu können. Enthalten die Gruppen gleich viele Punkte oder nicht?

Miriam absolviert Dutzende Durchläufe dieser Aufgabe, und häufig liegt sie richtig. Bei größeren Punktmengen oder bei geringen Differenzen zwischen ihnen steigt die Wahrscheinlichkeit, dass sie sich irrt. Anders ausgedrückt: Miriams Fähigkeit, Mengen abzuschätzen, unterscheidet sich nicht von der anderer Primaten.

Die approximative Mengenrepräsentation findet sich auch beim Menschen, auch wenn ihre Anwendung manchmal schwieriger zu ermitteln ist, weil sie überlagert wird von dem tief verinnerlichten Impuls, mithilfe von Wörtern, Symbolen oder anderen Hilfsmitteln exakt abzuzählen. Doch sobald das unmöglich ist, greift das Schätzvermögen. Beim Blick auf zwei Vogelschwärme, von denen einer aus zwanzig Tieren besteht und der andere aus dreißig, erfassen wir meist unwillkürlich, dass einer größer ist, auch wenn wir keine Zeit haben, die Tiere zu zählen oder die Zahl auch nur grob zu überschlagen. Im Labor lässt sich das Zählen unterdrücken, indem man die Reize kurz hält oder den Studienteilnehmern Aufgaben gibt, die sie vom verbalen Zählen abhalten – sie beispielsweise parallel einen Text vorlesen lässt.

Schätzvermögen: Wir wissen, welcher Schwarm aus mehr Vögeln besteht, ohne sie zählen zu müssen.

Unter diesen Voraussetzungen weisen Menschen die gleichen Eigenschaften auf wie Tiere. Wir haben zwar ein Gespür für die Anzahl, aber nur ein ungefähres: Es beruht auf Schätzungen, und diese Schätzungen verlieren an Zuverlässigkeit, je größer die Mengen oder je kleiner die Abstände zwischen ihnen werden. Wir alle wissen zwei Objekte von dreien oder zwanzig von dreißig zu unterscheiden, doch niemand kann Mengen von 100 und 101 auseinanderhalten, ohne nachzuzählen. Verglichen mit anderen Spezies schneidet der Mensch allerdings ziemlich gut ab. Während selbst die fähigsten Affen spätestens ab einem Verhältnis von sechs zu fünf scheitern, können erwachsene Menschen zum Teil Mengen im Verhältnis von acht zu sieben oder sogar von zehn zu neun unterscheiden.

Wie bei Tieren wird auch das menschliche Schätzvermögen nicht beeinträchtigt, wenn die Wissenschaftler versuchen, durch Faktoren wie Größe oder Dichte der Objekte Verwirrung zu stiften. Es besteht über Kulturgrenzen hinweg und funktioniert nicht nur visuell, sondern auch bei verschiedenen Anzahlen von Lauten oder Berührungen.

Ein Vorteil der Studien mit Menschen besteht darin, dass die Forschenden ihnen komplexere Fragen und Aufgaben stellen können als Tieren. Deshalb ist die approximative Mengenrepräsentation beim Menschen besser erforscht als bei Tieren, durch eine Fülle unterschiedlicher – und gelegentlich widersprüchlicher – Experimente und Ergebnisse. Aus ihnen geht beispielsweise hervor, dass das Schätzvermögen nach oben hin begrenzt ist; jenseits dieser Grenze nehmen wir die Gruppe von Objekten nicht mehr als Menge, sondern als Struktur wahr. Außerdem lässt sich interessanterweise der gleiche Anpassungseffekt beobachten, der auch bei anderen Sinneseindrücken auftritt: Wenn wir die Hand in warmes Wasser legen, fühlen sich sämtliche Gegenstände, die wir in den nächsten Minuten anfassen, kälter an, als sie wirklich sind. Und wenn wir auf eine Gruppe von 100 Punkten schauen – selbst wenn es nicht einmal eine Sekunde lang ist –, wirken andere, geringere Punktmengen in den folgenden Minuten kleiner auf uns, als sie sind. Wir schätzen die Anzahl um bis zu 50 Prozent zu niedrig ein. Andersherum gilt das Gleiche: Nachdem wir eine Hand in kaltes Wasser gelegt haben, fühlt sich ein paar Minuten lang alles wärmer an, und wenn wir eine Gruppe von zehn Punkten anschauen, kommen uns andere, größere Mengen im Anschluss zahlreicher vor, als sie sind. Der Mittelwert – die Anzahl Punkte, die uns anscheinend »normal« genug vorkommt, um unsere Wahrnehmung anderer Punktmengen nicht zu beeinflussen – liegt bei etwa fünfzig. Erstaunlicherweise ist auch dieser Effekt nicht auf visuelle Stimuli beschränkt: In einer Studie wurden die Teilnehmenden aufgefordert, entweder schnell oder langsam mit den Fingern auf den Tisch zu klopfen, und bekamen dann eine Sequenz von Lichtblitzen oder eine Schar Punkte gezeigt, deren Anzahl sie schätzen sollten. Langsames Klopfen hatte zu hohe Antworten zur Folge, schnelles zu niedrige.

Der Zahlensinn existiert bereits ein paar Stunden nach der Geburt, wenn auch in sehr vager Ausprägung – Neugeborene erkennen den Unterschied zwischen drei Gegenständen und einem. Nach vier Tagen sind sie dann schon in der Lage, dreisilbige Wörter von zweisilbigen zu unterscheiden. Im Verlauf der Kindheit wird diese Fähigkeit immer präziser. Und wie Tiere schätzen auch wir Menschen Mengen offenbar automatisch ab, selbst wenn es gar nicht nötig ist und gegebenenfalls sogar mit unserer eigentlichen Beschäftigung kollidiert. Der Mensch kann sich nicht dagegen wehren, die Welt durch einen Filter des *Wie viele?* zu betrachten, genauso wenig, wie er sich dagegen wehren kann, Formen und Farben zu registrieren. Obwohl es kein dafür zuständiges Organ gibt, zählt die Wahrnehmung von Mengen genauso zu unseren Sinnen wie das Sehen, Hören und Riechen. Allerdings ist der Zahlensinn nicht bei jedem Menschen gleich stark ausgeprägt, und diese Unterschiede sind zumindest teilweise genetisch bedingt – eine Zwillingsstudie ergab, dass etwa dreißig Prozent der Abweichungen in Bezug auf die approximative Mengenrepräsentation vererbt wurden.

•

Man sollte meinen, dass eine derart ausgeprägte, klar definierte Fähigkeit in einem bestimmten Teil des Gehirns verortet ist, auch wenn die Tatsache, dass sie bei einer solchen Bandbreite an Tierarten auftritt, die Frage aufwirft, ob wirklich alle ein vergleichbares Hirnareal dafür nutzen. Mithilfe der funktionellen Magnetresonanztomografie (fMRT) – einem technischen Verfahren, über das sich in Echtzeit verfolgen lässt, welche Bereiche des Gehirns aktiv sind – konnte das Areal, in dem die Mengenerfassung stattfindet, immer weiter eingeengt werden: vom Neokortex (der äußeren Schicht des Gehirns) über die Parietallappen (den hinteren oberen Teil des Neokortex) über den Sulcus intraparietalis (eine Gehirnfurche an der Seite des Parietallappens) bis auf den horizontalen Abschnitt dieser Furche. Dieser Bereich des Gehirns wird zuverlässig als Erstes aktiviert, wenn ein Mensch – unabhängig von seiner kulturellen Herkunft oder seinem Alter – eine Anzahl von Objekten wahrnimmt. Und zwar noch bevor die Menge in ein Wort übersetzt oder damit gerechnet wird; diese beiden Vorgänge spielen sich nämlich in anderen Teilen des Gehirns ab und sind tatsächlich kulturabhängig – je nachdem, ob beim Rechnen (ausgesprochene oder vorgestellte) Zahlwörter, Zahlensymbole oder beispielsweise Rechenschieber zum Einsatz kommen. Zahlen an sich aktivieren unabhängig vom Format, in dem sie daherkommen – auch bei gesprochenen Wörtern oder geschriebenen Symbolen – immer das gleiche Hirnareal.

Ähnliche Ergebnisse zeigten sich bei Tieren: Affen nutzen ebenfalls einen Abschnitt des Sulcus intraparietalis, Krähen ein bestimmtes Areal ihres ganz anders organisierten Gehirns. Nachdem Simulationen schon lange nahegelegt hatten, dass es eigene Hirnzellen oder Zellverbünde für das Erkennen bestimmter Mengen geben müsste, konnten Wissenschaftler schließlich 2002 im Gehirn von Makaken konkrete Hirnzellen ausmachen, deren Aktivität im Zusammenhang mit der Anzahl der sichtbaren Objekte steht. Tatsächlich ließen sich bestimmte Zellen mit bestimmten Zahlen in Verbindung bringen. Setzte man den Affen zwei Gegenstände vor, leuchtete ein Zellenareal auf, bei drei Gegenständen ein anderes. Selbst gänzlich untrainierte Tiere verfügten über derartige »Zahlenneuronen«. 2015 entdeckte man ähnliche Zellen im Gehirn von Krähen. Auch diese Zellen wiesen bei numerischen Reizen eine verstärkte Aktivität auf und reagierten insbesondere auf bestimmte Zahlen.

Die Zahlenneuronen verhalten sich exakt so, wie zu erwarten ist, wenn sie für die approximative Mengenrepräsentation zuständig sind: Sie reagieren ausschließlich auf die numerische Information, nicht auf andere Faktoren, etwa ob eine Anzahl visuell, als Laut oder als Rhythmus präsentiert wird. Und sie funktionieren nur ungefähr. Jede der Zellen ist auf eine bestimmte Zahl spezialisiert – etwa vier –, reagiert aber in schwächerer Form auch auf die Nachbarmengen zu beiden Seiten, also in unserem Beispiel auf drei, fünf oder sechs. Die Treffsicherheit lässt nach, je größer die Mengen werden: Die auf kleine Zahlen spezialisierten Neuronen reagieren präziser, die auf große Zahlen ausgerichteten zunehmend ungenau, was Fehler wahrscheinlicher macht und erklärt, warum die bei Tieren beobachtete Fähigkeit, zwischen einer Menge und ihren engen Nachbarn zu unterscheiden, ab einer gewissen Größe an ihre Grenzen stößt.

Das sind aufschlussreiche Erkenntnisse, die bestätigen, was Simulationen neuronaler Netzwerke bereits angedeutet hatten: Es ist weder ein großes Gehirn noch eine große Zahl eigens dafür vorgesehener Hirnzellen nötig, um Mengen wahrzunehmen. Bei Computersimulationen reichten fünfundzwanzig solcher Zellen aus, um entsprechende Tests zu bestehen, und mit ein paar Hundert Zellen lassen sich bereits komplexere Aufgaben zur visuellen Mengenerkennung bewältigen. Außerdem deuten die Simulationen darauf hin, dass die richtige Kombination aus Input und Wiederholung schon bei einem Netzwerk aus wenigen Hundert Hirnzellen eine spontane Mengenerfassung bewirken kann. Anders formuliert: Der Zahlensinn ist relativ leicht zu erlangen, selbst die einfachsten Gehirne verfügen über das entsprechende Potenzial.

•

Es sieht also aus, als hätte der Mensch die Fähigkeit, verschieden geartete Stimuli in der Umgebung als Mengen zu erkennen und einzuordnen, von seinen tierischen Vorfahren geerbt. Doch das genaue Alter dieser Fähigkeit ist nicht gesichert.

Der Umstand, dass Menschen und Makaken für die approximative Mengenrepräsentation das gleiche Hirnareal nutzen, legt nahe, dass diese Fähigkeit bereits in den gemeinsamen Vorfahren der Primaten angelegt war, vor rund fünfundzwanzig Millionen Jahren, und über die Linie der vormenschlichen Hominiden an den Menschen weitervererbt wurde. Bei allen anderen Säugetieren ist die Datenlage zu lückenhaft, um solche Aussagen über gemeinsame Urahnen zu treffen. Doch es ist bemerkenswert, dass die approximative Mengenrepräsentation mit relativ hoher Treffsicherheit – vergleichbar mit der von Affen – auch bei einigen Vogelarten auftritt. Der letzte gemeinsame

Vorfahr der Vögel und Säugetiere – ein reptilienartiges Tier – lebte vor etwa 320 Millionen Jahren. Seitdem haben sich die Gehirne der beiden Klassen getrennt voneinander, wenn auch teilweise parallel, entwickelt: Das Vogelhirn ist ganz anders aufgebaut als das von Säugetieren, da es auf Leichtigkeit ausgelegt ist (Vogelhirne verfügen auf die Masse umgerechnet über fast doppelt so viele Neuronen wie die von Primaten). Trotzdem stimmen viele Funktionen überein, weil der evolutionäre Druck durch die Umwelteinflüsse ähnlich war. Es ist durchaus möglich, dass schon der gemeinsame Vorfahr Mengen erkennen und unterscheiden konnte, aber plausibler ist die Erklärung, dass sich die approximative Mengenrepräsentation unabhängig voneinander in beiden Abstammungslinien entwickelt hat. Gestützt wird diese These von den wenigen verfügbaren Daten zu Reptilien, deren Zahlensinn offenbar in den meisten Fällen deutlich schwächer ausgeprägt ist, was darauf hindeuten könnte, dass die Vögel ihre numerische Kompetenz erst nach der Abspaltung von den Dinosauriern vor etwa 150 Millionen Jahren erlangten.

Das Gleiche gilt für diejenigen Fischarten, die entsprechende Fähigkeiten aufweisen – und für die wirbellosen Tiere. Obwohl es die These gibt, dass ihr Zahlensinn auf einen gemeinsamen Vorfahren vor einer halben Milliarde Jahren zurückzuführen sei, wird generell eher angenommen, dass sich das Verständnis für Mengen bei den verschiedenen Gruppen unabhängig voneinander entwickelt hat. Das wäre vor allem ein Beleg dafür, wie ausgeprägt und allgegenwärtig der evolutionäre Nutzen der approximativen Mengenrepräsentation ist.

Auf einen Blick: Subitisation

Ein kurioses Gegenstück zur approximativen Mengenrepräsentation bildet unsere Fähigkeit, kleine Mengen auf einen Blick zu erfassen. Mehrere Studien zeigen, dass es sich dabei um etwas anderes handelt als um das Schätzvermögen; Mengen von ein, zwei, drei oder vier Objekten erkennen wir anscheinend sofort, ohne die Größen- und Distanzeffekte, die die approximative Mengenrepräsentation charakterisieren. Untersuchungen haben ergeben, dass Neugeborene bereits nach wenigen Stunden oder Tagen Anzahlen von zwei und drei unterscheiden können, bei vier und sechs Objekten aber scheitern. Im Alter von ein paar Wochen sind sie in der Lage, gleichermaßen schnell und zielsicher Mengen der Größenordnung eins, zwei, drei und vier auseinanderzuhalten. Darüber hinaus lässt diese Fähigkeit – genannt »Subitisation« – allerdings stark nach. Bei Erwachsenen verläuft die Grenze ebenfalls generell bei vier; sie erkennen den Unterschied zwischen drei und vier Objekten genauso zuverlässig wie den zwischen einem und vier, während der Distanzeffekt, der so typisch ist für die approximative Mengenrepräsentation, erst bei größeren Anzahlen greift.

Ebenso wie der Zahlensinn ist die Subitisation modalitätsübergreifend: Auch gehörte oder sogar gefühlte Stimuli können auf diese Weise auseinandergehalten werden. (Viele Leser dürften wissen, wie unterschiedlich es sich anfühlt, ob man einen Takt mitzählt oder ob man ihn »spürt«, was sicherlich etwas mit den Grenzen der Subitisation im rhythmischen Bereich zu tun hat.)

Doch anders als bei der approximativen Mengenrepräsentation wird das Subitisieren durch Ablenkung unterdrückt. Während das

Subitisation. Wir wissen, dass hier drei Schafe zu sehen sind, ohne »eins ... zwei ... drei« zählen zu müssen.

ungefähre Abschätzen von Mengen trotz anderer Beschäftigungen »im Hintergrund« weiterläuft, setzt das unmittelbare Erfassen kleiner Mengen offenbar unsere Aufmerksamkeit voraus.

Subitisieren scheint tatsächlich viel mit dem aktiven Betrachten der entsprechenden Objekte zu tun zu haben. In der Wissenschaft gibt es die These, dass unser Arbeitsgedächtnis über so etwas wie Fächer oder Schlitze verfügt – sie lassen sich nacheinander füllen, aber wenn sie voll sind, verlieren wir den Überblick und müssen uns auf unser Schätzvermögen verlassen. Aus diesem Grund wird die Subitisation manchmal auch »Ablagesystem« genannt.

Dieses System lässt unter bestimmten Umständen sogar einfache Rechenoperationen zu. Es ist wie im alten Spruch: Zwei Tiger gehen in eine Höhle, einer kommt wieder heraus. Ist es sicher, die Höhle zu betreten? Wer die Tiger als individuelle Objekte verfolgt, weiß, dass einer in der Höhle geblieben ist, auch ohne je gelernt zu haben, dass *zwei minus eins gleich eins* ist.

•

Es muss allerdings erneut betont werden, dass das Konzept der Subitisation umstritten ist; kaum etwas daran ist wirklich gesichert. Eine interessante Frage ist beispielsweise, ob die Subitisation im Bereich der kleinen Mengen wirklich an die Stelle des Schätzvermögens tritt oder ob beide Systeme bei Objektanzahlen zwischen eins und vier parallel ablaufen. Das Ablagesystem unseres Arbeitsgedächtnisses wird durch Ablenkung anderweitig beansprucht, und dennoch werden Anzahlen in diesem Bereich Studien zufolge meistens richtig geschätzt; in diesem Fall lassen sich allerdings die Größen- und Distanzeffekte der approximativen Mengenrepräsentation beobachten. Ist das Schätzvermögen also das tiefer verankerte System, das in einigen Situationen von der Fähigkeit, bis zu vier Objekte korrekt auszumachen, überlagert wird? Oder wird die approximative Mengenrepräsentation außer Kraft gesetzt, wenn die Subitisation greift? Das ist bisher ungeklärt.

Eine weitere Frage lautet, ob es auch Tierarten gibt, die die Subitisation beherrschen. Es wäre überraschend, sollte diese Fähigkeit nur beim Menschen auftreten, aber die bisherigen Nachweise bei Tieren sind lückenhaft und in manchen Fällen fragwürdig. Einige Forscher sind der Ansicht, dass sich die Datenlage bei bestimmten Tierarten am ehesten durch eine Art Subitisation erklären lasst. Bienen beispielsweise können Untersuchungen zufolge zuverlässig zwischen Mengen von bis zu drei Objekten unterscheiden; bei größeren Anzahlen hingegen rutschen die Ergebnisse abrupt ins Willkürliche ab. Das ist typisch für das Ablagesystem, nicht für die approximative Mengenrepräsentation. Das Gleiche gilt für Salamander, während das Verhalten bestimmter Fischarten eher auf zwei Systeme wie beim Menschen hindeutet: eine hohe Trefferquote bei bis zu drei Gegenständen, gefolgt von einem zunehmend unpräzisen Schätzvermögen bei größeren Mengen. Bei Vögeln und Säugetieren sind die Ergebnisse unklar. Langbeinschnäpper, Hühner, Tauben und Papageien sowie Hunde, Schimpansen und einige andere Affenarten weisen Anzeichen der Subitisation auf, und einige Forscher gehen davon aus, dass diese Fähigkeit unter Wirbeltieren weit verbreitet ist und daher zu einem früheren Zeitpunkt der Evolution entstanden sein muss. Doch da sich diese Effekte nicht in allen Fällen replizieren ließen, bleibt vieles ungewiss.

Jüngere Überprüfungen der Forschungsergebnisse unterstreichen, dass bei so gut wie allen Tierarten Anzeichen einer approximativen Mengenrepräsentation festzustellen sind, während die Hinweise auf ein zweites System begrenzt und widersprüchlich sind. Man kann sogar argumentieren, dass alle bisher veröffentlichten Beobachtungen ausschließlich auf das Schätzvermögen zurückzuführen sind, das bei kleinen Mengen am schnellsten und zuverlässigsten funktioniert. Ergänzend wird teilweise angeführt, dass sich nicht ohne Weiteres Umweltfaktoren benennen lassen, bei denen das Erkennen kleiner Mengen, die Subitisation, ausreichend Vorteile gegenüber – oder in Kombination mit – dem approximativen System aufweisen würde, sodass ein entsprechender Selektionsdruck entstanden wäre. Ein Wissenschaftler spricht in diesem Zusammenhang von einer »Pattsituation in der Forschung«.

•

Können Tiere nun also zählen? Ja und nein, aber eher nein. Tiere zählen nicht so, wie (die meisten) Menschen es tun. Obwohl die approximative Mengenrepräsentation äußerst hilfreich und sehr alt ist, ist sie doch keine Zählmethode. Sie bringt keine konkreten Zahlen hervor, sondern nur Näherungswerte, die schnell ziemlich vage werden. Es handelt sich um ein System, das zwar klar zwischen Eins und Zwei unterscheiden kann, aber weniger deutlich zwischen Drei und Vier – und 100 und 101 sind praktisch identisch. Anders als beim Zählen, wo die Abstände zwischen einer Zahl und der nächsten immer gleich groß sind, ist der approximative Zahlensinn ein System, in dem die Beziehung zwischen Zwei und Drei ganz anders gelagert ist als beispielsweise die zwischen 15 und 16.

Auch die Subitisation – wenn es sie denn gibt – ist der Mustererkennung näher als dem Zählen: Es handelt sich um eine Form der Wahrnehmung, die zwischen Gruppen aus zwei und drei Objekten klar zu unterscheiden weiß, schon bei Gruppen von vier und fünf Gegenständen aber ins Schlingern gerät. Wenn es zutreffend ist, dass sie auf dem Ablagesystem beruht – einer Reihe von Fächern im Arbeitsgedächtnis, die gefüllt werden können –, dann kann die Subitisation keine klare Antwort auf die Frage »Wie viele?« liefern; die Tatsache, dass dabei Zahlen herauskommen, ist nur ein Nebeneffekt.

Diese angeborenen Fähigkeiten dienen der Entwicklung von Zählmethoden als Wurzeln (oder vielleicht Samen?), sind aber nicht mit dem Zählen gleichzusetzen. Sie beschränken, wie das Zählen aussehen kann; sie beschränken, welche Spezies es erlernen können. Dennoch klafft eine deutliche Lücke zwischen diesen Fähigkeiten und dem Zählen. Menschen können nicht von Geburt an zählen, sie müssen es lernen. Kulturen und Zivilisationen müssen Formen des Zählens ersinnen und sie von Generation zu Generation weitergeben, wobei es nicht unwahrscheinlich ist, dass diese Formen sich im Verlauf der Zeit bis zur Unkenntlichkeit verändern, aussterben oder verdrängt werden.

2

Vor dem Schreiben: Das Zählen – Afrika und darüber hinaus

Wenn vererbte Fähigkeiten eine Wurzel unseres Zählens darstellen, sind die zweite Wurzel jene Gegenstände in unserem Umfeld, die manchmal als »wilde Zahlenstrahlen« bezeichnet werden. Dazu zählen Objekte wie Kiesel, die sich als Zählmarken verwenden lassen, Knochenkerben, die beim Schlachten entstanden sind und als Strichlisten dienen können, oder die Finger und Zehen, über die (fast) alle Menschen verfügen. All das lässt sich nutzen, um eine Abfolge zu protokollieren und auf diese Weise das Zählen zu ermöglichen; das Ergebnis eines Zählvorgangs kann dokumentiert und weitervermittelt werden. Das Gleiche gilt natürlich auch für Wörter, zumindest seit der Mensch sie benutzt.

Jeder dieser vier wilden Zahlenstrahlen – Steine, Striche, Finger/Zehen und Wörter – hat seinen Ursprung in Afrika, wo ja die Menschheit selbst herkommt. Einige der ältesten Zählsteine und Strichlisten sind bei archäologischen Ausgrabungen auf diesem Kontinent entdeckt worden; sie bieten einen faszinierenden Einblick in die steinzeitlichen Wurzeln des Zählens.

Was das Zählen mithilfe von Fingern angeht, stammen die besten frühen Funde von nördlich des Mittelmeers. Die Wörter haben keine direkten Spuren hinterlassen, doch aus den Zählbegriffen unserer heutigen Sprachen lässt sich eine Menge ableiten. Den Anfang der Geschichte bilden jedoch die Perlen.

Blombos: Zählen mit Schneckenhausperlen

In der Blombos-Höhle in Südafrika, vor 75 000 Jahren. Eine Frau nimmt eines der vielen Schneckenhäuser, die sie an der Küste gesammelt hat. Von der Größe und Farbe her ähnelt es einem großen menschlichen Zahn, doch jetzt wird es zu einer Perle verarbeitet.

Die Frau durchbohrt den Rand dieser einstigen Behausung einer kleinen Meeresschnecke mit einem spitzen Knochen, legt sie beiseite und greift zur nächsten. Als sie genug zusammen hat, fädelt sie die Schneckenhäuser auf einen Lederstreifen oder eine Pflanzenfaser und verknotet die Enden. So entsteht eine Kette.

Vor etwa sieben Millionen Jahren erfolgte die Aufspaltung der Schimpansen und der Menschen. Bis heute sind mehr als ein Dutzend frühe Hominiden-Arten anerkannt, und da immer wieder neue Fossilien entdeckt werden, verändert sich die Form des Stammbaums ständig. Die Gattung *Homo* bildete im Verlauf der Zeit ungefähr acht Spezies und entwickelte sich über zwei bis drei Millionen Jahre hinweg in Afrika. Diese Spezies verlagerten ihr Leben auf den Boden, und ihr Gehirn wuchs im Vergleich zu dem ihrer Vorfahren deutlich an. Gehirne bleiben nicht erhalten, aber die Form einiger versteinerter Schädel liefert Hinweise darauf, dass das Wachstum auch den Sulcus intraparietalis betraf, wo unter anderem der Zahlensinn angesiedelt ist. Was die archäologischen Funde deutlich besser belegen, sind Veränderungen der Verhaltensweisen: Schlachtkerben finden sich bereits auf 3,2 Millionen Jahre alten Knochenresten, und die ältesten Steine, die zu Werkzeugen behauen wurden, stammen aus dem Rift Valley in Kenia und Äthiopien aus der Zeit vor 2,6 Millionen Jahren. Feuer nutzten die Menschen womöglich erst vor 1,5 Millionen Jahren.

Schneckenhausperlen aus der Blombos-Höhle

Das afrikanische Middle Stone Age begann vor rund einer Viertelmillion Jahren. Es war gekennzeichnet durch das Aufkommen neuer, komplexerer Steinwerkzeuge: Klingen und Abschläge, Spitzen und Kerne. Damit stand den Menschen eine größere Bandbreite an Hilfsmitteln zur Verfügung, die über viele zehntausend Jahre hinweg relativ stabil blieb. Doch das Wissen der Archäologen weist Lücken auf, und die Zeiträume und Entfernungen, um die es hier geht, sind enorm. Die ersten anatomisch modernen Menschen – *Homo sapiens* – gab es in Afrika mindestens 200 000, vielleicht sogar 300 000 Jahre vor unserer Zeit; vor 100 000 Jahren hatten sich die Jäger und Sammler bereits von Südafrika bis in die Levante ausgebreitet. Sie lebten in Höhlen, von denen viele bis heute erhalten sind.

Die Blombos-Höhle befindet sich an der Südspitze von Südafrika, rund 300 Kilometer östlich von Kapstadt. Der Indische Ozean ist heute nur 100 Meter von der Höhle entfernt, und die Erdschichten der Steinzeit sind mittlerweile vom Sand des Strandes bedeckt. Im Verlauf der Geschichte war die Höhle drei- oder viermal bewohnt, das erste Mal vor mehr als 100 000 Jahren und das letzte Mal bis vor vielleicht 70 000 Jahren. Die einzelnen Wohnphasen dürften im Verhältnis zu den Jahrtausenden, die dazwischen lagen, recht kurz gewesen sein.

Die letzten Bewohner und Bewohnerinnen fertigten eine Reihe von Objekten an, unter anderem Steinspitzen und Werkzeug aus Knochen. Außerdem bedienten sie sich reichlich an den natürlichen Vorkommen des Meeres, an Robben, Delfinen, Fischen und Schalentieren, obwohl die Küste durch den niedrigeren Meeresspiegel damals deutlich weiter weg lag – zwischenzeitlich Dutzende Kilometer. Das Klima war während der letzten bewohnten Phase vor gut 70 000 Jahren verhältnismäßig warm und feucht und die Landschaft ein Flickenteppich aus Steppe, Sträuchern, Bäumen, Wasserläufen und Wäldern, der unter dem Einfluss der Tiere und Pflanzen sowie unsteter Niederschlagsmuster ständig im Wandel begriffen war. Die Menschen streiften hier auf der Suche nach Schlafplätzen, essbaren Pflanzen und Tieren, die sie jagen konnten, umher.

Die Höhle in Blombos ist nicht sonderlich groß; hier dürften sich maximal dreißig Personen gleichzeitig aufgehalten haben. Doch die seit 1991 stattfindenden Ausgrabungen haben neben den Funden, die für eine Höhle dieses Alters und in dieser Lage üblich sind, eine Reihe weiterer Artefakte zum Vorschein gebracht, die seither eingehend untersucht worden sind. Dazu zählen Tausende Ockerstücke, von denen einige zweifellos bewusst gezogene Ritzspuren enthalten – aus einer Zeit, aus der generell kaum abstrakte Darstellungen bekannt sind. Und dann sind da noch die Schneckenhäuser.

•

Die Schneckenhäuser von Blombos sind die bisher ältesten steinzeitlichen Perlen, die sicher datiert werden können – mehr noch, sie sind sogar die ältesten sicher datierten Schmuckstücke überhaupt. Sie stammen aus der letzten bewohnten Phase der Höhle vor etwa 72 000 bis 75 000 Jahren. Es handelt sich um Gehäuse der Netzreusenschnecke, *Nassarius kraussianus*, die nur in Flussmündungen vorkommt. Dieses exotische Material war damals aufwendig zu beschaffen: Es dürfte von mindestens zwanzig Kilometer entfernten Flüssen zur Höhle transportiert worden sein.

In der Blombos-Höhle wurden 68 Schneckenhäuser gefunden. Fast 90 Prozent von ihnen weisen ein Loch auf, das mit einer Knochenspitze von innen seitlich durch die Schale gebohrt wurde. Auf diese Weise wurden die Gehäuse zu Perlen; nach dem Durchbohren ließen sie sich auf ein Stück Schnur oder Darm ziehen. Abriebspuren an den Lochrändern und auf der Außenseite der Schneckenhäuser zeugen davon, dass sie an einem Band hingen und gegeneinanderstießen. Die Ketten bestanden aus zwei bis zwei Dutzend Schneckenhaus-Perlen; der Durchschnitt lag offenbar bei etwa zwölf Perlen. Sie wurden in symmetrischen Paaren aufgezogen, je abwechselnd mit der Spitze nach links und nach rechts. Die Gebrauchsspuren sind sehr ausgeprägt und beweisen, dass die Ketten monate- oder jahrelang getragen wurden.

Ähnliche Ketten wurden an mehreren anderen Ausgrabungsstätten gefunden. Sie könnten zum Teil bis zu 115 000 Jahre alt sein, die Datierung ist allerdings nicht so zuverlässig wie in Blombos. Die meisten der Stätten befinden sich in Süd- und Ostafrika, einige in Marokko und ein oder zwei in Israel. Allen gemeinsam ist die Tatsache, dass die Ketten aus Muschel- oder Schneckenarten bestanden, die am Fundort nicht heimisch, sondern aus einiger Entfernung dorthin gebracht worden waren. Für den Schmuck wählte man offenbar Exemplare besonderer Arten und manchmal auch bestimmter Größen aus. In einigen Fällen wurde das Band durch Löcher gefädelt, die auf natürliche Weise durch Wellen oder am Strand entstanden waren, andere Schalen wurden – wie in Blombos – gezielt durchbohrt. Die Tradition der Muschel- und Schneckenketten bestand über viele tausend Jahre hinweg und erstreckte sich über ein Gebiet von fünf- oder sechstausend Kilometern. Es könnte eine Zeit gegeben haben, in der es üblich war, solche Ketten zu tragen.

Aus archäologischer Sicht zählen diese Schmuckstücke zu den ersten bekannten Beispielen symbolistischen Verhaltens – einer Handlung, die kulturellen Zwecken diente statt einfach dem Überleben. Sind diese Schneckenhäuser also Hinweise auf einen ersten Schritt in Richtung Zählen?

Mit dieser Frage wird es rätselhaft. Die Schneckenhäuser sind mehrere Jahrtausende älter als die Schrift – wenn sie also eine Bedeutung für das Zählen hatten, gibt es keine Nachweise dafür. Man kann davon ausgehen, dass sie als Schmuckgegenstände dienten, aus einer rein ästhetischen Motivation heraus. Doch gleichzeitig ist es wahrscheinlich, dass sie zu den ältesten erhaltenen Objekten gehören, die Informationen vermitteln sollten – etwa über ihre Träger und deren Gemeinschaft –, und damit zu den ältesten Zeugnissen für die Darstellung und Verwendung von Symbolen in der Menschheitsgeschichte.

Zudem verfügen die Schneckenhäuser über eine interessante Kombination von Eigenschaften, die mehr als einen Wissenschaftler dazu verleitet hat, sie als wilden Zahlenstrahl zu betrachten – in Zeiten, in denen es weder Zahlwörter noch Zahlengesten oder eine Vorstellung von Zahlen gab, waren sie dazu geeignet, einige der Funktionen des Zählens zu übernehmen. Wer heute einem Kindergartenkind dabei zuschaut, wie es mit Perlen auf einer Kette herumspielt, geht für gewöhnlich davon aus, dass es wichtige Erkenntnisse über das Aneinanderreihen, die Anordnung und letztendlich die Menge der Perlen gewinnt – darüber, was passiert, wenn man eine Perle hinzufügt oder durch das Verbinden zweier kurzer Ketten eine neue, längere erzeugt. Darüber, wie man Perlen von einer Kette abzieht, um diese zu verkürzen, oder sie sogar in gleich große Abschnitte aufteilt.

Da schon die Afrikaner der Steinzeit solche Hilfsmittel zur Verfügung hatten, haben sie sicher Ähnliches gelernt. Aufgereihte Perlen regen zum Spielen an und dazu, über Jahre oder vielleicht sogar Generationen hinweg Reihungen, Additionen und Subtraktionen in praktischer Ausführung zu betrachten, bis man lernt, den Elementen eine numerische Bedeutung zuzuweisen. Darüber hinaus konnten aufgefädelte Muscheln oder Schneckenhäuser im Gegensatz zu Fingern oder der geringen Anzahl an Objekten, die sich durch Subitisation erfassen lassen, relativ große Mengen abbilden – im Fall der Funde aus der Blombos-Höhle bis zu 24.

Es sind nicht einmal Zahlwörter notwendig, um mithilfe der Schneckenhäuser Gegenstände, Handlungen oder Ereignisse abzuzählen. Bis heute gibt es in vielen Kulturen der Welt Rituale, bei denen pro Perle auf einer Schnur ein bestimmter Akt durchgeführt wird, beispielsweise eine Verbeugung oder das Sprechen eines Gebets. Das macht es überflüssig, Zahlwörter zu murmeln oder im Kopf mitzuzählen – man nimmt einfach eine Perle zwischen die Finger und vollführt die Handlung, um dann zur nächsten weiterzugehen und das Ganze zu wiederholen. Am Ende der Kette angekommen, hört man auf. Zahlwörter sind bei dieser Tätigkeit überflüssig; es ist nicht einmal klar, ob eine Kultur überhaupt über eine andere Zählweise verfügen muss, um solche Perlenschnüre nutzen zu können.

Anders ausgedrückt: Es ist möglich, sich eine Welt vorzustellen, in der aufgefädelte Elemente auf einer Schnur die wichtigste, beste und vielleicht sogar einzige verfügbare Zählmethode sind. Die Schneckenhausketten in der Blombos-Höhle und an anderen Orten könnten über viele Generationen hinweg existiert haben, ohne dass sie jemand zum Zählen verwendete. Doch irgendwann hat man sie vielleicht dafür benutzt, einer Reihe von Objekten oder Handlungen wiederholt Aufmerksamkeit zu schenken und diesen Vorgang zu protokollieren – also zu zählen –, selbst wenn die Kultur, der sie entstammten, keine andere Form des Zählens kannte. Ob es eine solche Welt je gegeben hat, ist ungewiss, aber schon die Möglichkeit allein ist höchst faszinierend.

Vom Rutanzige-See nach Laussel: Zählen mit Strichlisten

Vielleicht 20 000 oder sogar 25 000 Jahre vor unserer Zeit. Eine Frau reckt ein Wisenthorn in die Höhe. Sie ist bereits Mutter und wieder schwanger, das Kind dürfte in einem oder zwei Monaten kommen. Mit der freien Hand deutet sie auf ihren Bauch. Den Kopf hat sie nach rechts gedreht, um auf das lange, mit Gravuren bedeckte Horn zu schauen. Das Haar fällt ihr dabei über die Schulter.

Auf dem Horn selbst sind 13 kurze, parallel verlaufende Ritze zu sehen. Eine Verzierung? Vielleicht. Eine Strichliste? Sehr wahrscheinlich. Aber was hat die Frau gezählt?

Eines war in der steinzeitlichen Landschaft reichlich vorhanden, und das waren Tierknochen, die durch das Schlachten mit Steinwerkzeugen häufig mit Kratzspuren und Kerben übersät waren. Vor etwa 90 000 Jahren, im afrikanischen Middle Stone Age, begannen einige Gruppen von Menschen, diese Knochen zu spitzen Werkzeugen und anderen Artefakten zu verarbeiten.

Die Kombination aus zufälligen Kratzern und Kerben sowie das zunehmende Geschick im Umgang mit dem Material veranlasste einige dieser Menschen, Knochen gezielt einzuritzen und diese Markierungen schließlich zur Dokumentation oder Weitergabe von Informationen zu nutzen. Hier bewegen wir uns allerdings erneut in einer Welt, die von Faszination und Ungewissheiten geprägt ist; ohne den ursprünglichen Kontext lässt sich nur selten zuverlässig feststellen, welche Informationen ein Artefakt übermitteln sollte. Einerseits deutet eine Reihe symmetrischer, kreuzförmiger Einschnitte auf einem

Knochenwerkzeug stark auf eine Verzierung hin; das wirft die Frage auf, welche Informationen sich daraus über die Identität eines Menschen oder einer Gruppe ableiten lassen. Andererseits sieht eine Reihe mehr oder weniger paralleler Kratzer auf einem Stück Knochen (oder einer anderen Oberfläche) stark nach einer Strichliste aus – dem Ergebnis eines Zählvorgangs, bei dem pro Element einer Menge oder pro Ereignis in einer Abfolge von Geschehnissen ein Strich gemacht wurde.

Die Blombos-Höhle enthielt neben den durchbohrten Schneckenhäusern auch einige der spannendsten frühen Beispiele für gezielte Knochenritzungen. Das Bearbeiten von Knochen war hier offenbar eine wiederkehrende Beschäftigung: In den ältesten archäologischen Schichten wurden 28 Werkzeuge aus Knochen – Pfrieme, Spitzen und ein Retuscheur – gefunden. Die Artefakte sind mehr als 70 000 Jahre alt, und auf mindestens zweien davon sind möglicherweise bewusst angebrachte Markierungen zu erkennen. Auf einem sieht man elf Linien, die parallel zur Längsseite verlaufen, sowie eine oberflächlichere, schräge Linie, die sechs von ihnen kreuzt. Die mikroskopische Analyse hat ergeben, dass sie alle direkt nacheinander durch die gleiche Steinspitze eingeritzt worden sind. Diese Markierungen können unmöglich zufällig entstanden sein, sie sind also bewusst und gezielt angebracht worden.

Wie bei den Schneckenhaus-Ketten aus der Blombos-Höhle handelte es sich auch bei den frühen Ritzmustern aller Wahrscheinlichkeit nach nicht um numerische Zeichen (wenn sie überhaupt etwas bedeuteten). Vielleicht wurden solche Markierungen über Jahre oder Generationen hinweg aus spielerischen oder experimentellen Gründen in Knochen geritzt, bevor sie einen tieferen Sinn erhielten. Doch zugleich erzeugt das Anbringen einer Reihe von Strichen auf einer Oberfläche einen weiteren »wilden Zahlenstrahl« – einen zusätzlichen Gegenstand im menschlichen Wirkungsfeld, der irgendwann zu numerischen Zwecken genutzt werden konnte. Und wie die Gehäuse auf der Schnur ließ auch er sich potenziell zum Abzählen verwenden, selbst in einer Kultur, die sonst keine Zählmethode kannte.

•

Gezielt markierte Knochen und Steine – und die bereits erwähnten Schneckenhäuser – tauchen in verschiedenen archäologischen Funden aus dem afrikanischen Middle Stone Age auf, und man kann davon ausgehen, dass gegen Ende dieser Periode tatsächlich gezählt wurde. Einige Archäologen beharren darauf, dass ein Teil der Kerben und Kratzer, die in diese Richtung gedeutet wurden, auf natürliche Ursachen wie das Abnagen der Knochen oder Ausgrabungsschäden zurückzuführen seien oder dass es sich um Schlachtspuren handele statt um gezielte Muster. Sie weisen darauf hin, dass einige Ritzungen erfolgt sein könnten, damit die Werkzeuge stabiler in der Hand lagen. Und sie halten es für möglich, dass die Steinzeitmenschen die Oberflächen einfach so eingeritzt haben könnten, zur Zierde, ohne informativen Inhalt.

Der allgemeine Konsens ist aber doch, dass im Middle Stone Age der Übergang von der reinen Dekoration zum Symbolismus stattfand und dass einige der Ritzmuster auf diesen sehr alten Artefakten den Erstellern dazu dienten, Informationen festzuhalten. Diese Informationen können in den Jäger-und-Sammler-Gemeinschaften verschiedene Funktionen erfüllt haben, zum Teil wohl auch numerische. Vor allem bei mehreren Reihen ähnlicher Markierungen, die nebeneinander und in regelmäßigen Abständen angebracht sind, ist es naheliegend, sie als Beleg für einen Zählvorgang zu deuten – umso mehr, wenn die Markierungen in (unregelmäßige) Gruppen unterteilt sind. Einige Kratzer sind demnach wirklich Strichlisten.

Ein Beispiel: Vor etwa 20 000 bis 25 000 Jahren lebte eine Gruppe Menschen am heutigen Rutanzige-See in der Demokratischen Republik Kongo. Sie waren womöglich sesshafter als die meisten ihrer Vorfahren und ernährten sich von Fischen aus dem See, die sie mit

Speeren und Harpunen fingen. Ihre Werkzeuge versahen sie mit Quarzspitzen, wie der Fund eines zehn Zentimeter langen Säugetier-Wadenbeins beweist, an dessen Ende ein Stück Quarz angebracht wurde. Der genaue Verwendungszweck dieses Knochens ist allerdings unbekannt – er könnte als Ritzwerkzeug oder zum Tätowieren genutzt worden sein. Er ist vermutlich das meistdiskutierte Artefakt der prähistorischen Mathematik, da er neben seinen funktionalen Eigenschaften auch 16 Gruppen aus Kerben aufweist, die in drei Spalten angeordnet sind. Genau genommen bestehen die Gruppen der ersten Spalte aus elf, 13, 17 und 19 Kerben, die der zweiten aus drei, sechs, vier, acht, zehn, fünf, noch einmal fünf und sieben Kerben und die der letzten Spalte aus elf, 21, 19 und neun Kerben. Es handelt sich um klar erkennbare, eindeutig angeordnete Markierungen, die wohl kaum zufällig oder zu Dekorationszwecken entstanden sein dürften, und die Deutungsversuche konzentrieren sich verständlicherweise auf die Annahme, dass es sich um Strichlisten handelt, die als Teil eines Zählvorgangs entstanden sind und das Ergebnis anschließend für andere dokumentieren sollten – potenziell bis in unsere Zeit hinein.

Aber was haben die Kerbenritzer gezählt? Das herauszufinden, scheint unmöglich. Sollten Besitztümer gezählt werden? Ressourcen verwaltet? Ereignisse dokumentiert? Eine Hypothese lautet, dass man auf diese Weise den Überblick über die aufgestellten Tierfallen behalten wollte, eine andere, dass Nahrungsmittel gezählt werden mussten, um damit über den Winter zu kommen, insbesondere, wenn das Klima in der Region kälter oder trockener wurde. Andere Deutungsansätze führen Handel, Glücksspiel oder Rituale ins Feld, und auch die Verteilung eines Ernteüberschusses ist denkbar. Doch all diese Möglichkeiten enthalten Annahmen über das Leben der damaligen Menschen, die sich nicht überprüfen lassen.

Man hat große Bemühungen unternommen, in der Anordnung der Kerben gewisse Systematiken auszumachen, in der Hoffnung, daraus Erkenntnisse über ihre Bedeutung ableiten zu können. Insgesamt handelt es sich um 168 Linien – 60 in den beiden äußeren

Der Ishango-Knochen vom Rutanzige-See

Spalten, 48 in der Mitte – und es ist verlockend, von irgendeinem Gebrauchsgut auszugehen, das in Zwölferpacks daherkam und aufgeteilt werden sollte. Andere Ansätze konzentrieren sich auf die Tatsache, dass in der ersten Spalte ausschließlich Primzahlen vertreten sind, in der dritten die Nachbarzahlen von zehn und zwanzig und in der Mitte mehrere Paare aus einer Zahl und dem jeweils Doppelten. Durchaus denkbar, dass diese Konstellationen sich aus einer Art Spiel ergaben. Ein Kalender hingegen lässt sich nur schwer mit diesen Zahlen vereinbaren, auch wenn es entsprechende Deutungsversuche gab.

Der Knochen vom Rutanzige-See (heute meist als Ishango-Knochen bezeichnet) zeigt, wie komplex die Strichlisten gegen Ende der afrikanischen Steinzeit teilweise ausfielen, aber auch, vor welche Rätsel uns diese Art von Funden stellen. Immerhin ist relativ unumstritten, dass die einzelnen Kerben eine Bedeutung hatten – ihr Sinn ergibt sich nicht aus dem Muster als solchem, sondern aus den einzelnen Linien. Dennoch lässt sich nicht mit Gewissheit sagen, dass die Markierungen Zahlen darstellten, und was genau dort gezählt wurde, ist unmöglich zu ermitteln.

•

Der *Homo erectus* verbreitete sich vor mehr als einer Million Jahren von Afrika nach Eurasien, und vor einer halben Million Jahren waren Werkzeug herstellende Hominiden bereits von der Südspitze Afrikas bis nach Spanien, England und Nordindien zu finden. Vor rund 100 000 Jahren machten sich dann die ersten Ströme moderner Menschen (*Homo sapiens*) auf den Weg aus Afrika hinaus – einige erfolgreich, andere nicht. Ein Teil gelangte entlang der Küste nach Asien, andere durch die Levante nach Europa. Mit der Zeit verdrängten sie sämtliche Nachkommen des *Homo erectus*, auf die sie stießen – unter anderem die Denisova-Menschen in Asien und die Neandertaler in Europa (deren Fähigkeiten und kultureller Entwicklungsstatus übrigens umstritten sind). Die *Homo sapiens* breiteten sich weiter nach China, Australien, Japan, Indonesien, Ost-Russland, Nordamerika und Südamerika aus. Außerdem kehrten sie zurück nach Nordafrika. In Australien trafen sie vor rund 65 000 Jahren ein, während sie in Europa seit etwa 40 000 Jahren dominieren.

Aus dem dünnen Rinnsal (möglicher) Strichlisten wird in dieser Zeit ein deutlich stärkerer Strom, vor allem im prähistorischen Europa. Entsprechende Artefakte wurden an mehr als 40 Ausgrabungsstätten entdeckt, was auf eine weit verbreitete Tradition hindeutet, die vielleicht sogar durchgängig über einen langen Zeitraum hinweg bestand. Fast alle diese Gegenstände sind klein, maximal handgroß und gut transportabel. Dass sie bis heute existieren und gefunden wurden, ist pures Glück, und es erscheint höchst wahrscheinlich, dass es sich nur um die Überreste einer einstmals deutlich größeren Menge von Objekten handelt. Darunter dürften auch Markierungen auf vergänglichen Materialien wie Holz gewesen sein, die nicht erhalten sind.

Mikroskopische Studien und akkurate wissenschaftliche Nachbildungen haben eine Fülle an Informationen über die Entstehung der Markierungen auf diesen Fundstücken ans Tageslicht gebracht. Manche Kerben wurden durch einen oder mehrere Schläge erzeugt, andere hingegen durch eine Schneidebewegung mit einer Klinge oder die Drehung einer Spitze. Es kam vor, dass sich Werkzeuge abnutzten, zerbrachen oder ersetzt werden mussten. Oder sie wurden nachgeschärft oder von einer Hand in die andere gewechselt. Die Markierungen dokumentieren auf außergewöhnlich direkte Weise das Verhalten der Klinge auf dem Knochen oder einer anderen Oberfläche – und dadurch die Handlungen derer, die sie angefertigt haben. Sie vermitteln uns das unwiderstehliche Gefühl, die Gedankengänge dieser prähistorischen Menschen in die Gegenwart zu holen.

Und trotzdem entzieht sich dieses Denken weiterhin unserem Zugriff: Schon die Motivation für die Markierungen bleibt unklar. Allein die Versuche, eine Antwort auf die Frage danach zu finden, wären eine eigene Studie wert. Als Archäologen im neunzehnten Jahrhundert auf die ersten Artefakte dieser Art stießen, deuteten sie die Strichlisten häufig als Verzeichnis der bei der Jagd erlegten Tiere. Diese Theorie wurde im Verlauf des folgenden Jahrhunderts von einer Vielzahl anderer Interpretationen verdrängt, etwa dass die Markierungen die Anzahl der Teilnehmenden bei einem Ritual festhielten oder Teil eines Spiels waren. Eine in den 1980er-Jahren beliebte These besagte, dass die in Gruppen angeordneten Kerben einen Mondkalender darstellten, analog zu den Abzählkalendern der nordamerikanischen Urbevölkerung. Doch sämtliche dieser Deutungen krankten daran, dass es keine eindeutigen Belege dafür gab und ein Symbol, das aus seinem ursprünglichen Zusammenhang gerissen wurde, so gut wie alles bedeuten kann.

Hin und wieder ist allerdings etwas mehr Kontext vorhanden. Im Paläolithikum entstanden an verschiedenen Orten in Europa Höhlenmalereien – Darstellungen von Menschen und Tieren an Wänden. Unter einem Felsüberhang bei Laussel in der Dordogne wurden mehrere menschliche Figuren in den Sandstein gemeißelt. Eine von ihnen ist mittlerweile abgebrochen (bzw. mit den heldenhaften archäologischen Methoden des neunzehnten Jahrhunderts »geborgen«) und anschließend weggebracht worden. Nicht alle diese Gestalten lassen sich ohne Weiteres deuten, aber zwei von ihnen zeigen eindeutig Frauen, eine andere einen jungen Mann.

Eine vierte – die, die vom Fundort entfernt wurde – stellt eine schwangere Frau mit einem Wisenthorn in der rechten Hand dar. Diese Darstellung enthält mit großer Wahrscheinlichkeit eine Strichliste: Auf dem Horn befindet sich eine Reihe von dreizehn Einkerbungen. Die Figur ist insgesamt etwa 40 Zentimeter hoch, und Spuren von roter Farbe – Ocker – deuten darauf hin, dass sie einst teilweise oder ganz bemalt war, vielleicht auf die gleiche Weise, wie zu jener Zeit auch menschliche Körper mit Ocker bemalt wurden.

Jene Periode ist bekannt für ihre vielen Frauendarstellungen, vor allem in Form kleiner, tragbarer Statuetten. Verglichen mit Kunstwerken aus der späteren Eiszeit entsprechen sie keinem festen Schema; einige Archäologen sind der Ansicht, dass die Abbildungen eher individuelle Frauen darstellen als ideale Körper oder sogar Göttinnen (die alte Bezeichnung »Venus« ist trotzdem noch nicht ganz verschwunden). Sicher ist jedoch, dass es sich um realistische Repräsentationen verschiedener körperlicher Zustände wie Jugend, Alter oder Schwangerschaft handelt. Um das hervorzuheben, wurden Details wie Hände, Füße oder Haare häufig vernachlässigt.

Die Frau von Laussel ist ein hervorragendes Beispiel für diese Kunstform. Ungewöhnlich ist in diesem Fall, dass das Haar der Frau deutlich zu erkennen ist, ebenso wie eine der Hände (samt Fingern), mit der die Frau auf ihren Bauch deutet, als wolle sie die Aufmerksamkeit auf ihre Schwangerschaft lenken. Schlüsselbein, Hüfte und Nabel treten deutlich hervor oder sind zumindest angedeutet, und die Haltung der Frau ist realistisch – eine Schulter befindet sich etwas

Die Frau von Laussel

oberhalb der anderen, weil der dazugehörige Arm das Horn emporreckt. Die Frau hat den Kopf in Richtung des Horns gedreht. Ihr Gesicht allerdings ist nicht einmal schemenhaft dargestellt, und ihre Füße sind kaum zu erahnen. Außerdem sind die Körperproportionen etwas verzerrt. All das sorgt dafür, dass die Frau eher wie eine echte Person wirkt als wie eine Fantasievorstellung des Künstlers.

Die Markierungen auf dem Horn bilden eine Reihe. Anders als auf dem Ishango-Knochen ist keine durch Gruppierungen bewirkte interne Struktur festzustellen; die Abstände zwischen den Linien sind in etwa gleich. Die Kerben selbst sind nicht ganz identisch – die zweite von hinten gleicht eher einem Y als einer Linie (auf der linken Hüfte der Frau ist ein ähnliches Zeichen zu sehen), und die elf davor lassen sich aufgrund ihrer unterschiedlichen Länge und Breite in zwei Vierer- und eine Dreiergruppe einteilen, aber das könnte auch überinterpretiert sein.

Was hat das Bild zu bedeuten? Wer war die Frau? Und was hat sie gezählt? Wie es bei prähistorischer Kunst oft der Fall ist, existieren für die Frau von Laussel und ihr Horn viele Erklärungsversuche. Die Thesen reichten von einer Liste erlegter Tiere bis zu einem magischen Kultobjekt – vielleicht entsprachen die Kerben ja sogar einer Bitte um eine bestimmte Anzahl an Tieren? Das Horn wurde als Trinkhorn, als Musikinstrument und als Füllhorn gedeutet. Auch eine Interpretation als »Mondkalender« wurde bemüht: Schließlich entspricht die Anzahl der Einkerbungen – dreizehn – der Anzahl der Mondzyklen pro Jahr, und das Horn weist eine gewisse Ähnlichkeit zu einer Mondsichel auf. Jüngere Deutungsansätze kreisten eher um die Idee, dass es sich um einen Fruchtbarkeits- oder gynäkologischen Kalender handeln könnte, wodurch eine Brücke geschlagen wurde zwischen der offenkundigen Schwangerschaft der Frau und der Möglichkeit, dass die Kerben für Tage oder Monate stehen könnten. Das Musée d'Aquitaine, wo sich die Figur heute befindet, schreibt: »Bedauerlicherweise wird uns die tiefere Bedeutung dieses Kunstwerks wohl immer verborgen bleiben.« Prähistorische Strichlisten üben einfach eine ungebrochene Faszination auf uns aus.

Cosquer: Zählen mit der Hand

Vor 27000 Jahren an der Nordküste des Mittelmeeres. Eine Gruppe von Männern und Frauen betritt eine Grotte an einem langgezogenen Hang zwischen Eisfläche und Meer. Sie haben Kohle, Ocker und Kienspäne dabei. Ein Gang führt zu einer Felsenkammer, die so groß ist, dass das Licht der Fackeln nicht ausreicht, um sie in Gänze zu erhellen. Stalagmiten, Stalaktiten, natürliche Säulen und Ablagerungen an den Wänden verstärken die unwirkliche Atmosphäre des Ortes. Vorsichtig klettern die Menschen die Wände hoch. Einer nimmt etwas Pigmentfarbe in den Mund, drückt eine Hand weit oben gegen den Felsen und bläst die Farbe so dagegen, dass ein Abdruck entsteht.

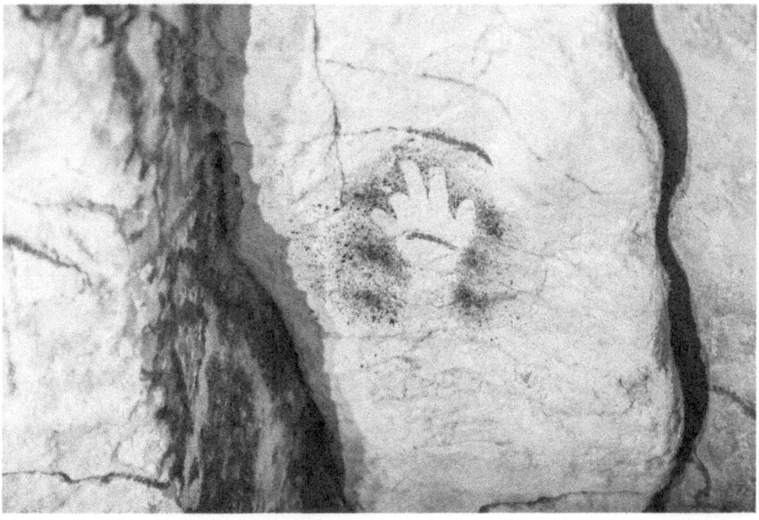

Handabdruck in der Cosquer-Höhle

In der Welt der Steinzeitmenschen gab es also aufgefädelte Schneckenhäuser und Markierungen auf Oberflächen – beides ließ sich herstellen, verwenden und für Spiele und Experimente einsetzen, bevor und auch nachdem damit die Antwort auf die Frage »Wie viele?« protokolliert, also gezählt wurde. Gleichzeitig stand auch die menschliche Hand zur Verfügung, die eine beschränktere, aber zugleich unmittelbarere Möglichkeit darstellte, den Überblick über eine Reihe von Abläufen oder Objekten zu behalten.

Im Vergleich zum gesprochenen Wort wurden Gesten erst spät schriftlich dokumentiert, und es dauerte lange, bis sie in den Fokus derer rückten, die sich ernsthaft mit den Ausdrucksmitteln und Ursprüngen der Sprache befassten. Dabei wird heute immer wieder vermutet, dass die Menschheit schon mit Gesten kommunizierte, bevor es Sprache gab. Gesten sind einfach und verständlich, sowohl für den Anwender als auch für andere, und werden instinktiv von kleinen Kindern verwendet, noch bevor diese die Kontrolle über ihren Stimmapparat erlangen. (Das Gleiche gilt für andere Primaten: Verglichen mit ihrem Umgang mit Lauten sind sie im Umgang mit Gesten im Allgemeinen deutlich spontaner und flexibler und erlernen schneller neue.) Vielleicht setzten auch die frühen Hominiden auf Gesten, noch bevor sie zu sprechen lernten – um Aufmerksamkeit auf etwas zu lenken, andere zu erwünschten Verhaltensweisen zu bewegen und das Miteinander zu erleichtern.

In Hinblick auf das Zählen (oder die »wilden Zahlenstrahlen«, die schon vor dem eigentlichen Zählen existierten) stellen unsere Finger eine Reihe mit einer stabilen Abfolge dar – eine Reihe, die buchstäblich immer zur Hand ist. So wie die aufgefädelten Schneckenhäuser und Kerben schon lange existierten, beherrschte man auch die Fähigkeit, nacheinander die Finger zu krümmen, bereits über viele Generationen hinweg, bevor die Menschen sie einsetzten, um eine Abfolge von Ereignissen oder Gegenständen zu protokollieren. Damit stellt das Ausstrecken und Beugen der Finger eine weitere Brücke zwischen spielerischen Experimenten und dem eigentlichen Zählen dar.

Ein weiterer Vorteil besteht darin, dass die Anzahl der Finger einer Hand geringfügig über der Subitisationsgrenze von vier liegt. Während die ersten vier Finger mithilfe der Subitisation erfasst und unterschieden werden konnten, ergänzt die ganze ausgestreckte Hand diese Reihe um eine weitere Einheit – mit einer Geste, die leicht zu bewerkstelligen und zu erkennen ist. Womöglich war das ein erster Schritt von den kleinen, auf einen Blick auszumachenden Mengen hin zu allem darüber hinaus.

Auf ähnliche Weise kann das Krümmen oder Ausstrecken der Finger einer Hand als Übergang vom stillen Zählen zur Kommunikation mit anderen dienen. Eine Geste ist, anders als Kerben oder Artefakte, nicht von Dauer, aber man kann sie anderen zeigen und sie somit beispielsweise als Antwort auf die Frage »Wie viele?« einsetzen – in gewisser Weise also als »Zahlwort«.

Wie plausibel diese Überlegungen sind, lässt sich heute – bedauerlicherweise – nicht mehr ermitteln, da es anscheinend keine Kultur gibt, die ausschließlich Gesten als Zählweise kennt und anhand derer sich die These überprüfen ließe. Stattdessen kann man allerdings kleine Kinder beobachten, die früh lernen, einen Finger nach dem anderen auszustrecken und diese Gesten – in unserer modernen, zahlengesättigten Welt – mit anderen Zählmethoden zu verbinden. Es gibt überzeugende Belege dafür, dass Kinder Zahlengesten erlernen, bevor sie Zahlwörter verinnerlichen, und dass sie bei kleinen Mengen zu Beginn des Lernprozesses häufiger richtigliegen, wenn sie Gesten statt Wörter benutzen. Es lassen sich sogar Hinweise darauf finden, dass die Beherrschung der Gesten das Erlernen der Wörter begünstigt.

Das Fingerzählen ist so verbreitet, dass in unserem Umgang mit Zahlen bis heute Spuren davon enthalten sind. Erwachsene verrechnen sich häufiger um fünf – eine Handvoll – als um andere Beträge, selbst wenn sie Worte oder geschriebene Symbole verwenden statt ihrer Finger. Das könnte darauf hindeuten, dass wir Zahlen weiterhin zumindest zum Teil mit Handgesten assoziieren. Fingergnosie – die Fähigkeit, zu erkennen, welcher unserer Finger berührt wird, ohne sie sehen zu können – ist ein zuverlässiger Indikator der arithmetischen Kompetenz, zuverlässiger als die allgemeine Intelligenz. Zudem neigen Erwachsene dazu, deutlich langsamer zu zählen oder zu rechnen, wenn ihre Finger anderweitig beschäftigt sind.

So viel zu den aktuellen Erkenntnissen. Was das Paläolithikum betrifft, gibt es erstaunlich konkrete Hinweise auf die Fingernutzung – und zwar von bestimmten Menschengruppen, die einen Weg fanden, ihre Gesten für die Nachwelt zu erhalten.

•

Während der letzten Eiszeit (vor ungefähr 30 000 bis 10 000 Jahren) war ein schmaler Streifen Land, der heute am Südrand Europas liegt, von Menschen besiedelt. Obwohl ein Großteil des Kontinents einer Eiswüste glich, war es in dieser Gegend direkt am Mittelmeer nicht unerträglich kalt. Im Sommer erreichten die Temperaturen zwölf bis fünfzehn Grad, und die Winter fielen mild genug aus, um sie überleben zu können. In den geschützten Tälern wuchsen Mischwälder, und Land und Meer waren von einer Fülle an Tierarten bevölkert, von denen sich die Menschen dort hauptsächlich ernährten. Was die verwendeten Werkzeuge angeht, gab es damals von Nordspanien bis in die russische Steppe kaum Unterschiede – überall wurden Klingen, Pfeile und Speere benutzt –, und Ähnliches galt auch für die künstlerischen Traditionen. Über das Alltagsleben dieser Menschen haben wir kaum gesicherte Erkenntnisse, doch der Fokus lag in erster Linie auf der Jagd, und es ist möglich, dass die Menschen den verschiedenen Herden über das Jahr hinweg von Ort zu Ort folgten.

Ein wichtiger Faktor für die Lebensweise war das Klima, und natürliche Schutzräume wurden gern genutzt. Ein solcher Ort war eine Höhle an der Südküste des heutigen Frankreichs, ein paar Kilometer südöstlich von Marseille. Der Eingang lag am Fuß einer Kalksteinklippe und war gerade so breit, dass zwei oder drei Menschen nebeneinander hindurchpassten. Dahinter verlief ein Gang, der über eine Strecke von 175 Metern kontinuierlich anstieg und sich dann zu einer großen Höhle erweiterte, die 60 Meter tief und stellenweise dreimal so hoch wie ein Mensch war. An ihrem Ende befanden sich ein 30 Meter hoher Felsdom und ein beinahe ebenso tiefer Schacht. Das darüberliegende Gelände war so steil, dass die Kammer tief unter der Erde lag. Und es gab nur einen Zugang. Das machte sie zu einem sehr abgelegenen, mystischen Ort, an dem es ohne Fackeln stockfinster war.

Als Wohnraum wurde die Höhle nicht genutzt. Man entfachte dort Feuer, um für Licht zu sorgen, nicht um Essen zuzubereiten. Die Menschen trugen Fackeln hinein, deren Asche sich überall auf dem Boden verteilte.

Im flackernden Licht der Flammen dekorierten sie die Wände mit Malereien und eingeritzten Zeichnungen, von denen die ersten bereits vor mehr als 27 000 Jahren entstanden. In der weichen Kalzitschicht auf den Wänden prangen Fingerzeichnungen. Die Menschen drangen in sämtliche Bereiche der Höhle vor, selbst – oder gerade – zum unzugänglichsten Teil der Decke, wo sie Dutzende Quadratmeter Stein mit einfachen, mit Fingern gezogenen Linien bedeckten. Die einander überlagernden Kurven, Zickzackmuster und Schnörkel weisen – neben allem anderem – klar darauf hin, dass hier Menschen anwesend waren und sich den Ort zu eigen machten.

An den härteren Bereichen der Wände finden sich Malereien und Ritzzeichnungen – ein Wisent, vielleicht ein paar Pferde. Die teilweise mehr als einen Meter großen Bilder entstanden schnell, in wenigen Minuten, und bestehen aus einfachen, schematischen Linien. Einige sind mit Zeichen versehen: lange, gezackte Linien, die quer über die Tiere verlaufen, oder bestimmte Zickzack- und Winkelmuster. Waren das Symbole für die Jagd? Für Waffen? Oder sollten sie Fährten oder Tiergesichter darstellen?

Ungefähr aus der gleichen Zeit stammen auch die Handnegative, die zu Dutzenden auf den Wänden zu sehen sind und deutlich mehr

Aufwand, Zeit und Vorbereitung gekostet haben dürften als die schematischen Linienmuster und Tierzeichnungen. Sie wurden angefertigt, indem man Pigmentfarbe – roten Ton oder Kohle – mit Wasser anrührte, das Gemisch in den Mund nahm und es, womöglich mithilfe eines Strohhalms, an die Wand blies. Wenn man dabei die Hand an die Wand drückte, entstand ein markantes Bild: ein roter oder schwarzer Fleck mit einem klar umrissenen Abdruck der Hand in der Mitte, in der Farbe des Gesteins. Falls ein Mundvoll Farbe nicht ausreichte, konnte man das Ganze wiederholen, oder man besserte die entsprechenden Stellen händisch mit Pigmentfarbe aus. Auf diese Weise entstand eine Fülle von Abdrücken in verschiedenen Teilen der Höhle.

Derartige Handnegative sind eine typische Kunstform der Eiszeit und finden sich in drei Dutzend Höhlen im heutigen Spanien, Frankreich und Italien. Es gibt sie aber auch außerhalb dieser Region, beispielsweise in der Kunst der australischen Aborigines. Die französische Höhle, die heute als Cosquer-Grotte bekannt ist, enthält mehr als 60 dieser Abdrücke – es handelt sich um eine der größten bekannten Sammlungen.

Die Handabdrücke sind unregelmäßig über die Höhlenwände verteilt, allerdings nur auf der östlichen und nordöstlichen Seite der Kammer, also beim Hereinkommen rechts. Die meisten von ihnen befinden sich rund um den Schacht und die Deckenwölbung im Ostteil der Hauptkammer – im unzugänglichsten Teil der Höhle, häufig an Stellen, die nur durch Klettern zu erreichen sind. Man kann es so deuten, dass eine Reihe hauptsächlich roter Abdrücke durch die Hauptkammer zum Schacht führt, während eine große Gruppe von schwarzen Handnegativen direkt neben diesem Schacht prangt, sogar an einem Stalagmit darüber.

Die meisten der Abdrücke zeigen linke Hände (wenn man davon ausgeht, dass sie mit der Handfläche Richtung Wand entstanden). Wenn die Menschen damals so wie heute mehrheitlich Rechtshänder waren, könnten sie die geschicktere Hand genutzt haben, um eine

Fackel oder das Behältnis mit der Pigmentfarbe zu halten – oder um sich abzustützen, wenn sie keinen sicheren Stand hatten.

Wessen Hände sind in der Höhle zu sehen? Der Abdruckvorgang ist ein mechanischer, der automatisch die Besonderheiten der an die Wand gedrückten Hand reproduziert, unabhängig von stilistischen Vorlieben oder künstlerischen Konventionen. Die Abdrücke bringen uns die Personen, die sie erzeugt haben, fast schon trügerisch nahe – es handelt sich um Abbilder individueller Körperteile, ja sogar individueller Persönlichkeiten, die vor Zehntausenden Jahren gelebt haben. Sie fühlen sich fast wie Unterschriften an. Die Handbesitzer waren Erwachsene; in der Cosquer-Höhle gibt es keine Handabdrücke von Kindern. Um an die höhergelegenen Bereiche der Wände zu kommen, müssen sich die Menschen auf die Schultern genommen oder Gerüste errichtet haben (es sei denn, einige von ihnen waren mehr als zwei Meter groß).

Die abgebildeten Hände waren im Allgemeinen breit und kräftig, doch rund um den Schacht sind ein paar Exemplare mit schmalerem Handgelenk auszumachen. Die Länge und das Größenverhältnis der Finger entsprechen häufig – nicht immer – dem von modernen Frauen. Auch wenn es sich nicht mit Sicherheit sagen lässt, waren offenbar Männer und Frauen beteiligt. Außerdem sind einzelne Hände anscheinend mehrfach zu sehen – eine mit einem außergewöhnlich langen Zeigefinger, eine andere mit einem dickeren Ringfinger. Nur drei der Handnegative konnten bisher von Archäologen datiert werden, und es ist unmöglich zu sagen, wie viele verschiedene Menschen sich in der Höhle verewigt haben und über was für einen Zeitraum hinweg das geschah: Sind die Abdrücke alle an einem Tag entstanden? Im Verlauf einer Lebensspanne? Oder handelt es sich um ein Zeichen, das Besucher der Höhle über Jahrhunderte hinweg hinterlassen haben, sodass sie einander genauso unbekannt waren wie uns heute?

•

Was hat das Ganze denn nun mit dem Zählen zu tun? Einige der abgebildeten Hände sind unvollständig. Ein Teil der Finger ist verkürzt. Von den deutlich erkennbaren Handnegativen in der Höhle zeigt nicht einmal die Hälfte eine ganze Hand. Aus irgendeinem Grund fehlen bei den roten Abdrücken öfter Fingerglieder als bei den schwarzen. Unvollständige Handnegative sind auch aus einigen anderen Höhlen in Frankreich und Spanien bekannt, aber am häufigsten findet man sie in der Cosquer-Grotte.

Wie erzeugt man einen solchen Abdruck von einem Teil einer Hand? Eine mögliche Erklärung lautet, dass die abgebildeten Hände tatsächlich unvollständig waren, dass die betroffenen Jäger und Sammler durch Erfrierungen, Krankheiten oder rituelle Verstümmelungen Teile ihrer Finger verloren hatten. Dagegen spricht allerdings die Anzahl der unvollständigen Hände sowie die Tatsache, dass das Leben mit einer verstümmelten Hand im Paläolithikum enorme Nachteile mit sich gebracht haben dürfte. Daher tendieren viele Forscher zu einer einfacheren Erklärung: Die unvollständigen Abdrücke seien dadurch entstanden, dass die Handbesitzer bestimmte Finger krümmten. Moderne Experimente haben bestätigt, dass es durchaus möglich ist, Handnegative wie die in der Cosquer-Höhle zu erzeugen, indem man einen oder mehrere Finger abknickt und die Hand so gegen das Gestein drückt. Die gebeugten Finger verhindern, dass die Hand glatt auf der Oberfläche aufliegt, was einen leicht unscharfen Umriss zur Folge hat – genau wie bei den Abdrücken in der Höhle.

Bei vier Fingern und einem Daumen gibt es insgesamt 32 Möglichkeiten, keinen, einen oder mehrere Finger abzuknicken. In der Cosquer-Höhle finden sich allerdings nur fünf verschiedene Konstellationen, namentlich folgende: nur der Daumen, Daumen und Zeigefinger, Daumen, Zeigefinger und Mittelfinger, Daumen, Zeige-, Mittel- und Ringfinger oder alle fünf Finger. Das kann unmöglich Zufall sein. Hinzu kommt, dass eine dieser Konstellationen – nur den kleinen Finger zu beugen – relativ schwer zu halten ist. Die fünf Handformen in der Höhle müssen bewusst gewählt worden sein.

Warum? Wie auch bei anderen prähistorischen Zeichen und Proto-Zeichen ist die generelle Bedeutung der paläolithischen Handnegative seit mehr als einem Jahrhundert ungeklärt; ein Wissenschaftler formulierte passenderweise, der moderne Betrachter sei hier »ungeladener Gast in einem Kommunikationssystem, das an andere adressiert« sei. Trotzdem kann man bei den Abdrücken in der Cosquer-Höhle vielleicht doch etwas weiter gehen und sagen, dass die fünf verwendeten Handgesten offenbar irgendeine Bedeutung hatten und die 27 anderen deshalb nicht auftauchen, weil sie in diesem System aussagelos waren. Dann landet man fast zwingend bei der Überlegung, ob die Gesten eine Form des Zählens darstellten. Sie bilden eine Reihe, in der immer ein Finger mehr ausgestreckt wird – eine der einfachsten Methoden, mit den Fingern bis fünf zu zählen. Damit wären die Handabdrücke ein guter Kandidat für das älteste dokumentierte Zahlenvokabular – ein Vokabular, das nicht aus gesprochenen Worten, sondern aus Gesten besteht, also einer Zeichensprache.

In anderen Höhlen bilden die Handnegative ein abweichendes Vokabular ab, mit Fingerkombinationen, die in der Cosquer-Grotte nicht vorkommen. An vielen Orten finden sich ausschließlich ganze Hände oder eine geringere Auswahl an abgeknickten Fingern. Vielleicht war die Sprache der Handzeichen von Ort zu Ort unterschiedlich; vielleicht spielen aber auch der Zufall, die schwierigen Umgebungsbedingungen und die Fragilität der Abdrücke eine Rolle. Doch all das ändert nichts an der Systematik und den – zurückhaltend formuliert – Deutungsmöglichkeiten in Bezug auf die Abdrücke in der Cosquer-Höhle.

Die jeweiligen Zahlengesten, wenn es sich denn um solche handelt, treten unterschiedlich häufig auf. Die mit Abstand größte Anzahl der Abdrücke zeigt die ganze Hand, und die Menge nimmt analog zur Fingerzahl kontinuierlich ab. Die einzige Ausnahme bilden interessanterweise die vier Finger, die seltener abgebildet sind als drei Finger. Ein Zeichen für null (logischerweise der Abdruck einer Faust, bei der alle fünf Finger abgeknickt sind), kommt gar nicht vor. Es lässt sich kein Zusammenhang zwischen den Abdrücken ausmachen – keine auf- oder absteigende Reihenfolge, keine Paare –, und genauso wenig gibt es zwei Handabdrücke, die so gruppiert sind, dass sie Zahlen größer als fünf darstellen könnten. Anders formuliert: Falls es sich hierbei um ein Zahlenvokabular handelte, umfasste es nur die Zahlen von eins bis fünf.

Wie bei ähnlichen prähistorischen Funden lässt sich unmöglich sagen, was genau gezählt wurde. Doch die räumliche Nähe zu Tierzeichnungen – die zum Teil mit gefiederten Symbolen versehen sind, die Waffen abbilden könnten – legt nahe, dass es um die Anzahl erlegter Tiere geht. Eine weitere Möglichkeit ist, dass die Abdrücke die Anzahl der Besuche in der Höhle dokumentierten.

Auch über den Grund, warum diese Gesten an genau diesem Ort durch Handnegative festgehalten wurden, herrscht Unklarheit. Eine Geste in einen solchen Abdruck zu überführen, bedeutet, sie außerhalb des eigenen Körpers und womöglich über die eigene Lebenszeit hinaus erhalten zu wollen, für unbekannte Menschen und noch ungeborene Generationen. Gleichzeitig setzt ein Handabdruck an der Wand einer tief im Erdinneren verborgenen Höhle voraus, dass diejenigen, die ihn sehen wollen, irgendwie dorthin gelangen müssen. Wie auch bestimmte Strichlisten waren diese Zahlendarstellungen nicht mobil und eigneten sich daher nicht für den Austausch mit anderen Gruppen an anderen Orten. Die Platzierung in einer dunklen Höhle am Ende eines langen Ganges deutet auf spezielle Umstände hin – von einem Spiel oder einem Scherz bis hin zu einem wichtigen Ritual scheint alles möglich.

•

Es ist nicht klar, wie lange die Cosquer-Höhle auf diese Weise genutzt wurde – Jahre, Jahrhunderte oder sogar noch länger. Doch irgendwann war es damit vorbei, und die Höhle stand offenbar für mehrere Jahrtausende leer, bis sie vor ungefähr 19 000 Jahren erneut betreten wurde. In dieser späteren Periode wurde ein Teil der Handabdrücke zerstört, abgekratzt oder übermalt. So entstand ein Palimpsest, erstellt von Menschen, die bis auf die Darstellungen an den Wänden nichts voneinander wussten. Das frühere Aussehen, die ursprüngliche Bedeutung der Höhle und ihrer Dekorationen ist deswegen schwer zu rekonstruieren.

Aus der zweiten Zeitspanne stammt eine Vielzahl von schwarzen Zeichnungen: mehr als 150 Darstellungen von Pferden, Wisenten, Hirschen, Robben und den damals noch nicht ausgestorbenen Riesenalken.

Anschließend stand die Höhle wieder leer, und als sich das Eis vor rund 16 000 Jahren langsam zurückzog, stieg der Meeresspiegel bis zum Höhleneingang an. Ab etwa 5000 v. u. Z. lag er unter Wasser – ein Schicksal, das ebenso viele andere Höhlen an der französischen Küste rund um Marseille und Cassis ereilte. Auch sie waren zum Teil sicherlich von prähistorischen Menschen genutzt worden. Um 500 u. Z. hatte das Meer ungefähr seine heutige Höhe erreicht; der Zugang zur Höhle lag mehr als 30 Meter unter der Wasseroberfläche. Das Salzwasser zerstörte vermutlich drei Viertel der Malereien, Abdrücke und Gravierungen, und die Höhle geriet in Vergessenheit, bis sie in den 1980er-Jahren von einem Berufstaucher wiederentdeckt wurde. Die Dokumentation der Kunstwerke erfolgte ab 1991, und heute ist die Cosquer-Höhle die einzige uns bekannte mit Wandmalereien versehene Höhle, deren Eingang unterhalb des Meeresspiegels liegt. Gleichzeitig ist sie der einzige Ort, an dem prähistorische Zahlendarstellungen in dieser Form gefunden wurden, weshalb es ein wahrer Glücksfall ist, dass diese bis heute bestehen. Ohne dieses Zeugnis wäre das Fingerzählen der Steinzeit einfach von der Bildfläche verschwunden.

Zählen mit Wörtern

Eine letzte Form, in der das Zählen in der afrikanischen Steinzeit existiert haben könnte, sind Wörter. Nun hinterlässt gesprochene Sprache natürlich keine Spuren, und es sollten noch viele Jahrtausende vergehen, bevor die Menschheit Methoden entwickelte, Gesprochenes schriftlich zu fixieren. Es gibt keine erstaunlichen Funde wie in der Cosquer-Höhle, die uns vermitteln würden, wie die Stimmen der Eiszeit klangen. Obwohl die Indizien ebenso zahlreich sind wie die Theorien dazu, werden wir wohl nie Gewissheit erlangen. Erneut ist das Rätsel Teil der Geschichte.

Es gilt im Grunde als gesichert, dass die menschliche Sprache in Afrika entstand, nach der Abspaltung des Menschen vom Schimpansen (vor etwa sechs bis sieben Millionen Jahren) und bevor sich die Menschheit über den Rest der Welt verteilte (vor gut 70 000 Jahren). Innerhalb dieser enormen Zeitspanne ist fast jede mögliche Hypothese bemüht worden, von einer frühen oder schrittweisen Entstehung der Sprache und einer Periode, in der mehrere Hominidenarten die gleiche Sprache teilten, bis hin zu einer späten und/oder plötzlichen Entstehung im Rahmen einer ganzen Reihe neuer Verhaltensweisen, zu deren offenkundigsten Folgen der Auszug aus Afrika zählte. Im Augenblick geht man in der Wissenschaft eher von einer allmählichen Entwicklung aus und stützt sich dabei unter anderem auf Hinweise im Genmaterial einiger relativ isoliert lebender afrikanischer Stämme, die sehr alte Sprachen sprechen. Diesen Forschungen zufolge existiert die menschliche Sprache seit mindestens 130 000 Jahren. Zudem gibt es Stimmen, die darauf beharren, dass gewisse, aus archäologischen

Funden ablesbare Entwicklungen – beispielsweise die Verwendung komplexerer Werkzeuge – Sprache voraussetzten oder dass symbolistische Handlungen wie der Einsatz von Ocker als Pigmentfarbe, die Herstellung von Muschelketten und das Einkerben von Oberflächen wie in Blombos als funktionelles Äquivalent zur Sprache zu betrachten seien. Doch da diese Hypothesen energischen Widerspruch geerntet haben, muss man wohl sagen, dass ein wissenschaftlicher Konsens bisher noch aussteht. Untersuchungen zu einem »Sprachgen« oder einer entsprechenden Kombination von Genen haben keine eindeutigen Ergebnisse hervorgebracht, und falls der Entstehung der Sprache eine Veränderung der menschlichen Anatomie zugrunde liegt – etwa eine geringfügige Verschiebung in der Hirnstruktur –, lässt diese sich nicht durch archäologische Funde bestätigen.

Wann auch immer der Mensch zu sprechen begann – es ist gut möglich, dass es Zeiten und Orte gab, in und an denen er bestimmte Objekte benennen konnte, aber noch keine Zahlwörter kannte.

Verbale Zählmethoden sind nicht einmal heute überall verbreitet: Obwohl praktisch jeder moderne Mensch in der Lage ist, Zahlwörter zu erlernen, geschieht das doch nicht überall, und nicht alle Menschen kommen über die ersten paar Wörter hinaus oder betrachten Zahlen als wichtig. Unterschiedliche kulturelle Gruppen messen dem Zählen einen unterschiedlichen Wert bei, was allerdings nichts mit abstrakten Kategorien wie »Entwicklungsgrad« oder »Zivilisiertheit« zu tun hat und auch nicht damit in Verbindung gebracht werden sollte. Es gibt durchaus Menschen, für die Zählen einfach nicht von Bedeutung ist. Daher gibt es keinen Anlass zu der Annahme, dass Zählwörter zum »Basisvokabular« der Menschheit gehören würden oder in einem bestimmten Stadium der Sprachentwicklung entstanden sein müssen. Es ist durchaus denkbar, dass Schneckenhäuser, Strichlisten und sogar entsprechende Fingergesten von Leuten ersonnen wurden, denen sprachliche Mittel zum Zählen abgingen.

Andererseits kennen fast alle der insgesamt etwa 7000 Sprachen, die heute gesprochen werden (oder erst vor so kurzer Zeit ausgestorben sind, dass sie dokumentiert sind) zumindest ein paar Zählwörter – Begriffe, mit denen sich die Frage »Wie viele?« präziser beantworten lässt als mit »wenig«, »ein paar« oder »viel«. Daraus wird häufig abgeleitet, dass zumindest einige Menschen aus der afrikanischen Steinzeit neben – oder statt – anderen Zählgewohnheiten auch über verbale Zählmethoden verfügt haben müssen.

Vielleicht kannten bestimmte Menschengruppen ritualisierte Lautabfolgen, mit denen sie wiederholte Tätigkeiten begleiteten und die mit der Zeit die Eigenschaften eines »wilden Zahlenstrahls« annahmen. Vielleicht galten diese Laute irgendwann als Wörter wie alle anderen auch und wurden als Adjektive benutzt, um die *Wie-viele*-Eigenschaft einer Gruppe von Gegenständen oder einer Reihe von Ereignissen zu beschreiben. Vielleicht entstanden daraus abgeleitet andere Wortformen, die als Antworten auf verwandte Fragen wie »Wie oft?« oder »Welches in der Reihe?« dienten. (Die potenzielle Liste der Zahlwörter ist umfangreicher, als man meint. Im Deutschen gibt es nicht nur Kardinalzahlwörter wie *eins, zwei, drei* und Ordnungszahlwörter wie *erstens, zweitens, drittens*, sondern auch beispielsweise Bruchzahlwörter wie *Hälfte, Drittel, Viertel* sowie Wörter für Wiederholungen – *einmal, zweimal, dreimal* – und Vervielfältigungen – *einfach, zweifach, dreifach*. In anderen Sprachen ist die Bandbreite an Möglichkeiten ähnlich, doch zum Teil gibt es dort sogar weitere Optionen, etwa die Distributivzahlwörter, die eine Antwort auf die Frage »Wie viele jeweils?« liefern. Diese Typen Zahlwörter sind in den dokumentierten Sprachen weit genug verbreitet, um davon auszugehen, dass eine Auswahl derartiger Zahlwörter bereits in sehr alten Sprachen vorgekommen sein dürfte.)

Wie diese frühen Zahlwörter klangen, ist unmöglich herauszufinden. Obwohl es gelegentlich Versuche gibt, den Wortschatz und die Phonologie von vor mehreren Zehntausend Jahren zu erschließen, stehen die meisten Linguisten diesen Rekonstruktionen eher skeptisch gegenüber, und das aus gutem Grund. Es dauerte nur tausend Jahre, bis die lateinische zur italienischen Sprache geworden war (und zur rumänischen, französischen, katalanischen, spanischen, portugiesischen etc.). Multipliziert man diesen Grad an Veränderung – auf der lautlichen, grammatikalischen und semantischen Ebene – mit 70 oder mehr, wird deutlich, dass das Rauschen das Signal überlagern würde. Es ist schlicht unmöglich, präzise Informationen über den Klang oder die Struktur der Sprache in der Zeit vor dem Auszug aus Afrika zu erlangen.

Vielleicht haben einige der Steinzeitmenschen sogar etwas weiter gezählt. Wenn das Inventar an Zahlwörtern nur fünf, sieben oder zehn Elemente umfasst, ist es kein Problem, wenn es sich dabei um arbiträre, nicht ableitbare Laute handelt. Doch sobald die Anzahl der Begriffe eine bestimmte Menge überschreitet, ist irgendeine interne Struktur nötig, um keine unerfüllbaren Ansprüche an das Gedächtnis der Sprechenden zu stellen. Nur so ist es Kindern möglich, die Wörter zu erlernen, und Erwachsenen, sie zu behalten. Heutzutage ist es die Norm, eine verhältnismäßig kleine Menge an Bezeichnungen immer wieder aufzugreifen und mithilfe von Multiplikation und Addition in höhere Zahlenbereiche vorzustoßen. (»Siebzehn« beispielsweise bedeutet *sieben und zehn*; »zweiundvierzig« *zwei und vier mal zehn.*) Eine Zahl, die in einem solchen System regelmäßig als Multiplikator verwendet wird, nennt man »Basis«, und es ist durchaus möglich – und gar nicht ungewöhnlich –, dass ein System über mehr als eine Basis verfügt. Auch dieses Merkmal findet sich nicht in allen modernen Sprachen, ist aber doch so verbreitet, dass die Annahme, die Menschen könnten schon in der afrikanischen Steinzeit ein Zählsystem mit einer solchen inneren Struktur verwendet haben, plausibel erscheint.

Erneut gilt, dass wir nicht mit Sicherheit wissen können, welche Zahlen damals als Basis dienten. Heute ist die mit Abstand gängigste Basis die Zehn, und es liegt nahe, eine Verbindung zur menschlichen Anatomie zu ziehen – zu den zehn Fingern beider Hände zusammen. Es ist häufig darauf hingewiesen worden, dass sich das Wort für »fünf« in vielen Sprachen vom Wort für »Hand« ableitet und dass einige

Bezeichnungen für »Finger« auch »Zahl« oder »Ziffer« bedeuten. Zugleich es ist nicht automatisch gegeben, dass Lebewesen, die jeweils fünf Finger bzw. Zehen an ihren vier Extremitäten haben, zwingend die Zehn zur Basis ihres Zählsystems erheben müssen. Genauso gut könnte es die Vier sein, wenn man alle Finger außer dem Daumen zählt, oder die Sechs, wenn man das Handgelenk mit einbezieht, oder natürlich ein Fünfer-System, weil man sich auf eine Hand beschränkt. Wer die Zehen mitzählt, landet bei zwanzig, und ebenso denkbar ist ein System mit der Basis zwölf, wenn man mithilfe des Daumens die drei Glieder der übrigen vier Finger abzählt ... Tatsächlich haben Historiker und Ethnologen herausgefunden, dass je nach Zeit und Ort ganz unterschiedliche Basen verwendet wurden, unter anderem zwei, drei, vier, fünf, sechs, sieben, zwölf, 15 und 20. Dass heute die Zehn dominiert, ist zum Teil dem Zufall zu verdanken; der Tatsache, dass eine kleine Anzahl überaus erfolgreicher Sprachen und Sprachfamilien sie als Basis einsetzt. Einen triftigen Grund dafür, unsere heutige Vorliebe für die Zehn auf die ferne Vergangenheit zu projizieren, gibt es nicht.

Es ist also durchaus denkbar, dass bei den Jägern und Sammlern der afrikanischen Steinzeit eine ähnliche Bandbreite an Zählsystemen existierte wie in den heutigen Kulturen. Das würde bedeuten, dass einige keine entsprechenden Wörter kannten, andere eine geringe Anzahl mit wenig oder keiner inneren Struktur und wieder andere ein größeres Inventar an Zahlwörtern, deren Bildung durch eine Basis bestimmt wurde. (Viele verfügten womöglich über das, was als »Numerus« bezeichnet wird: eine Unterscheidung zwischen der Singular- und der Pluralform bestimmter Wörter, vielleicht sogar zwischen mehreren Optionen wie Singular, Dual – also zwei Objekten –, Trial – also drei Objekten – und Plural. Zwingend notwendig war eine solche grammatikalische Unterscheidung aber nicht; auch heute trifft man sie nicht bei allen lebenden Sprachen an.)

Die verschiedenen Systeme waren kulturell bedingt, nicht biologisch vorgegeben. Außerdem dürften sie sich im Verlauf der Zeit verändert haben, über Hunderte Generationen hinweg vielleicht sogar bis zur Unkenntlichkeit.

•

Die Lebenswelt der afrikanischen Steinzeitmenschen enthielt also – zu gewissen Zeiten und an gewissen Orten – mindestens drei Formen konkreter Objekte, die als »wilde Zahlenstrahlen« gedient und den Übergang vom Nicht-Zählen zum Zählen erleichtert haben könnten: Finger, aufgefädelte Muscheln oder Schneckenhäuser und Kerben auf glatten Oberflächen. Es ist denkbar, dass eine gebräuchliche Abfolge von Lauten, die zu wiederholten Handlungen geäußert wurden, einem ähnlichen Zweck dienten und sich so zu den ersten Zahlwörtern entwickelten. Daneben ist es möglich, dass auch lose Zählsteine – die im Nachhinein unmöglich von gewöhnlichen Kieselsteinen, Knochensplittern oder anderen archäologischen Funden zu unterscheiden sind – als Zählhilfe benutzt wurden, obwohl sie sich durch das Fehlen einer naturgegebenen Reihenfolge nicht ganz so gut als »wilder Zahlenstrahl« eigneten.

Wie haben sich diese Vorläufer des Zählens – und die verschiedenen frühen Zählmethoden – gegenseitig beeinflusst? Was war zuerst da? Obwohl dazu viele mögliche Szenarien entworfen wurden, lässt sich das Mysterium rund um den Ursprung des Zählens nicht eindeutig entschlüsseln.

Eine Theorie besagt, dass als Erstes die Sprache dagewesen sein müsse – niemand würde gezielt Kerben in eine Oberfläche schnitzen, ohne über Begriffe für die entsprechende Anzahl zu verfügen. Oder existierten schon sehr früh Wörter für die subitisierbaren Mengen von eins bis vier, bevor das Zählen später mithilfe von Fingern, Schneckenhäusern und Kerben ausgeweitet wurde? Andere Wissenschaftler – aktuell sogar wahrscheinlich die Mehrheit von ihnen – sind der Meinung, dass Zählen keine Sprache voraussetzt: Ihnen zufolge erfindet man keine Wörter für etwas, das man noch nicht kennt, und sie gehen daher davon aus, dass die Finger, Schneckenhäuser und Kerben vor den Zählwörtern vorhanden waren. Vielleicht kamen die Zählwörter aber auch parallel zu den konkreten Zählmethoden auf.

Möglicherweise ist schon die Suche nach dem einen zutreffenden Szenario ein Irrweg. Eine treffende Bemerkung in Bezug auf die prähistorische Kunst lautet, dass man sich die Entwicklung nicht als eine Linie oder Leiter vorstellen dürfe, sondern eher als eine Art Busch. Analog dazu glich vielleicht auch die Entwicklungsgeschichte des Zählens in der afrikanischen Steinzeit eher einem Knotengarten als einem geraden Pfad, eher einer Sammlung von Kurzgeschichten als einem Roman. Die zeitlichen und räumlichen Distanzen sind gewaltig, selbst wenn man von den konservativsten Schätzungen in Bezug auf das Aufkommen und die Verbreitung des *Homo sapiens* ausgeht. Es ist gut möglich, dass innerhalb dieses Tausende Kilometer großen Areals über Zehntausende Jahre hinweg unterschiedliche Zählmethoden entstanden und wieder verschwunden sind – vielleicht sogar mehrfach, von Menschen, die einander nie trafen, in Afrika und außerhalb.

Unabhängig davon, was nun stimmt – Zählmethoden mit Schneckenhäusern, Kerben, Fingern und Wörtern finden sich überall auf der Welt, und man kann davon ausgehen, dass der moderne Mensch, als er vor vielleicht 70 000 Jahren begann, sich über die Grenzen Afrikas hinaus auszubreiten, jede einzelne davon anwendete. Das bereitete die Bühne für die große, globale Phase der Geschichte des Zählens.

Zwischenspiel

Die Zahlen

Zu irgendeinem Zeitpunkt der Geschichte fingen die Menschen an, Zahlwörter nicht einfach als eine Abfolge von Lautkombinationen zu betrachten, sondern als Eigenschaft einer Gruppe von Gegenständen – als Adjektive. Später gingen sie dazu über, sie nicht nur als Adjektive zu verwenden, sondern auch als Nomen (was in einigen Sprachen mit einer Veränderung des konkreten Wortlauts einhergeht). Nun bezeichnete ein Wort wie »drei« also nicht mehr nur eine bestimmte Eigenschaft einer Anzahl von Ereignissen oder Gegenständen (»Ich habe drei Äxte«), sondern stand zudem für ein abstraktes Konzept (»Drei ist eine kleine Zahl«). Das gilt nicht für alle Sprachen, und in vielen bewegen sich die Zahlwörter in einem merkwürdigen Zwischenraum irgendwo zwischen Adjektiven und Nomen – bei manchen, aber nicht allen von ihnen kann die Wortform dem Kasus oder Genus entsprechend angepasst werden, und einige verfügen sogar über eigene Pluralformen (im Deutschen kann man beispielsweise von »Hunderten« sprechen, aber nicht von »Neunundneunzigen«). Was jedoch die meisten Kulturen kennen, ist eine Kategorie namens »Zahlen«, deren Begriffe zumindest von den Zahlwörtern abgeleitet sind.

Die Beschäftigung mit dem Verhältnis zwischen den Zahlen nennt sich Arithmetik oder – bei komplexeren Fragestellungen – Zahlentheorie. Wenn Zahlen über das reine Bezeichnen von Mengen hinaus mit anderen Objekten oder Konzepten in Verbindung gebracht werden, spricht man von Numerologie oder Zahlensymbolik. Diese hat ihren Ursprung aller Wahrscheinlichkeit nach bereits in der Vorgeschichte und ist schon in sehr alten schriftlichen Quellen dokumentiert – wann genau sie entstand, lässt sich nicht sagen. Manch einer würde Funde wie den Ishango-Knochen oder die Frau von Laussel sicherlich eher als frühe Form der Auseinandersetzung mit Zahlen betrachten statt als reine Zählhilfen.

Aber was sind Zahlen?

Viele Menschen gehen intuitiv davon aus, dass hinter den verschiedenen Zählmethoden irgendetwas stehen muss, was deren Beständigkeit und ihre Verlässlichkeit garantiert – eine Reihe abstrakter Objekte mit Eigenschaften, die eine einheitliche Zählerfahrung gewährleisten. Anders formuliert: Zahlen, die in einer Welt unabhängig vom menschlichen Geist existieren, sogar unabhängig von der stofflichen Welt generell, in einem getrennten, ewigen Raum. Dieser Ansicht zufolge beschränkt das Wesen der Dinge die möglichen Zählmethoden, und die Geschichte des Zählens könnte als eine Art Streben nach der ultimativen Wahrheit über die Zahlen betrachtet werden. Dann würden die Zahlen und ihre Eigenschaften eine weitere Wurzel unseres Zählens darstellen, sogar die wichtigste von allen Wurzeln, die sowohl der angeborenen Wahrnehmung von Mengen und Verhältnissen zugrunde liegt als auch den Eigenschaften, die Menschen Schneckenhäusern, Strichlisten, Fingern und Zahlwörtern zugewiesen haben.

Dieses Gefühl ist jedoch nicht universell, und die Annahme lässt sich weder zufriedenstellend beweisen noch widerlegen. Wenn die Zahlen außerhalb von Zeit und Raum existieren, wie kommen sie dann in die Welt »hinein«? Wie wirken sie sich auf die Welt aus, und wie werden sie für den menschlichen Geist wahrnehmbar? Und ist es wirklich vorstellbar, dass nicht nur Zahlen wie eins, zwei und drei, sondern auch solche wie 2 938 239 856 837 641 seit Anbeginn der Zeit darauf gewartet haben, dass irgendjemand Verwendung für sie findet? Es muss doch sicherlich eine weniger extravagante Erklärung dafür geben, was passiert, wenn wir zählen.

Andere Menschen würden sagen, dass Zahlen jenseits der Strukturen unserer Welt keinen Bestand haben – ihrer Meinung nach handelt es sich dabei um eine Abstraktion menschlicher Erfahrungen, und der Fortbestand von Zahlen über Raum und Zeit hinweg erklärt sich durch den Fortbestand dieser Erfahrungen. Das intuitive Erfassen kleiner Mengen entspricht demnach der Erinnerung an Erfahrungen mit kleinen Gruppen von Objekten, während sich unsere Konzepte im Umgang mit größeren Mengen darauf zurückführen lassen, dass wir alle die gleichen arithmetischen Spiele spielen, nach den gleichen Regeln. Es gibt keinen Anlass zu der Annahme, dass die Zwei, die Drei oder irgendeine andere Zahl auch jenseits der Eigenschaften von Gegenstandsgruppen und Ereignisreihen existieren. Sämtliche Beschränkungen des Zählens sind den zufälligen Gegebenheiten der menschlichen Anatomie und den Lebensumständen der vergangenen Jahrtausende geschuldet.

Ein dritter Ansatz lautet, dass das menschliche Gehirn, unabhängig davon, wie das wahre Wesen der Zahlen denn nun aussieht, darauf ausgelegt ist, Mengen auf eine bestimmte Weise zu verarbeiten: Es spürt bestimmte Strukturen auf oder stülpt dem, was wir wahrnehmen, diese Strukturen sogar über. Laut dieser Sichtweise ergeben sich zumindest einige der Beschränkungen der menschlichen Zählweisen durch die Organisationsstrukturen des Gehirns, die im Endeffekt nicht auf eine übergeordnete Wahrheit zurückzuführen sind, sondern darauf, was evolutionär zweckdienlich war. Das eröffnet die schwindelerregende Möglichkeit, dass Zahlen in gewisser Weise eine gemeinschaftliche Illusion sind.

Es gibt in dieser Frage keinen Konsens, keine vorherrschende Meinung. Wirklich überzeugende Belege für oder gegen eine dieser drei

Positionen haben sich als extrem schwer zu beschaffen erwiesen. Unter den griechischen Philosophen der Antike hing Plato der einen Meinung an (Zahlen existieren für sich genommen), Aristoteles der anderen (Zahlen sind Abstraktionen unserer Erfahrungen). Und keiner ihrer Nachfolger hat je ein Argument gefunden, das *alle* von der einen oder anderen Position überzeugt hätte. Daher ist es nach wie vor umstritten, wie stark unser Zählen von den Gegebenheiten der menschlichen Physiologie bestimmt ist, wie stark – und ob überhaupt – vom Wesen der Dinge und in welchem Maße wir das Zählen als Bestandteil der menschlichen Kultur frei wählen und weitergeben.

Um die Vielzahl der tatsächlich angewendeten Zählmethoden in der Geschichte der Menschheit zu erkunden, ist eine Entscheidung für eine dieser Positionen allerdings zum Glück gar nicht nötig. Dieses Buch gibt sich Mühe, in dieser Frage unvoreingenommen zu bleiben.

Teil 2

Die Äste

3

Der Fruchtbare Halbmond: Zählen mit Wörtern und Symbolen

Wir verlassen Afrika entlang der fruchtbaren Gebiete, was vermutlich schon immer bedeutete, sich durch das Niltal – den einzigen Weg quer durch die Sahara – über die Levante, also den klimatisch gemäßigten Streifen Land zwischen der Großen Arabischen Wüste und dem Mittelmeer, bis zum anatolischen Gebirge zu begeben und sich dort nach rechts zu wenden, um dem Ufer des Euphrat oder des Tigris zu folgen, vielleicht bis hinab ans Meer, den heutigen Persischen Golf. Diese Route war von großer Bedeutung, als sich die Menschen (und mit ihnen auch Tiere und Pflanzen) vor Zehntausenden Jahren über Afrika hinaus ausbreiteten. Der gesamte beschriebene Bereich – der heute manchmal als Fruchtbarer Halbmond bezeichnet wird – entwickelte sich zu einer Wiege der Kultur. Er liegt an der Grenze dreier Kontinente – Afrika, Asien und Europa – sowie dreier Kontinentalplatten, deren Bewegungen die Region ihre tiefen Täler und hohen Berge verdankt: den Jordangraben, die Täler von Euphrat und Tigris, das anatolische Gebirge und den Kaukasus. Dementsprechend ist die Landschaft von großer Vielfalt geprägt: Es gibt Feuchtgebiete, Wüstenzonen, langsam wandernde Flusstäler und Berge.

Ein Zweig der Geschichte des Zählens erlebte seine Blüte in diesem Fruchtbaren Halbmond, ab dem Aufkommen der Schrift vor rund 5000 Jahren bis zum Hellenismus mehr als drei Jahrtausende später. In Sumer, Assyrien und Ägypten war das Zählen stets präsent, von den ersten Schriftstücken bis zur letzten Hochphase der ägyptischen Hieroglyphen unter griechischer Herrschaft, von der ersten Stadt der Welt bis in die letzten Jahrhunderte der Pharaonen. Man verwendete es in der Verwaltung, zur Dokumentation, um zu belegen, wem was gehörte, wer wen bezahlt hatte, und um zu prahlen.

Natürlich war die Region ein Flickenteppich aus verschiedenen Kulturen, die unterschiedliche Sprachen sprachen und Dinge – darunter auch das Zählen – unterschiedlich angingen. Dennoch ist es nicht falsch, Worte und Symbole als die herausragenden Zählinstrumente dieser Zeit und Region zu bezeichnen. Hier lassen sich erste konkrete Erkenntnisse über Zahlwörter erlangen: Die ältesten historisch belegten Zahlbegriffe stammen aus Sumer in Mesopotamien. Es ist einer der Orte, wo dem Repertoire der menschlichen Zählweisen ein neues Element hinzugefügt wurde: die Zahlensymbole.

Sumer: Das Zählen mit Symbolen

In der größten Stadt der Welt hockt ein Mann in der Sonne und formt einen Klumpen Ton zu einer flachen Tafel von der Größe seiner Handfläche. Dann nimmt er ein angespitztes Schilfrohr und ritzt ein Bild in den Ton: eine Ziege. Anschließend dreht er das Rohr um und drückt mit der stumpfen Seite Löcher in die Oberfläche: »disch, min, esch«. Das bedeutet »drei Ziegen«. Fünftausend Jahre später wird es immer noch »drei Ziegen« bedeuten. Das helle Licht der Schrift verändert alles.

Der östliche Teil des Fruchtbaren Halbmondes, heute auch als Mesopotamien bezeichnet, birgt schon für sich genommen viel von der Vielfalt, die die Region auszeichnet. Die alljährlichen Überschwemmungen sorgen für fruchtbares Land entlang der Flüsse, und an der Küste erstrecken sich Marschlande. Zu den verfügbaren Rohstoffen zählen neben Fisch, Ton und Schilfrohr auch Wildgerste und Weizen sowie Schafe, Ziegen, Rinder, Schweine und Kamele. Die Jagd- und Fischgründe sind sehr ertragreich, und die Region ist schon seit vielen Tausenden Jahren bewohnt.

Als die Temperaturen nach dem Ende der Eiszeit wieder stiegen, war dies die erste Weltregion, in der die Menschen begannen, ihre Nahrungsmittelversorgung zu steuern, indem sie gezielt Getreide anbauten – sie hielten Körner zurück, säten sie aus und ernteten und lagerten die Erträge. Die Ansiedlungen wanderten aus dem Norden Mesopotamiens in die Flussebenen, und ab etwa 7000 v. u. Z. gab es im Nahen Osten überall dort, wo genügend Regen fiel, landwirtschaftlich organisierte Dörfer – die äonenlange Abhängigkeit vom Jagen und Sammeln war überwunden.

Gegen Ende des vierten Jahrtausends v. u. Z. hatte die Besiedelung des Flachlands im Süden des heutigen Irak dank des fruchtbaren Bodens und zunehmend raffinierter Bewässerungssysteme stark zugenommen. Die Dörfer wuchsen, und die ersten Städte entstanden.

Für ihre Bewohner hieß die größte von ihnen einfach »die Stadt« – »*Uruk*«. Sie lag ganz im Süden von Mesopotamien am Ufer des Euphrat, nicht weit vom Persischen Golf; möglicherweise war sie aus zwei Ansiedlungen auf beiden Seiten des Flusses entstanden. Um das Jahr 3000 v. u. Z. erstreckte sie sich über zweieinhalb Quadratkilometer. Die Einwohnerzahl dürfte sich auf nahezu 40 000 Menschen belaufen haben. So etwas hatte die Welt damals noch nicht gesehen.

Prägendes Element des Stadtbilds war die 30 Hektar große Tempelanlage. Sie umfasste mehrere Terrassen, die für zeremonielle Zwecke genutzt wurden und zum Teil aus Stein gebaut waren, mit Mosaiken aus weißem, schwarzem und rotem Ton an den Wänden, und war weit über die Ebene hinweg sichtbar. Kulturell gesehen dominierte Uruk sämtliche der Ansiedlungen in der Umgebung. Die Stadt verbrauchte einen Großteil der Nahrungsmittel, die dort produziert wurden, und führte eine Spezialisierung der Arbeitskräfte ein: Von nun an gab es Fischer, Bauern, Gärtner, Jäger und Hirten, aber auch Weber, Töpfer, Schmiede und andere Berufsgruppen. Holz, Stein und Metall mussten importiert werden, was zu einem weitläufigen Tauschhandelsnetzwerk führte.

•

All das verlangte Organisationsstrukturen – in verschiedener Hinsicht. Im vierten Jahrtausend v. u. Z. verfügte die Stadt über einen Herrscher und eine Art Ratsversammlung, auch wenn deren genaue Funktionen heute im Dunkeln liegen. Um eine derart große Zahl von Menschen und Waren zu verwalten, war natürlich eine Sprache nötig, und die Bewohner Uruks und der umliegenden Dörfer sprachen das sogenannte Sumerisch, das mit keiner anderen bekannten Sprache verwandt ist und dessen Grammatik und Lautsystem bis heute nicht vollständig erforscht sind.

Außerdem musste gezählt werden.

Das Sumerische verfügte über eine Reihe von Zahlwörtern: *disch* oder *asch, min, esch, limmu, iá.* Aus diesen Grundbegriffen für die Zahlen von eins bis fünf wurden auch die Wörter für sechs bis neun zusammengesetzt: *iá-asch* wurde zu *ásch*, *iá-min* zu *imin* und so weiter. Die Sumerer verwendeten ein Dezimalsystem, wobei zehn *u* hieß, zwanzig *nisch*, dreißig *uschu* und so weiter bis sechzig – *gi* oder *gesch*. Die wenigen erhaltenen Quellen legen nahe, dass bei größeren Zahlen die Sechzig als Basis diente (Sexagesimalsystem), sodass 73 durch das sumerische Äquivalent von »sechzig, zehn, drei« ausgedrückt wurde und 162 durch »zwei-sechzig, vierzig, zwei«. Das Wort für 3600 (also 60 mal 60) war offenbar *schàr*, das für 216 000 (60 mal 60 mal 60) einigen Wissenschaftlern zufolge *schàr-gal.*

Die Verwendung von Fünf und Zehn in dieser Abfolge deutet indirekt auf einen möglichen Einsatz der Finger hin, wie er auch in einigen – wenn auch bei Weitem nicht allen – anderen Sprachen und Sprachfamilien üblich war. Es ist sehr wahrscheinlich, dass die Sumerer zwischenzeitlich mit den Fingern zählten, obwohl es keinen konkreten Beweis dafür gibt – Handabdrücke wie in der Cosquer-Höhle fehlen. Weiterhin ist denkbar, dass sie in frühen Zeiten Strichlisten angefertigt haben, doch auch diese sind nicht erhalten.

Deutlich wahrscheinlicher ist, dass in der mesopotamischen Welt Zählsteine verwendet wurden. Es ist unmöglich, unmarkierte Steinchen in archäologischen Funden zuverlässig als solche zu identifizieren, aber schon etwa 8000 v. u. Z. wurden an Orten im heutigen Syrien und Iran kleine Tongegenstände verwendet, bei denen naheliegt, dass zumindest einige von ihnen zeitweise als Zählsteine dienten. Insgesamt wurden in der Region zwischen dem Mittelmeer und Persien Tausende dieser Tonobjekte gefunden, und man muss davon ausgehen, dass die kunstvoll geformten Exemplare und diejenigen, die – womöglich zum Auffädeln – durchbohrt wurden, auch zu anderen Zwecken genutzt wurden als nur zum Zählen (ab etwa 4000 v. u. Z. steigt die Anzahl dieser Artefakte deutlich an). Dennoch belegen sie – ähnlich wie die deutlich älteren Schneckenhäuser –, dass es in der Umgebung der damaligen Menschen Gegenstände gab, die sich in eine feste Reihenfolge bringen und zum Zählen verwenden ließen. Wann und wie häufig das genau geschah, wird wohl ungeklärt bleiben.

Gegen Ende des vierten Jahrtausends v. u. Z. führten die Erfordernisse des Fernhandels und die Aufgabe, die größte Stadt der Welt zuverlässig mit Lebensmitteln und anderen Gütern zu versorgen, zu einer Reihe von Experimenten rund um die Informationsverwaltung. Feuchter Ton etwa ließ sich zum Versiegeln von Krügen und Säcken verwenden, ähnlich wie zu anderen Zeiten und an anderen Orten Wachs, und konnte zur besseren Absicherung darüber hinaus mit einem Stempelabdruck versehen werden. Einfache, flache Stempel gab es schon 6000 v. u. Z., doch deutlich kunstvoller waren die zylindrischen Siegel, die über den frischen Ton gerollt wurden, um das eingeprägte Muster darauf zu übertragen. Die ersten dieser Rollsiegel tauchten Mitte des vierten Jahrtausends v. u. Z. auf und bestanden aus Muschel, Knochen oder Stein. Sie waren für gewöhnlich ziemlich klein – selten länger als drei Zentimeter –, sodass ihre Herstellung viel Zeit und Kunstfertigkeit verlangte, da die abgebildeten Szenen zum Teil sehr aufwendig und detailliert gestaltet waren. Das Muster verriet allen, die damit zu tun hatten, wer der Besitzer des jeweiligen Siegels war. Der zunehmende Einsatz von Siegeln deutet darauf hin, dass es nicht mehr ausreichte, auf das Gedächtnis und mündliche Absprachen zu vertrauen, um Besitz in dieser Gesellschaft zuzuordnen und zu schützen – ein Effekt, der auf die Größe und die komplexen Strukturen der Gesellschaft zurückzuführen sein dürfte.

Eine weitere neuartige Form der Buchführung setzte ebenfalls auf Ton, allerdings in Form hohler Kugeln oder Gefäße, in die kleine

Tonstücke gefüllt werden konnten, bevor man sie verschloss. Größe, Form und Anzahl der eingeschlossenen Elemente standen höchstwahrscheinlich für bestimmte Typen und Mengen realer Gegenstände, und es ist durchaus möglich, dass das hier verwendete Symbolsystem auch in anderen Zusammenhängen Verwendung fand. Die Außenseite dieser sogenannten Bullen konnte mit einem Siegel oder mit Zeichen markiert werden, die auf die Anzahl der Tonstücke im Inneren verwiesen – da nur eine Handvoll von Artefakten erhalten sind, ist nicht klar, wie gebräuchlich diese Methode war oder wie sie genau funktionierte. Dennoch sind die Bullen der einzige konkrete Beweis für die Verwendung von Tonstücken als Zählmarken in dieser Region. Die Tongefäße waren ab etwa 3700 v. u. Z. vermutlich ein Jahrtausend lang in Gebrauch.

Sämtliche dieser tonbasierten Dokumentationssysteme stützten sich zumindest zum Teil weiterhin auf das Gedächtnis der Menschen; sie waren nur begrenzt in der Lage, Einzelheiten zu erfassen und vor Manipulation zu schützen. Es ist verlockend, an ihnen eine Entwicklung von einfachen zu komplexeren Ausführungen abzulesen, aber die – zum Teil weit voneinander entfernt liegenden – archäologischen Fundorte liefern nicht genügend Informationen zur zeitlichen Einordnung, um eine solche Entwicklung zu bestätigen. Daher ist es womöglich sinnvoller, die zweite Hälfte des vierten Jahrtausends v. u. Z., insbesondere die letzten zwei Jahrhunderte, ganz generell als Zeitalter der Innovation und Experimentierfreude zu verstehen, unabhängig vom genauen Ort und der Zielsetzung.

•

Eine weitere Möglichkeit bestand darin, einfach ein flaches Tontäfelchen zu nehmen und darauf alles einzuprägen, was dokumentiert werden sollte: den Abdruck eines Roll- oder Stempelsiegels, eine stilisierte Ritzzeichnung der entsprechenden Ware (eine Ziege, ein Schaf), angefertigt mit dem spitzen Ende eines Schilfrohrs, ein abs-

Zahlensymbole aus Uruk

traktes Zeichen, das als persönliche »Unterschrift« galt, und ein paar rasche Abdrücke mit der stumpfen Seite des Schreibrohrs, um die Anzahl (der Ziegen, Schafe o. Ä.) festzuhalten. In der Sonne trocknete der Ton schnell, sodass die eingeprägten Informationen dauerhaft erhalten blieben. Es war zwar möglich, den Ton wieder zu befeuchten und Änderungen vorzunehmen, aber derartige Manipulationen waren leicht zu erkennen. Sobald die Tafel ihren Zweck erfüllt hatte, konnte man sie in Wasser tauchen und wiederverwenden, oder man warf sie einfach weg.

Die ersten Artefakte dieser Art entstanden womöglich schon um 3500 v. u. Z., und die einfacheren von ihnen enthielten nur eine einzige Information: ein oder mehrere stilisierte Bilder plus eine Reihe Rohrabdrücke, um die Anzahl zu vermerken. Anfangs entsprachen die Mengendarstellungen schlichten Strichlisten; auf einem solchen Tontäfelchen, das im heutigen Syrien gefunden wurde, befinden sich 22 Abdrücke, die nicht weiter unterteilt sind.

In der Zeit zwischen 3200 bis 3100 v. u. Z. war diese Methode schon deutlich verfeinert und weiterentwickelt worden. Man benutzte weiterhin flache Tontafeln (meist mit etwa fünf bis 15 Zentimetern Kantenlänge, aber es gab auch größere und kleinere Exemplare) und Schreibrohre aus Schilf, die eine spitz zulaufende Seite hatten, um damit Zeichen einzuritzen, und ein stumpfes Ende, um Mengen zu markieren. Die Anzahl der Zeichen war auf mehrere Hundert gestiegen – einigen Schätzungen zufolge sogar fast ein Tausend –, und bei manchen von ihnen war der bildliche Ursprung nicht mehr auszumachen. Ein Großteil war so abstrakt, dass die Bedeutung erlernt und von Person zu Person weitergegeben werden musste.

Außerdem wurde die Oberfläche der Tafel jetzt durch Linien in mehrere Kästchen aufgeteilt, die jeweils unterschiedliche Informationen enthielten. Die Anordnung der Zeichen innerhalb dieser Kästchen war offenbar immer noch recht willkürlich, aber die Verwendung der Kästchen scheint mit der Zeit standardisiert worden zu sein, bis den Nutzern die Verbindung zwischen ihnen – und damit zwischen den verschiedenen Informationen – durch Konvention vertraut war.

Auch die Zahlzeichen hatten in der Zwischenzeit eine Entwicklung durchlaufen und waren jetzt ähnlich abstrakt wie die nicht-numerischen Zeichen. Wenn es um eine Anzahl von Gegenständen ging, bildete das System die Struktur der gesprochenen sumerischen Zahlwörter nach, mit eigenen Symbolen für 1, 10, 60, 600, 3600 und 36 000. Das Zeichen für 1 war ein kleines Dreieck, das für 60 ein größeres Dreieck und das für 3600 ein großer Kreis. Das Symbol für 10 war ein kleiner Kreis, der den Zeichen für 60 oder 3600 bei Bedarf hinzugefügt werden konnte, um 600 oder 36 000 zu bezeichnen. Jedes dieser Symbole wurde so oft wie nötig wiederholt, wobei die Zeichen für größere Zahlen für gewöhnlich links standen und kleinere rechts.

Für das Zählen bestimmter Waren wie etwa Getreide, Land, Bier oder Schafe hingegen gab es andere Zählsysteme mit anderen Zeichen und sogar einer anderen Systematik: Bei der Angabe von Getreidemengen beispielsweise kamen Symbole für ½, 1, 10, 60, 120, 1200 und 7200 zum Einsatz; bei Flächen existierten ebenfalls Zeichen für 1, 10, 60, dann aber für 180, 1800 und 10 800. Vermutlich basierten diese Systeme auf den jeweils gängigen Messinstrumenten wie Stäben und Gefäßen sowie deren Verhältnis zueinander – so spiegelten die Symbole etwa wider, dass der Inhalt eines größeren Gefäßes dem von zehn kleinen Gefäßen entsprach und so weiter.

Insgesamt gab es mindestens zwölf, vielleicht sogar fünfzehn verschiedene Zählsysteme. Einige Zeichen wurden nur in einem der Systeme verwendet, andere hingegen tauchten in verschiedenen auf, sodass man sie erst im Kontext richtig deuten konnte. Ein kleiner, runder Abdruck beispielsweise stand womöglich für zehn einzelne Gegenstände, vielleicht aber auch für 18 große Einheiten Land oder 30 kleine Einheiten Getreide …

•

Die Abdrücke und Einritzungen auf den Tontäfelchen von Uruk gelten als älteste Schriftform der Geschichte. Falls es frühere Versuche gab, gesprochene Worte durch Zeichen auf Oberflächen zu fixieren, sind diese nicht überliefert oder bisher nicht von Archäologen gefunden worden. Daher gilt: Obwohl es in der Uruk-Zeit eine ganze Reihe offenbar parallel ablaufender, konkurrierender Entwicklungen gab, um Informationen festzuhalten und Sachverhalte dauerhafter bzw. zuverlässiger abzubilden, als es Worte bzw. das Gedächtnis vermochten, war die letztendlich langlebigste und wichtigste Innovation von allen die Schrift (auch wenn die Tonbullen sowie die Roll- und Stempelsiegel ebenfalls mehrere Jahrhunderte lang Verwendung fanden). Allerdings wiesen diese frühen Schriftstücke nur einen Teil der Eigenschaften auf, die wir heute mit geschriebenen Texten in Verbindung bringen. So gab es beispielsweise keine feste Wortreihenfolge und auch keine konkreten grammatikalischen Formen. Die Zeichen stellten keinen Versuch dar, die gesprochene Sprache vollumfänglich nachzubilden; die Tafeln sind eher mit unseren heutigen Rechnungen und Quittungen zu vergleichen als mit Prosatexten.

Die numerischen Zeichen von Uruk sind die ersten Zahlensymbole der Welt – sie sind komplexer und abstrakter als reine Strichlisten, und ihre Struktur leitet sich eindeutig von den schon vorher vorhandenen Zahlwörtern ab. In der sumerischen Sprache nannte man erst die Anzahl der Zehner und dann die der Einer, oder aber die Anzahl der Sechziger, dann die der Zehner und zuletzt die der Einer. Wenn Sumerer über Getreidemengen sprachen, nannten sie die Anzahl der großen Gefäße, gefolgt von der Anzahl der kleinen. Die Symbole von Uruk folgten dem gleichen System: Man vermerkte zuerst die Sechziger, dann die Zehner, dann die Einer, oder eben erst ein Zeichen für jedes große Gefäß, dann für jedes kleine. Die Schriftsprache folgte also recht eng den sprachlichen Konventionen.

Archäologen haben rund fünftausend Tontäfelchen aus Uruk geborgen. Sie waren, nachdem sie ihren Zweck erfüllt hatten, als Baumaterial im Tempelkomplex wiederverwendet worden. Offenbar stammen sie aus der ersten Zeit nach der Erfindung des Symbolsystems und wurden damals in erster Linie für die komplexe Wirtschaftsverwaltung der Stadt genutzt, wo es von großer Bedeutung war, wie viele Einheiten welcher Ware von einem Besitzer auf den anderen übergingen oder von Ort zu Ort transportiert wurden. Ton ist kein sonderlich flexibles Medium, was seine Einsatzmöglichkeiten begrenzt: Da er während der Zeit, die es dauerte, ein Schaf von einer Seite der Stadt auf die andere zu bringen, bereits getrocknet war, gab es natürlich keine laufende Kontoführung, wo über Tage oder Wochen immer wieder Posten hinzugefügt werden konnten. Während die enge Verknüpfung zwischen dem Akt des Zählens und einer Strichliste oder ausgestreckten Fingern noch in etwa vergleichbar ist mit dem Verhältnis von Feuer zu Rauch, klafft zwischen dem Zählvorgang und einem strukturierteren Notationssystem samt seiner Spuren eine deutlich größere Lücke: Erst erfolgt das Zählen (oder auch Berechnen), dann das Notieren des ermittelten Ergebnisses. Daher kam es gar nicht in Frage, dass ein Schreiber mit einem Stapel feuchter Tontäfelchen im Gepäck durch die Stadt ritt, um Transaktionen beizuwohnen und sie in Echtzeit zu dokumentieren. Wahrscheinlich wurden die meisten Niederschriften erst im Nachhinein angefertigt, wodurch ihnen etwas Irreales anhaftet – ihr Zweck bestand eher darin, die Verantwortung für bestimmte Besitztümer festzuschreiben, und nicht unbedingt darin, tatsächlich erfolgte Bewegungen von Waren oder Menschen zu vermerken.

Und dennoch künden die Tontafeln von dem Bemühen, selbst die kleinsten Details des städtischen Handelslebens zu beleuchten: Sämtliche Informationen über Vieh, Getreide, Menschen und Land wurden genauestens notiert. Sie künden von einer Kultur, in der das Zählen (und Messen) zu einem entscheidenden Teil des Wirtschaftslebens geworden war. Einige der Angaben wurden später zu übergeordneten Listen zusammengefasst, die Zwischen- und Endsummen enthielten, beispielsweise zu Tempelgaben über einen Zeitraum von mehreren Jahren. Es ist möglich, dass diese Informationen Planungszwecken dienten – oder dienen sollten –, etwa in Bezug auf die Verteilung von Lebensmitteln oder Arbeitskräften.

Doch wer hat die Tafeln beschriftet? Wer hat sie gelesen? Wer war für diese Dokumentation zuständig? Die Anzahl der erhaltenen Tontäfelchen ist enorm, aber ein paar Zeichen in feuchten Ton zu ritzen und zu drücken geht schnell und dürfte nur eine kleine Schar von Arbeitern beschäftigt haben. In Uruk wurden sie als *umbisag* bezeichnet, als Buchhalter oder Schreiber – die ersten hauptberuflichen Zahlenjongleure der Welt. Das war eine völlig neue Position, denn diese Menschen stellten weder etwas her, noch übten sie politische Macht aus, sondern standen genau zwischen diesen beiden Polen und regelten die Produktion und den Handel mit Gütern im Auftrag der Herrscher. Ihre Zahl war gering, doch sie verfügten über Fähigkeiten und damit über eine Macht, die dem überwältigenden Großteil der Bevölkerung – vermutlich sogar den Herrschern selbst – abgingen. Noch im siebten Jahrhundert v. u. Z., fast zweieinhalb Jahrtausende nach der Erfindung der Schrift, prahlte ein assyrischer König damit, lesen und schreiben zu können – offensichtlich war das ungewöhnlich. Der Historiker Marc Van De Mieroop meint dazu: »Die Menschen müssen verstanden haben, wie wichtig solche Aufzeichnungen waren, dass sie Schutz davor boten, des Diebstahls oder des fahrlässigen Verlusts bezichtigt zu werden. Der Schreiber verfügte also über eine gewisse esoterische Macht, einen Einfluss auf das Leben der Menschen, der sich auf eine Weise ausdrückte, die sich den meisten von ihnen entzog.«

•

Schon während der ersten Jahrhunderte erfuhr das sumerische System der Tontäfelchen Veränderungen und Weiterentwicklungen. Vermutlich handelte es sich dabei zum Teil um gezielte Verbesserungen, zum Teil um zufällige Entdeckungen. Irgendwann war es üblich, die Zeichen in Zeilen von links nach rechts anzuordnen und sie in der Reihenfolge zu notieren, wie sie gesprochen wurden. Die Zeilen selbst arrangierte man in Spalten, deren Anzahl von der Größe des Täfelchens abhing. Außerdem stellte man bald fest, dass es schneller ging und ansprechender aussah, das Schreibrohr in den Ton zu drücken statt Linien einzuritzen. Jetzt pressten die Schreiber die Spitze des Schreibinstruments schräg in die feuchte Masse, sodass ein charakteristischer, keilförmiger Abdruck entstand und die bisherigen Kurven den geraden Strichen wichen. Die Zeichen, die bereits damals stark stilisiert waren, wurden nun endgültig abstrakt und bestanden aus einem oder mehreren Keilen in verschiedenen Konstellationen. (Von da an trägt diese Schrift die Bezeichnung »Keilschrift«.)

Die Zahlzeichen durchliefen die gleiche Entwicklung: Die Zahlen von zwei bis neun wurden nun durch die entsprechende Anzahl Keile dargestellt, die Zahl eins durch eine etwas ausgeprägtere T-Form und die Zehn durch eine nach links gedrehte Eins. Die Grundstruktur der Zählweise blieb dabei erhalten, ebenso wie die Fülle der verschiedenen Zähl- und Messsysteme, zumindest bis ins dritte Jahrtausend, wo gewisse Reformen erfolgten und die Systeme offenbar langsam auf fünf reduziert wurden: eines für Längen, eines für Flüssigkeitsmaße, eines für Gewichte, eines für zählbare Objekte und eines für Flächen, Volumen und Ziegelsteine. Die Systeme nutzten weiterhin verschiedene Zahlen als Basis, wobei die Vielfachen von 60 eine große Rolle spielten, aber nicht allgegenwärtig waren. Bei den Längenangaben beispielsweise ergaben 30 Fingerbreit eine Elle, sechs Ellen ein Rohr und zwei Rohre eine Rute.

Vielleicht noch wichtiger als diese Veränderungen der Schreibweise war die Entwicklung hin zu einer Verschriftlichung eines immer größeren Teils der gesprochenen Sprache. Viele sumerische Wörter waren einsilbig, was bedeutete, dass sich das dazugehörige Zeichen darüber hinaus als Abbild des Lautes verwenden ließ. Das machte es möglich, mit diesen Zeichen längere Wörter nachzubilden – unter anderem Namen. So stand das Zeichen für »Rohr«, das »*gi*« ausgesprochen wurde, nun auch für »zurückgeben«, was gesprochen genauso klang. Ein einzelnes Zeichen konnte bis zu zwanzig Bedeutungen haben, und man musste die Sprache gut kennen, um Texte zu verstehen.

Das System der Quittungen und deren Zusammenfassungen bestand fort; bis zu 90 Prozent der bei Ausgrabungen gefundenen Dokumente aus dem dritten Jahrtausend sind der Buchhaltung zuzuordnen. Die übrigen zehn Prozent enthalten verstärkt mesopotamische Literatur: die weltweit ersten schriftlich fixierten Mythen, die sich um die Helden Gilgamesch und Utnapischtim drehen. Außerdem finden sich darin Wortlisten, angelegt von Schreiberlehrlingen für ihresgleichen. Die längsten von ihnen umfassen Tausende Wörter und vermitteln einen lebhaften Eindruck davon, wie schwierig es war, das Keilschriftsystem wirklich zu beherrschen.

Zugleich mussten sich die Schreiber auch Rechenmethoden aneignen, was mit einiger Mühe verbunden war. Manche Tontafeln wurden für Übungsaufgaben genutzt, etwa mit erfundenen Abrechnungen oder Fragestellungen gemäß dem Muster, wie viele Arbeiter eine bestimmte Menge Getreide sättigen konnte oder wie viel Land bei einer Vermessung erfasst wurde.

Die Addition lässt sich mit Zählsystemen wie den sumerischen leicht bewerkstelligen; man muss einfach nur sämtliche Zeichen der beiden fraglichen Mengen notieren. Sobald ein Zeichen häufiger vorkommt, als das System zulässt, ersetzt man die ganze Gruppe durch das nächsthöhere Zeichen. Das konnte ein Zehner statt zehn Einern oder eine Sechs statt sechs Einern sein – je nach Zählweise. Die Subtraktion war auch nicht viel schwieriger. Komplizierter wurde es bei der Multiplikation und der Division (wie es tatsächlich bei allen Notationssystemen der Fall ist). Obwohl die frühen Keilschriftfunde unzählige Berechnungen enthalten, finden sich darauf kaum Darstellungen des eigentlichen Rechenvorgangs, sondern fast nur Ergebnisse. Das legt nahe, dass das eigentliche Rechnen in nichtschriftlicher Form erfolgte, vielleicht mithilfe eines Abakus aus aufgereihten Objekten oder einem Rechenbrett mit beweglichen Steinen – doch nichts dergleichen ist erhalten, nicht einmal in Form einer Abbildung.

•

Gegen Ende des dritten Jahrtausends zeichnete sich schließlich eine interessante Neuerung in der Zahlenschreibweise ab: Die Schreiber fingen an, sich das Rechnen und Umrechnen zwischen den verschiedenen Systemen zu erleichtern, indem sie sämtliche Mengen, für die bisher traditionelle Zählweisen gegolten hatten, gemäß jenem System niederschrieben, das eigentlich den zählbaren Objekten vorbehalten war – das mit den Zwischenstufen 1, 10, 60, 600, 3600 und 36 000. Die Regel, dass die Zeichen in absteigender Größenordnung notiert wurden, war längst etabliert, doch jetzt vereinfachten die Schreiber die Notation noch weiter, indem sie die Sonderzeichen für größere Werte aufgaben und stattdessen ausschließlich den senkrechten Keil, der die Eins bezeichnet, für 1, 60 und 3600 benutzten und das Zeichen für die Zehn – einen schrägen Keil – für 10, 600 und 36 000. Somit entschied allein die Abfolge der Zeichen darüber, mit welcher

Zahl man es zu tun hatte. \\||\\\|||| entsprach demzufolge zweimal 600, zweimal 60, dreimal 10 und viermal 1 (also 1354).

Das waren nachvollziehbare Vereinfachungen, bedingt durch praktische Erfordernisse. Mit Zahlen, die in dieser neuen Schreibweise notiert waren, ließ sich gut rechnen und das Ergebnis anschließend wieder in jedes beliebige traditionelle System übertragen (die neue Schreibweise wurde nicht für die Buchhaltung verwendet). Auf einigen der bis heute erhaltenen Tontafeln finden sich Tabellen, die bei der Multiplikation und Division innerhalb dieses Sechzigersystems halfen, vor allem mit Zahlenpaaren, deren Produkt 60 beträgt.

Die ältesten datierten Rechnungen in dieser neuen Schreibweise stammen aus dem Jahr 2039 v. u. Z.

Ein System, bei dem nicht die Form eines Zahlzeichens, sondern seine Position im Fokus stand, war sehr flexibel in der Darstellung; es ließ sich interessanterweise ohne Obergrenze bis ins Unendliche erweitern. Im Verlauf des folgenden Jahrtausends gewöhnten sich die Schreiber daran, alle Zahlen zum Rechnen in diese neue, positionsbezogene Schreibweise umzuwandeln. Mit Beginn des ersten Jahrtausends v. u. Z. war die neue Notation auch in der babylonischen Astronomie angekommen, und letztendlich ist die Sonderstellung der Zahl 60 in diesem System die Ursache dafür, warum wir Kreise bis heute in 360 Grad und Stunden in 60 Minuten einteilen.

Eine Frage, die wir modernen Menschen uns automatisch stellen und die auch die Nutzer dieses Systems schon früh beschäftigt haben muss, ist die nach dem Umgang mit »Leerstellen«. Wie drückt man beispielsweise eine Zahl aus, die aus zwei Sechzigern und drei Einern besteht, aber keine Zehner aufweist? Dafür braucht es irgendein Zeichen, das »nichts« bedeutet – oder einfach eine Lücke im Ton. Die älteste bekannte Lösung für dieses Problem enthält eine Tabelle mit Quadratzahlen aus Kisch, die auf das siebte Jahrhundert v. u. Z. datiert wird. Darauf ist ein Platzhalter zu sehen, der dem Zeichen für Dreißig entspricht und die »Lücke« markiert. Später sollten Zeichen mit dieser Funktion in der babylonischen Arithmetik und Astronomie durchaus üblich werden.

Die Zahlensymbole der Keilschrift hatten bis hierher also schon einen langen Weg zurückgelegt, sowohl in Bezug auf ihr Aussehen als auch auf ihre Funktionen. In anderen Teilen des Fruchtbaren Halbmonds dienten sie zu ganz anderen Zwecken als der Erfassung von Waren und Gütern oder astronomischen Berechnungen: Dort waren sie zu Instrumenten der traditionellen königlichen Selbstdarstellung geworden, die vor allem aus Aufzählungen und Prahlereien bestand.

Tiglath-Pileser I.: Das Zählen der Beute

In der Stadt Katmuhu, nicht weit von Assyrien, zu Beginn des elften Jahrhunderts v. u. Z. Zwei Schreiber verschaffen sich einen Überblick über das Schlachtfeld, zählen die Toten, die Gefangenen und die Kriegsbeute. Einer notiert die Ergebnisse mit einem Schreibrohr und murmelt dabei eine Reihe von Zahlen vor sich hin. Später werden diese Zahlen offiziell niedergeschrieben, als Teil der königlichen Annalen.
»In der Schlacht nahm ich ihren König Kili-Tešub gefangen, den Sohn von Kali-Tešub, genannt Errupi. Ich erbeutete seine Frauen, seine Söhne, seine Verwandten, 180 Kupferkessel, fünf bronzene Badewannen, zusammen mit ihren Göttern, Gold und Silber, das Beste aus ihrem Besitz.«

Während die Keilschrift in ihrer Heimat Mesopotamien eine Reihe von Entwicklungen durchlief, verbreitete sie sich gleichzeitig im gesamten Nahen Osten. Das System gelangte rasch in andere Städte im heutigen Irak und Syrien. Konkrete archäologische Nachweise dafür sind zwar nur fragmentarisch erhalten, doch Zahlensymbole wie die aus Uruk wurden an einer ganzen Reihe von Fundstätten aus dem späten vierten Jahrtausend v. u. Z. entdeckt, und es ist durchaus möglich, dass die Zahlschrift in einem noch größeren Gebiet zur Anwendung kam, als die Funde heute belegen.

Die Weiterentwicklungen machten die Keilschrift zu einem flexiblen Werkzeug, das sich auch für das Verfassen literarischer Texte und Briefe eignete: Es war nun möglich, weitere Sprachen neben dem Sumerischen zu verschriftlichen. Mit der Zeit wurde die Keilschrift zum Festhalten von rund fünfzehn verschiedenen Sprachen im gesamten Nahen Osten genutzt; zu Hochzeiten verwendete man sie in einem Areal, das sich von der Türkei bis nach Ägypten und vom Libanon bis zum Iran erstreckte. Die kleinen Keile wurden über dreitausend Jahre lang in den Ton gedrückt – ein Zeitraum, der länger ist als der vom Fall Trojas bis zur Gegenwart –, was die Notationsform aus Uruk zur bisher langlebigsten Schriftart überhaupt macht. In diesem Zeitraum diente sie als Grundlage für eine Vielzahl von Verwaltungssystemen.

Eine der Sprachen, die am stärksten mit der Keilschrift in Verbindung gebracht werden, ist das Akkadische, das wie Hebräisch, Aramäisch und Arabisch zur semitischen Sprachfamilie gehört. Aus Gründen, die heute im Dunkel der Geschichte liegen, verdrängte das Akkadische das nicht mit ihm verwandte Sumerische im dritten Jahrtausend v. u. Z. als Alltagssprache in Uruk. Später verbreitete es sich dann im gesamten Nahen Osten, wo es unter anderem als Verkehrssprache für den diplomatischen Austausch diente. In seiner babylonischen Ausprägung stellte das Akkadische eine wichtige Literatursprache für die gesamte Region dar; der assyrische Dialekt war die Sprache einer bedeutenden Stadt und zwischenzeitlich eines ganzen Imperiums.

Assur erhob sich auf einer felsigen Landzunge am Westufer des Tigris, etwa 100 Kilometer südlich des heutigen Mossul. Hier herrschte ein anderes Klima als in Sumer, mit mehr Niederschlag, was den Ackerbau begünstigte und die Abhängigkeit von Bewässerungssystemen verringerte. Es gab lokale Steinvorkommen, was einen Import überflüssig machte, und auch Holz und Metall waren in der Nähe verfügbar. Dafür fehlten die Marschgebiete und ihre typischen Rohstoffe. Die assyrischen Händler betrieben Geschäfte bis nach Zentralanatolien.

Die Stadt stand ähnlich wie Uruk unter der Herrschaft eines Königs und eines Stadtrats und bezog ihr Getreide und ihr Tierfutter aus dem Umland, während in Assur selbst viele spezialisierte Handwerker ansässig waren. Die Stadt war Mitte des dritten Jahrtausends v. u. Z. gegründet worden; später folgten Blütezeiten wie auch Perioden des Niedergangs. Ab der Mitte des vierzehnten Jahrhunderts v. u. Z. machte eine Reihe ehrgeiziger Könige die Stadt zu einer wichtigen politischen Kraft der Region. Dabei spielten sowohl Diplomatie als auch militärische Eroberungszüge in sämtliche Richtungen eine Rolle – so überfiel beispielsweise Tukulti-Ninurta I. Ende des dreizehnten Jahrhunderts das bedeutende Babylon. Er plünderte die Stadt, stellte seinen Fuß auf den Nacken des Königs »wie auf einen Fußhocker« und verschleppte ihn in Ketten nach Assyrien. Dank der diplomatischen Bemühungen wurde das assyrische Reich schließlich von mehreren regionalen Rivalen anerkannt – von den Hethitern, den Babyloniern und sogar in Ägypten. Man gestand Assur die Herrschaft über das Tigris-Tal und über die Ebenen im Osten bis hin zum Taurus-Gebirge im Norden zu.

•

Wie in Uruk wurden die Ressourcen mithilfe der Keilschrift verwaltet, was es ermöglichte, sie flexibel für den Bau, die Bewässerung und die Landwirtschaft zu verwenden. Das Akkadische verfügte, ebenso wie das Sumerische, über Zahlwörter (*isten*, *sina*, *salasat*, *erbett*, *hamsat* ...), nutzte ein Dezimalsystem für kleinere Mengen und wies zumindest Spuren eines Sexagesimalsystems für größere Zahlen auf, mit gesonderten Begriffen für 60 (*sus*) und 3600 (*sar*), aber auch für 100 (*meat*) und 1000 (*lim*).

Bei der Notation der Zahlen setzten die Assyrer auf ein Mischsystem. Für die Einer und Zehner übernahmen sie die Symbole des sumerischen Positionssystems: senkrechte bzw. schräge Striche, bei Bedarf in bis zu neunfacher Ausführung. Darüber hinaus gab es Ideogramme für die Zahlen 60, 100, 600 und 3600. Mit der Zeit wurden die Zeichen für 60, 600 und 3600 allerdings immer seltener benutzt; stattdessen verwendete man ein reines Dezimalsystem, das auf die Zeichen für 10, 100 und 1000 begrenzt war. Doch ein einheitliches Positionssystem wurde noch nicht konsequent eingesetzt.

Anwendung fanden die verschriftlichten Zahlen im Bereich der Verwaltung, zur offiziellen Dokumentation – ähnlich wie bei den Sumerern, auch wenn es im Detail durchaus Unterschiede gab. Im Gegensatz zu ihren sumerischen Vorläufern wiesen die akkadischen Niederschriften sogar in Uruk selbst eine Tendenz zu Schätzungen und Vorhersagen auf, mit standardmäßig gerundeten Zahlen – vielleicht ging es den Verfassern eher um einen Überblick als um Einzelheiten. Teilweise finden sich beide Methoden im gleichen Archiv – »die Schätzwerte kamen in erster Linie bei der Berechnung des Besitzes und der Rechte der Wohlhabenden und Mächtigen zum Einsatz; präzise wurde es, wenn es um die Verpflichtungen der Abhängigen ging«. Zudem waren Zahlen- und Rechenkenntnisse in Assur nicht so exklusiv wie in Uruk; hier wurden sie auch von Händlern beherrscht, die keine formelle Ausbildung genossen hatten und weniger auf prestigeträchtige babylonische Modelle angewiesen waren. Und selbst die assyrischen Könige setzten auf niedergeschriebene Zahlen, zu Selbstdarstellungs- und Propagandazwecken – eine Funktion des Zählens, die sich stark von den bisherigen unterschied.

Königliche Inschriften auf Steinblöcken gab es schon lange. Ab der Regierungszeit von Tiglath-Pileser I. (1114–1076) erwuchs daraus eine Art neues Genre der Selbstbeweihräucherung: die königlichen Annalen, erstaunlich detaillierte chronologische Berichte über die allgemeinen und militärischen Glanztaten des Herrschers. Die älteste erhaltene Fassung von Tiglath-Pilesers Annalen, die aus dem fünften Jahr seiner Regierungszeit stammt, befindet sich auf einem achteckigen Prisma, das in der Tempelanlage von Anu-Adad in Assur entdeckt wurde. Darin präsentiert er sich als frommer, starker und unermüdlicher Verteidiger seines Volkes, als Beschützer seines Reiches und als Kämpfer für dessen Ausdehnung:

Länder, Berge, Städte und Könige, welche Assur feindlich waren, eroberte ich, ihre Gebiete unterwarf ich. Mit sechzig Königen kämpfte ich, […]

kraftvollen Widerstand setzte ich ihnen entgegen, einen Feind im Kampf und einen Gegner in der Schlacht habe ich nicht.

Tiglath-Pilesers Herrschaftsjahre waren eine ereignisreiche Zeit – er zog im Kampf gegen die Aramäer nach Westen bis zum Mittelmeer und zur Absicherung von Handelsrouten nach Norden bis in die Berge. Im Süden plünderte er Babylonien, aber sein Kriegszug gegen Nebukadnezar war nicht von Erfolg gekrönt.

Der Text ist von Zahlen durchsetzt: Tiglath-Pilesers Annalen enthalten fast 50 verschiedene Mengenangaben, darunter die Anzahl der Könige, gegen die er gekämpft hat (60), der Reiche, die er erobert hatte (42), der Anzahl seiner Euphrat-Überquerungen (28), seiner Soldaten und seiner Gefangenen. Die Zahlen reichen von einigen Dutzend bis zu Zehntausenden: 20 000 bewaffnete Männer in seinem Heer, 6000 gefangene Horden, 30 erbeutete Streitwagen, 300 als Tribute empfangene Familien, 2000 Gefangene, 12 000 besiegte feindliche Krieger ... Der Text zählt auf, welche Abgaben von den Eroberten eingefordert wurden und was bei den großangelegten Plünderungen der eingenommenen Städte zusammenkam: Maultiere, Esel, Ochsen, Böcke, Gold, Silber, Weißbronze, Zinn, Karneole, Lapislazuli, Achate, Juwelen ... Tiglath-Pilesers Interesse galt insbesondere den Schätzen, die als Tempelgaben mit nach Assur genommen wurden: 25 »Götter« (vermutlich Statuen), Kupferkessel in unterschiedlicher Anzahl und in einem Fall fünf Wannen aus Bronze. Ähnlich klingt die Auflistung der Jagderfolge des Königs, die detaillierte Informationen darüber enthielt, wie viele wilde Bullen, Elefanten und Löwen der Herrscher getötet oder gefangen hat (auf einem Feldzug ans Mittelmeer war ein Tier darunter, das als »Nahiru-Fisch« oder »Seepferd« bezeichnet wurde – möglicherweise ein Narwal). Der König setzte seine Kräfte also an mehr als einer Front für den Kampf gegen die Kräfte des Chaos und der Dunkelheit ein, im Namen seines Volkes und im Auftrag der assyrischen Gottheiten.

Zwei Schreiber beim Zählen der Kriegsbeute, dargestellt auf einem assyrischen Relief

Die Zahlenfülle in der königlichen Inschrift wirft die Frage auf, wie und von wem die entsprechenden Objekte eigentlich gezählt worden waren – vor allem die großen Mengen. Und wer hatte darüber entschieden, was exakt zu erfassen war und wo vage Begriffe wie »viele«, »alle« oder »sämtliche« ausreichten? Dort, wo die Inschrift detaillierte Angaben zur Truppenstärke oder den erbeuteten Schätzen enthält, kann man sicherlich davon ausgehen, dass der König nicht selbst gezählt hat. Aber wer war es dann?

Zum Glück bringen bildliche Darstellungen aus den Zeiten späterer Herrscher etwas Licht ins Dunkel. Mehrere assyrische Königsreliefs zeigen Schreiber, die gerade etwas zählen. Auf einem ist ein Beamter auf dem Dach eines Hauses zu sehen, wo er zwei Schreibern etwas diktiert; einer der beiden hat eine Tafel und ein Schreibrohr in der Hand, der andere ein Pergament oder vielleicht ein Papyrus. Auf dem gleichen Relief sind auch zwei Soldaten abgebildet, die eine Statue in Einzelteile zerlegen, und weitere, die eroberte Güter wiegen – die ganze Szene erweckt den Eindruck, dass der quantitativen Erfassung der Beute eine große Bedeutung beigemessen wurde. Auch in anderen derartigen Abbildungen tauchen ähnliche Schreiber-Paare auf:

> *Für gewöhnlich hält ein glattrasierter Schreiber ein Papyrus oder ein Pergament, während neben ihm ein bärtiger mit einer klappbaren Schreibtafel aus Holz steht, die im geöffneten Zustand eine leicht wiederverwendbare Oberfläche aus Wachs freigibt (wobei auch andere Kombinationen aus Schreibern bekannt sind). Häufig wird das Paar nicht beim Schreiben abgebildet, sondern dabei, wie es gerade mit den Schreibrohren auf die zu zählenden Beutestücke oder Personen zeigt.*

Mit anderen Worten: Die Schreiber wurden mitten im Akt des Zählens abgebildet, wo sie nacheinander mit dem Schreibrohr auf die Objekte deuteten und dabei (mit Worten oder im Kopf?) mitzählten, um das Ergebnis anschließend in Form von Zahlensymbolen festzuhalten. Man kann davon ausgehen, dass nach jeder wichtigen militärischen Aktion Beamte erschienen, deren Aufgabe es war, die Beute zu zählen und Informationen darüber zusammenzutragen.

Diese Darstellungen von Schreibern auf dem Schlachtfeld vermitteln – wahrscheinlich mit voller Absicht – den Eindruck, dass die Objekte, die in den königlichen Inschriften aufgelistet sind, tatsächlich gezählt wurden, dass die Angaben also weder geraten noch erfunden waren. Die meisten Mengen wirken von der Größenordnung her plausibel, auch wenn die größeren sicherlich gerundet waren. Das akkadische Notationssystem machte es relativ leicht, Zahlen abzurunden, indem man die Symbole, die für geringe Werte standen, einfach wegließ. Tatsächlich sind bei den meisten Zahlen in den königlichen Inschriften nur die erste oder die ersten beiden Stellen genau angegeben. Dabei gibt es keine Hinweise auf eine systematische Verzerrung; es wurde wirklich gezählt.

•

Die Inschriften zu Ehren von Tiglath-Pileser I. bildeten den Auftakt zu einer langlebigen Tradition unter den assyrischen Herrschern, die bis zum siebten Jahrhundert v. u. Z. fortbestand – ein Zeitraum, in dem die Könige sowohl Rückschläge als auch Triumphe erlebten. Dabei stellten Zahlen immer einen wichtigen Teil der Texte dar, und irgendwann kamen Angaben wie Zeitspannen, die Größe erbauter oder eroberter Städte, die Zahl ihrer Säulen und die Höhe ihrer Mauern hinzu. 722 v. u. Z. vermeldete eine assyrische Inschrift die Deportation von 27 290 Menschen aus einem westlichen Nachbarreich, dem Königreich Israel.

Die assyrischen Annalen wurden an ganz unterschiedlichen Orten niedergeschrieben. Sie wurden direkt nach dem Beenden eines Feldzugs in Steinstelen geritzt, die man im Anschluss an Ort und Stelle aufstellte. Sie wurden in Tontafeln, Prismen und Zylinder geprägt oder im Fundament von Bauwerken vergraben. Das Zielpublikum war einerseits der assyrische Hof – also der gleiche Kreis aus Beamten und Schreibern, der die Texte hervorbrachte. Andererseits richteten sich die Inschriften teilweise an die Götter, die Nachwelt und zukünftige Könige, die sie wieder ausgraben und die heroischen Taten der Vorgänger zurück ans Licht holen konnten, um die Angaben zu überprüfen oder sogar abzuändern. Was den Propagandanutzen angeht, verschafften die Zahlen den dargelegten Informationen eine Greifbarkeit, die reine Worte nicht hätten vermitteln können. Sie untermauerten die Tatsache, dass Tiglath-Pileser »viele« Städte unterworfen oder »mehrere« Götterstatuen mitgenommen hatte, und verliehen den Lobpreisungen des Textes eine gewisse Genauigkeit – auch wenn sich die Angaben zugegebenermaßen nicht überprüfen ließen.

Darüber hinaus stellten die königlichen Inschriften sowohl eine neue Form der Textnutzung als auch eine neue Verwendung des Zählens dar. Sie veranschaulichten die substanziellen Aussagen der Zahlwörter und -symbole und veränderten damit die Beschreibung, Wahrnehmung und Einordnung des Weltgeschehens. In Sumer kategorisierten Zahlensymbole zehn Schafe zu einer Einheit, 60 Behältnisse Getreide als einen einzigen Besitz und die Weitergabe von 3600 Gefäßen mit Öl zu einer einzigen Transaktion. Tiglath-Pileser und seine Schreiber und Leser erschufen eine Welt, in der das Erobern von zehn Städten, das Unterwerfen von 60 Herrschern oder der Abtransport von fünf bronzenen Wannen eine einzelne Tat darstellte – zumindest für einen König.

Teianti: Das Zählen von Münzen

Im ägyptischen Theben, 28. Februar 274 v. u. Z., Tuschezeichen auf Papyrus.

Teianti, Tochter von Djeho und Tamin, hat vor fünf Jahren ein Haus (genauer gesagt zwei Häuser) gekauft. Jetzt zahlt sie die restlichen ausstehenden Steuern auf den Kauf. Der Schreiber Esioh, Sohn des Djechensertais, fertigt folgende Quittung für sie an:
»Es liegen 6 kite vor, was 3 stater entspricht, und diese 6 kite wurden gezahlt von Teianti, Tochter von Djeho, und entsprechen zehn Prozent des Preises für das Haus von Pabuche, Sohn des We-R', und das Haus von Teihor, Tochter von Harsiesi, was zusammen zwei Häuser ergibt, die sie verkauft haben, wobei die zehn Prozent an die Schreiber des Verwalters von Theben zu entrichten waren. Verfasst vom Schreiber des Landes Theben, Esioh, Sohn des Djechensertais, Schreiber der Phylae, im Jahr 9 Typi [Tag 1] des Pharaos Ptolemaios, Sohn des Ptolemaios.«

Zu jener Zeit befand sich das damals schon äußerst geschichtsträchtige Ägypten unter der Regentschaft einer griechischsprachigen Dynastie, deren Gründer Ptolemaios Soter als General unter Alexander dem Großen gedient hatte. Die Griechen waren bereits seit dem siebten Jahrhundert v. u. Z. in Ägypten präsent, auch wenn das Reich im fünften und vierten Jahrhundert zwischenzeitlich von den Persern erobert worden war. Die Tausende Quadratkilometer fruchtbarer Boden rund um den Nil hatten von Anfang an Begehrlichkeiten bei den Nachbarn geweckt. Die ersten Städte waren hier schon im vierten Jahrtausend v. u. Z. entstanden, und neben den großen urbanen

Zentren Memphis und Theben gab es zahllose kleinerer Ansiedlungen und Dörfer.

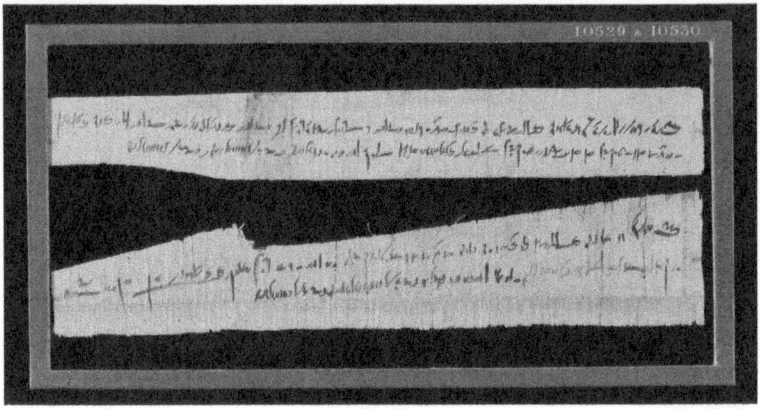

Teiantis Steuerquittung

Ptolemaios I. setzte eine von Schreibern geleitete Verwaltung ein, die vor allem in den neuen griechischen Städten ansässig war. Bis heute belegen viele tausend Dokumente die Tätigkeiten der Behörden bis ins Detail, von Steuererhebungen bis zur Strafverfolgung. Außerdem sind darin die jährlichen Landvermessungen erfasst, die nach der Nilschwemme erfolgten und Aussagen über die bevorstehende Ernte trafen, sodass die Krone zumindest theoretisch die zu erwartenden Einnahmen für das Jahr abschätzen konnte.

Die griechischen Ansiedlungen befanden sich in erster Linie im Fayyum-Becken, einem einstigen Sumpfgebiet in der Nähe des Nils, wo es durch Trockenlegungen und Bewässerung gelungen war, Land zu gewinnen und so eine ganz neue Provinz aus dem Boden zu stampfen. Gegen Ende des dritten Jahrhunderts v. u. Z. bestand ein Sechstel der Bevölkerung aus Griechen – Soldaten und Zivilisten –, und es gab sogar Dörfer, in denen die Griechen die Mehrheit stellten.

In Theben jedoch, 800 Kilometer nilaufwärts, war die Stadtbevölkerung weiterhin zu großen Teilen ägyptisch; die Tempel dort waren alt und verfügten über große Reichtümer, genau wie die dazugehörigen Priesterfamilien. Hier bauten die Ptolemäer kaum neue Gebäude. Abseits der Hauptstraßen säumten Lehmziegelhäuser und Geschäfte die engen Gassen. Die meisten von ihnen verfügten über Innenhöfe mit Brunnen und einem Platz, um Tierfutter zu lagern. Diese Gebäude waren sowohl Familienwohnsitz als auch Geldquelle und dienten als Sicherheit bei Krediten oder als Brautzahlungen. Ein Teil der Dokumente, die das belegen, ist bis heute erhalten und vermittelt ein lebhaftes Bild der familiären und finanziellen Verbindungen sowie der rechtlichen und gesellschaftlichen Pflichten jener Zeit.

Eines der Häuser, die Teianti kaufen sollte, befand sich östlich des Flusses, im Nordteil der Stadt und ganz in der Nähe vom Tempel des Amun-Re. Die Besitzverhältnisse sind in einer Sammlung von Papyri dokumentiert, die eine Zeitspanne von über fünfzig Jahren abdecken, angefangen im Jahr 324 v. u. Z. – nur zwei Jahre, bevor die Griechen die Perser aus Ägypten vertrieben. Der erste bekannte Eigentümer, Djufachi, war als Zimmermann im Amun-Re-Tempel tätig. Im neunten Jahr unter Alexander dem Großen teilte er seinen nicht unbeträchtlichen Besitz – eine Reihe von Gebäuden rund um einen Innenhof – unter seinen Kindern auf und übertrug einen Teil des Nordflügels an der Straße den beiden jüngsten, Petechons und Phib. Eine Zeit lang lebten die Brüder zusammen in einem Haushalt, bis sie ihren Besitz irgendwann in zwei Wohneinheiten aufteilten, von denen eine gemäß Petechons Eheabkommen nach dessen Tod an seine Witwe Taesi ging. Taesi nutzte das Haus als Absicherung für ein Darlehen und verkaufte es später an den Darlehensgeber, einen nicht mit ihr verwandten Mann namens Pleehe, der den Beinamen »Vorleser des Affen« trug. Von ihm ging das Haus auf seine Frau Teihor über, die es wiederum an Teianti veräußerte.

Teiantis Steuerquittungen für dieses und ein weiteres, ungefähr zum gleichen Zeitpunkt erstandenes Haus – auf solche Transaktionen wurden zehn Prozent Abgaben erhoben – haben die Zeit ebenso überdauert wie ein Vertrag darüber, dass sie es als Leihgabe ihrer Schwester überließ. Das jüngste erhaltene Dokument belegt die Zahlung der letzten Steuerrate im Jahr 274 v. u. Z. Es ist sorgfältig und ausführlich formuliert; der Schreiber hat sich die Mühe gemacht, sämtliche Namen auszuschreiben, die gezahlte Steuer genau zu benennen und die Summe sowohl in ägyptischen *kite* als auch in griechischen *stater* anzugeben. Der geschäftsmäßige und geschäftige Eindruck, den das Dokument vermittelt, ist durchaus angemessen – immerhin hat das Haus bis hierher mehreren Familien aus dem Kreis der thebanischen Tempelmitarbeiter als Wohnstätte gedient und innerhalb von fünf Jahrzehnten ebenso häufig den Besitzer gewechselt.

•

Verfasst sind dieses und ähnliche Dokumente aus jener Zeit auf Ägyptisch, und zwar einer späten Form der Sprache, die sich direkt aus dem Ägyptischen der vorausgegangenen dreitausend Jahre entwickelt hatte. Es handelt sich um eine afroasiatische Sprache, ein – relativ entferntes – Mitglied der Gruppe, zu der auch die semitischen Sprachen wie das Akkadische gehören. Das Zahlwortsystem dieser ägyptischen Sprache war ein rein dezimales, mit Begriffen für die Zahlen von eins bis neun sowie für die Zehnerpotenzen bis hinauf zu einer Million. Diese Elemente wurden (etwas vereinfacht gesagt) so kombiniert, dass sich alle Zahlen bis zu jener Grenze ausdrücken ließen.

Ausgeschrieben wurden die Zahlwörter so gut wie nie – in der Hieroglyphenschrift nutzte man stattdessen Symbole, die ebenfalls auf einem Dezimalsystem fußten. Es gab sieben Zeichen für 1, 10, 100 … 100 000, 1 000 000, und jedes wurde bis zu neunmal notiert, wenn man eine Zahl darstellen wollte. Dabei wurden die Zeichen absteigend nach Größe geordnet. Das ergab eine Schreibweise, die der sumerischen und der akkadischen sehr ähnlich war, aber ohne die Komplikation, dass mit der Sechzig noch eine zweite Basis existierte.

Ägypten konnte zu der Zeit bereits auf eine lange Geschichte der Rechenkunst zurückschauen, auf den Gebrauch vielfältiger Gewichts- und Maßeinheiten und auf Schreiber, deren Rolle und Einfluss zwar in groben Zügen mit denen der Sumerer und Akkadier vergleichbar, in vielerlei Hinsicht aber auch anders waren: Die Schreiber wandten ihr Fachwissen in Bereichen wie Buchhaltung, Landvermessung, Baukunst und Planung an und sind sowohl als Skulpturen als auch als Motiv auf Grabreliefs abgebildet, in Szenen, in denen sie Bäcker oder Brauer überwachen oder unterschiedliche Waren prüfen – ein Hinweis darauf, dass ein Teil der königlichen Macht im Verlauf der Zeit auf die Schreiber überging, die in seinem Namen tätig waren.

Die Hieroglyphenschrift wurde Ende des vierten Jahrtausends v. u. Z. erfunden, etwa zur gleichen Zeit, als auch die Sumerer die ersten Dinge aufschrieben. Es ist durchaus möglich – wenn auch nicht gesichert –, dass die Ägypter das Konzept, Informationen zu verschriftlichen, von den Sumerern oder aus Erzählungen über sie übernahmen, obwohl die Symbole, die sie verwendeten, ihre eigenen waren. Die Hieroglyphenschrift, die größtenteils in Stein geritzt wurde, umfasste anfänglich etwa tausend Zeichen für verschiedene Dinge plus weitere 24 Zeichen für bestimmte Konsonantenlaute; beides war kombinierbar. Später wurden die Zeichen vereinfacht und für das Schreiben auf Papyrus kursiviert – so entstand die hieratische Schrift. Diese brachte im Laufe der Zeit einen eigenständigen Ableger im Nildelta hervor, der noch stärker kursiviert und schon so weit von den hieratischen Zeichen entfernt war, dass man ihn als eigene Schrift bezeichnen konnte: die demotische Schrift. Sie war ab dem siebten Jahrhundert v. u. Z. mehr als tausend Jahre lang in Gebrauch.

In diesen späteren Schriften sahen die Zahlensymbole nicht nur anders aus als in der Hieroglyphenschrift, sondern folgten auch einem anderem System: In der hieratischen Schrift ließen sich Gruppen von Zahlzeichen zu einzelnen Symbolen verbinden, sodass man beispielsweise nicht viermal 1 notieren musste, sondern einfach einmal 4 schrieb. Es gab eigenständige Symbole für jede Zahl zwischen 1 und 9, ebenso wie für die Zehnerpotenzen von 10 bis 90. Zumindest in der demotischen Schrift gab es weitere Zeichen für die Vielfachen von 100 und von 1000. Diese demotischen Zahlensymbole waren zu Zeiten der Ptolemäer im Handel, in der Verwaltung und in Rechtsdokumenten gebräuchlich. Auch Teiantis Steuerquittung ist in dieser Schrift verfasst, und die charakteristischen Zahlensymbole sind in diesem und in den anderen Dokumenten zum gleichen Haus und seinen vorherigen Besitzern klar zu erkennen.

Verglichen mit den Zahlensystemen, die man zuvor in dieser Region verwendet hatte, waren die Unterschiede enorm. Die neue Schreibweise war in mancher Hinsicht einfacher, in anderer hingegen komplizierter. Jede Zahl bis 9999 ließ sich in nur vier Zeichen niederschreiben, während es im hieroglyphischen System teilweise Dutzende gebraucht hatte. Das sparte Platz und Zeit. Außerdem reichte ein Blick auf eine geschriebene Zahl, um ihre Größe grob einordnen zu können, was bei Zahlen in Hieroglyphenschrift nicht möglich gewesen war – eine Zahl aus vier Zeichen beispielsweise war nun zwingend im Tausenderbereich angesiedelt.

Dennoch wäre es verfehlt, diese Darstellungsweise als uneingeschränkte Verbesserung gegenüber den Vorgängern zu betrachten. Die Anzahl an Zeichen, die jeder Nutzer auswendig lernen musste, war relativ groß. Neun verschiedene Zeichen für die Einer, neun für die Zehner, neun für die Hunderter und neun für die Tausender ergaben in Summe 36 verschiedene Zahlensymbole – deutlich mehr als die phonetischen Zeichen für die Konsonanten der ägyptischen Sprache. (Und das in einer Kultur, in der Fehler mit körperlicher Züchtigung bestraft wurden: »Wehe deinen Körpergliedern«, wenn etwas falsch notiert wird, wie es in einem Text über das Leben der Schreiber heißt.) Außerdem ließen sich die Symbole dieses Systems bei Berechnungen nicht einfach intuitiv verschieben und gruppieren wie Zählsteine – stattdessen musste man Additions- und Multiplikationstabellen auswendig lernen oder die Zahlen selbst für einfache Plus- und

Minusrechnungen in eine andere Darstellungsform bringen, etwa mithilfe eines Abakus.

Zu guter Letzt war das System nicht beliebig erweiterbar, im Gegensatz zu einem Stellenwertsystem, bei dem die gleichen Symbole für Zahlen unterschiedlicher Größe wiederverwendet werden. Es gab eine feststehende Obergrenze – für Zahlen ab 10 000 existierten einfach keine Symbole, sodass die größte darstellbare Zahl die 9999 war. Wenn Zahlen darüber hinaus verschriftlicht werden mussten, bestand die mühsame Notlösung darin, zwei niedrigere Zahlen abzubilden, die miteinander multipliziert den gewünschten Wert ergaben. Kurz gesagt: Wie alle anderen Zählweisen hatten auch die demotischen Symbole in Ägypten Vor- und Nachteile.

•

Teiantis Dokumentensammlung landete – in einem Gefäß verstaut – in einem Grab der neunzehnten Dynastie, das später zu einer Wohnstätte umfunktioniert wurde. Wie und warum die Urkunden dorthin kamen, ist unklar – solche Nachweise waren wichtig, um Besitzansprüche auf ein Haus geltend machen zu können, was bedeutete, dass sie normalerweise gewissenhaft aufbewahrt wurden. Ähnlich nebulös sind die Umstände ihres Fundes: Die Papyri wurde bei einer Ausgrabung im neunzehnten Jahrhundert entdeckt, sind seither aber auf Museen in den USA, England, Frankreich und Ägypten verteilt. Teiantis letzte Steuerquittung befindet sich im British Museum in London.

Die mesopotamischen und ägyptischen Zählweisen mit ihren jeweiligen Symbolsystemen gehören zu den langlebigsten in der Geschichte der Menschheit. Sie waren mehr als dreitausend Jahre lang durchgehend in Gebrauch und lassen trotz diverser Veränderungen und Anpassungen immer eine klare Linie erkennen. Beide Systeme gründen auf dem Impuls, einfache Strichlisten in eine deutlich strukturiertere und damit wirkmächtigere Darstellungsform zu überführen. Sie hatten so lange Bestand, weil sie gut funktionierten, weil die dazugehörigen Zivilisationen fortdauerten und weil die Region wenig Kontakte in die Teile der Welt pflegte, die Alternativen hätten aufzeigen können – etwa nach China oder die Täler des Indus.

Dennoch belegen die archäologischen Funde aus der Region sowohl den Aufstieg als auch den Niedergang der Notationsweisen. Im ersten Jahrtausend u. Z. verschwanden sowohl die Schriften als auch die dazugehörigen Zahlensymbole: Keilschrift und Hieroglyphen starben aus, weil es niemanden mehr gab, der sie lesen konnte. In Ägypten wurde die demotische Schrift durch das aus dem Griechischen abgeleitete koptische Alphabet ersetzt. An die Stelle der demotischen Zahlzeichen traten griechische Symbole von der gegenüberliegenden Seite des Mittelmeers – importiert von den Ptolemäern und den neuen Siedlern, die mit ihnen kamen.

Trotzdem ist dies nicht das Ende der Geschichte jener Zahlensysteme. Obwohl die Symbole ersetzt wurden, blieb die Struktur des demotischen Systems doch erhalten und wurde in die griechische Welt hineingetragen, wo sie weit herumkam und sich einer langen Existenz erfreute, bis in die Gegenwart hinein. Dabei stand sie allerdings stets in Konkurrenz mit anderen Notationssystemen – und sogar mit ganz anderen Zählweisen und Zahlenvorstellungen.

4

Von Athen bis zum Atlantik: Zählen mit Steinen und Marken

Vom Zentrum des Fruchtbaren Halbmonds aus begeben wir uns an der Mittelmeerküste entlang Richtung Nordwesten durch Anatolien hindurch bis nach Europa.

In diesem Teil der Welt spross ein ganz anderer Ast der Geschichte des Zählens. Es ist allgemein bekannt, dass die Griechen begeisterte Anhänger der Mathematik waren, dass sie sich auch in ihrer Philosophie den Zahlen und der Geometrie widmeten und dass ihre Form der mathematischen Lehrsätze und Beweise bis heute Anwendung findet. Aber wie haben sie gezählt? Und, wenn wir schon dabei sind, was haben sie gezählt? Welche ihrer Zählpraktiken haben sie – falls überhaupt – an ihre europäischen Nachkommen der Römischen Republik, der Römischen Kaiserzeit und des Mittelalters weitergegeben?

In Griechenland gab es Zahlwörter und Zahlensymbole bereits ab dem klassischen Zeitalter, ebenso wie im restlichen Europa; einige der Systeme basierten offenbar auf ägyptischen Vorbildern. Doch die Zählweise, die am stärksten mit Griechenland, Rom, den dazugehörigen Weltreichen und deren Nachfolgern in Verbindung gebracht wird, ruft Erinnerungen an die frühen wilden Zahlenstrahlen wach: Zählsteine.

Zählsteine und Rechenbretter dominierten das europäische Zählen und Rechnen ab dem fünften Jahrhundert v. u. Z. mehr als zweitausend Jahre lang; erst im siebzehnten oder achtzehnten Jahrhundert gerieten sie aus der Mode. Sie waren effizient, praktisch und vielseitig, fielen aber schließlich der verstärkten Hinwendung zum Schreiben und Drucken – und damit auch zu den Zahlensymbolen – zum Opfer. Trotzdem ist ihre Geschichte faszinierend. Ihre Anfänge liegen in Griechenland.

Philokleon: Stimmen zählen

Athen, 325 v. u. Z. Ein Mann mittleren Alters – nennen wir ihn Philokleon – steht frühmorgens auf und macht sich auf den Weg zum Gericht an der nordöstlichen Ecke der Agora. Andere haben ihre Häuser noch vor ihm verlassen, und an den zehn Eingängen ist bereits viel los – überall schwirren Richterkandidaten herum. Täglich sitzen hier bis zu zehn Spruchkörper Gericht, mit jeweils 201, 401 oder 501 Geschworenen, sodass eine beträchtliche Menschenmenge zusammengekommen ist. Philokleon nimmt den Eingang, über dem der Name seiner Phyle steht, und begibt sich zu den zehn Kästen, die mit den Buchstaben von Alpha bis Kappa gekennzeichnet sind. Er holt eine kleine Plakette aus Buchsbaumholz hervor, die ihn als Mitglied des diesjährigen Geschworenenpools identifiziert und auf der neben seinem Namen und seiner Phyle ein Buchstabe – sagen wir Beta – eingeprägt ist. Diese Plakette platziert er entsprechend im Kasten Beta.

Sobald alle potenziellen Geschworenen der Phyle erschienen sind und ihre Plaketten eingeworfen haben, gibt der vorsitzende Beamte, der Archon, einigen Sklaven ein Zeichen, die Kästen zu schütteln. Dann zieht er eine Plakette aus jedem Kasten und ermittelt dadurch zehn Personen, die an diesem Tag sowohl das Richteramt ausführen als auch für weitere organisatorische Aufgaben zuständig sein werden.

Diese zehn Männer (Philokleon ist nicht dabei) platzieren sämtliche Plaketten in einer Maschine namens Kleroterion *– einer großen Marmorstele mit lauter Schlitzen, die in fünf Spalten angeordnet sind. Die Plaketten werden nach dem Zufallsprinzip in die Schlitze gesteckt. Sobald das passiert ist, gibt der Archon das Zeichen, den Mechanismus* *an der Seite zu betätigen. Dieser spuckt, ganz ähnlich heutigen Losmaschinen, eine Kugel aus – ist sie weiß, sind die Besitzer der Plaketten in der obersten Reihe als Richter berufen, ist sie schwarz, sind sie es nicht. Dann folgt eine zweite Kugel, die über die Namen in der zweiten Reihe entscheidet, und so weiter. Philokleons Plakette befindet sich in einer der Reihen, die ausgewählt werden, daher weiß er jetzt, dass er heute als Richter dienen wird. Nachdem er seine Plakette zurückbekommen hat, muss er nur noch herausfinden, welchem Gericht er zugeteilt ist.*

Zu diesem Zweck haben die Angestellten des Gerichts bereits jedem Saal einen Buchstaben zugeordnet, angefangen bei Lambda. Philokleon und die anderen Geschworenen begeben sich zu einem Korb voller (wahrscheinlich künstlicher) Eicheln und nehmen sich jeweils eine heraus. Jede der Eicheln ist mit einem Buchstaben markiert. Gehen wir davon aus, dass Philokleon ein Mu gezogen hat – dann ist er heute in Gericht Mu eingesetzt. Erneut überreicht er seine Plakette dem Archon, der sie in einem kleinen Kasten mit der Aufschrift »Mu« verwahrt. Dann zeigt Philokleon die Eichel einem anderen Angestellten, der ihm einen Stab in der Farbe des ihm zugeordneten Gerichtssaals überreicht – sagen wir, einen blauen. Philokleon macht sich also auf den Weg zum blauen Gericht.

In der Zwischenzeit nutzen die Magistrate das Kleroterion, um zu bestimmen, wer den Vorsitz über welches Gericht übernimmt. Dafür werden Kugeln in den Farben der Gerichtsäle und Kugeln mit den Namen der Magistraten in der Maschine platziert und zu Paaren zusammengelost. Anschließend machen sich die Magistrate auf den Weg zum entsprechenden Spruchkörper.

Noch ist das Spiel mit den Kugeln, Plaketten und Losverfahren lange nicht vorbei, obwohl nun alle Mitglieder des blauen Gerichts versammelt sind. Philokleon überreicht seine Eichel und seinen Stab einem Gerichtsdiener, der ihm dafür einen Stein mit einem Buchstaben des Alphabets gibt. Dieser Buchstabe bestimmt darüber, in welchem Bereich des Gerichts Philokleon Platz nehmen soll.

Als Nächstes kommt wieder das Kleroterion ins Spiel, um zehn Geschworene für weitere administrative Aufgaben auszuwählen – etwa das Überwachen der Wasseruhr, das Zählen der Stimmen und die Beaufsichtigung der Bezahlung am Ende des Tages. Hierbei fällt Philokleon keine weitere Aufgabe zu.

Erst jetzt wird das Publikum eingelassen, und der Prozess kann beginnen. Sobald die Reden der Kläger und Beklagten gehört und die Beweise geprüft sind, verkündet ein Gerichtsdiener die Abstimmung. Es ist keine Zeit für eine Beratung der Geschworenen vorgesehen, aber in der Praxis kann sich Philokleon mit seinen Nachbarn besprechen, während ein weiterer Austausch von Marken stattfindet: Jeder Richter bekommt für seinen Platzstein zwei psephoi, *dem Wortlaut nach Kieselsteine, in der Realität aber kleine, runde Messingplättchen mit einer kurzen Achse in der Mitte. Damit begeben sich die Richter zu den Wahlurnen und werfen das »Schuldig«-Plättchen in das eine Behältnis und das »Unschuldig«-Plättchen in das andere. Da beide* psephoi *gleich geformt sind und die Urnen vermutlich über eine Art Abdeckung verfügten, ist es möglich, die Entscheidung geheim zu halten, wenn man will. Philokleon wirft sein »Schuldig«-Plättchen in die bronzene Urne für die gültigen* psephoi *und das andere in das hölzerne Gefäß für den »Überschuss«. Im Gegenzug dafür erhält er eine Zahlmarke.*

Anschließend werden die Plättchen aus der Bronzeurne ausgekippt und gezählt, indem man sie in ein Brett mit 500 Löchern steckt – die »Schuldig«-Stimmen auf der einen, die »Unschuldig«-Stimmen auf der anderen Seite. Zum Schluss verkündet der Gerichtsdiener das Urteil. Wenn zudem noch über das Strafmaß oder die Höhe der Entschädigungszahlung entschieden werden muss, gibt es eine zweite Abstimmung. Dafür bekommen die Geschworenen ihre Stäbe oder Platzsteine zurück, hören sich die Argumente an, tauschen die Platzsteine gegen psephoi *ein und stimmen erneut ab … Ist dieses Verfahren abgeschlossen, erhält jeder Geschworene eine Zahlmarke.*

Der – wahrscheinlich ziemlich lange – Tag endet mit einem letzten Austausch, nämlich der Bezahlung. Die Kästen mit den Plaketten wer-

den wieder hervorgeholt; Philokleons Plakette befindet sich im Kasten »Mu«. Die Plaketten werden einzeln herausgenommen, und der Geschworene, der aufgerufen wird, gibt seine Zahlmarke ab und erhält dafür seine Plakette sowie drei Obolen als Bezahlung. Damit findet das Hin und Her der Marken und Steine seinen Abschluss. (Vielleicht aber auch nicht ganz. In einem Theaterstück jener Zeit kommt der Witz vor, dass dem Gericht das Kleingeld ausgeht und es zwei Geschworenen eine größere Münze überreicht, die sie sich teilen sollen. Also begeben sie sich damit zum Fischmarkt, um sie gegen kleinere Münzen einzutauschen.)

Stimmplättchen aus dem antiken Athen

Die Griechen verfügten über eine Reihe von Zahlwörtern, die sie von ihren urindogermanischen Vorfahren übernommen hatten. Aus dem *hoinos, duoh, treies, kwetuor* der indogermanischen Ursprache von vor etwa fünftausend Jahren wurden – in einer Entwicklung, die verhältnismäßig leicht zu rekonstruieren ist – die altgriechischen Wörter *hen, duo, tria, tettara.* Es handelte sich um ein reines Dezimalsystem mit Wörtern für die Zahlen von eins bis zehn; größere Zahlen wurden in einer Kombination aus Addition und Multiplikation aus diesen Grundwörtern gebildet. Die Zahl 43 beispielsweise setzte sich aus »vier-zehn-drei« zusammen, ähnlich wie im Englischen und vielen anderen modernen indogermanischen Sprachen, obwohl die einzelnen Elemente in manchen Konstellationen so verzerrt waren, dass man sie kaum wiedererkannte. Bei den Zahlen zwischen zehn und zwanzig gab es mehrere Unregelmäßigkeiten und Alternativformen – insbesondere 18 und 19 konnten auch durch die Formulierungen »zwei unter zwanzig« und »eins unter zwanzig« ausgedrückt werden. Außerdem existierten Bezeichnungen für 1000 (*chilios*) und 10 000 (*myrios* – ursprünglich das Wort für »unzählbar«). Darüber hinaus gab es keine standardisierten Ausdrücke.

Zudem verfügte das Griechische über eine Vielzahl an Zahlwörtern, die als Antworten auf Fragen wie »Welches in einer Reihe?« (das Erste, das Zweite, das Dritte), »Wie oft?« (einmal, zweimal, dreimal) und »In wie viele Teile?« (Hälfte, Drittel, Viertel) dienten oder Konzepte wie einfach, doppelt, dreifach zum Ausdruck brachten. Die gesprochenen Zahlen durchzogen die gesamte Kultur und sind am besten in den Werken griechischer Geschichtsschreiber, Dichter und Redner überliefert, die mit Vorliebe Todesopfer, Geschenke, Kosten, Schulden, unterschlagene Summen und vieles mehr auflisteten. Wenige Jahre zuvor hätte Philokleon der berühmten Wutrede von Demosthenes gegen seine Vormunde und deren Umgang mit dem Besitz seines Vaters lauschen können.

> *Mein Vater nämlich, Männer des Gerichts, hinterließ zwei Fabriken von ziemlich lebhaftem Betrieb, die eine mit dreißig Messerschmieden, von denen zwei oder drei zu fünf bis sechs, die übrigen nicht geringer als zu drei Minen jeder anzuschlagen waren und von denen er jährlich dreißig Minen reinen Gewinn bezog, die andere mit zwanzig Schreinern, die ihm für vierzig Minen verpfändet waren und einen Reingewinn von zwölf Minen brachten: sodann an barem Gelde ein Talent zu zwölf vom Hundert auszuleihen, das jährlich über sieben Minen Zinsen trug …*

Es ist fraglich, wie lange selbst die aufmerksamsten Geschworenen Ausführungen dieser Art folgen konnten. Die Verwendung von Zahlen in der griechischen Rhetorik reichte von erbarmungsloser Klarheit mit eindeutigen, korrekten und reproduzierbaren Berechnungen bis hin zu deutlich vageren Beschwörungen großer Zahlen, um dadurch Emotionen zu wecken.

•

Daneben verfügten die Griechen auch über einen Satz – genau genommen sogar drei Sätze – Zahlensymbole. Eine Möglichkeit bestand darin, einfach die griechischen Buchstaben zu nutzen, in der alphabetischen Reihenfolge, die man von den Phöniziern übernommen hatte: *alpha, beta, gamma* … Die einzelnen Gesänge der *Ilias* oder der *Odyssee* sind, genau wie in anderen Werken der klassischen griechischen Literatur, bis heute so durchnummeriert.

Zweitens war spätestens ab dem fünften Jahrhundert v. u. Z. ein System etabliert, das Buchstaben als Abkürzungen für bestimmte Zahlwörter verwendete: M für *myrioi* (10 000), X für *chilioi* (1000), H für *hekaton* (100), Δ für *deka* (10). Für die Einer verwendete man eine einfache senkrechte Linie, wie in einer Strichliste. Jedes Symbol wurde so oft wiederholt wie notwendig. Lange Reihen des gleichen Symbols vermied man, indem man ein Π für *pente* (5) einfügte, das sich nach Bedarf um das M, X, H oder Δ schlang. (Es gibt eine weitverbreitete, wenn auch keineswegs universale Tendenz, beim systematischen Gebrauch von Zahlensymbolen nie mehr als viermal das gleiche Zeichen zu wiederholen – womöglich eine Reaktion auf die Obergrenze der Subitisation, also auf die Tatsache, dass Mengen über vier nicht auf einen Blick erfasst werden können, sondern bewusst gezählt werden müssen.)

Dieses System ähnelte von der Struktur her der römischen Zahlschrift – obwohl das Verwandtschaftsverhältnis zwischen den beiden Schreibweisen nicht vollständig geklärt ist; eventuell gab es einen gemeinsamen etruskischen Vorläufer. Im antiken Griechenland war dieses System weit verbreitet, insbesondere für die Niederschrift von Geldbeträgen. Ab dem dritten Jahrhundert v. u. Z. wurde es jedoch von einer kompakteren Alternative verdrängt. Diese nutzte alle 24 Buchstaben des griechischen Alphabets sowie drei zusätzliche Symbole, um die Zahlen von 1 bis 9, die Zehnerpotenzen bis 90 und die Vielfachen von 100 bis hinauf zur 900 darzustellen. Für Zahlen ab 1000 wurden die Symbole von 1 bis 9 wiederverwendet, allerdings mit einer entsprechenden Markierung. Dieses System war strukturell identisch mit dem demotischen System der Ägypter und könnte eine Übertragung dessen auf das griechische Alphabet gewesen sein – vielleicht mitgebracht von griechischen Händlern auf ihren Reisen durch die Städte des Niltals. Obwohl diese Form etwas mühsamer zu erlernen war als die anderen griechischen Systeme, entwickelte sie sich schnell zur vorherrschenden Zahlenschreibweise der Griechen. Ihre Vorteile bestanden darin, dass fast immer weniger Symbole nötig waren als beim anderen System, dass man auf einen Blick abschätzen konnte, wie groß eine Zahl war – wie viele Stellen sie hatte – und dass sie recht leicht vorzulesen war.

Dieses buchstabenbasierte System fand sich in öffentlichen Inschriften in der gesamten griechischen Welt, auf Münzen sowie beim Durchnummerieren von Textabschnitten oder – später – Buchseiten. Es wurde bis zum Niedergang des oströmischen Reiches angewendet und kennzeichnete auch danach noch die Buchseiten und Gliederungsabschnitte in frühen Druckausgaben griechischer Werke im Europa des sechzehnten Jahrhunderts. Wie die römischen Zahlen dient es selbst heute noch manchmal zur Paginierung von Büchern.

Im antiken Griechenland fand diese Zahlenschreibweise hauptsächlich in öffentlichen Dokumenten Verwendung – in Abgabenschätzungen, Darlehensverträgen, Kostenaufstellungen zu Feldzügen, Inventarlisten und anderen institutionellen Aufzeichnungen, bis hin zu Unterlagen über die Versteigerung beschlagnahmter Besitztümer. Diese öffentliche Dokumentation von Zahlen war typisch für das damalige Athen, sie galt als Merkmal der Attischen Demokratie und deren Fokus auf – bzw. deren Zurschaustellung von – gesellschaftlicher Rechenschaftspflicht. Dementsprechend fand diese Gepflogenheit mit den Tyranneien, die im späten vierten Jahrhundert v. u. Z. den Niedergang der Demokratie einläuteten, dann auch ein Ende. Obwohl sich nur wenige die Mühe machten, die Listen und Verzeichnisse im Detail zu studieren, hatte theoretisch doch die gesamte Öffentlichkeit Zugriff darauf; einige der Angaben waren sogar tabellarisch dargestellt, als wolle man die Lesbarkeit erleichtern.

Bei den in Stein gemeißelten und an gemeinschaftlichen Orten zur Schau gestellten Zahlenreihen handelte es sich nur um Kopien der zum Teil umfangreicheren, detaillierteren Originalangaben, die mit Kohle auf geweißten Tafeln notiert und in privaten Archiven aufbewahrt wurden. Diese Unterlagen wiederum waren das Ergebnis privater Zähl- und Rechenvorgänge, die die damalige attische Öffentlichkeit nicht miterlebte und für die auch der modernen Geschichtswissenschaft direkte Zeugnisse fehlen.

Es macht allerdings nicht den Eindruck, als hätten die Griechen ihre Zahlensymbole für die dynamischen Prozesse des Zählens und Rechnens verwendet, für die diese schlecht geeignet waren. Dafür gab es eine andere Methode.

•

Wenn man eins und eins zusammenzählt, kommt man zu dem Ergebnis, dass das antike Griechenland eine Blütezeit der Zählsteine war: Die meisten Menschen kamen mit Zahlen – und dem Zählen – nicht in Form von Worten oder geschriebenen Symbolen in Berührung, sondern über eben diese kleinen, bewegbaren Steine. (Es war eine Welt, in der das Wort für »Zahl« auch »Gruppe« oder »Sammlung« bedeuten konnte, ähnlich wie »zu etwas zählen« auch heute noch die Bedeutung »zu einer Gruppe gehören« hat). Wie Philokleons Tag bei Gericht illustriert, waren solche Zählsteine im antiken Griechenland allgegenwärtig. Sie konnten aus Holz, Ton, Blei, Bronze oder sogar Silber bestehen und fanden Verwendung bei Spielen und Vorhersagen, als Zugangsnachweis zu Institutionen, als Eintrittskarten fürs Theater und womöglich auch bei der Verteilung von Getreide.

Darüber hinaus dienten sie als Hilfsmittel bei demokratischen Prozessen. Ein System, das auf Mehrheitsentscheidungen beruht, ist stark auf seine Zählprozesse angewiesen; sie müssen klar definiert und etabliert genug sein, um eine transparente, verlässliche und vertrauenswürdige Entscheidungsfindung zu gewährleisten. Gerüchten zufolge gab es im benachbarten Sparta die »Abstimmung durch Zuruf«, während die attische Volksversammlung sich in den meisten Fällen mit Handzeichen begnügte. Doch bei Gericht kam es auf Genauigkeit an, weshalb die Athener Bürger für die Auswahl und Zuteilung der Beteiligten, für die Zuweisung von Aufgaben sowie für das Auszählen der Stimmen ein System nutzen, bei dem pro Individuum je ein Stein vergeben wurde. An einem normalen Gerichtstag wurden aus den rund 20 000 berechtigten Bürgern (allen Männern über 30) etwa zweitausend für das komplizierte Wechselspiel mit Plaketten, Kugeln, Eicheln und Steinen ausgewählt – und das bei etwa 200 Gerichtstagen im Jahr.

Der wichtigste Zählstein, der *psephos* (buchstäblich »Kiesel«), gab im Laufe der Zeit nicht nur der Entscheidungsprozedur und ihrem Ergebnis seinen Namen, sondern auch den Gerichten selbst. (Ein Witz von Aristophanes handelt von einem überenthusiastischen Anhänger des Gerichtssystems, dessen Finger schon beim Aufwachen so gekrümmt sind, als halte er ein Stimmplättchen.) Später erhielt das Wort *psephos* die schlichte Bedeutung »Zahl«, und die Wahlforschung wird bis heute gelegentlich als »Psephologie« bezeichnet. Einige Athener Bürger nahmen die Plaketten, die sie als Geschworene kennzeichneten, wortwörtlich mit ins Grab, so wie sich frühere Generationen von Griechen mit ihren Schwertern und Rüstungen hatten beisetzen lassen.

Die komplizierten Prozeduren des späten vierten Jahrhunderts waren natürlich aus früheren, einfachen Abläufen hervorgegangen.

Ursprünglich wurden Entscheidungen getroffen, indem die Beteiligten echte Kieselsteine auf einen von zwei Haufen legten, Muscheln in Urnen warfen oder sogar Zeichen auf Wachstafeln ritzten. Das Kleroterion stellte eine Verschmelzung verschiedener anderer Methoden dar. Eine davon hatte ursprünglich darin bestanden, einen markierten Gegenstand (einen Kieselstein, eine Scherbe oder eine schwarze oder weiße Bohne) aus einem Gefäß zu ziehen. Alle Weiterentwicklungen zielten darauf ab, die Abstimmungen für die einzelnen Beteiligten geheimer und in Bezug auf die Auswahlprozesse transparenter zu machen; sie erschwerten Absprachen und Betrugsversuche.

Mit der Zeit wurde das gerichtliche Prozedere auch auf andere Situationen übertragen. Das Kleroterion kam nun auch bei der jährlichen Auswahl der Magistrate und weiterer politischer Amtsträger zum Einsatz; insgesamt mussten mehr als tausend Stellen besetzt werden, und die Maschine machte das Losverfahren deutlich einfacher und verlässlicher. Die bis heute erhaltenen Kleroteria variieren in ihrer Größe und in der Anzahl der Reihen und Spalten, abhängig vom Einsatzbereich. Es gab sogar ein Verfahren namens *synklerosis*, bei dem zwei Maschinen miteinander kombiniert wurden, um willkürlich ausgewählten Kandidaten ein willkürlich ausgewähltes Amt zuzuweisen.

Auf ähnliche Weise wurde die Verwendung von Stimmsteinen auf den Rat der 500 ausgedehnt, und zwar in Fällen, in denen die genaue Stimmenanzahl entscheidend war. Die Prozedur dürfte mit der bei Gericht vergleichbar gewesen sein. Eine etwas bizarre Variante kam zum Einsatz, wenn der Rat über den Ausschluss eines Mitglieds abstimmte – dann wurden keine Kieselsteine oder *psephoi* aus Bronze benutzt, sondern Olivenblätter. Bei Abstimmungen der Volksversammlung über das Verbannen eines Bürgers aus Athen, dem sogenannten »Scherbengericht« oder »Ostrakismus«, verwendete man die namensgebenden Scherben (*ostraka*).

•

Natürlich existierte in der Welt der alten Griechen noch eine weitere Form der Zählmarken – eine, die womöglich noch häufiger getauscht, herausgegeben und gezählt wurde als die Stimmsteine und Plaketten in den politischen und juristischen Institutionen und sowohl vor Gericht als auch in öffentlichen Inschriften oft Erwähnung fand. Die Rede ist von Münzen.

Die ersten historisch belegten Münzenfunde stammen aus dem frühen sechsten Jahrhundert v. u. Z. aus der Nähe von Ephesos, an der Grenze zwischen der griechischen Welt und ihren östlichen Nachbarn. Es handelte sich um eine Erfindung, deren Zeit offenbar gekommen war, denn nicht viel später prägte und nutzte bereits die ganze griechische Welt Münzen. Diese verdrängten (wenn auch nicht vollständig) die vorausgegangenen Formen der materiellen Wertspeicherung: Vieh, Kessel, Getreide, Barren und womöglich Bratspieße. (Die Münze, die auch Philokleon als Bezahlung für seine Dienste erhielt, hieß *Obolus* und erinnerte an die Zeiten, in denen Güter als Tauschmittel dienten, da die Bezeichnung buchstäblich »Spieß« bedeutete.)

Die kleinen Silberstücke, die mit religiösen oder profanen Symbolen – Schildkröten, Eulen, Delfinen – und später auch zum Teil mit Zahlensymbolen versehen waren, um ihr Alter (!) zu vermerken, eröffneten den Griechen eine ganz neue Form des Zählsteinspiels, eine neue Sphäre, in die sie eintreten und ihre Werte bemessen konnten. Die Münzen machten Wohlstand so handlich, konkret und zählbar wie Stimmen bei einer Abstimmung.

Die Entstehung der griechischen Stadtstaaten und ihrer Institutionen sowie der Aufstieg von Geld zum generellen Zahlungsmittel gingen miteinander einher, insbesondere in der *polis* Athen, deren Währung und Gewichtsmaße für die griechische Welt des fünften und vierten Jahrhunderts prägend waren und wo das Sprechen und Schreiben über finanzielle Transaktionen – Bezahlung, Handel, Geschenke, Bestechung, Diebstahl, Abgaben – allgegenwärtig war, was neue Anwendungsbereiche für die griechischen Zahlwörter und Zahlensymbole hervorbrachte. Sobald der individuelle Wohlstand sowohl ein Quell der Klagen als auch der Ausreden geworden war, kam es nicht selten vor, dass in Reden vor Gericht ausführlich über den Reichtum des Gegenübers gejammert oder der eigene Reichtum verleugnet wurde, offensichtlich in der Hoffnung, sich so die möglichen Vorurteile der Geschworenen zunutze machen zu können. Da alles seinen Preis hatte, musste ein Politiker einfach nur die Kosten für Sardinen senken, um die Mehrheit auf seine Seite zu bringen, hieß es. Und da die Münzen jetzt überall waren, entstand auch ein Bedarf nach Menschen, die auf den Umgang mit ihnen spezialisiert waren: Bankiers, Geldwechsler und Münzprüfer.

Als Philokleon am Ende des langen Tages voller Tauschprozesse seine drei Obolen erhielt, konnte er damit direkt auf den Markt gehen und Waren erstehen. Güter, die früher nur im Tausch zu erlangen waren, hatten durch die Silberstücke jetzt einen unabhängigen, allgemeingültigen Wert. Und das galt nicht nur für Alltagsartikel wie Lebensmittel oder Kleidung. Dadurch, dass die Münzen einen universellen Wertstandard erschufen, eröffneten sie Vergleichsmöglichkeiten, die vorher undenkbar gewesen waren: Heiratsverträge, Strafzahlungen, Geschenke und Löhne waren jetzt in gewissem Sinne austauschbar; man konnte sie gegeneinander aufwiegen und sie in ein Verhältnis zueinander setzen. Auf einem Fragment aus der Mitte des vierten Jahrhunderts heißt es, dass auf der Agora jetzt »Feigen, Aufseher und Trauben wie auch weiße Rüben, Birnen, Äpfel, Zeugen, Rosen, dann Mispeln, Würste, Honigwaben, Kichererbsen und Prozesse, auch Erstmilch, Quark und Myrten, Wahlurnen, Hyazinthen, Hammel, Wasseruhren, Vorschriften, Gesetzestexte« zum Verkauf stünden. Die merkwürdige alchemistische Macht des Geldes konnte offenbar jede Ware in jedes beliebige Andere verwandeln.

Mark Aurel: Jahre zählen

Rom, 176 u. Z. Der Kaiser Mark Aurel hat sich wegen des Markomannen-Feldzugs jenseits der Donau mehrere Jahre lang nicht in der Stadt aufgehalten. Nach seiner Rückkehr hält er eine Rede vor dem Volk. Die Römer haben Anspruch auf ein Goldstück, einen aureus, *für jedes Jahr seiner Abwesenheit.*

»Als er dabei unter anderem auch davon redete, dass er viele Jahre abwesend gewesen sei, schrie die Masse ›Acht!‹ und drückten dies auch noch mit ihren Händen aus; so viele Goldstücke wollten sie für ein Festmahl bekommen, da lächelte der Kaiser und sagte gleichfalls ›Acht!‹ Hierauf hieß er jedem von ihnen achthundert Sesterzen ausbezahlen, einen Betrag, größer als sie jemals zuvor erhalten hatten.«

Während also die Zahlwortsysteme immer ausgeklügeltere Strukturen annahmen und immer größere Zahlen abbilden konnten, die Verwendung von Zählsteinen hochentwickelte Systeme wie das griechische Abstimmungsverfahren und das Münzwesen ermöglichte und sich die Zahlensymbole im Nahen Osten und im Mittelmeerraum langsam ihrer modernen Bandbreite und Flexibilität annäherten – was wurde da eigentlich aus dem Zählen mit Fingern?

Auch diese Zählmethode kann sich entwickeln, verändern und an Komplexität gewinnen. Es hat in der Geschichte der Menschheit viele Zählgesten gegeben, die weit darüber hinausgingen, einfach nacheinander die Finger auszustrecken oder zu krümmen, um so bis fünf zu zählen. Eines der am besten belegten und langlebigsten dieser Systeme existierte im alten Rom.

Seine Ursprünge liegen im Dunkeln – die frühesten Belege stammen aus dem dritten Jahrhundert v. u. Z., und es ist nicht klar, ob das System vorher schon in Griechenland oder anderswo zur Anwendung kam. Obwohl das Griechische einen Begriff für das Zählen mit Fingern hatte und in der griechischen Literatur gelegentlich von Summen die Rede ist, die so einfach sind, dass man sie anhand der Finger ermitteln kann, fehlt es an konkreten Verweisen auf das ausgefeilte römische System. Er gibt Vermutungen, dass die Zählweise in Ägypten entstanden sein könnte, und manche Quellen deuten auf eine Verbindung zu den Persern hin, aber die Beweise dafür stehen noch aus.

Wie man mit den Händen zählt, aus einer Abschrift des Werks von Beda Venerabilis

Mit einer Hand die Zahlen bis 99 und mit beiden Händen die Zahlen bis 9999 darzustellen – das ermöglichen die Gesten dieses Systems. Da es offenbar in einer Region entstand, wo Zahlwörter und Zahlensymbole auf der Basis Zehn gebildet wurden, handelt es sich wenig überraschend um ein Dezimalsystem. Die Zahlen von eins bis neun wurden mithilfe des kleinen Fingers, Ringfingers und Mittelfingers der linken Hand angezeigt, ganz oder halb gekrümmt und in verschiedenen Konstellationen. Für die Vielfachen von zehn bis hin zur 90 benutzte man den Daumen und den Zeigefinger der gleichen Hand. Für größere Zahlen kam die rechte Hand zum Einsatz – der rechte Daumen und Zeigefinger bildeten die Hunderter ab, der Mittel-, Ring- und kleine Finger die Tausender.

Während der Schaffenszeit der klassischen römischen Dichter war das Fingersystem so geläufig, dass es als Quelle für Witze und Anspielungen diente. Quintilian erwähnte im ersten Jahrhundert u. Z., dass von Rednern die fließende Beherrschung des Fingerzählens verlangt wurde, weil es andernfalls ein schlechtes Licht auf ihre Ausbildung werfe. Wenig später bezeichnete Juvenal einen Menschen indirekt als sehr alt, indem er sagte, er zähle dessen Alter an der rechten Hand ab. Im vorausgegangenen Jahrhundert hatte Catull »Gib der Küsse mir tausend und dann hundert,/ Dann noch tausend und noch ein zweites Hundert« schreiben können, und zumindest ein Teil seiner Leser verstand, dass die dazugehörigen Handgesten einen ausgestreckten Mittelfinger der rechten Hand ergaben (ja, der galt bereits damals als unanständig; der Finger trug den Namen *impudicus*, der Unzüchtige). So ließen sich knapp zwei Dutzend weitere römische Schriftsteller anführen, deren Werke ähnliche Anspielungen oder Verweise auf bestimmte Zahlengesten enthalten – von Plautus im dritten Jahrhundert v. u. Z. bis zu Cassiodor fast tausend Jahre später.

Die Gesten dienten dazu, anderen eine Anzahl anzuzeigen oder beim Zählen nicht den Überblick zu verlieren; es gibt Hinweise darauf, dass sie vor Gericht, in der Arena, bei Volksversammlungen und in der Kirche benutzt wurden. Aufgrund von Lärm und großen Entfernungen in solchen und ähnlichen Situationen war diese Form der Kommunikation sehr hilfreich, weshalb sie neben den gesprochenen und geschriebenen Zahlen erhalten blieb; alle drei Systeme erfüllten unterschiedliche Zwecke.

Deutlich anschaulicher als die literarischen Erwähnungen sind die bis heute erhaltenen bildlichen Darstellungen der Zahlgesten. Kontorszenen oder Preisverhandlungen, in denen sich die Beteiligten gegenseitig Zahlen entgegenstrecken, finden sich auf Reliefs, Mosaiken und in Holzschnitzereien. Bei Ausgrabungsarbeiten sind zudem Spielsteine gefunden worden, die auf einer Seite Bilder von Handgesten enthalten – ein ganzer Spielsatz umfasste offenbar die Zahlen von eins bis 15.

Auch symbolträchtige Verwendungen kamen vor. Der legendäre zweite König von Rom ließ eine Janus-Statue aufstellen, die mit beiden Händen die Zahl 365 anzeigte: die Anzahl der Tage im Jahr – überaus passend für den Gott der Zeit und Dauer. In der spätrömischen Zeit war es Tradition, das Handzeichen für 52 auf Sarkophagen abzubilden – die Anzahl der Wochen im Jahresverlauf und ein Symbol für den Kreislauf des Lebens.

Mehrere Quellen aus der Antike geben an, dass auf diese Weise nicht nur gezählt, sondern auch gerechnet wurde. Wie genau das funktionierte, ist nicht überliefert. Grundsätzlich wäre es möglich gewesen, die Additions- und Multiplikationsreihen in Form von Handgesten auswendig zu lernen, aber vermutlich ist es wahrscheinlicher, dass die Finger in erster Linie für sehr einfache Rechnungen oder als Gedächtnisstütze für Zwischensummen beim Kopfrechnen eingesetzt wurden.

•

Das römische Fingerzählsystem erwies sich als extrem langlebig. Es bestand über das Ende des weströmischen Reichs hinaus und war bis tief ins Mittelalter hinein weit verbreitet. In jener Zeit stellte es eine Möglichkeit dar, Gesten und Körperhaltungen mit einer zusätzlichen Bedeutung aufzuladen – so ließen sich Zahlen und Zahlensymboliken in Texte und Bilder einarbeiten.

Eine gnostische Handschrift aus dem zweiten Jahrhundert, die in Nag Hammadi gefunden wurde, enthält eine Fassung des neutestamentarischen Gleichnisses des verlorenen Schafes, welche sich die

Tatsache zunutze macht, dass 99 Schafe – die sich nicht verlaufen – mithilfe der linken Hand angezeigt werden, für die Gesamtmenge von 100 Schafen – nachdem das verirrte Tier gefunden wurde – aber die glücksverheißende rechte Hand ins Spiel kommt. Ähnliche Auslegungen finden sich in den Predigten mehrerer christlicher Verfasser, etwa des heiligen Augustinus. Diese Predigten richteten sich an ein nicht sonderlich gebildetes Publikum, von dem man aber trotzdem erwartete, mit dem römischen System des Fingerzählens ausreichend vertraut zu sein, um die Bedeutung der Worte sofort zu erfassen.

Wie bei »Allgemeinwissen« üblich, wurde das Fingerzählsystem damals kaum schriftlich dokumentiert oder erklärt – das erfolgte erst deutlich später, als es vom Aussterben bedroht war und zu Spezialwissen geworden war. Die ältesten vollständigen Beschreibungen der Gesten (und damit die Grundlage zur Interpretation der Anspielungen und Anwendungen in der römischen Zeit) stammen aus dem späten siebten und frühen achten Jahrhundert, aus einer kurzen Schrift mit dem Titel »Römisches Rechnen«, deren älteste Fassung wahrscheinlich auf das Jahr 688 zurückgeht, sowie aus einer deutlich bekannteren Abhandlung von Beda Venerabilis, die mehrere Jahrzehnte später entstand. Beda, ein Benediktiner aus der nordenglischen Stadt Jarrow, beschreibt das Fingerzählsystem im ersten Kapitel seines Buches über Kalenderberechnungen, *De temporum ratione*. In diesem auf Latein verfassten Text, der sich an seine Mönchsgenossen richtet, lobte er das Fingerzählsystem und deutete indirekt an, dass es mittlerweile auf Widerstand stieße. Es sei »sehr nützlich und einfach« und man solle es nicht »verachten« oder »abtun«. Offenbar gab es also Menschen, die genau das taten.

Die Gesten, die Beda beschreibt, stimmen bis auf wenige Abweichungen mit denen überein, auf die sich die römischen Autoren schon Jahrhunderte zuvor bezogen hatten. Sowohl er als auch der Verfasser von »Römisches Rechnen« präsentieren außerdem eine Möglichkeit, Zahlen weit über 9999 hinaus auszudrücken, die in früheren Quellen nicht auftaucht und eine Erfindung des Mittelalters sein könnte. Die

Zehntausender wurden dargestellt, indem man mit der rechten Hand verschiedene Stellen des Körpers berührte: Kopf, Hals, Brust, Seite, Magen, Schritt, Oberschenkel. Für die Hunderttausender machte man das Gleiche mit der linken Hand, während es für eine Million eine gesonderte Geste gab – dafür wurden beide Hände an die Wangen gelegt. Was die Details angeht, weisen die verschiedenen Fassungen von Bedas Text Unterschiede auf, und es ist unklar, inwieweit dieses erweiterte System je in der Praxis genutzt wurde.

Bedas Schrift fand viel Verbreitung, ebenso wie separate Abschriften des ersten Kapitels, sodass eine ganze Reihe von Exemplaren bis heute erhalten sind. Viele waren illustriert, um zu zeigen, wie die Fingerzeichen auszusehen hatten. Trotzdem gibt es kaum Belege dafür, dass das System auch noch nach Bedas Zeit im weströmischen Reich verwendet wurde. Es wird zwar von mehreren Gelehrten des Spätmittelalters und der Renaissance schriftlich erwähnt – etwa von den Mathematikern Leonardo von Pisa im dreizehnten und Luca Pacioli im fünfzehnten Jahrhundert –, doch deren Interesse scheint hauptsächlich historischer Natur gewesen zu sein. Gleiches gilt für die gedruckten Fassungen von Bedas *De temporum ratione*, die ab 1525 erschienen.

In anderen ehemaligen Gebieten des Römischen Reiches fand das Fingerzählen allerdings durchaus noch Anwendung. Ein griechischer Autor in Smyrna beschrieb im vierzehnten Jahrhundert eine Abwandlung des Gestensystems. Seine Schrift existiert auch in arabischer Sprache, und in arabischen und persischen Texten tauchten bis ins siebzehnte Jahrhundert hinein Verweise auf diese Zählmethode auf.

Aus derselben Zeit stammen auch einige bildliche Belege dafür, dass das Interesse an den Zahlengesten in Europa fortbestand. Bis mindestens ins zwölfte Jahrhundert hinein enthielten Fresken und Altargemälde weiterhin gelegentlich Figuren, die mit den Händen Zahlen anzeigten, welche für die entsprechende Szene von Bedeutung waren. Als man sich nicht mehr darauf verlassen konnte, dass die Betrachter diese Gesten verstanden, kam dieser Brauch aus der Mode.

Blanka von Kastilien: Zählen mit Silber

Nun aber zurück zur »Zählsteinkultur«. Wie genau rechneten die Griechen und Römer eigentlich – wie gingen sie mit komplexeren Aufgabenstellungen über das Zählen hinaus um?

Die griechischen und römischen Zahlensymbole eigneten sich – wie die vorausgegangenen Systeme des Nahen Ostens – besser dazu, das Ergebnis eines Zählvorgangs festzuhalten als ihn durchzuführen, und wie die meisten Zahlenschreibweisen waren sie besonders unpraktisch, wenn es um arithmetische Berechnungen ging. Daher wandten sich die Menschen zum Zählen und Rechnen – anders als für die langfristige Dokumentation – wieder ihren Zählsteinen zu, und damit auch einem Schlüsselelement der Zählsteinkultur: dem Rechenbrett.

Das Rechenbrett im weiteren Sinne ist ein Hilfsmittel, das mehr als einmal erfunden wurde, auch wenn von diesen unabhängig voneinander entstandenen Ausprägungen teilweise frustrierend wenige oder uneindeutige Zeugnisse erhalten sind. Historiker gehen davon aus, dass schon die Schreiber im alten Vorderasien eine Art Brett für ihre Berechnungen benutzten, von dem heute nicht einmal mehr eine Beschreibung existiert. Im antiken Griechenland stellte das Rechenbrett ein zentrales technisches Hilfsmittel dar, das sowohl in der Literatur erwähnt als auch bei archäologischen Ausgrabungen gefunden wurde. Wo auch immer Zahlen addiert, subtrahiert oder anderweitig miteinander verrechnet werden mussten – sei es bei Gericht, in Banken oder im Alltag von Ingenieuren, Landvermessern und Architekten –, war das Rechenbrett nicht weit.

Sein Aufbau war einfach. Man benötigte nur eine glatte Oberfläche und eine Handvoll geeigneter Gegenstände, die sich als Marken einsetzen ließen. Dann zeichnete oder ritzte man ein paar Linien in die Fläche, versah sie gegebenenfalls mit Beschriftungen und platzierte die Zählsteine darauf. Bei Bedarf wurden sie hin- und hergeschoben. Im Grunde handelte es sich beim Rechenbrett eher um eine Geisteshaltung als um ein Artefakt, wie jemand treffend bemerkte. Die Bezeichnung *abax* wurde sowohl für Rechenbretter als auch für Spieltische und andere Möbelstücke verwendet, unter anderem für Anrichten und sogar Teller oder Tranchierbretter. Falls es zutrifft, dass der Begriff – wie oft behauptet – vom semitischen Wort für »Staub« (*abq)* abstammt, könnte er ursprünglich tatsächlich eine staubbedeckte Schreibtafel bezeichnet haben (mehr dazu im Abschnitt »Ibn Mun'im: Ziffern im Staub«).

Aus der griechischen Antike sind heute etwa 30 Objekte erhalten, die so aussehen, als seien sie als Rechenbretter verwendet worden (auch wenn nicht immer ganz klar ist, ob es sich um ein Rechenbrett, ein Spielbrett oder um beides handelt). Die Bandbreite reicht von großen Marmorplatten bis zu zweckentfremdeten Dachziegeln; dabei hat wahrscheinlich die Mehrheit der damaligen Rechenbretter aus Holz bestanden und ist deshalb für die Nachwelt verloren. Als Zählmarken dürften einfache Kieselsteine oder sogar Münzen gedient haben.

Die Linien, ob beschriftet oder nicht, bildeten ein simples Dezimalsystem ab: Es gab eine Linie für Einer, eine für Zehner, eine für Hunderter und so weiter. Außerdem existierten, angepasst an die ältere griechische Zahlenschreibweise, eine Linie für Fünfer, eine für Fünfziger, eine für Fünfhunderter etc. Einige Bretter führten die Linien nach Größe aufsteigend, sodass die Reihenfolge 1 – 5 – 10 – 50 – 100 – 500 entstand, auf anderen wurde einfach die obere Hälfte der Einer-, Zehner- und Hunderterlinien für die Fünfer, Fünfziger und Fünfhunderter benutzt. So oder so hatte das System zur Folge, dass sich auf keiner Linie je eine große Menge an Marken anhäufte:

Sobald die Einerlinie mit fünf Steinen bestückt war, ersetzte man sie durch einen Stein auf der Fünferlinie, wenn auf der Fünferlinie zwei Steine lagen, ersetzte man sie durch einen auf der Zehnerlinie und so weiter. Ein damals sehr beliebtes Bonmot lautete, dass Könige mit ihren Höflingen verfuhren wie mit Zählsteinen auf dem Rechenbrett – mal waren sie mehr wert, mal weniger. Ansammlungen von mehr als vier Steinen auf einer Linie wurden damit vermieden, so wie in der Zahlenschreibweise der alten Griechen und Römer kein Symbol mehr als viermal wiederholt wurde. Die Ursache dafür könnte die gleiche gewesen sein – dass Menschen größere Mengen nicht auf einen Blick erfassen können. Zu guter Letzt enthielten viele der griechischen Rechenbretter noch eine gesonderte Linie für Brüche, deren unterschiedliche Werte der Systematik der Münzzählung entsprachen.

•

Im alten Rom war das Rechenbrett genauso allgegenwärtig wie in Griechenland, auch wenn es dort noch weniger Spuren hinterlassen hat – es gibt nur eine Handvoll Erwähnungen in der Literatur, einige wenige (fünf) archäologische Funde und keine konkrete Beschreibung dessen, wie es funktionierte. Das lateinische Wort *calculus* bedeutete ursprünglich »Kieselstein«, wurde jedoch bald im übertragenen Sinn auch für Rechnungen und Berechnungen verwendet (eine Bedeutung, die in vielen Sprachen bis heute erhalten ist: *calculate* im Englischen, *calcolare* im Italienischen, *calcular* im Spanischen und – in leicht abgewandelter Bedeutung – *kalkulieren* im Deutschen).

Rein äußerlich unterscheiden sich die wenigen erhaltenen römischen Rechenbretter deutlich von den griechischen Ausführungen. Sie bestehen aus Bronze, sind klein – etwa acht mal zwölf Zentimeter – und verfügen über fest installierte Zählsteine. Anders formuliert: Bei den »Zählsteinen« handelt es sich um Metallknöpfe, die in schmalen Schienen auf der Oberfläche stecken, wodurch das Gerät eine starke Ähnlichkeit zu der Vorrichtung aufweist, die mittlerweile unter dem (ursprünglich andere Dinge bezeichnenden) Begriff »Abakus« bekannt ist. Die Anordnung der Schienen stimmte mit der auf griechischen Rechenbrettern in der kompakteren Ausführung überein: Die Spalte für die Fünfer befindet sich über der für die Einer, die für die Fünfziger über der für die Zehner und so weiter. Damit entsprach die Struktur der Fünfer und Zehner dem Aufbau der römischen Zahlschrift, was es sehr leicht machte, eine Zahl vom Brett in die Schrift zu übertragen und umgekehrt – für jeden aktiven Zählstein wurde genau ein Zeichen benötigt. (Zur Zeit der Römer wurde die 4 für gewöhnlich als IIII geschrieben, die Schreibweise IV kam erst später auf.)

Ein Flachrelief aus dem dritten Jahrhundert, das zwei Römer an einem Tisch mit Zählsteinen zeigt, ist der beste Beleg für die Existenz von Rechenbrettern im späten Römischen Reich; man geht davon aus, dass sie bis zum Niedergang der weströmischen Gebiete gegen Ende des fünften Jahrhunderts weit verbreitet waren. Aus der Zeit danach gibt es keinerlei literarische Erwähnungen oder archäologischen Funde mehr, bis mehrere Texte aus dem zehnten und elften Jahrhundert belegen, dass das Rechenbrett im Mittelalter noch quicklebendig war. Damals war es Mode, das Brett für gelehrte oder pseudogelehrte Vorführungen zu nutzen, bei denen demonstriert wurde, wie es funktionierte und wozu es bei zahlentheoretischen, geometrischen oder sogar logischen Aufgabenstellungen fähig war. Dabei kamen teilweise angepasste Bretter oder Zählsteine zum Einsatz, doch im Großen und Ganzen handelte es sich vermutlich um einen Versuch, wieder mehr Respekt und Anerkennung für ein Gerät zu erzeugen, das sich immer schon in den Händen des gewöhnlichen Volkes befunden hatte – und auch in denen der Herrscher.

•

Paris, um das Jahr 1240. Ein hochgebildeter Beamter sitzt vor seinem Rechenbrett und erläutert seiner Königin, wie es um die Einnahmen, die Ausgaben sowie die bisher vollendeten und noch bevorstehenden Bauabschnitte eines neuen, prunkvollen Klosters steht. Der Name der hellwachen, aufmerksamen und interessierten Königin lautet Blanka, sie spricht fließend Französisch, Spanisch und Latein und hat die fünfzig bereits überschritten. Jetzt stellt sie dem Beamten eine Reihe kluger Fragen und verfolgt seine Berechnungen ganz genau. Vielleicht überprüft sie seine Aussagen auch selbst noch einmal, entweder auf seinem Rechenbrett oder auf einem eigenen. Ihre Finger bringen die eigens für sie angefertigten Zählsteine mit dem königlichen Wappen zum Tanzen.

Blanka von Kastilien kam 1188 zur Welt und führte ein überaus ereignisreiches Leben. Ihre Großeltern waren Heinrich II. von England und seine Gemahlin Eleonore von Aquitanien, und zu ihren Onkeln zählten Richard I. »Löwenherz« und König Johann »Ohneland« von England. Väterlicherseits war sie eine kastilische Prinzessin, die Tochter von Alfons VIII.

Zur Jahrhundertwende wurde Blanka, damals zwölf Jahre alt, mit dem kaum älteren Prinz Ludwig VIII. verheiratet, dem französischen Thronerben, und kehrte nie wieder nach Kastilien zurück. Ludwig wurde 1223 König, starb aber nur drei Jahre später. Blanka soll so lange und heftig über seinen Tod geweint haben, dass die Mitglieder des Hofes um ihre geistige Gesundheit fürchteten. In den darauffolgenden drei Jahrzehnten lenkte sie die Geschicke des Landes zusammen mit ihrem Sohn, einem weiteren Ludwig, und es gab mehrere Phasen, in denen sie praktisch allein regierte: während der acht Jahre bis zu Ludwigs Volljährigkeit, während seiner Krankheit 1244 bis 1245 und nach seinem Aufbruch zu einem Kreuzzug 1248.

Die Königswitwe verfügte durchgehend über beträchtlichen diplomatischen Einfluss, sie betätigte sich als Richterin und organisierte einige der wichtigsten Ereignisse des höfischen Lebens. Ein Zeitgenosse, der Geschichtsschreiber und Gelehrte Matthäus Paris, hielt

Blanka von Kastilien

sie für die mächtigste Frau der Welt. Eine moderne Biografin bezeichnete sie als eine der einfalls- und erfolgreichsten Regentinnen des europäischen Mittelalters, »erstaunlich geschickt darin, ihren Willen durchzusetzen«, sowohl in heiklen diplomatischen Auseinandersetzungen als auch im alltäglichen Regierungshandeln:

Herausforderungen und Widerstand trat sie immer mutig entgegen, ob sie nun von der Kirche, den Universitätsgelehrten von Paris oder den Baronen ausgingen. Dafür nutzte sie das volle Ausmaß an Macht, das ihr als Herrscherin zur Verfügung stand. Sie scharte Heere hinter sich, fällte Urteile, sprach mindestens einen für das gesamte Königreich gültigen Erlass aus […] und sie war eine resolute Verhandlungspartnerin.

Abseits ihres Hofes erlebte Blanka mit, wie die englischen Könige einen Großteil ihrer Kontrolle über das heutige Frankreich verloren, Adeligenaufstände in Frankreich sowie in Spanien und England ausbrachen und neue Konflikte das Heilige Land erschütterten – im Jahr ihrer Geburt eroberte Saladin Jerusalem. In Blankas fünftem Lebensjahrzehnt vernahm man in Europa erste Nachrichten über eine Bedrohung durch die Mongolen aus Zentralasien.

Neben ihren beispielhaften Auftritten auf der größtmöglichen Bühne gründete Blankas guter Ruf auf ihrer Disziplin und Vortrefflichkeit in privateren Dingen. Geradezu berühmt war ihre Frömmigkeit; ihr Sohn Ludwig wurde später einer der Nationalheiligen Frankreichs. Es war die Zeit, in der der Bau bzw. Neubau der Kathedralen von Bourges und Chartres erfolgte, und Blanka galt als tatkräftige, geradezu enthusiastische Unterstützerin von Kunst und Architektur, die dafür sorgte, dass sich der im Jahr 1200 noch eher glanzlose französische Hof in ein kulturelles Zentrum Europas verwandelte. Durch ihre Mitgift und ihre königlichen Mittel verfügte sie über Landbesitz in verschiedenen Teilen Frankreichs und große Mengen an Bargeld, sodass Blankas Vermögen nur als immens bezeichnet werden kann, selbst für jene Zeiten, die bekannt sind für die Anhäufung von Reichtum in den Händen einiger weniger. In den 1240er-Jahren betrug Blankas Einkommen etwa 45 000 Livres jährlich. (Zum Vergleich: Blankas Sohn gab später »nur« 40 000 Livres für den Bau der Sainte-Chapelle in Paris aus.) Drei der von Blanka errichteten Zisterzienserklöster und ein Schloss existieren ganz oder teilweise bis heute. Die durch ihr Mäzenatentum entstandenen reich illustrierten Psalter, Bibeln, Bischofsstäbe und Buntglasfenster bezeugen ihren Geschmack und ihre Großzügigkeit. Selbst ihr persönliches Siegel zeigte sie als eine Frau »voller Modebewusstsein und Charme«.

All die öffentlichen und privaten Ausgaben setzten eine gute Organisation voraus, und die Verwaltung des Staats war verglichen zu den Regierungsperioden davon deutlich aufwendiger geworden. Der königliche Haushalt verfügte über etwa 300 Mitarbeiter, von Soldaten bis zu »Hundedienern«, von Sommeliers und Obsthändlern bis zu Hofdamen. Außerdem waren darunter mindestens zwei Dutzend Finanzverwalter, von denen die meisten ihr Wissen in Paris erlangt hatten. Ihnen oblag die Kontrolle der Kosten, wobei Mitglieder verschiedener Haushaltsbereiche berechtigt waren, Ausgaben zu bewilligen; die Zuständigkeiten im Staatshaushalt zu Blankas Zeiten glichen einem komplizierten Flickenteppich.

Die Haushaltsbücher dieser Zeit spiegeln ein hochkomplexes Netz aus Käufen, Zahlungen und Darlehen wider: Personallöhne, Ausgaben für Gäste, Geschenke, Kunst und Almosen (selbst der später heiliggesprochene Ludwig war besorgt, dass seine Mutter in dieser Hinsicht zu Exzessen neigte), die Organisation und Finanzierung von Reisen sowie natürlich die laufenden Kosten für Anwesen und Schlösser einschließlich der Ausgaben für Freizeitbeschäftigungen, Lebensmittel und Kleidung. Die Posten umfassten alles, von Kinderhandschuhen, Pergament und Buchbindekosten bis hin zu Geschenken für Botschafter, dem Unterhaltungsprogramm bei königlichen Hochzeiten und der finanziellen Unterstützung, die den Kreuzzüglern in Damiette gesandt wurde.

Blanka muss viel Zeit damit verbracht haben, sich detailliert mit Speisen, Kleidung, Schmuck und Möbelstücken, mit Gebäudereparaturen, Jagd und Musik sowie mit den logistischen Fragen des höfischen Lebens, Reisens und Vergnügens auseinanderzusetzen. Außerdem kümmerte sie sich offenbar höchstpersönlich um die Finanzen und genehmigte viele Ausgaben selbst. Bei mindestens einem der von ihr gegründeten Kloster arbeitete sie eng mit einem der Finanzverwalter zusammen, um zu ermitteln, welche Einnahmen die dafür vorgesehenen Ländereien generierten und was die Arbeiten kosten würden.

Daher ist es vielleicht wenig überraschend, dass Blanka eine erstaunliche Neuerung in Bezug auf Zählmarken und Rechenbretter zugeschrieben wird. Rechenbretter waren seit Menschengedenken immer mit Steinen, Scherben oder vielleicht noch Münzen bestückt worden, doch Anfang des dreizehnten Jahrhunderts tauchen am französischen Hof die ersten *Jetons* auf – Zählmarken, die eigens für die Nutzung auf Rechenbrettern angefertigt wurden. Das Wort leitet sich vom französischen *jeter* ab, das »werfen« oder vielleicht auch »schieben« bedeutet, mit anderen Worten: Es waren Zählsteine, die auf dem Brett herumgeschoben werden konnten.

Auf dem ältesten erhaltenen Jeton prangt Blankas Wappen: auf der einen Seite eine Fleur-de-Lys, auf der anderen Seite eine Burg, sinnbildlich für Kastilien. Er gehört zu einem ganzen Satz, der für den Hof angefertigt wurde – für den Gebrauch durch die Beamten oder sogar durch die Königin selbst. Spätere Quellen beschreiben, wie Adelige die Ausführungen ihrer Finanzverwalter mit eigenen Zählsteinen auf eigenen Rechentischen mitverfolgten. Dass zu Blankas Zeit spezielle neue Zählmarken in Verwendung waren, passt gut in das Bild der innovativen, kunstsinnigen Königin, die prachtvolle Bücher und Bischofsstäbe in Auftrag gab, wertvolle Teppiche, Kleider und Schmuckstücke besaß und dies entsprechend dokumentieren wollte.

•

Blanka von Kastiliens Jeton

Um diese Zeit und in den folgenden Jahrhunderten nehmen die Hinweise auf Zählsteine und Rechenbretter wieder deutlich zu. Neben Erwähnungen in literarischen Werken (bei Chaucer kommt ein »counting-bord« vor, Shakespeare verwendet »Rechenknecht« als Beleidigung) tauchen Zähltische in Testamenten und Inventarlisten auf, und mehrere Rechenbretter, die ab dem sechzehnten Jahrhundert entstanden, sind bis heute erhalten.

Bei einigen von ihnen handelte es sich um kostspielige, kunstvolle Möbelstücke, die sich einklappen ließen, wenn sie nicht gebraucht wurden, und zum Teil über Schubladen für die Zählsteine verfügten. Einige wiesen zwei oder drei Flächen mit den nötigen Markierungen zum Zählen und Rechnen auf, sodass mehrere Menschen parallel daran arbeiten konnten. Andere ähnelten gewöhnlichen Tischen, die sich, wenn gerade nicht gerechnet wurde, zu anderen Zwecken nutzen ließen. Die einfachste Form des mittelalterlichen Rechen-»Brettes« war ein Tuch mit allen nötigen Linien und Bezeichnungen, das sich auf jedem beliebigen Tisch ausbreiten ließ, solange er nur groß genug war. So ein Tuch benutzte beispielsweise das Kontor des englischen Königshauses – es war grün, weshalb das dazugehörige Gerichtsgebäude gern als *Court of Green Cloth* bezeichnet wurde. Bis heute tragen Geschäftstresen und Arbeitsflächen in Privathäusern in einigen Sprachen Bezeichnungen wie *counter* (englisch) oder *comptoir* (französisch) – ein Verweis auf die Tatsache, dass diese Oberflächen früher regelmäßig als Unterlage für Rechenbretter dienten. (Sämtliche Wörter wie *to count* – zählen – und *counter* – Tresen – im Englischen, *comptoir* – Tresen – im Französischen, *il conto* – die Rechnung – im Italienischen sowie »das Konto« im Deutschen leiten sich vom lateinischen *computare* ab, was »berechnen« bedeutete.)

Rechenbretter und -tücher dieser Art waren auf dem Gebiet des früheren weströmischen Reiches weit verbreitet, sie wurden von Händlern und Beamten aller Art verwendet, am Hof, in Domschulen, von Geschäftsleuten, Verkäufern, Anwälten und Geistlichen sowie in Privathaushalten aller Größen und Ausprägungen.

•

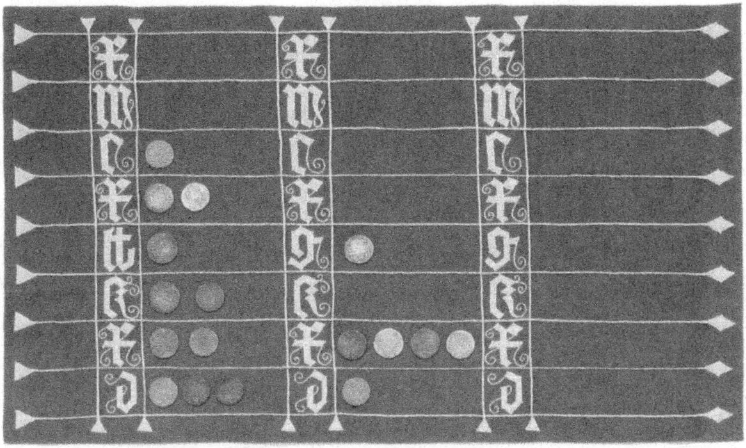

Rechentuch aus München (Nachbildung)

Als im sechzehnten Jahrhundert schließlich die ersten gedruckten Beschreibungen von Rechenbrettern erschienen, hatte sich an der Form und dem Einsatzbereich des Hilfsmittels seit der »Zählsteinkultur« im antiken Griechenland auf den ersten Blick kaum etwas verändert. Einer der ersten Texte zu diesem Thema ist Jakob Köbels *Rechenbüchlein* (vollständiger Titel: *Ain New geordnet Rechen biechlin auf den linien mit Rechen pfeningen*), das 1514 in Augsburg veröffentlicht wurde. Auf dem Titelblatt waren eine Herrin und eine Zofe an einem Rechenbrett abgebildet, vermutlich beim wöchentlichen oder monatlichen Abgleich der Haushaltskosten. Auf dem Tisch waren Linien und an einer Stelle ein Kreuz eingezeichnet, und auf den Linien lagen münzgroße Zählsteine, genannt »Rechenpfennige«. Köbel zeigte und beschrieb ein Hilfsmittel, das schon zweitausend Jahre zuvor weithin bekannt war. Auch jetzt verlangte das Rechenbrett kaum mehr als eine ebene Fläche und Kenntnisse darüber, wie man es nutzte.

Zu Beginn seines Buches erklärte Köbel, wie man eine solche Oberfläche in ein Rechenbrett verwandelte, indem man Linien einzeichnete und sie gegebenenfalls beschriftete; vorgefertigte Bretter waren in seinen Augen offenbar eher die Ausnahme als die Regel. Auf Köbels Brett verliefen die Linien nicht senkrecht zum Nutzer, sondern waagerecht – eine Drehung um 90 Grad im Vergleich zu den Ausführungen der griechischen Antike. Aber die Abfolge der einzelnen Linien war genau wie zuvor. Wie bei den griechischen und römischen Rechenbrettern gab es auch hier neben der Einer-Linie noch weitere, die für Brüche gedacht waren und die Stückelung des aktuellen Währungssystems widerspiegelten. In Übereinstimmung mit einigen seiner Zeitgenossen plädierte Köbel für eine minimale Veränderung: einen Stern neben der Tausenderlinie, um sie unmittelbar ausmachen zu können. Außerdem schlug er vor, die einzelnen Linien nicht zu beschriften, sondern eine Münze mit dem entsprechenden Wert an das jeweilige Ende zu legen. Einer der Vorzüge dieser Variante des Rechenbrettes war, dass weder seine Form noch die Vorgehensweise geändert werden mussten, wenn man mit Währungen, Gewichts- oder Maßeinheiten rechnen wollte, die nicht auf dem Dezimalsystem basierten: Man konnte einfach eine Linie den Unzen und die nächste den Pfunden zuweisen oder sie für Zoll, Fuß und Yard nutzen, ohne etwas am grundlegenden System ändern zu müssen.

Köbel begann stets mit der kleinsten Einheit. Für die Einer einer Zahl legte man Rechenpfennige auf die Einerlinie, für die Zehner auf die Zehnerlinie und so weiter. Um eine zweite Zahl zu addieren, fing man wieder bei den Einern an und ergänzte die dort bereits liegenden Rechenpfennige um die entsprechende Anzahl der zweiten Zahl. Das Gleiche wiederholte man mit den Zehnern und den Hundertern. Wenn man zu irgendeinem Zeitpunkt der Rechnung feststellte, dass sich auf der Einerlinie (oder auf der Zehner- oder Hunderterlinie) fünf Rechenpfennige angesammelt hatten, nahm man sie fort und ersetzte sie durch einen einzigen auf der Linie für die Fünfer (oder Fünfziger oder Fünfhunderter). Wenn sich auf einer *dieser* Linien wiederum zwei Rechenpfennige befanden, entfernte man sie und fügte stattdessen einen auf der nächsthöheren Linie (etwa der Zehner-, Hunderter- oder Tausenderlinie) hinzu.

Die Rechenbrettszene von Köbels Titelblatt

Die Subtraktion war kaum schwieriger, obwohl man dabei eventuell vorübergehend einen »Fünfer«-Rechenpfennig durch fünf »Einer« ersetzen musste (oder einen Fünfziger durch fünf Zehner und so weiter), um die verlangte Anzahl von der entsprechenden Linie entfernen zu können. Für das Mal- und Geteiltrechnen hingegen war es nötig, die Multiplikationstabellen zu beherrschen, und das Rechnen mit Brüchen setzte ein Verständnis der involvierten Münzwerte voraus.

Köbel wies zudem auf die Option hin, das Brett durch senkrechte Linien zu unterteilen und so eine Darstellung von mehreren Zahlen gleichzeitig zu ermöglichen – etwa um bei einer komplizierten Rechnung den Überblick zu behalten. Andere Stimmen empfahlen eine weitere geringfügige Veränderung: Statt auf den Linien selbst solle man die Rechenpfennige in den Räumen zwischen den Linien platzieren. Funktional gesehen spielte das im Grunde keine Rolle, aber es veränderte das Aussehen zumindest einiger Rechenbretter, die nun aus – womöglich unterschiedlich gefärbten – Zeilen bestanden. Kamen dann noch längsseitige Unterteilungen des Brettes hinzu, hatte das Ganze eine gewisse Ähnlichkeit mit einem Schachbrett. Davon abgeleitet wurde das besondere Rechenbrett, mit dem die englischen Staatsausgaben berechnet wurden, als »exchequer« bezeichnet: Der Begriff stammt vom gleichen Wort ab wie »chess« – »Schach« und ist bis heute im Amtstitel des britischen Finanzministers, »Chancellor of the Exchequer«, erhalten geblieben.

•

Die Erfindung Blankas von Kastilien – münzartige Zählsteine, die speziell für die Verwendung auf dem Rechenbrett geprägt wurden – erwies sich erstaunlicherweise als ähnlich langlebig. Schließlich hätte sie auch als Marotte in die Geschichte eingehen können, als Spielzeug einer einzelnen Königin mit besonderem Interesse an Buchhaltung und Verwaltung. Doch dem war nicht so. Sämtliche der nachfolgenden französischen Könige ließen Jetons anfertigen, vom dreizehnten Jahrhundert bis zur Französischen Revolution 1789. Die Neuerung breitete sich vom Hof auf das königliche Umfeld und darüber hinaus aus: Es dauerte nicht lange, bis neben den Haushalten der Königin und des Kronprinzen auch die einzelnen Ritterorden, die klerikale Versammlung sowie die verschiedenen Abteilungen des Finanzministeriums alle ihre eigenen Jetons herausbrachten. Provinzregierungen und bekannte Persönlichkeiten ließen ebenfalls eigene Zählsteine prägen. Auf dem Höhepunkt dieser Entwicklung liefen offenbar nicht nur die königliche *Monnaie de Paris* auf Hochtouren, sondern auch die übrigen Münzprägeanstalten des Landes – in Tours, Dijon, Toulouse, Grenoble, Arras, Laon und Valenciennes. Hergestellt wurden die Jetons auf die gleiche einfache Weise wie die frühen Münzen – per Hammerprägung.

Die ersten Exemplare bestanden aus Messing, doch im vierzehnten Jahrhundert war man bereits zu Silber übergegangen, und später folgte Gold. Das bedeutete, dass die Jetons echte Wertanlagen waren. Der Brauch, bestimmten Beamten jährlich als Arbeitsmittel offiziell einen Satz aus 100 Jetons zu überlassen, entwickelte sich mit der Zeit zu einer Art Bonuszahlung. Möglicherweise konnte man diese Jetons entweder an das Schatzamt zurückgeben, um den Gegenwert des Edelmetalls zu erhalten, oder sie direkt einschmelzen und zu Münzen umprägen lassen. Eine der faszinierenden Eigenschaften der Jetons ist die Tatsache, dass sie Münzen verblüffend ähnlich sahen, aber nie legitim als solche genutzt wurden. In Form, Größe und Material glichen sie dem Zahlungsmittel; der einzige Unterschied war die kunstvolle Gestaltung. Oft wurde so namhafter Personen und deren Großtaten gehuldigt; in späteren Jahren war eine vermehrte Hinwendung zu Porträts, Wappen und Leitsprüchen zu verzeichnen – wie bei den Münzen. Einige Jetons verkündeten in ihrer Inschrift, es handele sich nicht um Zahlungsmittel des entsprechenden Reiches, doch das änderte nichts daran, dass die gängige Praxis, Jetons anstelle von Münzen zu verwenden, die langlebige Redewendung *faux comme un jeton* – »falsch wie ein Jeton« – hervorbrachte.

Unter Ludwig XIV. erreichten die Verbreitung und die Gestaltung der Jetons ihren Höhepunkt: Im Jahrzehnt zwischen 1680 und 1690 ließen die staatlichen Institutionen Frankreichs 1200 Jetons aus Gold und überwältigende 48 000 Stück aus Silber prägen. Danach wurden noch etwa 100 Jahre lang sporadisch Jetons herausgegeben, bis etwa 1780. Doch nach der Revolution wurde die Produktion aufgrund der engen Verbindung zwischen den Jetons und dem Hof bzw. den Institutionen der Monarchie eingestellt, und die Mehrheit der Jetons, die – samt ihren königlichen und adeligen Porträts und Inschriften – zu dem Zeitpunkt im Umlauf waren, wurde rasch eingeschmolzen.

Dennoch besteht kein Zweifel daran, dass in den Jahrhunderten zwischen Blanka und dem letzten Ludwig viele Berechnungen am Königshof, in den Finanzämtern und an anderen Stellen der Verwaltung mithilfe von Jetons durchgeführt wurden, die in großer Anzahl zu genau diesem Zweck geprägt wurden – sie kamen deutlich häufiger zum Einsatz als gewöhnliche Zählmarken, obwohl sie Kieselsteinen oder einfachen Münzen gegenüber keinen funktionalen Vorteil boten.

•

Auch außerhalb von Frankreich gelangten Jetons zu einiger Beliebtheit. Zentren der Produktion und Anwendung waren die Händler und Banken Norditaliens (von wo aus die Lombarden ihre Waren und Geschäftspraktiken in fast jeden Winkel Europas trugen) und später dann Nürnberg, woher die überaus beliebten »Rechenpfennige« stammten, die im sechzehnten und siebzehnten Jahrhundert weithin exportiert wurden. Auf einigen von ihnen prangten ganz selbstreferenziell Darstellungen eines Buchhalters vor einem Brett mit ebendiesen Pfennigen.

Ab dem siebzehnten Jahrhundert erhielten die Jetons sozusagen Familienzuwachs in Form von anderen Marken mit teilweise überlappenden Funktionen und Eigenschaften. Der Brauch, Angestellten zum Jahreswechsel oder Freunden zum Geburtstag einen Satz Jetons zu schenken, wurde jetzt auch von anderen Institutionen aufgegriffen, etwa religiösen Einrichtungen, Universitäten und Gelehrtengesellschaften, die dazu übergingen, ihre Mitglieder mit Jeton-ähnlichen Marken für die Anwesenheit bei Treffen oder die Erfüllung anderer Pflichten zu belohnen. Häufig bestanden diese aus Blei oder Messing und wurden zur Abgrenzung von den Jetons als *méreaux* bezeichnet. Die münzähnlichen Objekte, die gelegentlich auch – legal oder illegal – als Kleingeld eingesetzt wurden oder bei der Ausgabestelle ganz legal eingetauscht werden konnten, wiesen eine Reihe Gemeinsamkeiten mit den echten Jetons auf. Der große Unterschied bestand allerdings darin, dass sie nie für den Einsatz auf dem Rechenbrett gedacht waren.

Auf eine Nutzung, die recht weit vom Kernzweck der Jetons entfernt ist, verweisen Quellen, laut denen sie zur Markierung von Punkteständen bei Spielen verwendet wurden – das war sicherer, als echtes Geld auf den Tisch zu legen. Mit der Zeit entstanden Marken, die spezifisch für diese Verwendung gedacht waren und in einigen Fällen besondere Formen aufwiesen, um Verwechslungen vorzubeugen – die Vorläufer moderner Pokerchips (im Deutschen und Französischen bis heute unter dem Namen »Jeton« geläufig).

Außerdem führte die Zurückhaltung einiger Staaten – vor allem Englands –, Münzen mit einem geringen Nennwert zu prägen, zu einer langen Phase, in der Händler und Geschäftsleute ihre eigenen Marken aus Kupfer, Messing oder Blei herausgaben, die als Kleingeld und als Werbeträger zugleich dienten. Es gab sie in mehr als 10 000 verschiedenen Ausführungen, und sie wurden in industriellen Mengen produziert. Es entstand die Mode, diese »Händlermarken« zu sammeln, was einige der Hersteller dazu verleitete, einzig und allein zu diesem Zweck Gedenk- und Ziermarken herauszugeben. Einige Sammler ließen sogar eigene Marken prägen, um sie an ihre Freunde zu verteilen.

Obwohl es sich bei all diesen Marken um unterschiedliche Arten von Objekten handelt, kann es als gesichert gelten, dass es zwischen ihnen im Verlauf der Zeit immer wieder zu Wechselwirkungen, Imitationen und – zumindest in einigen Fällen – Überschneidungen in der Verwendung kam. Man konnte das Gefühl bekommen, dass die Zählsteinkultur des antiken Athen im siebzehnten Jahrhundert in Mitteleuropa wiederauferstanden war, mit Jetons und Marken in einer noch nie dagewesenen Vielfalt und Fülle. Deshalb ist davon auszugehen, dass die meisten Menschen in erster Linie durch ihre Finger, durch Marken und durch deren Umherschieben mit Zahlen und Zählvorgängen in Berührung kamen.

Doch so langsam schlug auch Europa in Sachen Zählen und Rechnen ein neues Kapitel auf. Blankas Buchhalter hatten die römische Zahlschrift ausschließlich genutzt, um die Ergebnisse ihrer Berechnungen zu notieren. Doch ab dem Hochmittelalter traten zunehmend andere Rechenmethoden auf, die auf Papier durchgeführt wurden und die Zählsteine und Rechenbretter im sechzehnten und siebzehnten Jahrhundert nach und nach ablösten. Heute werden die damit verbundenen Zahlensymbole »arabische Ziffern« genannt, aber ursprünglich stammen sie aus Indien.

5

Zahlensymbole aus Indien

Seit ihrer Erfindung in Sumer und – zur gleichen Zeit oder kurz darauf – in Ägypten stellten die Zahlensymbole eine bedeutende Ergänzung des menschlichen Zählrepertoires dar. Doch der Großteil der heute lebenden Menschen kennt vor allem eine Form von Zahlensymbolen: die Ziffern 0 1 2 3 4 5 6 7 8 9, die bestimmten Regeln in Bezug auf ihre Position und ihren Wert unterliegen. Heute verbindet man sie insbesondere mit dem Rechnen, aber wie sie sich verbreiteten, ist sicherlich einer der Hauptäste in der Geschichte des Zählens.

Zum ersten Mal verwendet wurden diese Zahlensymbole in sanskritischen Texten im ersten Jahrtausend u. Z., und ab da haben sie eine bemerkenswerte Reise von Sprache zu Sprache und von Land zu Land zurückgelegt. Im zwölften Jahrhundert blickten sie in Südasien bereits auf eine jahrhundertealte Geschichte zurück und waren auch in der arabischsprachigen Welt gut etabliert. Außerdem fanden sie langsam Eingang in lateinische Texte. In den folgenden Jahrhunderten sollten sie Europa erobern und sich zu einem Schlüsselelement der Buchhaltung, der Datenerhebung und der statistischen

Analyse entwickeln – allesamt Bereiche, die im Zentrum der Moderne stehen.

War der Aufstieg der indischen Zahlensymbole unvermeidlich? Sicher nicht: Andere Zahlenschreibweisen aus Südasien folgen der gleichen Struktur, haben sich aber nicht in der ganzen Welt verbreitet. Wie bei fast allen historischen Entwicklungen spielte auch hier der Zufall eine große Rolle.

Markieren diese heute gängigen Symbole den Endpunkt der Entwicklung des Zählens? Auch das ist höchst unwahrscheinlich. Sie existieren noch nicht einmal so lange, wie es die Zahlzeichen der Keilschrift und der Hieroglyphen gab, und haben, was das Zählen sowie das Darstellen und Handhaben von Zahlen angeht, in den vergangenen Jahrzehnten den Binärcodes gegenüber bereits stark an Boden verloren. Es gibt also keinen Anlass zu der Annahme, dass die Wachstums- und Veränderungsprozesse des menschlichen Zählens abgeschlossen sind. Stattdessen ergeben sich die Bedeutung und die Faszination unserer heutigen Zahlensymbole vor allem aus der Fülle der Orte, die sie in den letzten gut tausend Jahren passierten, und der Dinge, die mit ihnen geschahen. Diese Geschichte beginnt in Indien.

Bhaskara II: Die Brahmi-Ziffern

Südasien ist eine Region, in der Sprache, Kultur und das Zählen tief verwurzelt sind. Indogermanische Sprachen wurden auf dem indischen Subkontinent schon mindestens seit dem zweiten Jahrtausend v. u. Z. gesprochen, und die angesehenste unter ihnen war Sanskrit. Durch die Urbanisierung im ersten Jahrtausend v. u. Z. und den Austausch von Waren und Ideen mit Nachbarn wie Griechenland, Mesopotamien und China entstand eine blühende und rechenkundige Kultur.

Die ältesten erhaltenen Texte in einer indischen Sprache sind die Veden, die in einer archaischen Form des Sanskrit verfasst sind und vermutlich aus dem Zeitraum 1500 bis 500 v. u. Z. stammen; um 500 wurde das Sanskrit kodifiziert und praktisch als Gelehrtensprache eingefroren. Zu seinen Nachfahren zählen viele noch heute gesprochene Sprachen und Dialekte, darunter Hindi, Gujarati und Bengali.

Dass in der Region schon früh gezählt wurde, belegen die Tradition der Kerbholze, die bis ins zwanzigste Jahrhundert bestand, und die in alten Texten enthaltenen Verweise auf ein Rechenbrett, auf dem Zählmarken aus Ton je nach Position verschiedene Werte annahmen. Die Kerbhölzer und Bretter bedienten, ebenso wie die Zählweise im Sanskrit selbst, ein Dezimalsystem. Die Zahlwörter entstammten wie in den europäischen Sprachen der indogermanischen Ursprache und lauteten *eka, dva, tri, catur, panca* … (Die Ähnlichkeiten mit den Zahlwörtern im Griechischen und Lateinischen waren in der Tat einer der ersten Hinweise auf die Verwandtschaft dieser Sprachen mit dem Sanskrit.) Im Gegensatz zu vielen anderen Sprachen bilden die Zahlwörter des Sanskrit ein vollständig regelmäßiges Dezimalsystem, mit eigenen Begriffen für jede einzelne Zehnerpotenz (anders als im Englischen oder Deutschen, wo nur *zehn, hundert, tausend* und die Potenzen von tausend separate Bezeichnungen aufweisen; die übrigen Potenzen von zehn sind zusammengesetzte Formen wie »zehntausend«).

Zahlwörter kamen in einigen der vedischen Hymnen vor (»Du, schön von Aussehen, bist Herr über alles; du wiegst Tausende, Hunderte, Zehn auf«). In manchen Fällen wurde eine Vielzahl von Zehnerpotenzen aneinandergereiht:

> Gegrüßet sei die Hundert,
> gegrüßet sei die Tausend
> gegrüßet sei die *ayuta* [Zehntausend]
> gegrüßet sei die *niyuta* [Hunderttausend]
> gegrüßet sei die *prayuta* [Million]
> gegrüßet sei die *arbuda* [zehn Millionen]
> gegrüßet sei die *nyarbuda* [hundert Millionen]
> gegrüßet sei die *samudra* [Milliarde]
> gegrüßet sei die *madhya* [zehn Milliarden]
> gegrüßet sei die *anta* [hundert Milliarden]
> gegrüßet sei die *parardha* [Billion]
> gegrüßet sei das Morgengrauen,
> gegrüßet sei der Tagesanbruch,
> gegrüßet sei die Welt,
> gegrüßet seien alle.

Obwohl das Sanskrit in erster Linie als Sprache der mündlich vermittelten Poesie galt, erhielt es im ersten Jahrtausend v. u. Z. auch eine schriftliche Form. Leider setzte das Klima der Region kurzlebigen Schriftträgern stark zu, doch auch in Stein wurden Texte geritzt: im dritten Jahrhundert v. u. Z. dialektale Inschriften und ab dem ersten

Jahrhundert v. u. Z. auch solche auf Sanskrit. Die ältesten heute noch existierenden Artefakte stammen aus der Zeit um 150 u. Z.

Ab der ersten Hälfte des ersten Jahrtausends u. Z. finden sich in den Quellen zunehmend Belege für den Einsatz von Zahlen und Berechnungen, etwa wenn es darum ging, mögliche Versmetren zu ermitteln, Steinaltare für die Feueropfer zu bauen oder Rituale nach dem Jahresverlauf auszurichten. Letztendlich war es (neben der Astrologie und dem Kalenderstudium) in erster Linie die Astronomie, die mathematische Abhandlungen auf Sanskrit hervorbrachte. Sie zählte zu den traditionellen »Gliedern« des vedischen Gelehrtentums und florierte insbesondere im ersten Jahrtausend, als eine Fülle an zunehmend komplexen und anspruchsvollen Texten entstand. Der Kern dieser Texte war in Versform verfasst, wurde jedoch begleitet von langen Kommentaren in Prosa, um die Regeln und Abläufe der Berechnungen zu erklären und zu ergänzen.

•

Zu den herausragendsten Merkmalen der sanskritischen Astronomie gehörte ihr Raum- und Zeitmodell, das mit immensen Größenordnungen operierte. Die Historikerin Kim Plofker erklärt:

> *Das Universum entsteht und vergeht innerhalb einer Kalpa – einer Tag-und-Nacht-Periode Brahmans, die 4320000000 Jahre dauert. Daneben gibt es einen kürzeren Zeitraum namens Mahayuga oder »großes Zeitalter«, der 4320000 Jahre umfasst. Er wiederum ist in kürzere Abschnitte im Verhältnis 4:3:2:1 unterteilt, während derer sich die Welt vom Guten zum Schlechten wandelt, wie im goldenen, silbernen, bronzenen und eisernen Zeitalter der griechischen Legenden. Das letzte und schlimmste dieser Unterzeitalter heißt Kaliyuga und entspricht einem Zehntel von Mayahuga, also 432000 Jahren.*

Diese enorm großen Zahlen wurden allerdings noch deutlich übertroffen von denen, die für kosmische Entfernungen galten: An einer Stelle ist die Größe des Himmels mit 18 712 069 200 000 000 *Yojanas* angegeben (eine Yojana entspricht in etwa zwölf Kilometern). Da es wenig befriedigend war, derartig riesige Zahlen voll ausgeschrieben in Versen anzuführen, war eine spezielle Notation nötig. Mehrere Versuche mit verschiedenen Systemen unterstrichen nur die Schwierigkeit und Dringlichkeit des Problems. Bei den meisten Ansätzen handelte es sich um kurzlebige Experimente, die ihre Erfinder kaum überdauerten, doch eine Lösung sollte sich zur weltweit verbreitetsten Zahlenschreibweise entwickeln.

Eines dieser Systeme – verwendet vom Mathematiker Aryabhata im sechsten Jahrhundert – wies den kleinen Zahlen Konsonanten und den Potenzen von zehn Vokale zu, um Zahlen als Silben darstellen zu können – Silben ohne Bedeutung, die sich aber immerhin laut lesen ließen. Das Konzept setzte sich nicht durch, doch im folgenden Jahrhundert ersann ein weiterer Gelehrter, Haridatta, eine Variante, in der die 33 sanskritischen Konsonanten auf die Zahlen von eins bis neun verteilt wurden. Das bedeutete, dass es für jede Zahl mehrere Optionen gab. Für die Eins standen beispielsweise die Laute *k, t, p* und *y* zur Auswahl, weshalb das System unter dem Namen *Katapayadi* bekannt wurde. Dabei handelte es sich um ein Stellenwertsystem: Der erste niedergeschriebene Buchstabe repräsentierte die Einer, der nächste die Zehner, der darauf die Hunderter und so weiter; der einzige Indikator dafür, ob ein Zahlensymbol Einer, Zehner oder Hunderter darstellte, war seine Position. *Katapayadi* sollte eine große Rolle für die Zahlenmagie und beim Hellsehen spielen und war jahrhundertelang in Gebrauch, obwohl die Form nie zur dominanten Zahlenschreibweise aufstieg.

Ein drittes System wies eine Reihe phonetischer Zeichen den Zahlen bis neun zu, eine weitere Reihe den Vielfachen von zehn bis hinauf zur 90 und manchmal noch eine dritte den Vielfachen von 100 – von der Struktur her ähnelte der Ansatz also den demotischen Zahlensymbolen in Ägypten und dem späteren griechischen Zahlenalphabet. Dieses System entwickelte sich zum Standard für das Durchnummerieren von Buchseiten und wurde in manchen Regionen bis ins neunzehnte Jahrhundert hinein angewendet.

Eine weitere Möglichkeit – die darauf verzichtete, sinnlose Silben aneinanderzureihen – bestand darin, sprachliche Synonyme für die Zahlwörter zu finden, etwa »Erde« (für eins), »Auge« (für zwei), »Sinn« (für fünf) und so weiter. Wie im *Katapayadi*-System ließen sich die Zahlen auch hier kombinieren, angefangen bei den Einern, gefolgt von den Zehnern und den Hundertern. Die Reihe ließ sich bei Bedarf beliebig fortsetzen, sodass man selbst die größten Zahlen der sanskritischen Kosmologie ausdrücken konnte. Dieses Verfahren hatte den Vorteil, dass es bestehende Wörter verwendete und sich daher deutlich besser in Verse einbauen und auswendig lernen ließ. Die ältesten Quellen dafür sind astrologische Texte aus dem dritten Jahrhundert, und auch diese Notationsform sollte sich über mehrere Hundert Jahre hinweg einiger Beliebtheit erfreuen, bis sie schließlich verschwand.

So viel zu den weniger erfolgreichen Experimenten – zumindest einigen von ihnen –, um zu zeigen, wie sich Zahlen schriftlich festhalten ließen. Doch natürlich verfügte die altindische Brahmi-Schrift auch über eine Reihe eigens zu diesem Zweck existierender Zahlensymbole, die ihren ersten, schicksalshaften Auftritt in Inschriften aus dem dritten Jahrhundert v. u. Z. hatten und sich im folgenden Jahrhundert über den ganzen Subkontinent ausbreiteten. In dieser frühen Form gab es klar unterscheidbare Symbole für die Zahlen von 1 bis 9 und die Zehnerpotenzen von 10 bis 90. Ob diese Symbole ganz unabhängig in Indien entstanden oder von anderswo importiert oder zumindest durch ein fremdes Modell inspiriert worden waren, ist Gegenstand vieler Untersuchungen. Die Struktur des Systems entsprach in dieser archaischen Form erneut der demotischen Schreibweise, und etwa ein Drittel der Zeichen weist eine Ähnlichkeit zu den ägyptischen Gegenstücken auf. Es ist erwiesen, dass einige Händler aus dem ptolemäischen Reich in dieser Zeit an der Malabarküste anlegten, und andersherum reisten buddhistische Missionare im dritten Jahrhundert v. u. Z. nach Alexandria. Daher ist ein Einfluss von außen nicht ausgeschlossen.

Verwendung fanden die Brahmi-Zahlensymbole in Inschriften, auf Münzen, in auf Kupferplatten festgehaltenen Landzuteilungen und beim Durchnummerieren von Versen, und schon im sechsten oder siebten Jahrhundert hatten sie sich bis nach Zentral- und Südostasien ausgebreitet. Aus diesen trockeneren Klimazonen sind Inschriften auf Holz, Palmblättern und Papier erhalten, die mit Brahmi-Ziffern durchsetzt und in einer indogermanischen Sprache namens Tocharisch verfasst sind. In Südindien waren die Ziffern bis ins achtzehnte Jahrhundert in Gebrauch; im Tamilischen (im südindischen Bundesstaat Tamil Nadu und auf Sri Lanka) ist diese Zahlenstruktur bis heute erhalten.

Außen vor blieben diese Symbole allerdings bei Berechnungen und in der Buchhaltung; in mathematischen Zusammenhängen ersetzten sie weder die ausgeschriebenen Zahlen noch die anderen oben beschriebenen Systeme – zumindest nicht, bis ihre Struktur eine Innovation erfuhr: Die – recht einfache – Idee lautete, statt der vollen Bandbreite an Symbolen nur die für die Zeichen von 1 bis 9 zu benutzen und sich darauf zu einigen, dass die erste Ziffer (von rechts gesehen) für die Einer stand, die zweite für die Zehner, die dritte für die Hunderter und so weiter. Das ergab ein Stellenwertsystem ähnlich der *Katapayadi*-Schreibweise. Und wenn beispielsweise kein Zehner zu notieren war, füllte man die Leerstelle mit einem Punkt.

Es ist nicht gesichert, wann genau diese Neuerung aufkam. Manche Wissenschaftler gehen von einem frühen Zeitpunkt wie Mitte des ersten Jahrtausends v. u. Z. aus, basierend auf einer möglichen Verbindung zu den Symbolen, die auf chinesischen Rechenbrettern verwendet wurden. Die frühesten unumstrittenen Quellen für das indische Stellenwertsystem sind einige Inschriften aus dem späten siebten Jahrhundert u. Z., die aus Südostasien und aus Indien selbst stammen.

Vermutlich hat der Augenblick des Umdenkens irgendwann dazwischen stattgefunden.

Das Konzept des Stellenwertsystems mit einem gesonderten Zeichen für leere Positionen verbreitete sich in der gesamten Region; um das Jahr 800 war es bereits an vielen Orten vorherrschend. Das konkrete Aussehen der Symbole veränderte sich am laufenden Band, auch im Zusammenspiel mit der breiten Vielfalt an Schriften, die in Südasien in Gebrauch waren. Dieser Prozess dauert bis heute an; mittlerweile verfügen sämtliche großen südasiatischen Sprachen über ihr eigenes Alphabet und ihre eigenen Zahlensymbole, doch strukturell stützen sich alle auf das dezimale Stellenwertsystem, das sie von ihren Brahmi-Vorfahren geerbt haben.

Eine Tätigkeit, für die sich dieses System sehr gut eignete, war das schriftliche Rechnen. Das war in der Geschichte der Zahlen und des Zählens recht ungewöhnlich. Der Großteil der Kulturen nutzte dafür Hilfsmittel wie das Rechenbrett oder den Abakus; bei einfacheren Fragestellungen genügte Kopfrechnen. Doch wie die meisten Leser und Leserinnen dieses Buches vermutlich nur zu gut wissen, ermöglichen es Zahlensymbole im Stellenwertsystem, Rechenoperationen wie Addition, Subtraktion, Multiplikation und Division auf dem Papier durchzuführen, auf der Grundlage von Regeln, die schon Kinder lernen können – sofern sie bereit sind, die jeweils ein paar Dutzend Elemente umfassenden Additions- und Multiplikationsreihen auswendig zu lernen. Daher eignet sich dieses System dazu, sowohl das Zählen als auch das Rechnen in eine Form des Schreibens zu überführen und Kinder bereits damit vertraut zu machen, sobald sie den Umgang mit Schreibgeräten und -oberflächen lernen. Es erscheint nur natürlich, das Erlernen der Zahlensymbole und der dazugehörigen Rechenverfahren parallel zum Erlernen der Schriftzeichen und der Aneinanderreihung von Buchstaben zu Wörtern und Sätzen zu vermitteln.

•

Oh Lilavati, kluges Mädchen, wenn du dich auf Addition und Subtraktion verstehst, dann nenne mir die Summe der Beträge zwei, fünf, 32, 193, 18, zehn und 100 sowie das, was übrig bleibt, wenn man diese Beträge von 10 000 abzieht.

Der berühmte indische Mathematiker Bhaskara II. war einer von vielen, der in der großen Tradition der geschriebenen Worte und Zahlen in Indien stand. Er lebte im zwölften Jahrhundert in Bijjada Bida, einer Stadt in den Westghats, dem von Norden nach Süden verlaufenden Gebirge, das das Dekkan-Hochland von der Küstenebene am Arabischen Meer trennt. Die waldreiche Region ist von einer besonderen Artenvielfalt geprägt und gehörte damals zum westlichen Chalukya-Reich, das zur Zeit von Bhaskaras Geburt (im Jahr 1114) unter der Herrschaft des mächtigen Vikramaditya VI. stand. Zu Bhaskaras Lebzeiten begann das Reich allerdings langsam zu zerfallen, da Vikramadityas Vasallen ihre Herrscher und einander zunehmend bekämpften. Bis dahin verfügte die Agrargesellschaft aber über gut organisierte Zünfte und ein komplexes Steuersystem. Außerdem pflegte das Reich Handelsbeziehungen nach China, Südostasien und zu den Kalifaten rund um Bagdad im Westen.

Literatur und Forschung florierten unter den Chalukya-Königen, die Gelehrte förderten, unabhängig davon, ob sie ihre Texte in der Regionalsprache Kannada oder auf Sanskrit verfassten. Bhaskaras Vorfahren sollen als Astronomen und Astrologen am Hof tätig gewesen sein. Er selbst habe sein Wissen über Astronomie von seinem Vater Mahesvara vermittelt bekommen, heißt es.

Auch Bhaskara könnte Hofastronom gewesen sein – über sein Leben ist kaum etwas bekannt. Seine Schriften jedoch zählen zu den bekanntesten der sanskritischen Mathematiktradition. Zu seiner Zeit waren die Abschnitte der astronomischen Fachtexte, die sich mit Berechnungen befassten, zu langen und komplexen Texten angewachsen, den sogenannten *Ganitas*, die auch als separate Abhandlungen erschienen, in denen die Kunst des Rechnens als eigenständiges

Thema betrachtet wurde. In dieser Tradition steht auch Bhaskaras Schrift *Lilavati* – wörtlich übersetzt »der/die Schöne« oder »der/die Verspielte«. Obwohl schon früh das Gerücht umging, dass das Buch an seine Tochter gerichtet sei, gibt es keine entsprechenden Beweise, weder in die eine noch in die andere Richtung, und innerhalb des Textes scheint die angesprochene Person manchmal männlich, manchmal weiblich zu sein.

Bei *Lilavati* handelt es sich um eine umfassende Erörterung arithmetischer Fragestellungen. In seiner Einführung der Zahlen nennt Bhaskara 17 verschiedene Zehnerpotenzen: eins, zehn, hundert, tausend, *ayuta, laksa, prayuta, kota, arbuda, abja, kharva, nikharva, mahapadma, sanku, jaladhi, antua, madhya, parardha.* Außerdem erklärt er, wie man Zahlen notiert: In seinen Versen schreibt er sie aus, während er in den Prosaabschnitten zum Stellenwertsystem greift.

Vom Stellenwertsystem geht es weiter zur Addition, Subtraktion, Multiplikation und Division, und von dort aus zu Quadratzahlen und -wurzeln, Kubikzahlen und -wurzeln, gefolgt von Rechnungen mit Brüchen und der Zahl Null. Den Abschluss bilden Lösungsverfahren für das, was wir heute als algebraische Gleichungen bezeichnen würden, Regeln zur Ermittlung von Mengenverhältnissen und ein wenig Geometrie. Allein der arithmetische Teil umfasste Dutzende Strophen auf Sanskrit, und die Prosaabschnitte, die Beispiele für jede Regel enthielten, übertrafen diesen Umfang um ein Vielfaches. Die Aufgaben reichten vom Alltäglichen bis zum Allegorischen:

Nenn mir, scharfsichtiges Mädchen, wenn du das korrekte Verfahren zur Umkehrrechnung kennst, die Zahl, die multipliziert mit drei, ergänzt um drei Viertel des Ergebnisses, geteilt durch sieben, minus ein Drittel des Ergebnisses, multipliziert mit sich selbst, verringert um 52, in der Quadratwurzel, erhöht um acht und geteilt durch zehn zwei ergibt.

Ein Pilger spendete die Hälfte seines Geldes in Prayaga, zwei Neuntel dessen, was übrig blieb, in Kast, zahlte ein Viertel dessen, was noch da war, als Zollgebühr und sechs Zehntel des Rests in Gaya. Nun hatte er noch 63 Goldmünzen, die er mit nach Hause nahm. Sag mir, wie viel er zu Beginn hatte.

Am Fuß einer neun hastas *hohen Säule, auf der ein zahmer Pfau sitzt, befindet sich ein Loch. Als der Vogel in einer Entfernung, die dreimal der Höhe der Säule entspricht, eine Schlange entdeckt, die auf das Loch zukriecht, fliegt er schräg durch die Luft auf sie zu. Sag schnell, wie viele* karas *vom Loch entfernt treffen die beiden aufeinander?*

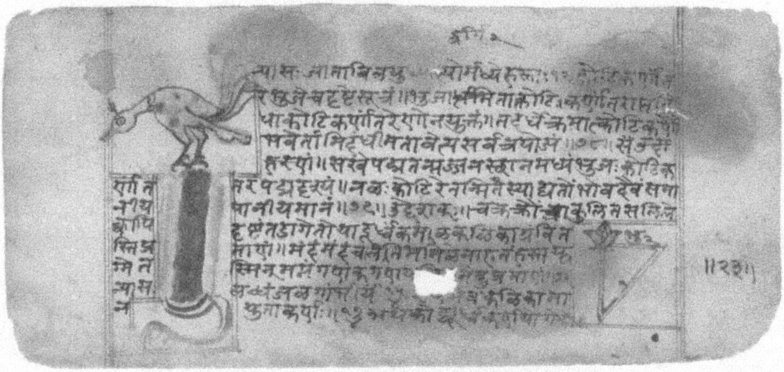

Das »Pfauenproblem« in einer Handschrift von *Lilavati*

Frühe Abschriften von *Lilavati* sind nicht erhalten, aber andere Artefakte aus jener Zeit zeigen, wie sie ausgesehen hätten. Als Schreiboberfläche wurden Palmblätter – in Nordindien Birkenrinde – verwendet, traditionell im rechteckigen Format, breiter als hoch. Die Blätter wurden nicht an einer Seite gebunden, sondern mithilfe einer Schnur durch ein Loch in der Mitte zusammengehalten. Geschützt wurden solche Handschriften häufig durch Bretter oder ein Tuch, aber selbst dann kam es selten vor, dass sie länger als ein paar Jahrhunderte überdauerten.

Der Text selbst befindet sich jeweils in einem rechteckigen Block in der Mitte jeder Seite, ohne Versalien und mit nur wenigen Lücken im Wortfluss. Außerdem gibt es weder Zeilenumbrüche zwischen den

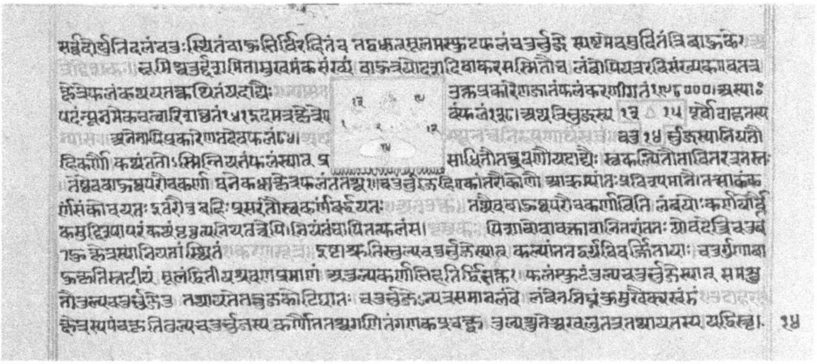

Brahmi-Zahlensymbole in einer Handschrift von *Lilavati*, im Text hervorgehoben durch einen Rahmen

Strophen noch Seitenumbrüche zum Ende eines Kapitels, nur der Beginn eines neuen Abschnitts ist manchmal durch die Verwendung roter Farbe gekennzeichnet. Für die spärlichen Unterbrechungen der durchgängigen Buchstabenreihen sorgt die Tatsache, dass die vielen Zahlensymbole häufig – wie oben abgebildet – durch einen Rahmen hervorgehoben werden.

1207 gründete Bhaskaras Enkel mit finanzieller Unterstützung eines lokalen Herrschers eine Schule, in der die Schriften seines Großvaters studiert werden sollten. Dazu zählten neben *Lilavati* ein Buch über Algebra und zwei über Astronomie. Alles, was heute über Bhaskaras Leben bekannt ist – und das ist nicht viel –, stammt aus der Stifterinschrift dieser Schule, die sich in einem Tempel in Maharashtra befand. Seine Texte hingegen entwickelten sich zu den bekanntesten Mathematiklehrbüchern der sanskritischen Tradition, zu Standardwerken, die in tausendfacher Ausführung im Umlauf waren. Es wäre nicht falsch zu sagen, dass Bhaskara mehr als jeder andere dazu beigetragen hat, das dezimale Stellenwertsystem als Hilfsmittel zum Niederschreiben von Zahlen und zum schriftlichen Rechnen zu etablieren.

Ibn Mun'im: Ziffern im Staub

Um 1200 u. Z. – Marrakesch in Nordafrika, zwischen den Bergen und dem Meer.

Jemand nimmt ein Bündel Seidenfäden und knotet daraus eine Quaste. Anschließend nimmt er Seide in zwei verschiedenen Farben und bindet eine bunte Quaste. Als Nächstes folgen drei Farben. Dann zehn.

Oder: Die Person legt sich zehn Farben bereit und wählt sechs davon für die Quaste aus. Wie viele verschiedene Kombinationen sind möglich? Der Geist wendet sich sofort abstrakteren Fragen zu: Wie verändert sich die Menge an Kombinationsmöglichkeiten, wenn man die Anzahl der verfügbaren Farben oder die der auszuwählenden Farben verändert? Und gilt diese Rechnung auch für andere Situationen? Vielleicht für die Anzahl an Buchstaben, die aus dem Alphabet ausgewählt werden, um daraus ein Wort zu bilden, oder für die Anzahl von Büchern, die aus einem Regal genommen werden, oder für die Anordnung von betonten Silben in einer Verszeile …

Auch wenn Bhaskara es nicht wusste, hatten die Brahmi-Zahlensymbole zu seinen Lebzeiten schon einen beträchtlichen Teil ihrer Reise rund um die Welt zurückgelegt. Unter den richtigen Bedingungen können sich Zählweisen ziemlich rasch und ziemlich weit verbreiten. Und für Zahlensymbole gilt das vielleicht noch einmal mehr, denn sie sind nicht an eine bestimmte Sprache gebunden und somit ohne Weiteres in der Lage, kulturelle Grenzen zu überqueren. Symbole sind leichter zu erlernen als Wörter, sie sind transparenter, selbsterklärender. Ein Beleg dafür ist die Tatsache, dass es mehrere alte Schriftsysteme gibt, deren Zahlen bis heute lesbar sind, während wir die Worte nicht mehr entziffern können – so etwa bei der Linearschrift A der kretischen Minoer oder den rätselhaften Schriftzeichen der Indus-Kultur.

In der ersten Hälfte des ersten Jahrtausends trugen buddhistische Reisende einen Teil des indischen Wissens zu den Nachbarkulturen in China, Zentralasien und im Iran. Im Jahr 662 kommentierte der christliche Bischof Sebokht im mesopotamischen Nisibis die »scharfsinnigen Entdeckungen« der Hindus im Bereich der Astronomie – ihre Berechnungsmethoden und die Verwendung der »neun Zeichen«. Ob ihm auch das zehnte Zeichen – der Punkt oder Kreis, der eine Leerstelle markierte – geläufig war, ist unbekannt.

Später brachte die Verbreitung des Islam die riesige arabischsprachige Welt in direkten Kontakt mit Indien; im achten Jahrhundert legten muslimische Händler an der Malabarküste an. In den 770er-Jahren überreichte eine indische Gesandtschaft am Hof von Al-Mansur in Bagdad einen Text über Astronomie. Wie vergleichbare Texte enthielt er einerseits Ausführungen über die Brahmi-Zahlensymbole und die Grundrechenverfahren, für die sie genutzt werden konnten, und andererseits umfangreiche astronomische Tabellen mit diesen Symbolen. So wurden sie im Verlauf des achten Jahrhunderts in der arabischsprachigen Welt immer sichtbarer, auch wenn sich der Augenblick des »ersten Kontaktes« nicht exakt ausmachen lässt.

Dabei verfügte diese arabische Kultur schon vor dem Auftauchen der Brahmi-Zahlensymbole über eine ganze Reihe ausgefeilter Zählsysteme: Es gab Münzen, die auch als Zählmarken verwendet wurden, teils aus byzantinischem Gold, teils in Form der Dinare, die ab 697 von den umayyadischen Kalifen geprägt wurden. Was die Zahlwörter anging, wurde das jüngste dezimale Begriffssystem aus dem Semitischen übernommen und war sowohl mit den akkadischen und hebräischen Zahlwörtern als auch mit denen des Ägyptischen (eines entfernten linguistischen Cousins also) verwandt: *wahid, ithnan, thalatha, arba'a, khamsa*. Daneben bestand die Möglichkeit, Zahlen durch

Buchstaben des arabischen Alphabets darzustellen – strukturell entsprach das den ägyptischen und griechischen Zahlenalphabeten. Dieses System hielt sich neben den von der Brahmi-Schrift abgeleiteten Symbolen bis ins vierzehnte Jahrhundert hinein.

Auch das römische Handzeichensystem für Zahlen bis 9999 war in der arabischen Kultur bekannt. Die Gesten wurden teilweise *Rum*, »römisch«, genannt – eine Bezeichnung, die sich hier auf das oströmische Reich bezog, also Byzanz. Die Gesten wurden vor allem genutzt, um beim Kopfrechnen Zwischensummen festzuhalten. Einige arabischsprachige Gelehrte empfahlen diese Vorgehensweise, »die kein Material benötigt und die man nur mithilfe eines Körperteils anwenden kann, ohne weitere Instrumente« bis ins zehnte Jahrhundert hinein.

Aber auch die indischen Zahlensymbole hatten von Anfang an ihre Befürworter und setzten sich mit der Zeit offenbar durch. Im achten und neunten Jahrhundert ließ die Abbasiden-Dynastie mit Sitz in Bagdad zahllose persische, griechische, syrische und sanskritische Texte zusammentragen und ins Arabische übersetzen. Sie wurden vervielfältigt, studiert, als Lehrmaterial genutzt, diskutiert, verbessert und kommentiert. Gelehrte Mathematiker verzeichneten große Wissensfortschritte unter anderem in den Bereichen Astronomie, Algebra und Trigonometrie. Einige von ihnen schmückten sich mit den Namen griechischer Gelehrter, wie etwa al-Uqlidisi – »der Euklidische«. Um das Jahr 825 verfasste Muhammad ibn Musa al-Chwarizmi ein »Buch über die indische Rechenweise«, in dem er auf Arabisch das Stellenwertsystem und seine Anwendung beim Rechnen beschrieb und es für seine Nützlichkeit und Schlichtheit pries. Darüber hinaus überarbeitete oder übersetzte al-Chwarizmi auch einige der für ihre Zahlendichte berüchtigten indischen Astronomietabellen – möglicherweise genau die, die mehr als fünfzig Jahre zuvor nach Bagdad gebracht worden waren.

Arabischsprachige Texte über das indische Zahlensymbolsystem und seine Anwendungsverfahren waren so präsent, dass sie sich im

Verlauf der folgenden Jahrzehnte und Jahrhunderte zu einer eigenen Gattung entwickelten. Sämtliche Abhandlungen begannen mit einer Beschreibung der neun Symbole und dem Hinweis, dass Stellen ohne Symbol mit einem kleinen Kreis zu markieren seien. Anschließend folgten Kapitel über die verschiedenen Rechenoperationen – Addition, Subtraktion, Multiplikation, Division –, über Brüche und eventuell noch über das in der Astronomie gebräuchliche Sexagesimalsystem (das aus Keilschriftzeiten stammte und über das Griechische weitergegeben worden war). Ein weiteres Thema war das Ziehen von Quadrat- und Kubikwurzeln, für das es Verfahren gab, die dem der schriftlichen Division ähnelten.

Anfangs unterschieden sich die Vorgehensweisen, die hier beschrieben, beworben und angewendet wurden, jedoch noch geringfügig von ihren indischen Vorbildern. Mehrere der frühen arabischen Texte enthielten in ihren Titeln oder in ihren Beschreibungen die Begriffe »Brett« (*takht*, ein ursprünglich persisches Wort) oder – insbesondere im Westen der arabischen Welt – »Staub« (*ghubar*). Dahinter stand die Vorstellung, dass ein Schreiber ein Brett mit sich herumtrug, auf das er bei Bedarf etwas Sand streute, um die Zahlensymbole mit dem Finger oder einem Griffel hineinzuzeichnen. So war es problemlos möglich, Zahlen beim Rechnen wegzuwischen, zu ersetzen und neu zu platzieren. Das ganze Verfahren erhielt den Namen »Staubrechnen« oder »Brettrechnen«, während die Symbole als »Staubzeichen« bekannt waren. Auf diese Weise wurde jede Berechnung zu einem ganz und gar flüchtigen Vorgang, der keinerlei dauerhafte Spuren hinterließ, anders als die indische Variante auf Papier oder Rinde.

Dabei war Papier in der islamischen Welt spätestens ab Mitte des achten Jahrhunderts bekannt – der Legende nach erlernten die Araber diese Kulturtechnik etwa um das Jahr 750 von chinesischen Gefangenen. Schon im folgenden Jahrhundert führten einige Gelehrte ihre Berechnungen lieber darauf aus als auf dem Sandbrett. Der Mathematiker al-Uqlidisi argumentierte, die Verwendung des Staubbretts setze ehrwürdige Gelehrte herab, weil diese sie auf eine Stufe mit den »fehlgeleiteten« Menschen stelle, »die ihren Lebensunterhalt mit Straßenastrologie verdienen«. Zu den Nachteilen zählten seiner Meinung nach die schmutzigen Finger und dass der Wind den Sand von den Brettern wehe. Die entscheidenden Argumente seien jedoch, dass der Rechenweg bei der Nutzung von Papier dauerhaft festgeschrieben sei und man daher vorausgegangene Fehler aufspüren könne – anders als beim *takht*, wo zumindest ein Teil der Zwischenschritte zwangsläufig weggewischt werden musste.

Ob nun auf Brettern oder Papier – anscheinend dauerte es nicht lange, bis die Zahlensymbole über gelehrte Kontexte wie astronomische Berechnungen und Tabellen hinaus zur Anwendung kamen: im Rechenunterricht für Kinder, im Handel und in anderen praktischen Berufen. Gegen Ende des neunten und vor allem im zehnten und elften Jahrhundert finden sich die Verweise auf das neue Notationssystem in den Texten arabischer Historiker, Enzyklopädisten und Religionsgelehrter.

Später entstand daraus eine mathematische Tradition, die sich auf die gesamte arabische und islamische Welt erstreckte, von Nordindien bis zur nordafrikanischen und iberischen Atlantikküste.

•

Die westlichsten Gebiete der islamischen Welt bildeten damals ein eigenständiges kulturelles und wissenschaftliches Zentrum. Zu dessen bedeutendsten Vertretern zählte Ahmad ibn Mun'im al-'Abdari, der wahrscheinlich in der zweiten Hälfte des zwölften Jahrhunderts zur Welt kam und somit mehr oder weniger als Zeitgenosse von Bhaskara 8000 Kilometer weiter östlich gelten kann. Er stammte aus der Küstenstadt Dénia in Al-Andalus, nahe Valencia. Zu der Zeit beherrschten die Almohaden sowohl den islamischen Teil der iberischen Halbinsel als auch den Maghreb auf der nordafrikanischen Seite des Mittelmeeres. Die Dynastie strebte einen Wandel hin zu einer reineren Form des Islams an, und ihre Herrscher bezeichneten sich als die wahren Kalifen. Sie verfügten über große Rohstoffvorkommen – etwa Schwefel-, Eisenerz-, Blei-, Quecksilber- und Zinnoberminen – sowie eine ausgedehnte Textil- und Keramikproduktion. Außerdem kontrollierten sie den gesamten Trans-Sahara-Handel, pflegten Geschäftsbeziehungen auf der Nordseite des Mittelmeers nach Italien und waren zudem bedeutende Förderer und Unterstützer der Kultur, von Architektur und Lyrik bis hin zu Theologie, Mystizismus und Philosophie. So lebten und wirkten zum Beispiel die beiden jüdischen Philosophen Averroes und Maimonides unter den Almohaden, in deren Reich auch Medizin, Mathematik und Astronomie florierten.

Ibn Mun'im verbrachte den Großteil seines Lebens in der almohadischen Hauptstadt Marrakesch, wo er Mathematik und Medizin studierte. Er galt als einer der führenden Spezialisten für Geometrie und Zahlentheorie und verfasste Texte über Euklid und über die Anordnung ganzer Zahlen zu sogenannten magischen Quadraten.

Sein Werk »Über die Wissenschaft des Rechnens« war eines jener, die die indischen Zahlensymbole und ihren Nutzen beschrieben. Es richtete sich vermutlich an Schüler und behandelte die üblichen Themen: die Form der »Staubziffern« (die noch immer so genannt wurden, obwohl man sie jetzt für gewöhnlich auf Papier niederschrieb), Addition, Subtraktion, Multiplikation, Division, Wurzelziehen und Brüche.

Ungefähr in der Mitte des Buches befand sich ein Abschnitt über anspruchsvollere Rechenvorgänge – die Summe einer Reihe gerader oder ungerader Zahlen, die Summen zweiter oder dritter Potenzen und Ähnliches. Ibn Mun'im erörterte Konstruktionen wie Dreieckszahlen und die sogenannten perfekten Zahlen – Zahlen, die gleich der Summe ihrer Faktoren sind. Und er befasste sich eingehend mit der Frage, wie viele Wörter sich aus einer gegebenen Anzahl an Buchstaben zusammenstellen lassen.

Probleme dieser Art beschäftigten die Linguisten und Philosophen schon seit Jahrhunderten: Sie interessierten sich für die Gesamtheit der Wortwurzeln im Arabischen – die sogenannten Radikale. Bereits in den 790er-Jahren hatten Gelehrte mühsam lange Listen mit diesen zwei-, drei-, vier- und fünfbuchstabigen Grundwörtern erstellt. Bis zum zwölften Jahrhundert ging man solche Aufgaben für gewöhnlich an, indem man einfach sämtliche Möglichkeiten auflistete und sie durchzählte. Ein Wissenschaftler konstruierte zu diesem Zweck ein Gerät, das aus einer runden Platte mit zwei drehbaren Scheiben bestand, die – wie die Platte selbst – jeweils mit den Buchstaben des arabischen Alphabets beschriftet waren. Wenn man die Scheiben drehte, konnte man deutlich schneller sämtliche Kombinationen aus drei Buchstaben ermitteln.

Ibn Mun'ims Ansatz war eher mathematisch als mechanisch; er zog es vor, zu rechnen statt zu zählen. Auf dem Weg zu einer Antwort auf die übergeordnete Frage arbeitete er sich durch eine Reihe sekundärer Probleme; das heißt, er befasste sich zu Anfang mit einem scheinbar ganz anderen Thema.

Wenn man Seidenfäden in zehn verschiedenen Farben hat und daraus eine Quaste knoten will, wie viele verschiedene Kombinationen aus fünf Farben sind dann möglich? Oder aus drei Farben? Oder sieben? Anders formuliert: Wie viele Möglichkeiten gibt es, aus zehn verschiedenen Farben eine bestimmte Anzahl auszuwählen, wenn die Reihenfolge der Farben keine Rolle spielt?

Wenn man nur eine Farbe aussucht, lautet die Antwort natürlich zehn. Simples Nachzählen ergibt, dass es bei zwei Farben 45 Optionen gibt, bei dreien 120 und so weiter … Ibn Mun'im erstellte eine Tabelle mit den verschiedenen Wahlmöglichkeiten, angefangen bei einer Farbe aus einer Auswahl von eins bis hin zu zehn Farben aus einer Auswahl von zehn. Durch das Studium dieser Tabelle erkannte er, wie sich die Antwort errechnen ließ, ohne mühsam zählen zu müssen. Diese Tabelle entsprach exakt der Anordnung von Zahlen, die später unter der Bezeichnung »Pascalsches Dreieck« bekannt werden sollte – jede Zahl war gleich der Summe aus der Zahl über ihr und der Zahl links von ihr.

Für die Auswahl einer bestimmten Anzahl von Buchstaben aus den 28 verfügbaren des arabischen Alphabets gilt logischerweise das Gleiche wie für die Auswahl von Farben aus einer Sammlung von 28 verschiedenen Farbtönen. Wenn man beispielsweise drei Buchstaben (oder Farben) aussuchen soll, gibt es 3276 verschiedene Kombinationen.

Doch das war nur der Anfang, und Ibn Mun'im arbeitete sich durch eine erstaunliche Reihe immer komplexerer Fragen und Beispiele. Wie verändert sich die Anzahl der Möglichkeiten, wenn ein Buchstabe wiederholt wird? Oder zwei? So ging es immer weiter. Irgendwann berechnete er, wie viele verschiedene neunbuchstabige Wörter sich nach dem Muster ABCCDDEEE bilden ließen. Zuletzt führte er eine Reihe von Beschränkungen zur Abfolge von Vokalen und Konsonanten ein, um so die Regeln zur Bildung aussprechbarer Wörter im Arabischen zu imitieren. Die Antworten – oft gewaltig große Zahlen, die sich aus einer Kombination aus Berechnungen und schlichtem Zählen ergaben – brachte Ibn Mun'im in mehreren dieser Fälle in Tabellenform.

•

Imperien kommen und gehen. Muhammad al-Nasir (1199–1213), an dessen Hof Ibn Mun'im tätig war, ist vermutlich vor allem bekannt als der Herrscher, der 1212 die Schlacht bei Las Navas de Tolosa gegen ein Bündnis aus christlichen Königen verlor – ein Wendepunkt für die Almohaden und der Auftakt zum Niedergang des Reiches sowohl auf der iberischen Halbinsel als auch in Nordafrika. Als der Kalif ein Jahr später starb, beschleunigten innere Streitigkeiten das Ende der Almohaden-Dynastie und den Zerfall des Reiches, an dessen Stelle im weiteren Verlauf des Jahrhunderts mehrere kleinere islamische Monarchien traten.

Doch das Wissen der arabischen Gelehrten bestand natürlich fort, und ibn Mun'ims Erkenntnisse über Kombinationen und Permutationen wurden an die folgenden Generationen weitergegeben. Seine Arbeit illustriert, wie hochkomplizierte Zählvorgänge immer mehr mit Rechenoperationen, tabellarischer Datenerfassung und später auch Algebra verschwammen. Und sie ist ganz allgemein ein Beleg dafür, dass die indischen Zahlensymbole und das Rechnen auf Papier die Beschäftigung mit Zahlen in immer abstrakteren Dimensionen erleichterten.

•

Wie genau die indischen Zahlensymbole in der arabischen Welt aussahen, lässt sich überraschend schwer beantworten. Denn von den zeitgenössischen Abschriften der ältesten arabischen Werke über Zahlen und Arithmetik existiert heute keine einzige mehr. Im Falle von al-Chwarizmis Text über das Rechnen auf indische Art ist sogar das Original verloren; die einzige Quelle dafür bilden spätere Übersetzungen ins Lateinische. Es gibt keinerlei direkte Belege dafür, wie die Zahlensymbole seinerzeit aussahen. Von ibn Mun'ims Werk über Arithmetik und Kombinatorik ist eine einzelne Abschrift erhalten, die Generationen nach der eigentlichen Veröffentlichung entstand. Die Empfindlichkeit der Schreibmaterialien hat uns um sämtliche Quellen zu indischen Zahlensymbolen im arabischen Kontext gebracht, die in den ersten drei Jahrhunderten entstanden.

Die ältesten erhaltenen Quellen stammen aus dem elften Jahrhundert. Es sind Handschriften, astronomische Tabellen und Instrumente wie Astrolabien, die große Abweichungen untereinander aufweisen – wenig überraschend, da bedingt durch die je nach Zeit und Ort leicht unterschiedlichen Konventionen. Al-Uqlidisi beispielsweise trat nicht nur für das dezimale Stellenwertsystem und das Rechnen auf Papier ein, sondern schlug darüber hinaus auch vor, die unbekannten indischen Symbole durch die ersten neun Buchstaben des griechischen oder arabischen Alphabets zu ersetzen. Doch diese Idee

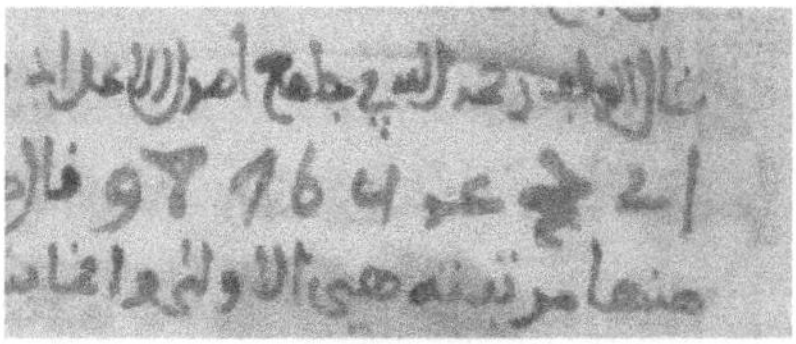

Indische Zahlensymbole in ihrer westarabischen Form, hier in einer Handschrift aus dem fünfzehnten Jahrhundert in Granada

verfing nicht, und die indischen Symbole blieben erhalten, wenn auch mit geringfügigen Anpassungen.

Eine interessante Verschiebung geschah ausschließlich in der arabischsprachigen Welt. In der Brahmi-Schrift, die von links nach rechts gelesen wurde, schrieb man Zahlen so, dass die höchsten Potenzen links standen, der Blick also zunächst auf sie traf (wie auch heute in den modernen Sprachen, die das lateinische Alphabet benutzen). Im Arabischen, das man von rechts nach links liest, wurde diese Reihenfolge *nicht* umgedreht und an die Leserichtung angepasst – auch hier standen die höheren Potenzen links. Das hatte zur Folge, dass der Blick zunächst auf den kleinsten Wert, die Einer, fiel.

Was die Form der einzelnen Zahlensymbole anging, spaltete sich die Schreibweise irgendwann auf – in die Symbole der östlichen und die der westlichen Hälfte der arabischen Welt, die allerdings beide eindeutig von den ursprünglichen Brahmi-Formen abgeleitet waren. Im zwölften Jahrhundert kommentierte ein marokkanischer Gelehrter die Unterschiede zwischen den beiden Schreibweisen, aber die Aufspaltung hatte aller Wahrscheinlichkeit nach schon deutlich früher stattgefunden. Die Region rund um das Zentrum Bagdad, wo al-Chwarizmi und al-Uqlidisi tätig waren, nutzte eine Reihe von Symbolen, aus denen später die im modernen Arabisch gebräuchlichen Ziffern hervorgingen: ١, ٢, ٣, ٤, ٥, ٦, ٧, ٨, ٩. Im westlichen Teil der arabischen Welt hingegen herrschte ein anderer kalligrafischer Stil vor, der sich auf die Form mancher Buchstaben niederschlug. Auch die Zahlensymbole erfuhren größere oder kleinere Anpassungen, und die Zeichen für 6, 7 und 8 unterschieden sich sogar deutlich von ihren östlichen Äquivalenten. Die westliche Ziffernschreibweise – manchmal als »maghrebinische Ziffern« bezeichnet – existierte bis ins achtzehnte oder sogar neunzehnte Jahrhundert, bevor sie endgültig flächendeckend vom östlichen System ersetzt wurde.

Was die westliche Form der arabischen Zahlensymbole besonders interessant macht, ist ihre weitere Reise; es waren diese Zeichen, die nach Europa gelangten und den Grundstein für die heute überall in der Welt verbreiteten »arabischen Ziffern« legten. Diese Entwicklung nahm ihren Ausgang bereits zu Lebzeiten von Bhaskara und ibn Mun'im.

Hugo von Lerchenfeld: Die Toledaner Ziffern

Ähnlich wie im Fall der bewundernden Erwähnung durch den syrischen Bischof Sebokht im siebten Jahrhundert erfolgte die erste positive Reaktion auf die arabischen Ziffern in Europa in Form einer Randbemerkung: Verfasser war der Mönch Vigila, der im Kloster Albelda in La Rioja lebte und seiner Abschrift einer lateinischen Enzyklopädie folgende Worte hinzufügte:

> *Die Kenntnisse der Inder sind höchst scharfsinnig, und wenn es um Arithmetik, Geometrie und die anderen freien Künste geht, kann niemand mit ihnen mithalten. Das wird deutlich durch die neun Zeichen, mit denen sie sämtliche Größenordnungen [an Zahlen] darstellen können und die wie folgt geformt sind […]*

Die Symbole, die dahinter abgebildet waren, entsprachen im Großen und Ganzen den westlichen arabischen Ziffern. Das war im Jahr 976, zu Zeiten des Umayyaden-Kalifats mit Sitz in Córdoba, und offensichtlich war ein Teil des umfassenden, in jener Stadt versammelten Wissens Richtung Norden bis nach Katalonien vorgedrungen. So kommt es, dass die älteste Quelle für die westliche Ausprägung der arabischen Zahlensymbole paradoxerweise ein auf Latein verfasstes Manuskript ist.

•

Ungefähr zur gleichen Zeit, um 970, kam ein junger Mann namens Gerbert von Aurillac nach Katalonien, um dort ein dreijähriges Mathematikstudium zu absolvieren. Zurück in Frankreich sollte er zunächst Erzbischof von Reims und später unter dem Namen Silvester II. Papst werden. In Reims ersann und verbreitete er eine neue – in den Augen einiger recht bizarre – Form des Rechenbrettes, dessen wichtigste Neuerung darin bestand, dass die Zählsteine mit Zahlensymbolen versehen waren. Statt beispielsweise sechs Zählsteine in die Zehnerspalte zu legen, konnte man dort jetzt einen Stein mit der Aufschrift »6« platzieren.

Zwei Jahrhunderte lang war Gerberts Brettvariante ein beliebtes Hilfsmittel für den Rechenunterricht in Klosterschulen, und es existieren rund drei Dutzend Abhandlungen darüber. Auch ein oder zwei der »Bretter« – allerdings aus Papier – sind bis heute erhalten, aber leider keiner der beschrifteten Zählsteine. In den Abhandlungen werden die Symbole auf den Steinen als arabische Ziffern dargestellt, was wahrscheinlich eine Entscheidung Gerberts selbst war, eine Folge seines Aufenthalts in Katalonien und dessen, was er dort gelernt hatte.

Addition, Subtraktion, Multiplikation und Division funktionierten auf Gerberts Rechenbrettern im Wesentlichen genauso wie beim Rechnen mit Zahlensymbolen auf dem Staubbrett – die Zählsteine wurden im Verlauf des Rechenvorgangs Stück für Stück durch andere ersetzt. Es handelte sich also im Grunde genommen um eine europäische Spielart der indischen – und jetzt arabischen – schriftlichen Rechenweise. Statt die Symbole auf eine Oberfläche zu zeichnen, wurden sie in Form von Zählsteinen in Spalten gelegt, herumgeschoben und entfernt. Der einzige kleine Unterschied war, dass auf dem Rechenbrett keine Notwendigkeit bestand, eine leere Spalte mit einer Null zu markieren – man konnte sie einfach frei lassen. Trotzdem gab es offenbar »Null«-Steine, auch wenn sie im Grunde überflüssig waren. Im Lateinischen wurde die Null anfänglich mit dem Wort für »Rad« oder manchmal als *theta* bezeichnet, nach dem griechischen

Buchstaben, dem sie äußerlich ähnelte. Doch es dauerte nicht lange, bis sich die Verfasser lateinischer Texte auf einen Begriff einigten, der vom arabischen *sifr* abgeleitet war, was »nichtig« oder »unbesetzt« bedeutet und seinerseits auf das sanskritische *sunya* (»leer«) zurückging. Im Lateinischen wurde darauf *cifra* oder *chifra*, woraus sich in den modernen europäischen Sprachen Wörter wie das englische *cipher*, das französische *chiffre* oder das deutsche *Ziffer* entwickelten. In einigen Sprachen nahm das Wort eine andere Bedeutung an und bezeichnet jetzt nicht mehr nur die Null, sondern alle Zahlensymbole, wie im Deutschen. Oder es steht – wie im Fall des englischen *to cipher* – für den Vorgang des Rechnens selbst. Teilweise wurde die Bedeutung auch auf Symbole im Allgemeinen erweitert, vor allem auf geheime. So steht das italienische Wort *cifrato* für etwas, das in einem Geheimcode verfasst ist, ähnlich wie das deutsche *chiffrieren*. Das französische *chiffre* kann die Bedeutung »Monogramm« haben, während eine der Bedeutungen des englischen Wortes *cipher* weiterhin schlicht »Null« ist.

Gerberts Rechenbrett war im Vergleich zu den traditionellen Modellen mühselig zu benutzen, und es gibt kaum Hinweise darauf, dass es abseits des Rechenunterrichts in Klöstern und den dazugehörigen Schulen für reale Berechnungen statt für die abstrakte Weitervermittlung des Umgangs mit Zahlen zum Einsatz kam. Nach dem zwölften Jahrhundert finden sich nicht einmal mehr Belege für die Verwendung in Klöstern; offenbar waren Gerberts Rechenbretter aus der Mode und in Vergessenheit geraten.

•

In der Zwischenzeit tauchten die arabischen Ziffern in immer mehr Manuskripten auf und gelangten so über Antiochien, Sizilien und zunehmend auch über Spanien nach ganz Europa. Mitte des zwölften Jahrhunderts waren sie bereits weit nach Norden und Westen vorgedrungen, bis nach England und Frankreich. In der Folge kam es – wie schon in Indien – zu einer Reihe von Experimenten mit verschiedenen Zahlenschreibweisen, von denen die meisten ziemlich kurzlebig und manche äußerst skurril waren.

Einige europäische Gelehrte versuchten sich an einer Mischform aus römischen und arabischen Zahlensymbolen, indem sie einzelne arabische Ziffern als Abkürzung innerhalb eines an die römische Struktur angelehnten Systems einsetzten. Heraus kamen Ungetüme wie *MC87* für 1187 oder *52M,CC20* für 52 220. Andere übernahmen das Stellenwertsystem, nicht aber die arabischen Zahlzeichen. In Pisa verwendete Abraham ibn Ezra die ersten neun Buchstaben des hebräischen Alphabets auf eine Weise, die strukturell identisch war mit den Brahmi-Ziffern; einer seiner Kollegen in Flandern machte das Gleiche mit den ersten neun Buchstaben des lateinischen Alphabets. Offenbar übten die neuen Zahlensymbole einen großen Reiz aus, sorgten dabei aber nicht nur für Klarheit, sondern ebenso häufig für Verwirrung und Ängste.

Erst im Kontext der Astronomie und der astronomischen Tabellen lernten die europäischen Gelehrten, die arabischen Ziffern richtig anzuwenden. Der Weg über Spanien war zur wichtigsten Transferroute für arabische Texte nach Europa geworden, und die Stadt Toledo hatte sich zu einem Zentrum der Übersetzung und der Wissensvermittlung entwickelt. So wurden beispielsweise die astronomischen Tabellen von al-Chwarizmi erst in Córdoba und später in Toledo ins Lateinische übertragen. Die Fassung aus Toledo fand viel Verbreitung und Anerkennung; noch heute sind mehr als 200 Abschriften davon erhalten. Die »Toledaner Tafeln« wurden für die Verwendung in weiteren europäischen Städten angepasst und dienten später als Vorbild für andere astronomische Werke auf Latein.

Das Material stieß in Europa auf großes Interesse, weil man sich daraus eine Lösung für einige dringende Probleme mit dem lateinischen Kalender erhoffte. Die grundlegende Komplikation bestand darin, dass ein Jahr keine ganze Anzahl von Tagen umfasst – die Erde dreht sich auf ihrem Weg rund um die Sonne nicht genau 365- oder

366-mal um ihre eigene Achse, sondern irgendetwas dazwischen. Eine dauerhafte Lösung ergab sich erst durch die Einführung des gregorianischen Kalenders Ende des sechzehnten Jahrhunderts, dessen Regeln zum Schaltjahr bis heute gelten.

Zusammen mit dem arabischen Kalenderwissen eigneten sich die Gelehrten nun auch die arabischen Ziffern und ihre Verwendung an. In einigen Manuskripten fand sich neben den Toledaner Tafeln die lateinische Übersetzung von al-Chwarizmis Buch über die indische Zahlschrift, in dem erklärt wurde, wie man damit rechnet. Die Zahlensymbole wurden so sehr mit den Texten aus Toledo assoziiert, dass sie in einigen Kommentaren nicht als arabische oder indische, sondern als »Toledaner« Ziffern bezeichnet wurden.

Als nun die arabischen (oder Toledaner) Ziffern in lateinischen Texten auftauchten, veränderte sich ihre Form erneut, auch wenn die Abstammung von den westarabischen Ziffern immer noch deutlich zu erkennen war. Möglicherweise war die neue Schreibweise von den westgotischen Gebräuchen hinsichtlich der Notation und der Abkürzung römischer Zahlen beeinflusst, aber genauso gut können die Abweichungen auf den üblichen Wandel des Schreibstils im Verlauf der Jahrhunderte zurückzuführen sein. In mindestens zwei lateinischen Texten wurde auf die Unterschiede zwischen den »Toledaner Ziffern« und dem arabischen Original hingewiesen, samt Beispielen, doch es ist eindeutig, dass das Stellenwertsystem, in dem sie angewendet wurden, das Gleiche war; die Abweichungen waren rein äußerlich.

•

Ein Zentrum des Wissens und der Experimentierfreude sowohl in Bezug auf Astronomie als auch auf die Toledaner Ziffern war bemerkenswerterweise die deutsche Stadt Regensburg. Dort trug ein kleiner Kreis interessierter Gelehrter eine Reihe mathematischer Texte zusammen, darunter Abschriften der Toledaner Tafeln und der lateinischen Fassung von al-Chwarizmis Buch über das Rechnen. Die Gelehrten versuchten auf diversen Wegen, den 30 Jahre umfassenden arabischen und den 19 Jahre umfassenden jüdischen Kalenderzyklus für den christlichen Gebrauch anzupassen und spielten darüber hinaus mit der Gestaltung der Zahlensymbole herum. Dabei erschufen sie spezielle, lokal gebräuchliche Formen, bei denen die Zwei und die Drei über lange, senkrechte Anhängsel verfügten und die Drei gelegentlich Ähnlichkeit mit einem gespaltenen Stock hatte.

Den Quellen zufolge geschah es hier, dass die arabischen Ziffern den Sprung aus den astronomischen Fachtexten und Kalenderberechnungen hinein in das alltägliche Zählen und Rechnen schafften.

Hugo, ein Bürger Regensburgs, wurde nach dem Tod seiner Frau, wahrscheinlich 1178, zum Domherrn dort ernannt und führte diesen Titel bis zu seinem Tod 1216 oder später. Über sein Leben ist kaum etwas bekannt, das Meiste liegt im Dunkeln; man weiß nur, dass er einen beträchtlichen Teil seiner Zeit damit verbrachte, ein recht eigentümliches Notizbuch zu füllen. Es befindet sich heute in der Bayrischen Staatsbibliothek in München und besteht aus 78 Pergamentseiten, die nicht gebunden, sondern in ein größeres Stück Pergament eingeschlagen waren.

Es war eine wilde Sammlung, die zum Teil aus einer – abgewandelten – Abschrift der Annalen aus einem benachbarten Kloster bestand. Das Original endete mit den Einträgen aus dem Jahr 1167, und Hugo führte sie in seinen Notizen fort. Mit zunehmendem Alter wurde Hugos Schrift immer größer und undeutlicher. Andere Teile des Werkes enthielten eingefügte Passagen und Seiten voller Notizen zu allen möglichen Themen: Familiengeschichte, Briefe, das hebräische Alphabet, spirituelle Betrachtungen, Angaben zu Sonnen- und Mondfinsternissen … Da es sich um eine lose Blättersammlung handelte, muss stets die Gefahr bestanden haben, dass ein Teil zu Boden fiel, verloren ging oder durcheinandergeriet.

Als Hugo das Schreiben einstellte, deckten seine Annalen den Zeitraum von 35 bis 1201 u. Z. ab. Offenbar hatte er auch astronomische und mathematische Texte aus dem Kloster vorliegen, da er die Jahreszahlen statt in römischen Zahlen in arabischen Ziffern notierte: nicht MCLXVII, sondern 1167; nicht MCCI, sondern 1201.

Es ist kaum zu vermitteln, wie exzentrisch diese – heute so selbstverständliche – Schreibweise damals war. In Regensburg war zu der Zeit vermutlich nur eine Handvoll Menschen überhaupt in der Lage, die indischen/arabischen/Toledaner Ziffern als Zahlensymbole zu erkennen, geschweige denn sie lesen zu können. Doch in einem privaten Notizbuch spielte das wohl keine Rolle, vielleicht erfreute sich Hugo einfach an der Neuheit, der Raffinesse, der geheimnisvollen Aura der neuen Zahlenschreibweise. Auf diese Weise leistete er in seinem kleinen Feld Pionierarbeit: Er war der erste Europäer, der arabische Ziffern abseits von astronomischen Tabellen oder mathematischen Abhandlungen verwendete.

•

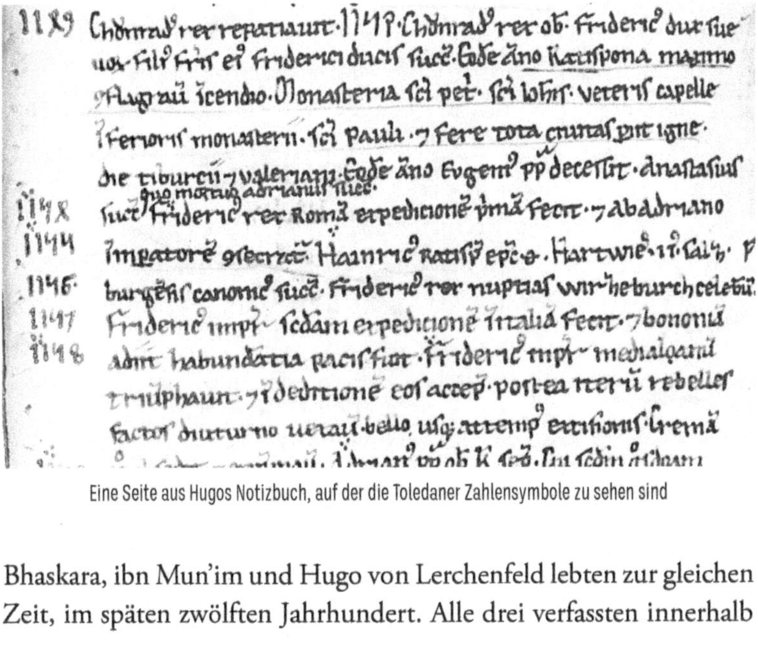

Eine Seite aus Hugos Notizbuch, auf der die Toledaner Zahlensymbole zu sehen sind

Bhaskara, ibn Mun'im und Hugo von Lerchenfeld lebten zur gleichen Zeit, im späten zwölften Jahrhundert. Alle drei verfassten innerhalb von rund einem Jahrzehnt Texte mit Zahlensymbolen darin – sei es auf Sanskrit, Arabisch oder Latein. Ihre Geschichten zeigen, wie weit die indischen Zahlzeichen zu der Zeit schon verbreitet waren. In Indien waren sie bereits seit vielen Jahrhunderten in Gebrauch, und in der arabischsprachigen Welt kannte man sie ebenfalls seit 400 Jahren. Innerhalb der lateinischen Schriften fanden die Zeichen ihren Weg gerade erst auf die ersten Pergamente (selbst wenn sie schon seit der Jahrtausendwende auf Zählsteinen gestanden hatten). Erst im Rückblick wird deutlich, dass sie auch dort eine Zukunft hatten und dass diese Zukunft der Toledaner Version der Ziffern gehörte, nicht einer der anderen neu erprobten Schreibweisen jener Zeit. Das ist zum Teil auf den Zufall zurückzuführen, zum Teil auf das hohe Ansehen Toledos als Zentrum für Übersetzungen aus dem Arabischen sowie auf das Renommee und die Sichtbarkeit der Texte, die aus dieser Stadt stammten.

In der lateinischsprachigen Welt wurden bis zum Ende des zwölften Jahrhunderts mindestens vier verschiedene Fassungen von al-Chwarizmis Buch über die indische Rechenweise veröffentlicht, unterschiedlich stark bearbeitet und abgewandelt, weil die Übersetzer sich bemühten, das Ausgangsmaterial für die Leser verständlicher aufzubereiten. Während das Stellenwertsystem den meisten durch das Rechenbrett – traditionell oder in der Gerbert-Variante – vertraut war, löste das Konzept des Rechnens auf Papier offenbar langwierige Erklärungen, Demonstrationen und Debatten aus. Die Texte erfreuten sich so großer Beliebtheit, dass »al-Chwarizmi«, was im Arabischen einfach »Mann aus Chwarezm« bedeutet, schließlich als Bezeichnung für das Rechnen mit arabischen Ziffern oder eine Abhandlung darüber verwendet wurde. Das lateinische Wort dafür lautete – leicht verballhornt – *alchorismus* oder später *algorismus.* Mit der Zeit bezeichnete es das Rechnen an sich, unabhängig von der Methode, und in den modernen Sprachen ist ein »Algorithmus« einfach ein nach einem bestimmten Schema durchgeführter Vorgang. Dass das Wort aus einem Namen hervorgegangen war, geriet schnell in Vergessenheit, und im späten Mittelalter versuchten einige Gelehrte sogar, *algorismus* auf einen gewissen »Algus« oder »Argus« zurückzuführen, den angeblichen Erfinder. Bei Geoffrey Chaucer kommt an einer Stelle ohne weitere Erklärung »Argus, der edle Zähler« vor.

In ihrer Toledaner Form gewannen die Ziffern immer stärker an Sichtbarkeit und Bedeutung; ein Land nach dem anderen überschritt die kritische Masse an Anwendern, die mit ihnen rechneten oder die Ergebnisse von Zähl- und Rechenvorgängen auf diese Weise festhielten. Mit der Zeit dominierten die Befürworter der arabischen Ziffern den öffentlichen Diskurs und schafften es, diesen ein Prestige zuzuschreiben, das ihre praktischen Vorteile deutlich übertraf. Das alte System – Rechenbretter zum Zählen und Rechnen sowie römische Zahlen oder ausgeschriebene Wörter für das Übermitteln von Ergebnissen – hatte tausend Jahre lang seinen Zweck erfüllt und es den Römern ermöglicht, ein riesiges Reich zu regieren. So ganz falsch konnte es also nicht gewesen sein.

Vorreiter bei der Nutzung der neuen Schreibweise war Italien: Sowohl die Händler als auch die öffentliche Verwaltung stellten zwischen dem dreizehnten und dem fünfzehnten Jahrhundert auf arabische Ziffern und auf das System der doppelten Buchführung um. Die entsprechenden Kenntnisse wurden in Spezialschulen vermittelt; Anfang des sechzehnten Jahrhunderts beispielsweise gab es in Florenz sechs Schulen, die bis zu 1200 Schüler in »Algorismus« unterrichteten. Etwas später folgten Nord- und Westeuropa, und bis 1500 betrug der Anteil der arabischen Ziffern in offiziellen Dokumenten europaweit schon 50 Prozent. (Es finden sich keine Belege für die – immer noch gelegentlich aufgestellte – Behauptung, dass die neuen Zahlensymbole, insbesondere die Null, aufgrund ihrer Fremdartigkeit, ihrer hinduistischen oder muslimischen Abstammung oder ihrer angeblichen Verbindung zur Magie abgelehnt, gefürchtet oder verboten worden wären.)

Rückblickend wirkt eine Entwicklung häufig unumgänglich, als hätten die Lobeshymnen der spätmittelalterlichen Verfechter der arabischen Ziffern der reinen Wahrheit entsprochen. Die Ziffern sind tatsächlich ein effizientes Hilfsmittel zum Rechnen, zumindest wenn man dazu bereit ist, erst einmal die Additions- und Multiplikationsreihen auswendig zu lernen und sich die Verfahren für Addition, Subtraktion und so weiter einzuprägen. Wenn die Rechnungen auf Papier statt auf Staubbrettern oder Tafeln ausgeführt werden, bieten sie dazu den Vorteil, dass man den Weg zurückverfolgen und Fehler relativ einfach aufspüren kann. Dennoch erfreuten sich Tafeln und Rechenbretter bis in die Zeit des Buchdrucks hinein weiterhin großer Beliebtheit. Kerbhölzer fanden im britischen Finanzministerium noch Ende des achtzehnten Jahrhunderts Verwendung, und die römischen Zahlen sind bis heute in Gebrauch, wenn es darum geht, ein gewisses Prestige oder Stabilität zu vermitteln (etwa bei der Bezeichnung von Monarchen und Päpsten oder bei Fortsetzungen von Filmen) oder Verwechslungen zwischen zwei verschiedenen Nummerierungen zu verhindern (wie bei Seitenzahlen in Büchern oder den Tagen und Monaten in bestimmten Datumsschreibweisen).

Und wie sah das Zählen in Europa nach dem erfolgreichen Eroberungszug der arabischen Ziffern nun aus?

Die Buchhalterin: Zählen auf Papier

Im Inneren eines niederländischen Hauses, um 1650. Ein Schreibtisch aus Holz, Tintenfässer, Kassenbücher. Ein paar Münzen. Eine Frau mittleren Alters sitzt vor den Büchern; das Fenster steht offen, Licht strömt herein. Die Frau vermerkt Zahlungseingänge und Ausgaben – vielleicht für ihren Privathaushalt, vielleicht für ihr Unternehmen. Neben ihr hängen Schlüssel, ein weiterer Hinweis darauf, dass sie Verantwortung trägt. Ein Fass, mehrere Schalen, ein Krug; ein Korb, möglicherweise mit Lebensmitteln. Das Zimmer ist relativ vollgestellt; es könnte sich sogar um eine Ecke in einem Geschäft oder einer Küche handeln. An der Wand hinter der Frau befindet sich eine Büste der Juno. Von dort ganz oben hat sie den ganzen Raum im Blick und kann als Schutzheilige des Handels über die Waren und das Wohlergehen der Frau wachen. Neben Juno hängt eine Weltkarte, größer als der Schreibtisch und die Frau selbst. Sie zeigt Afrika, Südostasien, den südamerikanischen Kontinent und abgesehen davon Drachen und Schlangen.

Leider ist die Frau eingeschlafen. Obwohl ihr Stift weiterhin über dem obersten von drei übereinanderliegenden Haushaltsbüchern schwebt, hat sie den Kopf in die Hand gestützt und die Augen geschlossen. Die Tücken der Übermüdung; die Last und der Überdruss des Rechnens mit Zahlensymbolen auf Papier.

Nicolaes Maes, der dieses Gemälde mit dem Titel *Die Buchhalterin* 1656 in den Niederlanden malte, zählte zu Rembrandts begabtesten Schülern und betätigte sich über viele Jahre als Porträtist. Daneben schuf er ein paar Dutzend Werke wie dieses – Darstellungen häuslicher Szenen. Bei den meisten davon handelt es sich um eindringliche Betrachtungen niederländischer Frauen bei der Arbeit: beim Klöppeln, Gemüseschälen, Beten, Lesen – oder eben bei der Buchführung. Maes technische Fähigkeiten waren herausragend, sein Umgang mit Licht und Farben erinnert an Vermeer. Mit seiner *Buchhalterin* erschuf er ein seltenes, lebendiges Abbild der Buchführung im sogenannten Goldenen Zeitalter.

Nicolaes Maes, *Die Buchhalterin*

Das Gemälde erlaubt nicht mehr als einen flüchtigen Blick auf die Bücher selbst, aber aus dem sechzehnten bis neunzehnten Jahrhundert sind zahllose Exemplare solcher Bücher erhalten – aus Privathaushalten, von Unternehmen und von Einzelpersonen. Einige von ihnen enthalten einfache Auflistungen von Waren und Preisen sowie eine Summe am Ende der Seite (und einigen Zwischenrechnungen am Rand, die belegen, wie diese Summe zustande kam). In anderen Büchern waren die Seiten sorgfältig durch verschiedenfarbige Linien in Bereiche unterteilt, mit getrennten Spalten für Gewinne, Verluste und die Gesamtsumme. Letztere wurde nach jedem Eintrag aktualisiert, ähnlich einem modernen Kontoauszug (und mit der gleichen Ausstrahlung – öde und bedeutungsschwer zugleich). Wenn hier etwas nicht stimmt, kann es sein, dass auch in der echten Welt der Waren und des Geldes etwas im Argen liegt – Betrug, Diebstahl, Veruntreuung. Maes' Haushaltsbücher scheinen der komplexeren Form anzugehören, und die Tatsache, dass es gleich drei sind, deutet auf ein Unternehmen oder einen großen Haushalt hin, in dem verschiedene Kategorien von Einnahmen und Ausgaben getrennt voneinander dokumentiert oder aber Bewegungen auf einem einzigen Konto über einen sehr langen Zeitraum hinweg abgeglichen werden.

Wie lernte man diese Dinge? Auch dafür gibt es eine Fülle an Quellen. Da das Zählen nun als etablierter Teil des Lesens galt und das Rechnen als Teil des Schreibens, lernte man es dort, wo man auch Lesen und Schreiben beigebracht bekam. Dafür wurde zu Hause oder in der Schule ein »Rechenheft« – im englischsprachigen Raum: »cyphering book« – angelegt, in dem man Definitionen und Übungsaufgaben notierte, angefangen bei den Ziffern und Zahlen selbst, gefolgt von Addition, Subtraktion, Multiplikation und Division, bis man schließlich – eventuell – zu fortgeschritteneren Themen wie Verhältnisrechnungen oder Buchhaltung überging. Das Wort »cyphering« geht dabei auf das arabische *sifr* und das sanskritische *sunya* zurück und erinnert somit an die lange Geschichte dieser Notationsform und dieses Lehrfachs.

Solche Hefte existieren bis heute, in hundertfacher Ausführung aus ganz Europa und Nordamerika. Üblicherweise bestanden sie aus mehreren Bögen Papier, die zu einem Buch von beträchtlicher Größe gebunden wurden – häufig 30 mal 20 Zentimeter. Kinder aus wohlhabenden Familien konnten vorgefertigte Rechenhefte kaufen, aber die meisten Schüler dürften ihre Exemplare selbst zusammengenäht, eingebunden und verziert haben. Sie wurden bereits ab einem Alter von neun oder zehn Jahren genutzt, wenn die kindliche Handschrift oft noch unsicher war. Doch da die Hefte für Reinschriften gedacht und die Seiten mit Linien versehen waren, um das Schreiben zu erleichtern, wurden viele sehr sauber und ordentlich geführt; der bewusste Einsatz von verschiedenfarbiger Tinte, Überschriften und Rändern sowie die sorgsame Einteilung der einzelnen Seiten ergaben ein überaus persönliches Lehrbuch. Auch Bebilderungen waren üblich, von kindlichen Kritzeleien bis hin zu kunstvollen Darstellungen mit Wasserfarben.

Die grundsätzliche Lehrmethode war immer die gleiche: Die Lehrkraft diktierte eine »Regel« – etwa für die Zahlenkunde oder das Plus- oder Minusrechnen –, die der Schüler oder die Schülerin in das Heft eintrug. Dann folgten einige Beispiele für die Anwendung dieser Regel, die auf einer Tafel oder Schmierpapier durchgeführt wurden. Die Kinder wurden einzeln aufgerufen und mussten ihre Ergebnisse vorzeigen. Waren sie falsch, musste die Übung wiederholt werden; sobald das Ergebnis stimmte, konnte die Aufgabe in das Rechenheft übertragen werden.

Über die Wirksamkeit dieser Methode gingen die Meinungen schon damals auseinander. Manchmal, wenn die Lehrkraft unaufmerksam war, fanden falsche Ergebnisse ihren Weg in das Rechenheft; manchmal gelangten Schüler zu den korrekten Ergebnissen, indem sie einfach voneinander abschrieben. Und manchmal wurde eine Aufgabe, die richtig gelöst war, deren Rechenweg aber geringfügig von dem der Lehrkraft abwich, ungerechtfertigterweise als falsch gewertet. Dieses System konnte Frust auslösen, und es war mit Sicherheit mühsam und eintönig. Wer mehrere Jahre lang zur Schule ging, füllte womöglich Hunderte Seiten mit Zahlen; so mancher brachte es auf mehr als ein Dutzend Rechenhefte. Man ging davon aus, dass Rechenoperationen durch wiederholtes Niederschreiben erlernt wurden – der Weg zum Gehirn führte, so dachte man, über den Stift und die Hand. Kopfrechnen kam nicht vor, und es wurde so gut wie nicht gesprochen.

Der Lehrplan begann mit den Zahlen selbst – die Schüler und Schülerinnen lernten, in arabischen Ziffern notierte Zahlen fließend zu lesen und zu schreiben. Dafür wurde meist eine Tabelle mit Zahlen bis zu acht oder zehn Stellen angelegt, um das Lesen zu üben: 100 Millionen, zehn Millionen, eine Million … bis hinab zu den Hundertern, Zehnern und Einern. Daran schlossen Übungsaufgaben an: Schreibe fünfundachtzig als Zahl. Schreibe hundertacht. Schreibe eine Million elfhundert eins. Diese Übungen wurden zunächst auf Schmierpapier durchgeführt, bis die Lehrkraft das Ergebnis für gut genug befand, um in das Heft übertragen zu werden.

Oft lag der Fokus auf großen Zahlen. Bis zu neun Stellen waren üblich, aber einige Lehrbücher behandelten Zahlen bis zu zwanzig Stellen oder mehr – eines brachte es sogar auf 78 Stellen, die fast schon aberwitzige »Duodezillion«. Große Zahlen erzeugten natürlich mehr Arbeit pro Übungsaufgabe, verwiesen darüber hinaus aber auch wenig subtil auf Wohlstand, was die Schüler – so zumindest die Absicht – motivieren sollte: Wenn sie diesen Stoff verinnerlichten, würden auch sie vielleicht irgendwann über Hunderte Kühe, Tausende Fässer oder Millionen Silbermünzen verhandeln.

Auf das Erlernen der Zahlen folgten die vier Grundrechenarten: Addition, Subtraktion, Multiplikation und Division. Diese Reihenfolge und ein Teil der Rechenschritte glichen jenen aus dem mittelalterlichen Europa, dem Maghreb, Bagdad und sogar Indien selbst. Als Nächstes kam der »Dreisatz«, eine Rechenmethode, mit der sich aus drei vorhandenen Mengen eine fehlende vierte ermitteln ließ. Wenn drei Männer in zwei Tagen eine Mauer errichten können, wie lange brauchen dann fünf Männer, um die Mauer zu bauen? Das gleiche Thema wurde, mit erstaunlich ähnlichen Beispielen, schon in Bhaskaras Lehrbuch behandelt.

Sobald die Lernenden all das hinter sich gebracht hatten, ging es leider wieder von vorn los – mit den Maßeinheiten, also Zahlensystemen für Geldmengen, Gewichte oder Längenmaße. Davon waren zahlreiche verschiedene im Umlauf – allein für Gewichte kannte man in England die Berechnung in Feinunzen, das traditionelle Handelsgewicht (»Avoirdupois«) und die Apothekergewichte. Ganz ähnlich sah es auch bei Mengen, Längen, Flächen und natürlich Geld aus. All das sollte den Schülern und Schülerinnen die nötigen Fähigkeiten vermitteln, um später die Finanzen eines Haushalts oder eines kleinen Unternehmens führen und die Kosten für Lebensmittel, Kleidung und die Haushaltsausstattung sowie Angebote, Tauschgeschäfte und Kredite überblicken zu können.

Verteile zwölf Pfund, 17 Schilling und sechs Pence gleichmäßig auf vier Menschen.

Du hast ein Oxhoft Zuckerrübensirup für 21 Pfund und fünf Schilling gekauft. Wie vielen Gallonen entspricht das, wenn eine Gallone zwei Schilling und sechs Pence kostet?

Zwei Händler vereinbaren ein Geschäft. Händler A investiert 332 Pfund über vier Monate, Händler B 475 Pfund über sieben Monate; zusammen machen sie einen Gewinn von 520 Pfund. Welcher Anteil steht jedem der beiden zu?

In vielen Rechenheften brechen die Einträge irgendwann einfach ab; es gibt keinen klaren Abschluss. Oft verließen die Schüler und Schülerinnen die Schule, sodass die lange Reihe von Definitionen und Beispielen ein mehr oder weniger abruptes Ende fand. Trotzdem behielten viele die Hefte bis ins Erwachsenenalter und nutzten sie als private Lehrbücher, um die Rechenmethoden nachzuschlagen, die sie im Alltag brauchten. Außerdem dienten sie dazu, die eigene Rechenfertigkeit und Handschrift Schulen, Universitäten oder potenziellen Arbeitgebern vorzuführen. Manchmal wurden die ursprünglichen Einträge ergänzt, verändert oder korrigiert, und etliche Hefte wurden unter Geschwistern oder von den Eltern an die Kinder weitergegeben, wodurch sie sich zu Palimpsesten entwickelten, an denen der mathematische Bildungsweg der ganzen Familie abzulesen war. Egal, wie sauber und ordentlich die Definitionen und Übungen anfangs eingetragen worden waren, meistens bahnte sich doch irgendwann das Chaos den Weg auf die Seiten.

•

Maes' *Buchhalterin* zeigt eine ruhige Szene; der Künstler hat viel Mühe auf Details wie Holz und Wandputz, Geschirr und gewölbtes Papier verwendet. Das Gemälde vermittelt dadurch die Würde, die der Haushaltsführung innewohnte, insbesondere der Buchführung. Es zeigt die Konzentration, die diese Aufgabe verlangte, die Zeit und Hingabe – eine Tätigkeit, die es wert war, sie bis zur Erschöpfung auszuführen. Während die Kleidung der Frau auf solide, aber nicht wohlhabende Verhältnisse hindeutet, waren drei Bücher sehr viel für einen einfachen Privathaushalt. Die Karte an der Wand hinter der Frau ist ein klarer Hinweis darauf, dass die Geschäfte, um die es in den Einträgen ging, über die Grenzen der Niederlande hinausreichten; vielleicht sogar weit darüber hinaus, bis an den Rand der damals bekannten Welt.

Ging es dem Künstler in seinem Werk um eine moralische Botschaft? Das Bild enthält Elemente, die traditionell mit Gier oder Weltlichkeit assoziiert werden – die auffällig verstreuten Münzen, die prominente Darstellung der ganz konkreten Welt. Es wäre ein Leichtes gewesen, daraus eine Darstellung eines Geizhalses in einem Kontor zu machen – die Bücher hätten fast genauso ausgesehen, nur hätten sie in diesem Zusammenhang eine andere Reaktion hervorrufen und natürlich eine andere Geschichte darüber erzählen sollen, was das Zählen und die daraus abgeleiteten Praktiken mit Menschen machen.

Doch diese Frau ist keine Pfennigfuchserin, und die Tatsache, dass ihr die Augen zugefallen sind, verleiht ihr eine melancholische, vielleicht sogar träge Aura. Das unterste Buch droht vom Tisch zu rutschen, die aufgeräumte Szene steht kurz vor dem Kollaps (der Lärm würde die Frau natürlich aus dem Schlaf reißen). Es ist typisch für Maes, diese Szene mit einem Augenzwinkern zu betrachten – seine anderen Werke, auf denen schlafende Menschen zu sehen sind, laden zum Lachen oder zumindest zum Schmunzeln ein: Sie zeigen Träumer, die Taschendieben zum Opfer fallen oder Gefahr laufen, wegen Vernachlässigung ihrer Aufgaben ausgeschimpft zu werden. Man könnte sogar meinen, dass Juno, die Schutzheilige der Waren und des Wohlstands, ebenfalls eingenickt ist, als Echo der Schläfrigkeit der Buchhalterin und Hinweis darauf, dass es um die Verwaltung der Finanzen nicht so gut steht, wie man meinen könnte. Die Weltkarte, das Symbol für die Ambitionen und die internationalen Verbindungen der Frau, zeigt eine Mischung aus den damals bekannten Landmassen und fantastischen Ungeheuern, die von Sternenkarten übernommen wurden.

Die Buchhaltung – das Niederschreiben von Zahlen – geht immer mit der Befürchtung einher, dass die Stabilität und Liquidität, die diese Zahlen dokumentieren, eines Tages in sich zusammenfallen könnten. Sie wirkt stets wie eine Insel der Regeln und der Ordnung, die von allen Seiten von Chaos bedroht ist. Es gehörte zum Wesen der Renaissance und der Aufklärung, diese Inseln der Ordnung zu kultivieren und auszuweiten und immer weitere Bereiche der Welt durch Zahlen, Tabellen und Fakten zu bändigen. Dennoch bleibt an den Rändern oft ein Hauch von Anarchie erhalten.

Caroline Molesworth: Das Wetter zählen

Montag, 1. Januar 1825, in Cobham, Surrey. Nach einer windigen und regnerischen Nacht ist ein für die Jahreszeit recht milder Tag angebrochen – das Thermometer im Eingangsbereich zeigt um neun Uhr morgens fast zwölf Grad an. Draußen blüht der Stechginster. Die dreißigjährige Caroline Molesworth schlägt ein leeres gebundenes Notizbuch auf und notiert die ersten Wetterbeobachtungen des Jahres.

Was ist chaotischer als das Wetter? Und gleichzeitig: Was ist verlockender, als dieses Chaos durch das Sammeln und Einordnen von Daten, durch das Ermitteln von Durchschnittswerten zu bändigen?

Zu den Anwendungsbereichen der arabischen Ziffern zählte schon früh das Erstellen von Tabellen und Listen – Tätigkeiten, die natürlich schon älter waren als die Ziffern und beispielsweise bereits zur Arbeit der Astronomen im alten Mesopotamien gehört hatten. Auflistungen von Waren, Mengen und Preisen; Auflistungen beobachteter Phänomene wie der Position von Mond und Planeten; Auflistungen berechneter Werte, etwa trigonometrischer Verhältnisse oder bevorstehender Sternenkonstellationen – die astronomischen Tabellen der »Toledaner Tafeln« dürften die größte Menge an niedergeschriebenen Zahlensymbolen im ganzen europäischen Spätmittelalter enthalten. In diesem Zusammenhang war es hilfreich, dass die arabische Zahlenschreibweise so kompakt war. Womöglich erleichterte das Stellenwertsystem es sogar, die Daten zu durchsuchen, sobald sie einmal in Tabellenform gebracht worden waren: Wenn alle Einer senkrecht untereinander geschrieben werden, gilt das automatisch auch für die Zehner und Hunderter, wodurch die Zahlen einfacher zu lesen und Muster schneller auszumachen waren.

Die ersten Drucke astronomischer Tafeln erschienen Ende des fünfzehnten Jahrhunderts, und es dauerte nicht lange, bis sie mit weiteren tabellarischen Aufstellungen einhergingen: mit Kalendern, Rechentafeln und Übersichten zur Kreditzinsermittlung sowie zum Umrechnen von Maßeinheiten. Vor allem der gedruckte Almanach entwickelte sich zum Verkaufsschlager, wenn es um Listen dieser Art ging; für gewöhnlich handelte es sich dabei um eine Kombination aus einem Kalender und astronomischen Vorhersagen in Ziffernform, die aber darüber hinaus noch praktische Rechenhilfen hinsichtlich Zinsraten, fremden Währungen sowie lokalen und ausländischen Maß- und Gewichtseinheiten enthielt. Selbst Johannes Gutenberg druckte einen Almanach, und insgesamt entstanden in der langen Blütezeit ihrer Popularität im achtzehnten und neunzehnten Jahrhundert in Europa und Nordamerika Millionen, sogar Dutzende Millionen dieser Bücher.

Almanache und astronomische Tabellen dieser Art enthielten hauptsächlich Vorhersagen auf der Grundlage theoretischer Berechnungen. Doch parallel dazu gelangten mit dem Buchdruck auch Listen tatsächlich beobachteter Daten und Erscheinungen zu einer neuen Reichweite und Sichtbarkeit, was innerhalb der europäischen und nordamerikanischen Bevölkerung im achtzehnten Jahrhundert und darüber hinaus eine stetige Ausbreitung der statistischen Denkweise begünstigte.

Francis Bacon, den der moderne Empirismus als Gründervater betrachtet, hielt das Zusammentragen und Festhalten von Beobachtungen – das Faktensammeln – für den Schlüssel zum Wissensgewinn, für einen Weg hin zu einem Verständnis der Welt an sich. Unter dem Einfluss wissenschaftlicher Gesellschaften wie der Londoner Royal Society ab dem Ende des siebzehnten Jahrhunderts fand das Anhäufen von Daten immer mehr Verbreitung; es war eine der Lieblingsbeschäftigungen von Amateuren, die auch etwas zum Weltwissen beitragen wollten. Viele dieser Daten – die Ergebnisse von Zählvorgängen oder Vermessungen der Natur – lagen in Zahlenform vor oder ließen sich in Zahlen übertragen, und ihre Veröffentlichung erfolgte häufig in Form von Tabellen voller Zahlensymbole. Beispiele dafür sind die Todesfalltabellen, die darlegten, wie viele Menschen jede Woche an verschiedenen Ursachen starben, Tabellen zu Einwohnerzahlen, Volksvermögen und Staatsausgaben sowie Auflistungen über erfolgreich oder erfolglos behandelte Patienten und das Glücken oder Scheitern von Experimenten.

Gerade das Zählen von Erfolgen und Fehlschlägen in wissenschaftlichen Versuchsreihen war ein wichtiger Schritt hin zu der Erkenntnis, dass sich durch stetiges Beobachten von Ereignissen und Ergebnissen zuverlässige Vorhersagen für die Zukunft treffen lassen – mit anderen Worten: hin zur statistischen Inferenz, einem der Grundpfeiler der modernen Wissenschaft. Für die Geschichte des Zählens war das Erfassen des Geschehens in diesem Sinne sicherlich die bedeutendste Neuerung, die die Aufklärung hervorbrachte.

•

Wettervorhersagen waren schon früh Teil der gedruckten Almanache. Viele Gelehrtengesellschaften riefen zum Beobachten meteorologischer Ereignisse auf, was ab Ende des siebzehnten Jahrhunderts eine Welle der enthusiastischen Laienforschung auslöste – heute würde man von »Citizen Science« beziehungsweise Bürgerforschung sprechen. Im achtzehnten und neunzehnten Jahrhundert wurden in ganz Europa Wettertagebücher geführt, von Irland über Portugal bis in die Tschechoslowakei, und dasselbe galt für China und Japan, in den Vereinigten Staaten, in der Karibik sowie in Neuseeland und Australien. Unter den Verfassern waren Geistliche und Lehrer, Händler, Grundbesitzer, Ärzte und Gärtner, und die Beweggründe reichten von Interesse am Klima und seinen Auswirkungen auf den menschlichen Körper bis hin zur Furcht vor Missernten und dem

Wunsch nach verlässlichen Informationen zu Pflanz- und Erntezeiten.

Allein zwischen 1720 und 1730 gingen bei der Royal Society Dutzende Wettertagebücher aus Großbritannien, Europa und Nordamerika ein. Die Menge an Daten war so groß, dass sie sich weder drucken noch zusammenfassen ließ, weshalb viele der Informationen unveröffentlicht und ungenutzt in den Archiven landeten. Zeitschriften wie das *Gentleman's Magazine* druckten die Wetterbeobachtungen verschiedener Einsender ab, eine Tradition, die von lokalen Naturkundegesellschaften aufgegriffen und bis weit ins neunzehnte Jahrhundert fortgeführt wurde. Es gab sogar Publikationen in Buchlänge, die nur Wetteraufzeichnungen bestimmter Beobachter oder Orte enthielten.

Der Mangel an Systematik sowohl bei der Beobachtung als auch bei der Veröffentlichung führte zu Diskussionen, und gelegentlich versuchten Institutionen, das Sammeln von Wetterdaten in geordnete Bahnen zu lenken. Robert Hooke, ein Gründungsmitglied der Royal Society, hatte schon 1667 eine Art Vorlage für Wettertagebücher erstellt. Findige Unternehmer boten leere Wettertagebücher zum Verkauf an. Besonders beliebt waren Logbücher, die – zumindest bei der Marine – mit buchstäblich militärischer Disziplin geführt wurden und für gewöhnlich eine festgelegte Reihe an Informationen enthielten, die stets zur gleichen Tages- und Nachtzeit ermittelt wurden und – ab einem gewissen Zeitpunkt – unter anderem Temperatur und Luftdruck sowie allgemeinere Beobachtungen umfassten.

•

Caroline Molesworth, geboren 1794 in England, war eine Nachfahrin der Baronets von Pencarrow und französischer Immigranten. Nach ihrer Kindheit in Cornwall und London zog sie zusammen mit ihrer Mutter nach Cobham in der Grafschaft Surrey. Dort begann sie im Oktober 1823, ihre Beobachtungen zum Wetter niederzuschreiben –

eine Gewohnheit, die sie bis an ihr Lebensende pflegen sollte. Sie sammelte und züchtete seltene Pflanzen, und einer der Gründe für ihr Interesse am Wetter war dessen Einfluss auf ihren Garten.

Molesworth galt – vielleicht gar nicht unbedingt gegen ihren Willen – als harmlose Exzentrikerin, als etwas »brüsk und eigenwillig«, verfügte aber angeblich über einen »gesunden Menschenverstand und ein gutes Gespür«. Ihr Kleidungsstil entsprach ihr Leben lang der Mode um 1800, und laut derer, die sie gut kannten, war sie »überaus freundlich zu den Armen und großzügig ihren Verwandten gegenüber« sowie »unterhaltsam in Gesellschaft«.

Molesworth erstand eine Reihe von Instrumenten, die ihr bei ihren Wetterbeobachtungen dienlich waren: Außenthermometer, um die minimale und maximale Temperatur zu ermitteln, und zwei weitere Thermometer für die Verwendung im Haus; ein in London angefertigter Niederschlagsmesser, der im Grunde nicht mehr war als eine in den Boden einzulassende Flasche mit einem Trichter obendrauf; ein Barometer aus der Werkstatt des bekannten Instrumentenbauers George Adams. Außerdem besaß sie ein »Sturmglas«: eine Glaskugel mit Luft und Wasser darin, deren Inhalt auf Temperatur und Luftdruck reagierte. Dieses Gerät genoss nie einen besonders guten Ruf, was seine wissenschaftliche Aussagekraft anging, und im April 1843 hörte Molesworth stillschweigend auf, die Beobachtungen daran in ihr Wettertagebuch einzutragen. Darüber hinaus dürfte das Haus, in dem sie lebte, über eine Wetterfahne verfügt haben, aber davon ist in den Aufzeichnungen nie die Rede. Dort finden sich nur Informationen zur Windrichtung (nie zur Windstärke). Eine solche Instrumentensammlung hätten manche nicht wenig stolz zur Schau gestellt und sich vielleicht sogar damit gebrüstet, aber für Molesworth waren es in erster Linie Gebrauchsgegenstände.

Ihre Tagebücher mussten im Verlauf der Jahre einiges mitmachen; auf den marmorierten Buchdeckeln und vergilbten Seiten finden sich gelegentlich Tinten- oder Wasserflecken (wahrscheinlich Regen). Auf den ersten Blick unterschieden sie sich kaum von Haushaltsbüchern.

Die Seiten sind durch rote und blaue Trennlinien unterteilt, und Molesworth füllte jeden Tag bis zu neunzehn Spalten mit Daten, pro Monat zwei Doppelseiten. Sie vermerkte den Wochentag und das Datum, den Zeitpunkt von Sonnenaufgang und -untergang, die Mondphase und die Stunde(n) der Beobachtung. Dann folgten die Temperaturen an verschiedenen Messstellen, der Luftdruck, das Ausmaß der Bewölkung, die Windrichtung, die Niederschlagsmenge und allgemeine Beobachtungen zum Wetter sowie zu den Pflanzen und Tieren in ihrem Garten.

Die Disziplin für diese ein- oder zweimal täglich angestellten Beobachtungen aufzubringen, fiel Molesworth offenbar nicht schwer. In gewissem Sinne wurden sie zu einem Teil ihrer selbst. Während sich andere Tagebuchschreiber einem genauen Studium der menschlichen Natur, des politischen Lebens oder ihrer eigenen geistigen und körperlichen Verfassung hingaben, zeigt sich Molesworth auf den sorgsam linierten Seiten als rein wissenschaftliche Beobachterin. Reisen, Krankheiten oder Unfälle erwähnte sie nur, wenn diese den Rhythmus ihrer Beobachtungen durcheinanderbrachten.

Insgesamt führte sie die Tagebücher mehr als 40 Jahre lang. Doch ab 1850 häufen sich die krankheitsbedingten Lücken, und die Einträge sind zunehmend in einer anderen Handschrift als der ihren verfasst. In den letzten Büchern werden die Informationen immer dünner, der letzte vollständige Eintrag ist auf Anfang Oktober 1867 datiert. Eine abschließende, knappe Notiz stammt von Mittwoch, dem 9. Oktober 1867: »Regen«. (Bis zu ihrem Tod sollten noch fast fünf Jahre vergehen.)

Molesworths tabellarische Auflistungen von Daten und Zahlen waren das Ergebnis mehrerer Handlungen: Beobachten, Messen, Zählen und Berechnen. Insbesondere die am Ende jedes Jahres erstellten Zusammenfassungen fußten auf verschiedenen Rechen- und Zählvorgängen. Zu Glanzzeiten gab es eine Übersicht für jeden Monat des Jahres, der zu entnehmen war, an wie vielen Tagen es geregnet hatte, an wie vielen Tagen der Wind aus jeder der acht

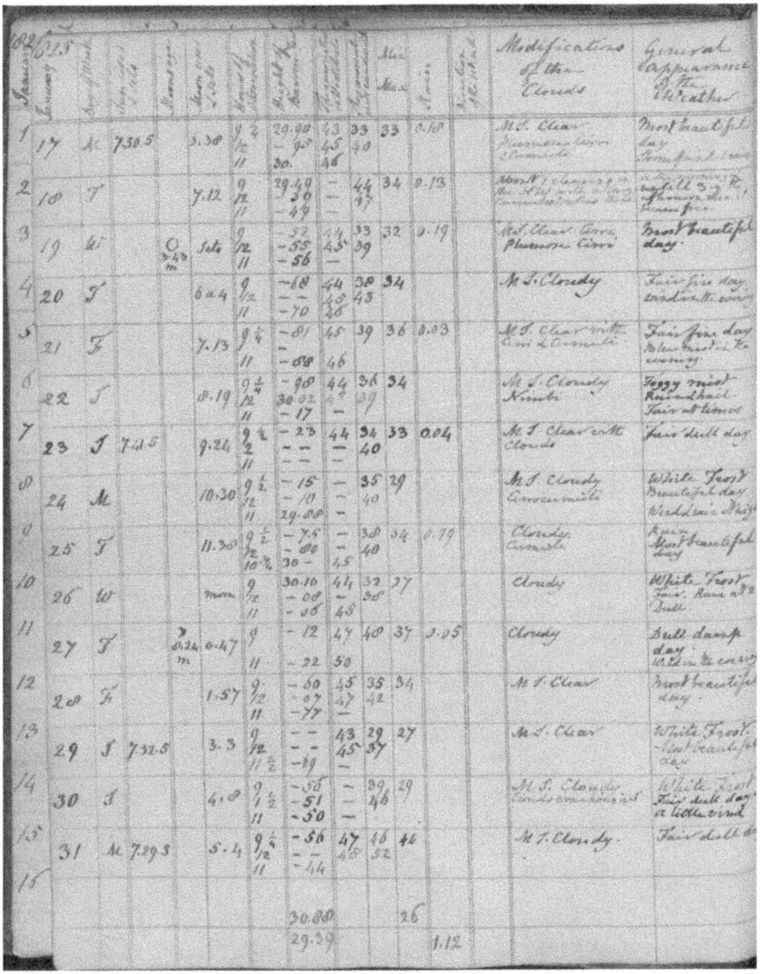

Eine typische Seite aus Caroline Molesworths Wettertagebuch

Windrichtungen gekommen war und wie die Gesamtniederschlagsmenge und die Mittel-, Maximal- und Höchstwerte des Barometers und dreier Thermometer ausgefallen waren. Zudem gab es eine Jahresbilanz mit ähnlichen Summen und Mittelwerten. Gelegentlich fasste sie sogar mehrere Jahre zusammen. Francis Bacon wäre stolz gewesen.

Caroline Molesworth sammelte nicht nur Daten – sie korrespondierte zudem mit anderen Wetterbeobachtern und Meteorologen, besaß und las Bücher zu dem Thema und veröffentlichte einige ihrer Zusammenstellungen zum Wetter in Cobham in Zeitschriften. Nach ihrem Tod ging ihre Sammlung getrockneter Pflanzen an das Herbarium der Royal Gardens in Kew, London, während ihre Wettertagebücher auf ihren eigenen Wunsch der Meteorologischen Gesellschaft überreicht wurden. Als 1880 ein Band mit Auszügen daraus erschien, hob die Herausgeberin vor allem den statistischen Wert der Arbeit hervor:

> *Miss Molesworths Bemühungen werden nicht [...] nutzlos gewesen sein, da sie etwas zur Summe der Informationen beitragen, auf die wir uns aufgrund der gegenwärtig ausgeführten sorgsamen Beobachtungen in diesem Forschungsfeld freuen dürfen. Landwirtschaftlich gesehen dürften sie – so viel lässt sich sagen – von unschätzbarem Wert für das Land sein, da sie das Ausmaß des Wettereinflusses auf das Wachstum unserer Feldfrüchte zeigen.*

Molesworths Werk beleuchtet Freud und Leid der systematischen Naturbeobachtung. Immer wieder mussten Angaben ausgelassen oder als fraglich gekennzeichnet werden, weil Instrumente kaputtgegangen waren oder anderweitig Probleme bereiteten. Jede noch so kurze Reise erzeugte Lücken in ihrer Datenreihe, die nie geschlossen oder stellvertretend gefüllt werden konnten. Akte wie die Einordnung des Windes in eine von acht verschiedenen Kompassrichtungen oder das Runden von Temperatur- und Luftdruckangaben auf ganze Zahlen unterstreichen, dass die Übertragung von Beobachtungen in Zahlen immer eine Vereinfachung und damit einen Verlust darstellt.

Ähnlich gemischte Gefühle lösten auch die Zusammenfassungen am Ende jedes Jahres aus: Einerseits überführten sie eine Reihe isolierter Beobachtungen in etwas Größeres, als würde eine Ansammlung von Atomen zu einem kohärenten Ganzen zusammengefügt, andererseits verursachten die Abstraktion und das Ermitteln von Durchschnittswerten unweigerlich einen Verlust an Textur und Detailgenauigkeit. Und auch die Ergebnisse eines ganzen Jahres konnten immer noch wie eine Aneinanderreihung von Einzeldaten statt wie eine Beschreibung des Klimas wirken. 1827 zählte Caroline Molesworth 141 Tage mit Regen, Schnee oder Frost, 23 davon im Dezember, und 42 Tage mit Nordwind, elf davon im September. Es gab 56 Tage mit Südwind, die sich gleichmäßig auf alle zwölf Monate verteilten. Am häufigsten kam der Wind in jenem Jahr aus Nordwesten …

Es fiel Molesworths Herausgeberin zu, bei der posthumen Bearbeitung der Aufzeichnungen Zusammenhänge zwischen den angegebenen Blütezeiten und den Temperaturschwankungen und Niederschlagsmengen der verschiedenen Jahre herzustellen. Gut möglich, dass die Umstände es zu Molesworths Lebzeiten einfach nicht zugelassen hatten, die Zahlen in ein Gesamtbild zu überführen.

•

Ab dem neunzehnten Jahrhundert – und erst recht im zwanzigsten – waren die arabischen Ziffern allgegenwärtig. Sie hatten ihren Weg in fast alle Länder der Erde gefunden, und ihr Stammbaum verfügte über eine dichte Krone aus Ästen und Zweigen. Ganze Generationen von Lehrbüchern im Stile von Bhaskara und al-Chwarizmi vermittelten das Lesen und Schreiben der arabischen Ziffern auf sandbedeckten Brettern, Wandtafeln, Pergament oder Papier. Es hatte sich eingebürgert, dass mit dem Wort »Zahlen« arabische Ziffern gemeint waren, als wäre beides identisch – als gäbe es keine andere denkbare oder zumindest bedenkenswerte Art und Weise, Zahlen darzustellen. (Dieses Paradoxon wird deutlich, wenn man sich vor Augen führt, dass viele Menschen 2 543 als vierstellige Zahl bezeichnen würden, aber niemand Mary als vierbuchstabiges Mädchen. Arabische Ziffern werden deutlich häufiger mit dem gleichgesetzt, was sie darstellen, als es bei Wörtern der Fall ist.)

Währenddessen wurde das Konzept »Zahl« stetig weiter ausgedehnt, weit über die »natürlichen«, mit Schneckenhäusern, Fingern oder Kerben abbildbaren Zahlen hinaus. Mit Brüchen und Proportionen hatte man sich schon im Nahen Osten der Antike befasst, und irrationale Zahlen wie bestimmte Quadratwurzeln – die sich nicht durch einen Bruch ausdrücken lassen – weckten bereits im alten Griechenland einiges Interesse. Die vielen Verfasser der »cyphering books« lernten den Umgang mit negativen Zahlen, und auch Molesworth verwendete sie zur Erfassung von Temperaturen. Im neunzehnten Jahrhundert definierte die mathematische Forschung dann die »reellen«, »imaginären« und »komplexen« Zahlen, und im zwanzigsten kamen die »hyperreellen« und die »surrealen« Zahlen hinzu. Der Großteil dieser Kategorisierungen wurden gestützt durch die Eigenschaften und die Flexibilität der arabischen Zahlensymbole, stetig erweitert durch den Einsatz von Minuszeichen, Kommas und weiteren Hilfsmitteln.

Es mag sich anfühlen, als seien wir hiermit am Ende der Geschichte angelangt – ja, vielleicht sogar, als *sei* der Aufstieg der arabischen Ziffern die Geschichte des Zählens. Doch in Wahrheit handelt es sich um einen Ast unter vielen. Zahlen in Form von Symbolen zu notieren, ist nur eine von etlichen verschiedenen Zählmethoden, und der charakteristische Aufbau des arabischen Zahlensystems nur eine von mehreren möglichen Organisationsformen innerhalb dieser Symbole.

Zwischenspiel

Zahlensymbole

Wie die Beispiele in diesem Buch verdeutlichen, liegen den Zahlensymbolen je nach Zeit und Ort unterschiedliche Systeme zugrunde. Das entscheidende Merkmal ist, ob ein Zeichen mehrfach wiederholt wird (|, ||, ||| …) oder ob für die verschiedenen Zahlen ein Satz unterschiedlicher Zeichen besteht (α, β, γ …). Das erste System ist das der einfachen Kerbhölzer und Strichlisten, antik oder modern; das zweite dient bis heute zur Durchnummerierung von beispielsweise Homers *Ilias* und Aristoteles' *Metaphysik*. Doch ein System, das keine weitere Struktur aufweist, wird schnell unbrauchbar, wenn es um große Zahlen geht. Genauso ist es bei Zahlwörtern – und Zahlensymbole imitieren häufig die Strukturen der Zahlwörter in der Sprache ihrer Entwickler, wenn auch meist in bereinigter Form.

Gibt es eine Basis – sagen wir einmal, ein spezielles Symbol für die Zahl zehn –, kann sie ganz einfach durch Aneinanderreihen mit den kleineren Zahlen kombiniert werden: XI zum Beispiel bedeutet zehn-und-eins. Bei Vielfachen der Basis muss man sich dann erneut entscheiden, ob man das Symbol in der entsprechenden Anzahl wiederholt oder einen Satz von Symbolen für die jeweiligen Vielfachen verwendet. In der römischen Notation etwa schreibt man zehn, zwanzig und dreißig X, XX und XXX, in der griechischen hingegen I, K und Λ. Eine weitere Möglichkeit ist, die schon verwendeten Symbole leicht abzuwandeln – aus *a, b, c* könnten *a', b', c'* werden, um darauf hinzuweisen, dass die Buchstaben jetzt zehn, zwanzig und dreißig bedeuten. Die letzte Option besteht darin, die ursprünglichen Symbole in unveränderter Form zu benutzen, aber über die Positionierung zu verdeutlichen, dass eines von ihnen für die Einer steht, das andere für die Vielfachen der Basis. Dieses letzte System liegt den Brahmi-Zahlen zugrunde, aus denen sich die Staub-, die Toledaner und letztendlich unsere arabischen Ziffern entwickelt haben.

Jede dieser Strukturoptionen war lange in Gebrauch; jede ist in der Lage, über Hunderte oder sogar Tausende Jahre hinweg stabil zu bleiben – keine von ihnen weist eine deutliche Neigung dazu auf, im Verlauf der Zeit in eine der anderen überzugehen oder durch sie ersetzt zu werden. Die Vor- und Nachteile der einzelnen Systeme hängen stark von ihrem Nutzungszweck ab. Einige lassen sich schneller erlernen, andere schneller schreiben; einige kommen mit wenigen unterschiedlichen Symbolen aus, andere können jede beliebige Zahl mit einer relativ geringen Anzahl an Zeichen darstellen. Stephen Chrisomalis, der die Geschichte der Zahlensymbole erforscht, meint: »Es gibt keine ideale Zahlenschreibweise. Stattdessen ist jedes System von den Zielen geprägt, die seine Nutzer und Erfinder erreichen wollen, was aber nur durch Kompromisse in Hinblick auf andere Aspekte möglich ist.«

Im Verlauf der Geschichte gab es rund 100 verschiedene Symbolsysteme; vom Aufkommen der Schrift bis etwa 1500 u. Z. ist ihre Zahl stetig gewachsen. Doch ähnlich wie Alphabete weisen auch Zahlensymbole eine starke Ausbreitungstendenz auf; insbesondere die erfolgreichen haben weite Wege zurückgelegt, vielleicht weil sie sich so gut als Kommunikationsmittel zwischen den verschiedenen Gesellschaften, Kulturen, Sprachen und Orten eigneten. Die Keilschrift, das ägyptisch-demotische und das griechische System, die römischen

Zahlen und natürlich die Brahmi-Schreibweise sind alle weit herumgekommen, genau wie zahlreiche andere. Die arabische Zahlschrift verbreitete sich vornehmlich mit den europäischen Sprachen und Kulturen rund um die Welt, während andere Systeme ausstarben. In den vergangenen 500 Jahren ist die Anzahl der eigenständigen Systeme insgesamt zurückgegangen.

Bis in die 1990er-Jahre waren nicht wenige Forschende der Ansicht, mit dem dezimalen Stellenwertsystem sei im Bereich der Zahlenschreibweise, des Zählens und der Arithmetik das Ende der Geschichte erreicht, weil keine bedeutenden Verbesserungen wahrscheinlich oder sogar möglich erschienen. Doch kaum sind solche Gewissheiten ausgesprochen, da beginnen sie schon wieder zu bröckeln. Es hat immer schon andere Zählmethoden gegeben, und es wird immer andere Zahlenschreibweisen geben. Der kometenhafte Aufstieg der arabischen Notation war auch ein Zufallsprodukt – Stellenwertsysteme hatte es schon an anderen Orten und zu anderen Zeitpunkten der Geschichte gegeben, ohne dass sie sich in der ganzen Welt verbreitet hätten. Für den konkreten Anwendungsbereich des schriftlichen Rechnens bieten die arabischen Ziffern klare Vorteile. Aber besinnen wir uns doch kurz darauf, wie lange die meisten Kinder brauchen, um die Ergebnisse der 45 Additions- und der 36 Multiplikationspaarungen des Dezimalsystems auswendig zu lernen oder bis sie auch nur eine begrenzte Auswahl an Rechenoperationen – Addition, Subtraktion, Multiplikation, Division – für größere Zahlen beherrschen. (Das Wurzelziehen, das in vielen Lehrbüchern des Mittelalters und der Renaissance noch enthalten war, scheint im modernen Mathematikunterricht weitgehend unter den Tisch zu fallen.) Wie leicht passiert es doch, dass man trotz aller hochgerühmten Vorteile des Systems einen Fehler macht, und welch eine Erleichterung ist es, das Ganze heutzutage an einen Taschenrechner zu delegieren!

Wenn man den gleichen Zeitaufwand in die Beherrschung anderer Formen der Zahlendarstellung, etwa das Rechenbrett, steckt, wirken auch diese plötzlich effizient und natürlich. Dazu sagt Chrisomalis:

»Wir stehen nicht am Endpunkt einer linearen historischen Entwicklung, sondern in der Mitte einer verzweigten und komplexen, aber dennoch von Mustern geprägten und erklärbaren Welt der geschriebenen Zahlen.«

Es handelt sich also nicht um das Ende der Geschichte. Meistens und vielerorts dreht sich die Geschichte des Zählens ohnehin nicht um das Schreiben, sondern um andere Arten, Zählergebnisse zu protokollieren. Diese Tendenz lässt sich im letzten Jahrhundert sogar in den Teilen der Welt beobachten, wo die arabische Zahlenschreibweise dominiert. Bereits zu Molesworths Lebzeiten gab es Hinweise darauf, dass die Ära, in der man umfangreiche Auflistungen, Berechnungen und sogar Zählvorgänge mithilfe der arabischen Zahlschrift auf Papier durchführte, nicht von Dauer sein würde. Damals tauchten die ersten Maschinen auf, die einige dieser Funktionen automatisch verrichten konnten, und ihre Nachfahren sollten das Verhältnis des Menschen zu Zahlen, Daten und dem Zählen an sich nachhaltig verändern. In den letzten Jahrzehnten ist die Menge an Zahlendarstellungen weltweit exponentiell angestiegen, doch bei der Mehrheit von ihnen handelt es sich nicht um arabische Ziffern auf Papier, sondern um etwas ganz anderes: binäre Darstellungen, umgesetzt in elektrische Impulse.

Ein weiterer enorm wichtiger Ast am Baum des Zählens ist daher sicherlich die Geschichte der konkreten Geräte, die uns Menschen – manuell, mechanisch und schließlich elektrisch und elektronisch – beim Zählen unterstützen. Mit anderen Worten: die Geschichte der Zählmaschinen. Wie die arabische Zahlenschreibweise haben auch sie die Welt im Sturm erobert. Es ist eine globale Entwicklung, die aber nirgendwo umfassender dokumentiert ist als in Ostasien.

6

Maschinen, die zählen: Eine Rundreise durch Ostasien

Ausgehend von ihren afrikanischen Wurzeln erstrecken sich die Äste der Geschichte des Zählens durch den Fruchtbaren Halbmond, durch Europa und Indien. Ein weiterer Zweig ist in Ostasien beheimatet, wo er seit Jahrtausenden eine eigene Entwicklung durchläuft. Auch hier basieren die Zahlwörter weitgehend auf einem Dezimalsystem, wie in den größeren Sprachfamilien weiter westlich, und Zahlensymbole spielen schon in den ältesten erhaltenen schriftlichen Dokumenten eine wichtige Rolle. Doch zugleich wird hier eine Reihe spezieller Zählhilfen eingesetzt. Diese Abakusse – *suanpan* auf Mandarin, *soroban* auf Japanisch und *jupan* auf Koreanisch – kennt man vom Sehen, und die Menschen, die sie benutzen, sind über die Grenzen Ostasiens hinaus für ihre Geschicklichkeit und ihr rasantes Rechentempo bekannt.

Auf den Abakus folgten die elektrischen Geräte. Bis in die 1950er-Jahre hinein war man sich noch einig, dass sie in puncto Geschwindigkeit nicht mit den fähigsten Abakusnutzern und -nutzerinnen mithalten konnten. Doch irgendwann überholten die Maschinen die

Menschen. Heute läuft ein Großteil der weltweiten Rechenprozesse mittels elektrischer und magnetischer Signale: Binärdarstellungen tief im Inneren der modernen Digitalgeräte. Dieser Teil der Geschichte ist global, auch wenn die frühen technologischen Innovationen in erster Linie aus den USA stammten. Heute kommt die Spitzenposition Ostasien zu, sowohl in Bezug auf die Herstellung als auch auf die Offenheit, mit der Konsumenten die Produkte der digitalen Revolution begrüßen.

Und vor dem Abakus? Vor dem Abakus wurden Zählergebnisse in Ostasien vor allem mithilfe einer anderen Technik festgehalten und verwertet, deren Anwender ebenfalls eine erstaunliche Fingerfertigkeit und Effizienz an den Tag legten. Diese Methode war mehrere Jahrhunderte lang in Gebrauch und hat das Aussehen der klassischen chinesischen Zahlensymbole geprägt. Die Rede ist von den Zählstäbchen.

Hong Gongshou: Zählen mit Stäbchen

Zhili (Kreis Qimen, Präfektur Huizhou), China, im vierzehnten Regierungsjahr von Kaiser Chongzhen (1641). Hong Gongshou muss eine Reihe von Angaben zur Festsetzung seiner Steuerzahlungen machen.

Er nennt dem zuständigen Beamten sein eigenes Alter (47) sowie das seines Bruders, seines Sohnes und seiner Frau. Das Steuerformular enthält die Größe von Hongs Feldern gemäß einer ein Jahrzehnt zuvor erfolgten Landvermessung. Insgesamt besitzt Hong acht Grundstücke, darunter ein Reisfeld und ein kleines Sumpfgebiet; zu allen benennt das Schriftstück detaillierte Informationen sowie deren Relevanz für die Sommer- und Herbststeuer. Das Dokument schließt mit dem Hinweis, dass das Haus der Familie aus Stroh gebaut ist und über drei Zimmer verfügt.

Hongs Sommersteuer beträgt 6 dou, 4 sheng, 4 ge, 1 shao Weizen, die Herbststeuer 1 shi, 6 dou, 3 sheng, 9 ge geschälten Reis.

Solche Szenen spielten sich im China der Ming-Dynastie jedes Jahr millionenfach ab. Steuerschätzer versuchten sich einen Überblick darüber zu verschaffen, wie viel die einzelnen Personen dem Staat gemäß dem komplexen Steuersystem schuldeten. Überall in dem vier Millionen Quadratkilometer großen Land wurden Abgaben erhoben, vom Pazifik bis zum Himalaya, von einer Bevölkerung, die mehr als 150 Millionen Menschen umfasste. Insgesamt wurden etwa fünf bis zehn Prozent der landwirtschaftlichen Erträge als Steuern eingetrieben.

Um die Verwaltung zu erleichtern, war das riesige Land in 13 Provinzen gegliedert, die wiederum in mehrere Präfekturen, Subpräfekturen und Bezirke unterteilt waren. Auf der niedrigsten Ebene bildeten Gruppen von je 110 Haushalten ein *li*, unter der Führung eines wechselnden *lichang* (Dorfvorsteher, Ältesten), der unter anderem für das Eintreiben der Steuern zuständig war.

Der Kaiser überwachte das Ganze von der Hauptstadt Peking aus, in einem System, das stark auf die direkte Kontrolle seinerseits ausgelegt war – zumindest theoretisch, denn einige der Fragen, die ihm zugetragen wurden, betrafen Details wie »die Umsiedlung eines bestimmten Amts für Unternehmenssteuern oder aus welcher Gegend ein bestimmter Bezirk seine Salzlieferung zu beziehen hatte oder wie viele Rollen Seide eine ausländische Handelsmission erhalten sollte«. Derartige Problemstellungen wurden aus den Dörfern über die verschiedenen Behördenebenen in den Präfekturen und Provinzen nach oben weitergeleitet, von einer Schar Beamter, an deren Spitze der Finanzminister stand.

Die gleichen Strukturen waren auch für die immense Aufgabe zuständig, die Abgaben nach dem Eintreiben quer durch das Land zu transportieren, um sie aufteilen zu können. Ein Beispiel:

> *Noch 1578 erhielt die Reichsuniversität in Nanjing 3 500* pikul *geschälten Reis aus der Präfektur Ch'ang-chou, 100* pikul *Weizen aus der Präfektur Ning-kuo und 100* pikul *grüne Linsen aus der Präfektur Ying-t'ien, alle in Süd-Zhili, sowie mehr als 20 000* kätti *getrockneten Fisch aus der Provinz Hukwang. Sämtliche dieser Waren wurden auf die Steuerforderungen der entsprechenden Kreise angerechnet.*

Neben den Abgaben in Form landwirtschaftlicher Erträge bestand die Pflicht, dem Reich bei Bedarf Arbeitskräfte und bestimmte Spezialgüter – Büromaterial, militärische Ausrüstung, medizinisches Material, sogar Besen zum Fegen des Palastes – zur Verfügung zu stellen. Außerdem wurden auf Grundlage einer zehnjährlichen Landvermessung sowie einer jährlichen Erhebung zur Personenanzahl und den Besitzverhältnissen im Haushalt regelmäßig die Steuersätze angepasst. Obwohl das System theoretisch einfach war, neigte es unweigerlich zu bürokratischen Auswüchsen, mit Zuschlägen und Zusatzgebühren für den Gütertransport und einer zunehmenden Bereitschaft, statt der offiziell verlangten Waren auch Silberbarren zu akzeptieren. Das führte zu komplexen Berechnungen mit Ergebnissen, die manchmal bis auf eine Tausendstel Silberunze genau sein mussten. Heutige Forschungen legen nahe, dass selbst die einfachen Fälle anderthalb Stunden in Anspruch genommen haben könnten, wenn etwa »die Ermittlung der Grundbesitzsteuer eine Arbeitskraftbezahlung von 0,0147445814487 *tael* Silber pro *pikul* Getreide« ergab, eine Situation, die »ein Paradies für Steuereintreiber und Buchhalter niederen Ranges« darstellte. Im sechzehnten Jahrhundert gab es Bemühungen, das System zu vereinheitlichen und zu vereinfachen, doch die Neuerungen wurden nur lückenhaft umgesetzt.

Obwohl ein Teil des Systems eher formeller Natur war, da Vermessungs- und Erhebungsdaten einfach unverändert von einem Zeitraum in den nächsten übertragen oder rein mechanisch aktualisiert wurden, war der Verwaltungsaufwand dennoch enorm, ebenso wie die Menge an Steuerdokumenten, die dabei erzeugt wurde. Zu Zeiten von Hong Gongshou beklagten einige, das Ganze sei eine Verschwendung von Papier und Schreibpinseln. Jede Steuerschätzung wurde in vierfacher Ausführung niedergeschrieben, für die Bezirks-, die Präfektur-, die Provinz- und die Reichsbehörden. Letztere lagerte die Unterlagen in einem aufwendig organisierten Archiv auf einer Insel im Xuanwu-See in der Nähe von Nanjing ein. Um 1640 hatten sich dort 1,7 Millionen Bände in 700 Räumen angesammelt – höchstwahrscheinlich das größte Archiv der damaligen Welt.

•

Das größte Archiv, und somit auch die größte Ansammlung von Zahlensymbolen. Die Chinesen verfügten – damals wie heute – über verschiedene Möglichkeiten, das Resultat eines Zählvorgangs oder einer Rechnung festzuhalten.

Die Ergebnisse der Landvermessungen und Volkserhebungen spiegelten einen Teil dieser Varianten wider: Eine Möglichkeit bestand darin, einfach das entsprechende Logogramm zu verwenden. Diese Logogramme finden sich – mehr oder weniger in ihrer modernen Form – schon in Inschriften aus dem dritten Jahrhundert v. u. Z. und sind bis heute in Gebrauch. Das System dahinter ist sowohl mündlich als auch schriftlich ein Dezimalsystem mit Begriffen für die Zahlen von eins bis neun sowie für »zehn«, »hundert«, »tausend« und »zehntausend«. Diese lassen sich zu Konstellationen wie *zwei-Myriaden vier-tausend drei-hundert sechs-zehn fünf* (24 365) zusammensetzen. Die Null wurde spätestens im dreizehnten Jahrhundert in das schriftliche System aufgenommen, ist aber im Grunde überflüssig. Die Begriffe »zehntausend«, »tausend«, »hundert« und »zehn« spezifizieren ohnehin den genauen Wert des Zahlworts; es ist nicht nötig, ihn aus seiner Position abzulesen.

Dieses System verbreitete sich in ganz Ostasien – im dritten Jahrhundert war es in Japan angelangt, im fünfzehnten in Korea. Bereits ab dem ersten Jahrhundert v. u. Z. existierten zudem kalligrafische Ausführungen der Zeichen, die aber nichts an der Struktur des Systems veränderten. Mindestens zwei dieser Ausführungen, die sogenannten Buchhalter-Ziffern und die geheimen Ziffern, werden bis heute verwendet, weil der komplexere Aufbau der Zeichen vor Fälschung schützt.

•

Doch welche Hilfsmittel wurden damals in China und den benachbarten Ländern genutzt, um zu zählen und zu rechnen? In Texten aus dem ersten Jahrtausend v. u. Z. werden Stäbchen erwähnt, und spätestens Ende des dritten Jahrhunderts v. u. Z. hatte sich ein System etabliert, bei dem sie grüppchenweise auf eine flache Oberfläche gelegt wurden. Ihre Beschaffenheit war nie standardisiert; sie konnten aus Bambus, Holz, Elfenbein, Knochen oder anderem Material bestehen. In der klassischen Periode waren sie zwischen neun und 14 Zentimetern lang und etwa sieben Millimeter breit – 271 Stück ließen sich zu einem sechseckigen Bündel zusammenfassen und in einer Hand halten.

Die Muster, zu denen diese Stäbchen gelegt wurden, fungierten als Zahlensymbole. Die Zahlen von eins bis fünf wurden durch senkrecht nebeneinander platzierte Stäbchen dargestellt, wie in den primitiven Strichlisten. Die Zahlen von sechs bis neun bestanden aus einer Kombination aus einem waagerechten mit einem, zwei, drei oder vier senkrechten Stäbchen (auch hier musste das Auge also nie mehr als vier Elemente auf einmal erfassen). Das gleiche Prinzip wurde bei den Zehnern, Hundertern usw. angewendet, wobei die größeren Potenzen links standen. Interessant war dabei, dass die Stäbchenkonstellation auf den geraden Positionen – bei den Zehnern, den Tausendern usw. – um 90 Grad gedreht wurde, um die einzelnen Elemente besser voneinander unterscheiden zu können. Dazu gab es einen passenden Merksatz:

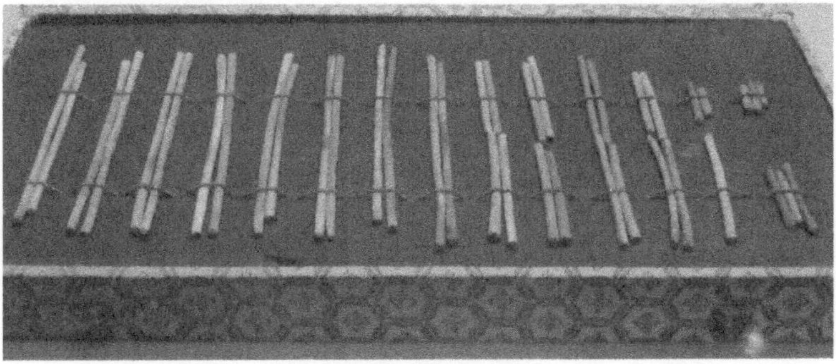

Chinesische Zählstäbchen

Einer sind senkrecht, Zehner waagerecht, Hunderter stehen, Tausender liegen. Tausender und Zehner sehen gleich aus, wie auch Zehntausender und Hunderter.

Auf diese Weise ließ sich jede beliebig hohe Zahl darstellen – abhängig einzig und allein von der Größe der Fläche und der Anzahl der Stäbchen, die zur Verfügung standen.

In literarischen Texten ist von Zählstäbchen auf Tischen, Betten oder dem Boden die Rede. Doch so richtig effizient funktionierte das System vermutlich nur, wenn die verwendete Fläche irgendwie markiert war. Ansonsten wäre der Abstand zwischen einer Gruppe Stäbchen und der nächsten womöglich irreführend gewesen – 24 hätte große Ähnlichkeit mit 2004 gehabt. Großflächige Holztafeln wären unpraktisch gewesen, und Archäologen haben nichts in der Richtung gefunden. Doch es gibt mindestens einen Verweis auf ein Stück Stoff, auf das Spalten und Zeilen für die Stäbchen gezeichnet sind.

Wie die chinesischen Zählwörter und die dazugehörigen Symbole gelangten auch die Zählstäbchen irgendwann nach Japan und Korea. Insgesamt waren sie in Ostasien fast zweitausend Jahre lang in Gebrauch. Man benutzte sie nicht nur zum Zählen, sondern auch zum Rechnen. Es ist nicht weiter schwierig, Rechenverfahren für die Grundrechenarten mithilfe der Stäbchen zu ersinnen, und Augenzeugenberichten zufolge ließen sich diese Rechnungen blitzschnell durchführen. Ein Stäbchenexperte im elften Jahrhundert »konnte seine Zählstäbchen bewegen, als würden sie fliegen, so schnell, dass die Augen nicht hinterherkamen, bis das Ergebnis feststand«. Sowohl das Kopfrechnen als auch das auf dem Papier kamen damals offenbar aus der Mode, verdrängt von den effizienteren Stäbchen. Spätestens im zwölften Jahrhundert hatte man herausgefunden, wie sich mit den Zählstäbchen nicht nur Quadrat- und Kubikwurzeln ziehen, sondern auch Zahlenverhältnisse der Art ermitteln ließen, für die man in Griechenland auf geometrische Darstellungen (Quadrate und Rechtecke) zurückgegriffen und in Europa die algebraischen Mittel linearer und quadratischer Gleichungen eingesetzt hätte.

Darüber hinaus verleiteten die Stäbchen ihre Nutzer dazu, Zahlen so aufzuschreiben, wie sie sie vor sich sahen: mit Tintenstrichen, die genauso angeordnet waren wie die Stäbchen. Schon 400 v. u. Z. gab es chinesische Münzen mit entsprechenden Zahlensymbolen. Diese Schreibweise wurde – wie die Stäbchen selbst – bis in die Ming-Zeit hinein genutzt. Es gibt Theorien, dass sie sogar weit nach Westen bis nach Indien gelangte und dort als Inspiration für das Stellenwertsystem der Brahmi-Zahlschrift diente. Doch direkte Belege dafür stehen aus, und die Fachleute sind sich uneins darüber, wie plausibel diese Überlegung ist. Sicher ist allerdings, dass die Brahmi-Zahlen im achten Jahrhundert u. Z. einigen Menschen in China geläufig waren, als Rechenhilfsmittel im Vergleich zu den Zählstäbchen allerdings als minderwertig abgetan wurden: »Die Methode ist kompliziert [...] und man muss Glück haben, um das Richtige herauszubekommen.«

Die Stäbchen und die dazugehörigen Rechenverfahren werden in der traditionsreichen mathematischen Literatur Chinas – etwa in kanonischen Lehrbüchern aus dem siebten Jahrhundert und später in Gelehrtentexten – stets vorausgesetzt und an mehreren Stellen detailliert beschrieben.

Auch in Sammlungen eher praktischer Probleme sind sie das bevorzugte Darstellungsmittel. Eine solche Sammlung, zusammengestellt im dreizehnten Jahrhundert, deckt eine breite Palette an Themen ab: etwa Chronologie, Landvermessung, Architektur, militärische Fragestellungen und den Handel. Ein Kapitel befasst sich mit Steuern und Abgaben von genau der Art, wie sie Hong Gongshou und Millionen Menschen seinesgleichen abverlangt wurden. Die Texte vermitteln ein lebhaftes Bild der Schwierigkeiten, mit denen Steuerzahler und Steuereintreiber während der Ming-Periode zu kämpfen hatten. Bauer A überträgt 407 *mu* Reisfelder an Bauer B und 516 *mu* an Bauer C – welche Auswirkungen hat das auf die Menge an Reis und Seide, die jeder der drei Männer an den Staat abgeben muss? In einer bestimmten Präfektur hat das Meer ein Stück Land freigegeben. Wie müssen die Steuern auf jene sechs Dörfer umgelegt werden, die Anspruch auf dieses Land erheben, weil neun verschiedene Felder daran grenzen? 12 000 Männer sollen dazu verpflichtet werden, entsprechend ihrer Feldsteuerschuld und umgekehrt proportional zu ihrer Entfernung zur Grenze Nachschub an diese Grenze zu bringen – wie viele Männer muss jedes Dorf dafür abstellen?

•

Als sich das Ming-Regime im frühen siebzehnten Jahrhundert einer Reihe von Krisen ausgesetzt sah, die letztendlich das Ende der Dynastie einläuteten, sollte die Frage der Steuerzahlungen eine ganz neue Relevanz erhalten. Ab 1618 führten die Mandschu mehrere Überfälle auf das Reich durch, was zu einer Explosion der chinesischen Militärausgaben und damit einhergehend zu einem Anstieg der Steuern führte. Doch das System war nicht in der Lage, schnell genug einen ausreichenden Teil der immensen Ressourcen des Landes zu mobilisieren. Obwohl sich die Einnahmen in nur zwanzig Jahren fast verfünffachten, gelang es nicht, die Soldaten zuverlässig zu bezahlen.

Hinzu kam, dass Nordchina Mitte der 1630er-Jahre eine Reihe schlechter Ernten erlebte, was es unmöglich machte, hier die benötigten Mengen einzutreiben und letztendlich zu lokalen Aufständen führte. Überschwemmungen, Hungersnöte und Seuchen trieben die Katastrophe auf die Spitze. Das Jahr 1641/42 war das letzte, in dem eine steuerliche Erfassung stattfand, und kurze Zeit später – 1644 – war die Ming-Dynastie am Ende.

Die enorme Dokumentensammlung in Nanjing wurde zerstört, als die Qing-Armee 1645 die Stadt einnahm. Einem Bericht zufolge nutzten die Verteidiger die weltgrößte Sammlung niedergeschriebener Zahlensymbole beim letzten Aufbäumen gegen die Angreifer, um damit Schießpulver zu entzünden. Dokumente wie Hong Gongshous Steuerbescheid zählen heute zu den wenigen erhaltenen Andenken an ein System, das längst von der Erdoberfläche verschwunden ist. Denn auch die Zählstäbchen und die auf ihnen basierenden Zahlensymbole waren dem Untergang geweiht. Sowohl das Zählen als auch das Rechnen wurden schon bald mit einem anderen Hilfsmittel durchgeführt: dem *suanpan.*

Kiyoshi Matsuzaki (und Thomas Wood): Zählen mit Kugeln

Niemand weiß, wann oder wo genau es erfunden wurde – das Rechengerät, das auf Mandarin *suanpan*, auf Japanisch *soroban* und von den Koreanern *jupan* genannt wird. Seinen ersten Auftritt hatte das *suanpan* spätestens im dreizehnten Jahrhundert, und im sechzehnten und siebzehnten Jahrhundert verdrängte es die Zählstäbchen dann endgültig, wenn es um das Darstellen von Zahlen und das Rechnen ging. Die Grundidee ist, wie es bei großen Erfindungen immer der Fall ist, ziemlich simpel: In einem rechteckigen Rahmen stecken mehrere parallele, mit Kugeln bestückte Metallstangen. Die jeweilige Position der Kugeln repräsentiert eine bestimmte Zahl, und der große Erfolg des Geräts liegt darin begründet, dass man sie mit wenigen Fingern sehr schnell hin- und herschieben und damit rechnen kann. Die geschicktesten und schnellsten Benutzer waren weit über Ostasien hinaus berühmt.

Schon der Name *suanpan* ist ein Verweis darauf, womit man es zu tun hat – und sogar auf das Wesen der Mathematik an sich. Der Historiker Joseph Dauben erklärt:

Das Zeichen für »Suan« basiert auf einem Radikal [Anm: bedeutungstragendes Element eines chinesischen Schriftzeichens], das für Kauri-Muscheln oder in leicht abgewandelter Form auch für Güter steht. […] »Suan« bezog sich ursprünglich auf das Brett, auf dem Geschäftsleute Berechnungen mithilfe von Bambusstäbchen durchführten, und bezeichnete später dann den Abakus oder jede andere Rechenmethode, einschließlich der Mathematik im Allgemeinen. Somit verkörpert das Zeichen

»Suan« ideogrammatisch betrachtet sowohl den ursprünglichen Gegenstand als auch die Methoden, die sich zum gängigen Handwerkszeug der Mathematiker am Hof und in der Verwaltung entwickelten.

Der Rahmen ist für gewöhnlich aus Holz, oft aus Bambus, doch im Grunde kann ein *suanpan* aus vielerlei Material bestehen. Die Anzahl der Kugelreihen wurde offenbar nie standardisiert, und im Verlauf der Zeit lässt sich eine Tendenz zu einer größeren Anzahl beobachten, während die Stangen gleichzeitig immer kürzer wurden, damit das Gerät weiterhin handlich und leicht zu transportieren war. Im zwölften Jahrhundert betrug der Abstand zwischen den Kugelreihen bei einem geschäftlich genutzten *suanpan* zum Teil nur einen Millimeter, und es war kaum mehr als ein Zentimeter Platz, um die Kugeln zu verschieben.

Wie schon die Zählstäbchen davor bildet auch das *suanpan* Zahlen auf der Basis eines Dezimalsystems ab. Welche Kugelreihe die Einer darstellt, kann je nach Bedarf und immer wieder frei entschieden werden; klar ist aber, dass die Kugelstange direkt daneben automatisch für die Zehner steht, die nächste für die Hunderter und so weiter. Meistens unterteilt eine Querleiste alle Kugelreihen in einen oberen und einen unteren Teil. Um eine Kugel ins Spiel zu bringen, schiebt man sie vom Rand Richtung Querleiste. Die unteren Kugeln entsprechen jeweils den Werten 1, 10, 100 und so weiter, die oberen Kugeln stehen für 5, 50, 500 etc. … Die ältesten chinesischen *suanpans* verfügten über zwei »Fünfer«-Kugeln und fünf »Einer«, womit es dieser zweite »Fünfer« ermöglichte, beim Rechnen vorübergehend auch Zahlen über zehn auf einer einzigen Stange darzustellen.

In Japan schrumpften die Fünfer in der zweiten Hälfte des neunzehnten Jahrhunderts auf eine Kugel und die Einer wenige Jahrzehnte später auf vier Kugeln zusammen, was eine maximal reduzierte Form des *sorobans* ergab, mit nur insgesamt fünf Kugeln pro Stange. Diese japanische Ausprägung hat sich seitdem auch in Korea ausgebreitet, auch wenn sie es – vor allem in China – nie gänzlich geschafft hat, die älteren Varianten zu verdrängen.

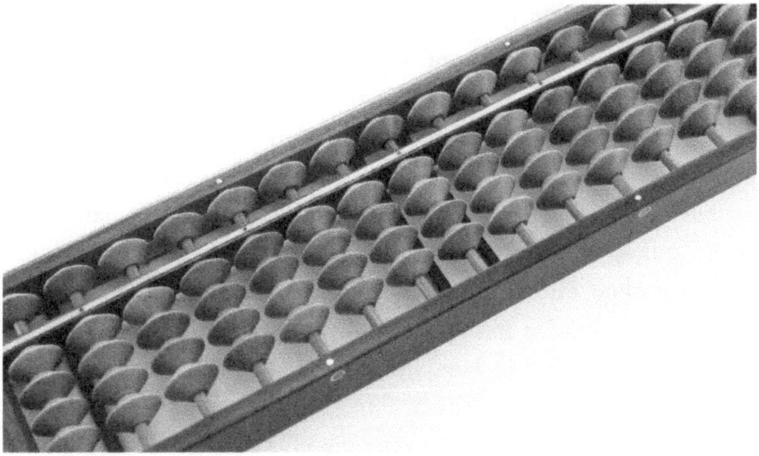

Ein japanischer *soroban*

Es ist bemerkenswert, dass der moderne japanische *soroban* mit seinem Vier-plus-eins-Modell einen identischen Aufbau aufweist wie einige der antiken griechischen und römischen Rechenbretter. Falls es eine direkte Beeinflussung gab – in die eine oder andere Richtung, vielleicht im Mittelalter –, hat sie keine konkreten Spuren hinterlassen, weshalb es sich genauso gut um einen dieser Fälle handeln kann, in denen zwei Kulturen getrennt voneinander ähnliche, gleichermaßen funktionale und effiziente Lösungen für ein Problem finden. Der Abakus, der ab dem neunzehnten Jahrhundert in Europa und in den USA aufkam, geht vermutlich auf russische Modelle zurück, die während des napoleonischen Zeitalters nach Frankreich gelangten, doch der Ursprung dieses russischen *stschoty*, der zehn Kugeln pro Reihe enthält, liegt im Dunkeln. Die Tatsache, dass der Begriff »Abakus« für eine Vielzahl von Instrumenten – griechische, römische, mittelalterliche, russische und ostasiatische – verwendet wird, macht es noch verwirrender.

Sowohl für das *suanpan* als auch für den *soroban* gibt es sehr detaillierte Beschreibungen, was die Fingertechnik angeht. Am einfachsten ist es, die obere »Fünfer«-Kugel (oder die beiden oberen Kugeln) mit dem Zeigefinger auf und ab zu schieben, während die »Einer« mit dem Daumen nach oben und mit dem Zeigefinger nach unten bewegt werden. Einige Texte verweisen aber auch auf Techniken mit drei Fingern oder sogar mit beiden Händen. Das Rechnen mit dem *soroban* erfolgt von links nach rechts, von den hohen Stellenwerten zu den niedrigen. Die Additions- und Multiplikationstabellen ähneln vom Umfang und Komplexitätsgrad her denen, die für das Rechnen mit arabischen Ziffern – oder auch mit jedem anderen Dezimalsystem – erlernt werden müssen. Die Vorgehensweise ist eng verwandt mit der jener Zählstäbchen, deren Zahlendarstellung sich an der Struktur Einer, Fünfer, Zehner, Fünfziger und so weiter orientierte. Zwischenzeitlich war es üblich, auch eine Divisionstabelle auswendig zu lernen, die sich aus dem Rechnen mit Stäbchen ableitete, doch dieser Brauch ging in der ersten Hälfte des zwanzigsten Jahrhunderts verloren. Stattdessen setzte sich die Divisionsmethode durch, die ausschließlich auf der Multiplikationstabelle basierte. Wie bei den Stäbchen sind auch beim *soroban* fortgeschrittenere Rechnungen wie das Ziehen von Quadrat- und Kubikwurzeln möglich.

Der Umgang mit dem *soroban* wurde durch Verbesserungen am Gerät und seiner Handhabung bis mindestens Ende des zwanzigsten Jahrhunderts immer ausgefeilter. Ihren Höhepunkt erreichten das Interesse und das Geschick im Umgang mit dem *soroban* vermutlich in der zweiten Hälfte des Jahrhunderts. Damals war es gängig, dass Kinder schon zu Hause den Umgang mit dem Gerät lernten, noch bevor sie in die Schule kamen. In Japan und China stand das Rechnen mit dem *soroban* oder *suanpan* meist ab der dritten oder vierten Klasse auf dem Lehrplan, und auch die Berufsschulen, die ihre Schüler auf das Geschäftsleben vorbereiteten, unterwiesen sie intensiv im Umgang mit dem Abakus. Wer mehr wollte, konnte freiwillige Kurse besuchen, die meist an den Grundschulen angesiedelt waren und in denen häufig mehrere Stunden pro Woche trainiert wurde. Durch geduldiges Üben und Auswendiglernen ließen sich Ergebnisse erzielen, die in jeder Hinsicht beeindruckend waren, und es gab nationale

Institute, die Prüfungen und Wettbewerbe organisierten – in Japan ab den 1930er-Jahren, in China etwas später. Bei diesen Veranstaltungen wurden erstaunliche Leistungen erbracht: In Japan, wo die meisten Prüflinge Jugendliche waren, mussten selbst auf dem niedrigsten Level in nur fünf Minuten fünf Reihen aus je 15 mehrstelligen Zahlen zusammengerechnet werden und die Ergebnisse zu mindestens 70 Prozent richtig sein. Auf nationaler Ebene war es nicht unüblich, dass die Teilnehmenden in gut einer Minute 15 Zahlen mit bis zu neun Stellen addierten oder subtrahierten.

•

Tokio, am Montag, den 12. November 1946. Im Ernie-Pyle-Theater haben sich fast dreitausend US-amerikanische Soldaten versammelt, um sich Show-Klassiker wie 759 843 × 57 941 oder 4 768 788 098 ÷ 14 593 zu Gemüte zu führen, die hier auf zwei Rechenmaschinen aufgeführt werden. Mehrere zuverlässige Zeugen berichten von ohrenbetäubendem Jubel.

Schon im neunzehnten Jahrhundert merkten westliche Beobachter immer wieder an, dass Berechnungen mit dem *soroban* deutlich weniger Zeit in Anspruch nahmen als die Alternativen auf Papier. Während der amerikanischen Besatzungszeit in Japan nach dem Zweiten Weltkrieg wurde der *soroban* öffentlichkeitswirksam gegen eine der neuen elektrischen Rechenmaschinen auf die Probe gestellt. Dafür ließ die Zeitschrift *Stars and Stripes* einen japanischen *soroban*-Experten gegen einen US-Soldaten mit einer in Kalifornien gebauten Maschine antreten.

Kaum mehr als ein Jahr nach Kriegsende lagen die japanische Wirtschaft und Infrastruktur in Trümmern, halb Tokio war von den Bomben der Alliierten zerstört worden. Die Veranstaltung sollte der Zerstreuung der amerikanischen Besatzungssoldaten dienen, und Berichten zufolge ging man von einem klaren Sieg der elektrischen

Maschine aus. Auf dem Programm standen zwei Runden mit Additionsaufgaben, je drei mit Subtraktions-, Multiplikations- und Divisionsaufgaben und zum Abschluss eine Reihe komplexer Problemstellungen, die mehrere Rechenoperationen kombinierten. Die Zahlen, um die es ging, hatten bis zu zwölf Stellen.

Der US-Soldat Thomas Wood wurde in einem internen Ausscheidungswettbewerb ausgewählt. Angeblich gab es zu der Zeit in Japan niemanden, der die elektrische Rechenmaschine besser bedienen konnte als er. Er war in der Finanzabteilung in General MacArthurs Hauptquartier tätig. Sein Gegner Kiyoshi Matsuzaki, ein Beamter aus dem Postministerium, war so berühmt für sein Geschick im Umgang mit dem *soroban*, dass die amerikanischen Sponsoren ihm den Spitznamen »The Hands« verpasst hatten. Beide Männer waren 22 Jahre alt. Im Theater drängten sich fast dreitausend GIs, und viele von ihnen schlossen Wetten auf den Ausgang des Spektakels ab (vermutlich setzten sie auf Wood).

Letztendlich gewann Matsuzaki vier der fünf Teilbereiche und insgesamt acht von zwölf Runden. Für die Additionsaufgaben brauchte er jeweils ungefähr eine Minute und fünfzehn Sekunden, für die anderen etwas länger. Bei einer Aufgabe betrug der Rückstand Woods mehr als 30 Sekunden – 30 Sekunden, die sich für ihn und seine mittlerweile verstummten Fans qualvoll lang angefühlt haben dürften.

Für die amerikanischen Sponsoren und Reporter scheint das Ergebnis ein echter Schock gewesen zu sein, obwohl ein kleines bisschen Recherche ihnen offenbart hätte, dass es derartige Wettkämpfe schon vorher gegeben hatte und der Sieg in aller Regel an den *soroban* ging. *Stars and Stripes* bezeichnete das Ganze als Rückschritt für das »Maschinenzeitalter«, und die *Nippon Times* (die de facto unter der Kontrolle der Besatzungsmacht stand) erklärte, die »Zivilisation« sei »ins Wanken geraten«. In den USA selbst klangen die Berichte – unter anderem im *Time*-Magazin – weniger gekränkt, aber ebenfalls überrascht. Unter *soroban*-Interessierten in Japan und darüber hinaus war der Wettkampf bis weit in die Fünfzigerjahre hinein ein beliebtes

Thema für Texte und Artikel, und wenn es um die Geschichte des Rechnens und Zählens geht, wird er bis heute gern erwähnt.

Tatsache ist, dass erfahrene *soroban*-Nutzer Zahlen ungefähr genauso schnell addieren und subtrahieren können, wie sie vorgelesen werden. Was die Multiplikation und Division angeht, war ein erstklassiger *soroban*-Experte fachkundigen Schätzungen aus den Fünfzigerjahren zufolge durchaus in der Lage, bei Aufgaben mit zehn- bis zwölfstelligen Zahlen mit der elektrischen Maschine mitzuhalten. Bei größeren Zahlen gewann im Normalfall die Maschine, bei kleineren der Mensch.

•

Wenn die *suanpans* und *sorobans* nicht gerade bei Prüfungen, Wettbewerben und öffentlichen Veranstaltungen zum Einsatz kamen, prägten sie den Geschäftsalltag in Läden und Unternehmen in ganz Japan, Korea und China. Verglichen mit dem Rechnen auf Papier waren sie deutlich schneller; verglichen mit den elektrischen Maschinen, von denen nun immer häufiger die Rede war, waren sie günstig und setzten weder eine regelmäßige Wartung noch einen Stromanschluss voraus. Ein weiterer Pluspunkt war, dass sie sich leicht transportieren ließen. Bis weit in die 1980er hinein waren die Rechenrahmen in Ostasien allgegenwärtig. Dann ging ihre Zahl zurück, weil Taschenrechner und elektrische Kassen sich als deutlich praktischer für die Rechenaufgaben des Alltags erwiesen. Doch das Rechnen mit den Holzkugeln blieb ein wichtiger Teil des Mathematikunterrichts, und selbst nach der Jahrtausendwende gab noch ein großer Teil der Erwachsenen an, diese Methode zumindest gelegentlich anzuwenden. Auch die freiwilligen Kurse, in denen Schüler und Schülerinnen für Rechenwettbewerbe trainierten, erfreuten sich weiterhin großer Beliebtheit.

Ein faszinierender Aspekt dieser Kulturtechnik ist, dass man mit sehr viel Erfahrung am *suanpan* oder *soroban* das Hilfsmittel selbst streng genommen gar nicht braucht. Es war schon lange bekannt, dass sich die Abläufe irgendwann so sehr einprägen, dass man zumindest einige Aufgaben genauso akkurat lösen kann, wenn man sich das Gerät nur vorstellt. In der zweiten Hälfte des zwanzigsten Jahrhunderts war der sogenannte »geistige Abakus« (*anzan*, wörtlich: blindes Rechnen) fester Bestandteil der Kursprogramme und kam in den *soroban*-Prüfungen in Japan und später auch in dem entsprechenden Pendant in China vor. Solange die Zahlen, mit denen gerechnet wird, über eine überschaubare Anzahl an Stellen verfügen, kann offenbar fast jeder Mensch lernen, derart schnell kopfzurechnen, dass es in anderen Zusammenhängen für Verblüffung sorgen würde. In den 1980er-Jahren schrieb ein Beobachter über einen Kurs in Dongyuan:

> *Die Kinder kommen nach der Schule her und nehmen für gewöhnlich auf langen Bänken in großen, voll besetzten Räumen Platz. Normalerweise beginnt die »geistiger Abakus«-Aufgabe, wenn der Lehrer, der vorn im Raum steht, die Hand hebt, woraufhin der ganze Raum in erwartungsvolles Schweigen verfällt. Dann liest der Lehrer in rasendem Tempo 20 dreistellige Zahlen vor, so schnell, dass sie kaum zu verstehen sind. Die Kinder sagen kein Wort; im ganzen Raum herrscht eine angespannte Konzentration. Nachdem die letzte Zahl verlesen ist, schießen sämtliche Hände in die Höhe. Der Lehrer ruft ein Kind auf, das die Gesamtsumme nennen soll, und in den meisten Fällen ist die Antwort korrekt.*

Da keine Notwendigkeit besteht, echte Kugeln zu bewegen, nimmt diese Methode noch weniger Zeit in Anspruch als das Rechnen mit dem Gerät – eine Entwicklung, die dazu führte, dass Anwender und Anwenderinnen des »geistigen Abakus« bei Wettbewerben wie der Weltmeisterschaft im Kopfrechnen kaum zu schlagen sind. Die besten unter ihnen sind in der Lage, zehnstellige Zahlen in unter fünfzehn Sekunden zu addieren.

Dieses Phänomen weckte die Aufmerksamkeit der Kognitionswissenschaftler, die es seit den 1980er-Jahren eingehend erforscht haben.

Der »geistige Abakus« ermöglicht das Zählen von Objekten – und die Darstellung von Zahlen sowie das Rechnen damit – allein im Kopf, völlig unabhängig von Sprache, schriftlichen Symbolen oder auch Gesten. Profis sind sogar in der Lage, sich während des Rechnens zu unterhalten oder einen Rhythmus zu klopfen. Es gibt Hinweise darauf, dass Menschen, die regelmäßig ein *suanpan*, einen *soroban* oder die darauf basierenden Kopfrechenmethoden benutzen, beim Rechnen auf andere Bereiche ihres Gehirns zugreifen als Menschen, die das Rechnen mithilfe von Wörtern und Symbolen erlernt haben: Bei den einen wird das motorische Zentrum aktiviert, bei den anderen das Sprachzentrum. Das führt uns noch einmal vor Augen, dass Worte und Symbole kein unabdingbarer Bestandteil des Zählens sind, selbst in komplexeren Zusammenhängen.

Herman Hollerith und Kawaguchi Ichitaro: Zählende Maschinen

Was war das eigentlich für eine Maschine, mit der Thomas Wood 1946 eine so schmachvolle Niederlage hinnehmen musste? Wie fügt sie sich in die Geschichte des Zählens – in Ostasien oder anderswo – ein? Um das herauszufinden, müssen wir ein Stück zurückgehen, in die Zeit rund um das Jahr 1900, als die uralte Praxis der Volkszählung plötzlich mit modernen Problematiken konfrontiert war.

Japan – wahrscheinlich Tokio – im Jahr 1905. Eine Angestellte sitzt vor dem Prototyp einer ganz neuen Maschine aus dunklem, poliertem Holz. Die Maße entsprechen denen eines großen Klaviers. Vor der Frau befinden sich eine Arbeitsfläche und 40 Zählscheiben, die aussehen wie Zifferblätter mit je zwei Zeigern.

Rechts von der Frau befindet sich ein Sortierkasten mit Stapeln gelochter Karten, die sie eine nach der anderen in die Maschine einspeist. Nach jeder Karte betätigt sie einen Hebel. Dort, wo die Karte Löcher hat, treffen elektrische Kontakte aufeinander; das eingestanzte Muster entscheidet, wo sich der Stromkreislauf schließt und wo nicht. Das wiederum entscheidet darüber, welche der 40 Zählscheiben sich eine Stufe weiterdrehen – manchmal ist es nur eine, manchmal viele. Die Anzeige auf den Zählscheiben reicht jeweils bis 100, sodass sich mit zwei Zeigern Zahlen bis 10 000 abbilden lassen. Am Ende des Arbeitstages – oder wenn der Stapel abgearbeitet ist – können die Zahlen abgelesen und notiert werden. Danach werden die Zählscheiben wieder auf null gestellt.

Kawaguchi Ichitaros elektrische Tabelliermaschine

Erfinder dieser Maschine war Kawaguchi Ichitaro, ein Ingenieur aus dem Bereich der Telegrafiertechnik, der damit die Datenerfassung nach Volkszählungen erleichtern wollte. Den Auftrag dazu hatte die japanische Regierung über das Post- und Transportministerium erteilt. 1905 war der Prototyp fertig und wurde eingesetzt, um einen Teil der Erhebungsdaten aus dem Vorjahr zu verarbeiten.

Die Maschine war das Resultat dreißigjähriger Bemühungen um mehr und bessere statistische Informationen über die japanische Bevölkerung und die Wirtschaftsleistung des Landes, angeführt von Vertretern des Staates und der Wirtschaft. Katasterpläne und ein Familienmeldesystem gab es bereits – das Prozedere hatte entfernte Ähnlichkeit mit der alten chinesischen Abfrage zur Steuererfassung –, doch seit der Meiji-Restauration 1868 verspürte die Regierung zunehmend Druck, mehr Informationen über die wirtschaftlichen Aktivitäten im Land zusammenzutragen, um das Wachstum und die Industrialisierung besser planen zu können. Als man 1902 schließlich ein neues Volkszählungsgesetz verabschiedete, war bereits klar, dass ein mechanisches Auszählungsverfahren angesichts der Menge der Erhebungsdaten äußerst hilfreich wäre. So erhielt Ichitaro den Auftrag, seine Tabelliermaschine zu bauen.

•

Wer mit der Geschichte rechnender Maschinen vertraut ist, bei dem oder der dürfte Ichitaros Erfindung eine Art Déjà-vu-Erlebnis auslösen. Sie wies sowohl äußerlich als auch von der Funktionsweise her eine frappierende Ähnlichkeit mit der Maschine auf, die Herman Hollerith in den vorausgegangenen zwanzig Jahren in den USA entwickelt hatte und die sich in den Jahrzehnten um 1900 rasch in der ganzen Welt ausbreitete.

In den Vereinigten Staaten war die regelmäßige Volkszählung seit 1787 Pflicht. Damals legte die Verfassung fest, dass die Zuteilung der Mandate im Repräsentantenhaus und der direkten Steuern auf Grundlage der Bevölkerungszahl der einzelnen Bundesstaaten zu erfolgen hat. Zu diesem Zweck sollte innerhalb von drei Jahren nach dem ersten Zusammentreten des Kongresses und danach mindestens alle zehn Jahre ein »Zensus« – eine Volkszählung – durchgeführt werden. Die erste Zählung erfolgte dementsprechend 1790.

Im Verlauf des folgenden Jahrhunderts veränderten sich die Form und einige der Grundvoraussetzungen der Volkszählung ganz gehörig. Die Bevölkerung der Vereinigten Staaten wuchs von nicht einmal vier Millionen auf rund 60 Millionen Menschen, und sowohl die Behörden als auch das Volk strebten immer mehr Informationen über die Zusammensetzung an. Hatte der Zensus anfangs nur aus einer Handvoll naheliegender Angaben zu Namen und Zahlen bestanden, wurde die Durchführung mit der Zeit zunehmend komplexer, weil Fragen zu landwirtschaftlichen und industriellen Tätigkeiten, Geburten und Todesfällen, Schulen, Bibliotheken, Kirchen und Besitzverhältnissen hinzukamen. Die Befragung von 1880 enthielt 24 separate Fragen, verbrauchte Hunderte Tonnen an Formularvordrucken und führte zur Veröffentlichung von 22 umfangreichen Bänden voller Daten und Fakten. Die zuständigen Beamten fragten sich, ob das noch tragbar sei. Bei einer Volkszählung ist es ebenso wichtig, Daten auf ein überschaubares Format zu reduzieren, wie sie überhaupt zu erheben – mit genügend Zeit lässt sich jede Datenmenge aufbereiten, aber es gab Grenzen dessen, was der Staat an Verzögerungen tolerieren und an Mitteln für das Verfahren ausgeben konnte.

Der »Zähl«-Teil der Volkszählung hatte bis dahin darin bestanden, Strichlisten auf Papier zu führen, genau genommen auf Formularen, die mit einem Gitter aus kleinen Quadraten bedruckt waren. In jedes dieser Kästchen konnte der zuständige Beamte, der beispielsweise auswertete, auf wie vielen Fragebögen ein bestimmter Beruf angegeben war, bis zu fünf Striche eintragen. Eine Zeile aus fünf gefüllten Kästchen entsprach 25 Strichen, ein kompletter Block aus vier Zeilen 100 Strichen. Diese Auswertungsmethode war monoton, langweilig und fehleranfällig, und auch bei der Übertragung der Strichlistenergebnisse in arabische Ziffern, die auf einem anderen Blatt Papier festgehalten wurden, neigten müde, überlastete oder gestresste Menschen zu Schnitzern. Um mehrere unterschiedliche Informationen zu erfassen – etwa Alter, Beruf und Familienstand –, mussten die gleichen Fragebögen mehrmals durchgearbeitet werden, was einen Engpass im Prozess erzeugte.

Um bei der Volksbefragung von 1890 ein Fiasko zu verhindern, schrieb der zuständige Direktor einen Wettbewerb aus, um eine mechanische Lösung für das Problem zu finden. Technische Hilfsmittel waren bereits seit zwanzig Jahren in Gebrauch, darunter eine Strichliste, die automatisch auf Rollen weiterlief, und ein System, das die Rohdaten auf separate, leichter zu handhabende Karten oder Zettel übertrug. Bei den Probevorführungen 1889 wurden Vorrichtungen gezeigt, die mit Papierstreifen, mehrfarbiger Tinte oder Papp-»Chips« arbeiteten. Doch den Sieg trug eindeutig eine Konstruktion davon, die die erhobenen Informationen mithilfe von Lochkarten auslas, erfunden von einem Sohn deutscher Einwanderer, dem neunundzwanzigjährigen Columbia-Absolventen Herman Hollerith.

Lochkarten oder Lochstreifen wurden schon länger verwendet, um mechanische Webstühle und Klaviere zu programmieren oder Informationen auf Eisenbahnfahrkarten zu hinterlegen. Holleriths Neuerung, die zumindest zum Teil auf eine Idee eines anderen Zensusbeamten namens John Shaw Billings zurückging, bestand darin, für jede befragte Person der Volkszählung eine eigene Lochkarte zu erstellen. Er hatte verstanden, dass Informationen in dieser Form automatisch von einem mechanischen oder elektrischen Gerät sortiert und gezählt werden konnten. Zum Zeitpunkt der Probevorführung für die Volkszählung 1890 hatte Hollerith sich seine Erfindung bereits patentieren lassen und in Baltimore, New York und New Jersey erste Erfolge mit der Zusammenstellung medizinischer Statistiken verzeichnet.

•

Am Montag, den 2. Juni 1890 begannen fast 47 000 Beauftragte, überall in den USA an die Türen zu klopfen und Daten zu erheben. Die abzuarbeitende Fläche betrug acht Millionen Quadratkilometer. Pro Familie musste ein Formular ausgefüllt werden, mit 26 Fragen zu jeder einzelnen Person und fünf weiteren zum Haushalt. Hinzu kamen ergänzende Erhebungen für Veteranen, Bauern, Fabrikanten, Menschen mit Behinderung, Obdachlose, Straftäter … Insgesamt wurden fast 700 verschiedenen Informationen erfasst. Wer die Auskunft verweigerte, musste mit einem Bußgeld rechnen. Zeitgleich holten Sonderbeauftragte Informationen über Eigentum, Hypotheken und eine Vielzahl von Berufen und Produkten ein, von Landmaschinen bis zu Strümpfen, von Ziegeleien bis zu Seidenwaren.

Sämtliche Datenerheber schickten täglich einen Fortschrittsbericht an ihre Vorgesetzten, zusammen mit den ausgefüllten Formularen selbst. Nach einer Überprüfung wurden diese für die Weiterreise nach Washington vorbereitet:

> *Die ausgefüllten Vordrucke wurden aufgestapelt auf einen Strohplattentisch gelegt. Jeder Stapel enthielt die Formulare eines einzelnen Datenerhebers. Obendrauf wurde ein Deckblatt platziert, auf dem in der Mitte der Name des Datenerhebers und des ihm zugewiesenen Distrikts klebte. Dann wurde das Bündel verschnürt und zusammen mit einigen anderen Bündeln aus 13 bis 15 anderen Auszählungsdistrikten in eine exakt dafür bemessene Kiste gepackt. Anschließend wurde die Kiste, die knapp 70 Zentimeter lang und etwa 45 Zentimeter breit und hoch war, ordnungsgemäß verschlossen und versiegelt in das Büro nach Washington gesendet. Dort gingen täglich 100 dieser Kisten ein, und es waren mehrere Lastwagen unterwegs, um sie zu transportieren.*

Auf diese Weise trafen im Zensusbüro in Washington nach und nach etwa zwanzig Millionen Formulare ein, insgesamt rund 200 Tonnen Papier. Die darin enthaltenen Informationen wurden mithilfe eines Geräts, das eine gewisse Ähnlichkeit mit einer an einen Locher gekoppelten Schreibmaschine hatte, auf Lochkarten übertragen. Für jede befragte Person wurde eine eigene Karte angelegt – so entstanden ungefähr 60 Millionen Karten, jeweils so groß wie ein Dollarschein, mit im Schnitt zwanzig Löchern, die gemäß einem genau definierten Positionsschema bestimmten Informationen entsprachen. Mit etwas Übung konnte eine Person etwa tausend solcher Karten am Tag präparieren, und Berichten zufolge hatten die Angestellten am Ende des Prozederes das Positionsschema so gut im Kopf, dass ihnen ein Blick auf das Lochmuster reichte, um sämtliche Informationen »auszulesen«.

Nach sechs Monaten war alles so weit vorbereitet, dass die Karten ausgewertet werden konnten. Ein Journalist berichtete von einem

Besuch in einer »sehr geräumigen und ordentlichen Maschinenhalle [...], wo hübsche Mädchen in luftigen weißen Kleidern an langen Reihen von Zählmaschinen arbeiten«, die an »Klaviere« erinnerten. Jede dieser Angestellten nahm eine Karte, legte sie flach auf eine Hartgummiplatte und betätigte einen Hebel, durch den sich ein Gestell herabsenkte. Auf der Unterseite des Gestells befand sich ein Gitternetz aus elektronischen Kontakten, während die Gummiplatte ein identisches Gitter aus Quecksilberkontakten enthielt, sodass die Kontakte an den Stellen, wo die Karte Löcher hatte, aufeinandertrafen. Der Kreislauf schloss sich, eine Glocke bimmelte, und ein Teil der 40 Anzeigen drehte sich eine Stufe weiter. Die fingerfertigsten der bis zu 100 Ausleserinnen schafften siebentausend Karten am Tag.

Einsatz einer Hollerith-Tabelliermaschine mit Stanz- und Auswertefunktion im Jahr 1890

Schon am 12. Dezember lag ein vorläufiges Ergebnis zur Bevölkerungsanzahl vor, nur gut einen Monat nach Eingang der letzten

Zensusformulare. Insgesamt waren 62 629 250 Menschen erfasst worden. Später wurde diese Zahl noch nach Bundesstaaten, Städten und Dörfern sowie nach Geburtsort, Alter, Beruf, Abstammung, Alphabetisierungsgrad und Familienstand aufgegliedert. Die Hollerith-Maschinen konnten komplizierte Lochkonstellationen genauso schnell auslesen wie einfache, und dazu noch mehrere gleichzeitig – im Prinzip bis zu 40, so viele, wie es Zählscheiben gab. Außerdem sorgte das Schließen der Stromkreisläufe nicht nur dafür, dass eine Glocke bimmelte und die Zähler eins weitersprangen, sondern auch dafür, dass sich eine der zwei Dutzend Kisten neben der Maschine öffnete. Die Person, die die Maschine bediente, nahm die ausgelesene Karte, legte sie in diese Kiste und klappte den Deckel wieder zu. So wurden die Karten im Verlauf eines Zählvorgangs automatisch für die nächste Runde vorsortiert.

•

Die Journalisten, die diese Auslesehalle besichtigten, waren unweigerlich beeindruckt, auch wenn das Glockengebimmel sie halb taub machte (»[...] die Trommelfelle klingeln / vom Dingel-dangel-dingel / der Glocken!«). Die Volkszählung von 1890 lieferte zweifellos den detailliertesten Überblick über die amerikanische Bevölkerung und Wirtschaft, den es je gegeben hatte (ungeachtet der weitverbreiteten Überzeugung, dass bestimmte Städte und vielleicht auch die Bevölkerungsanzahl generell untererfasst worden waren). Über die nächsten sieben Jahre hinweg erschienen zwei Dutzend Bände voller Statistiken. Eine der auf den Erhebungen basierenden Verlautbarungen enthielt den berühmten Satz, dass »in den unbesiedelten Raum« des amerikanischen Kontinents »so oft abgesonderte Siedlungsgebiete eingebrochen [seien], dass man kaum noch von einer Grenzlinie sprechen kann«, was eine langanhaltende Diskussion über die Bedeutung besagter »frontier« – ihre Existenz, ihre Verschiebung und jetzt eben ihr Verschwinden – für die US-amerikanische Geschichte auslöste.

Außerdem hatte die Volkszählung eine Vergrößerung des Repräsentantenhauses von 325 auf 356 Mitglieder zur Folge.

Holleriths Erfindung war ein echter mechanischer Zählapparat – keine Rechenmaschine, sondern ein Gerät, das einzig und allein eine Frage beantwortete: *Wie viele?* Somit war es nicht mehr nötig, dass ein Mensch seine Aufmerksamkeit auf die zu zählenden Objekte richtete; sie konnten einfach in eine Maschine eingespeist werden, die kurze Zeit später das Ergebnis in Form eines Zahlensymbols ausspuckte. Die Essenz des Zählvorgangs – wiederholte, protokollierte Aufmerksamkeit – wurde also von der Maschine übernommen, was zu der interessanten Frage führt, ob oder wie eine Maschine überhaupt »Aufmerksamkeit« auf etwas richten kann. Bei der Volkszählung waren die zu erfassenden Objekte Menschen, repräsentiert durch gelochte Pappkarten, aber es war klar, dass sich auf diese Weise so gut wie alles zählen ließ. Das war eine echte Innovation, die in den folgenden Jahrzehnten natürlich gewaltige Entwicklungen durchlaufen sollte. In diesem Sinne ist es vielleicht keine große Überraschung, dass die Zählmaschinen schließlich die Welt veränderten.

Geräte dieser Bauart kamen auch bei der nächsten Volkszählung in den USA zum Einsatz, doch ab 1910 ließ das Zensusbüro eigene Maschinen bauen, statt sie für jährlich tausend Dollar pro Stück von Hollerith zu mieten. Später wurden Holleriths Geräte bei Volkszählungen und anderen statistischen Erhebungen in einer Vielzahl von Ländern verwendet, darunter Österreich, Kanada, Norwegen, Russland, Frankreich und Italien. 1912 erklärte ein Bewunderer, dass »fast jedes zivilisierte Land« sie einsetze, was allerdings leicht übertrieben war.

Spätere Weiterentwicklungen umfassten etwa die Möglichkeit, Dezimalzahlen auf den Karten einzutragen – für die Nachkommastelle stand eine Auswahl von zehn Löchern zur Verfügung –, und die Option, die angezeigten Zahlen zu addieren. Mit der Zeit kamen auch Subtraktion und Multiplikation sowie die Darstellung negativer Zahlen hinzu, ebenso wie eine Vorrichtung, um die Karten automatisch in die Maschine einzuspeisen, was die flinken Finger der menschlichen Arbeitskräfte größtenteils überflüssig machte. Spezielle Steuerungskarten wiesen die Maschine an, den Zählvorgang zu pausieren, und Drucker übernahmen die Aufgabe, die Ergebnisse zu Papier zu bringen, sodass sie nicht mehr händisch übertragen werden mussten.

Hollerith verkaufte seine Gesellschaft 1911, blieb aber weiter als Berater tätig. Das Unternehmen ging in der Computing Tabulating Recording Company auf, die ihren Namen im folgenden Jahrzehnt in International Business Machines Corporation änderte. IBM sollte über weite Strecken des zwanzigsten Jahrhunderts hinweg eines der größten datenverarbeitenden Unternehmen der Welt sein, das Behörden und Unternehmen rund um den Globus ausstattete.

•

Zur Geschichte der Volkszählung von 1890 gehört auch ihr desaströser Epilog: Abweichend von der bis 1870 üblichen Praxis wurden dieses Mal keine Kopien der ausgefüllten Formulare angefertigt, bevor man sie nach Washington schickte. Grund dafür waren unter anderem Arbeitsersparnis und das Bestreben, den lokalen Verwaltungsbehörden die Beschaffung und Einlagerung von buchstäblich Tonnen von Papier zu ersparen. Außerdem ging man davon aus, dass die Lochkarten selbst als Kopie ausreichten – ein Beamter schrieb optimistisch über die Originalformulare: »Selbst wenn sie restlos verbrennen würden, ließe sich die Auswertung der elften Volkszählung von Anfang bis Ende wiederholen, auf der Basis der kleinen Pappschnipsel«, also der Lochkarten. Doch das stimmte nicht, da auf den Karten nicht die Namen der befragten Personen vermerkt waren, sondern nur Referenznummern, die auf den Standort der Originalformulare verwiesen. Bei der Übertragung der Daten auf die Lochkarten gingen also unweigerlich Informationen verloren. Ein weiterer Grund für den Verzicht auf Kopien war, dass manche die Originaldaten für wertlos hielten, sobald sie gezählt, zu Statistiken zusammengefasst und diese Statistiken veröffentlicht waren – womöglich eine ungute Begleiterscheinung zu effizienten Zählpraktiken.

Schon im März 1896 hatte ein zufällig ausgebrochenes Feuer Teile der Originalformulare von 1890 zerstört. Der Großteil befand sich aber noch in den Paketen, zu denen man sie gebündelt hatte, sauber verschnürt und zu flachen Reihen aufgestapelt. Da die Mittel für die Archivierung knapp waren, wurden sie zusammen mit 180 Tonnen Lochkarten unter schlechten Bedingungen in einem Keller in Washington aufbewahrt. Am 10. Januar 1921 wütete ein gewaltiger Brand in dem Gebäude. Menschen kamen durch die Flammen nicht zu Schaden, doch von den Dokumenten von 1890 waren nach vier Stunden Feuer und dem Wasser aus zwanzig Löschschläuchen etwa zwei Drittel unwiederbringlich verloren.

Der Rest wurde in den 1930er-Jahren für wertlos befunden und entsorgt, ganz kurz bevor sich die Einstellung zur Verwahrung und dem Erhalt historischer Dokumente grundlegend wandelte. Genau einen Tag vor der Bewilligung der Entsorgung wurde der Grundstein zum US-amerikanischen Nationalarchiv gelegt, und nicht einmal ein Jahr später fing man an, das Material alter Volkszählungen zu fotokopieren und zu binden. Für die Formulare und Karten von 1890 kam das zu spät, und ihre Zerstörung riss eine permanente, viel beklagte Lücke in die Quellen zur amerikanischen Genealogie und Sozialgeschichte.

•

Und was wurde aus der japanischen Zählmaschine, die auf Holleriths langlebiger Erfindung basierte oder zumindest davon inspiriert war? Im Februar 1904 brach ein Krieg zwischen Japan und Russland aus, der anderthalb Jahre andauern sollte und schwerwiegende Konsequenzen für die Prioritäten und Haushaltsentscheidungen der japanischen Regierung hatte. Die Volkszählung wurde auf unbestimmte Zeit verschoben, letztendlich erfolgte die nächste landesweite Erfassung erst 1920. Bis dahin war Ichitaros Maschine längst veraltet, vielleicht sogar vergessen.

Heute steht der Prototyp in Tokio, im Museum der japanischen Statistikbehörde, neben anderen frühen Computern und Tabelliermaschinen. Wer waren die Menschen, die diese Maschine während ihrer kurzen Nutzungszeit zählte? Das herauszufinden, dürfte unmöglich sein.

Sia Yoon: Likes zählen

Südkorea im Frühjahr 2022. Sia Yoon (1,52 Meter groß, Blutgruppe A, geboren am 15. März und jetzt 17 Jahre alt) wird von ihrem digitalen Wecker geweckt, setzt sich im Bett auf und streckt sich. Dann stellt sie Musik an (Schubert), duscht, zieht sich an und macht sich auf den Weg von ihrer kleinen Wohnung zur Dara High School.

Sias Morgenroutine wird von einer halben Million Menschen verfolgt, denn sie ist eine erfolgreiche Vloggerin. Schon mit sieben ist sie als Martial-Arts-Talent im Fernsehen aufgetreten, und das war nur der Anfang. Sie bezeichnet sich als »von Natur aus cute« (»Ja! Seid ruhig neidisch auf mich!«), und jetzt locken neue Stufen des Ruhms. Das Ziel lautet eine Million Follower, und Sia hat angefangen, gesponserte Beiträge zu posten, etwa für Lip Tints oder für Stoffbeutel – ihr Stoffbeutel-Post hat 24 318 Likes erhalten.

Sias weiterer Tagesverlauf besteht aus Schulstunden, Mittagessen und Treffen mit Freunden und Freundinnen. Sie postet Fotos, prüft die Reaktionen – wie oft sind die Beiträge aufgerufen worden? Wie viele Likes (oder Dislikes) haben sie bekommen? – und behält im Blick, wo sie steht: »Was die Anzahl der Abonnenten angeht, bin ich im obersten Prozent aller Schüler der Dara High!«

Es gibt aber nicht nur gute Nachrichten. Sia ist vor Kurzem nach zwei Jahren von ihrem Freund und Vlogging-Partner verlassen worden. Natürlich war sie darüber tieftraurig, aber sie macht sich auch Sorgen um die Auswirkungen der Trennung auf ihre Online-Präsenz. Das Foto-Posting, in dem sie das Beziehungsende verkündete, bekam innerhalb weniger Stunden 155 205 Likes, doch in den Tagen darauf hat Sia Zehntausende

Follower verloren. Im Augenblick dreht sich ihr Leben ganz um die Frage, wie sie dieser Entwicklung entgegenwirken kann.

Sia Yoon, NewTube-Star

In den Jahrzehnten rund um die Jahrtausendwende durchlief die Gesellschaft in vielen Ländern eine tiefgreifende Veränderung, ausgelöst durch eine Reihe von Prozessen, die sich lose unter dem Oberbegriff »Digitalisierung« zusammenfassen lassen. Die dazugehörige Hardware hat sich aus drei Vorläufern entwickelt.

Einer davon ist die mechanische Rechenmaschine, deren Geschichte sich mindestens bis in das siebzehnte Jahrhundert zurückverfolgen lässt. Ende des neunzehnten Jahrhunderts waren Tischrechner, die alle vier Grundrechenarten beherrschten, weit verbreitet, und daran änderte sich bis Mitte des zwanzigsten Jahrhunderts wenig. Der zweite Vorläufer ist die mechanische Zähl- und Rechenmaschine wie die von Hollerith, die Informationen auf Lochkarten speicherte und es ermöglichte, mithilfe dieser Karten verschiedene Berechnungen rund um die Daten durchzuführen. Den dritten Vorläufer stellt die Schreibmaschine dar, gleichrangig mit der zu dieser Zeit noch stärker verbreiteten Registrierkasse: Beides waren Geräte, deren Handhabung deutlich nutzerfreundlicher war als das mühselige Lochen von Karten.

Ab den 1930er-Jahren war es möglich, mehrere Lochkartenmaschinen so zu verbinden, dass damit die automatische Durchführung und Überprüfung komplexer Operationen möglich war – eine Technologie, die in Bereichen wie Astronomie und Ingenieurswesen Anwendung fand. Das Unternehmen IBM warb in den Vierziger- und Fünfzigerjahren für einen »kartenprogrammierten Rechenapparat«, bei dem es sich im Grunde bereits um einen Computer handelte, da er sich programmieren ließ und Daten speichern, abrufen und verarbeiten konnte. In den folgenden Jahrzehnten ermöglichten Innovationen im Bereich der Hardware – Elektronenröhren, Transistoren, integrierte Schaltkreise – immer kleinere, schnellere und günstigere Maschinen. Die Lochkarten wurden als Speicher- und Steuermedium durch Magnetbänder und Floppy Discs ersetzt. Dennoch blieben das Speichern und Verarbeiten von Daten sowie die Programmierung als zentrale Bestandteile der Rechenmaschinen – englisch *computer* – erhalten.

Die Röhrencomputer der Vierziger- und Fünfzigerjahre füllten ganze Räume oder sogar Gebäude. Ihre Namen – es gab so wenige Exemplare, dass sie Namen trugen – klingen heute eher niedlich: »Colossus«, »Whirlwind«. Trotzdem konnte einer von ihnen – der ENIAC der University of Pennsylvania – Mitte der Fünfziger berechtigterweise für sich in Anspruch nehmen, im Verlauf seiner elfjährigen Lebensdauer mehr Rechnungen durchgeführt zu haben als die Menschheit in der gesamten Geschichte zuvor.

Anfangs war der Einsatz von Computern auf industrielle, militärische und wissenschaftliche Berechnungen sowie auf buchhalterische Aufgaben wie Flugbuchungssysteme oder die Verwaltung von Personal und Lagerbeständen begrenzt. In den Sechzigerjahren gab es weltweit vielleicht 10 000 Geräte. Während der folgenden 20 Jahre erlebte die Menschheit die Entwicklung eines bezahlbaren Computers für den Individualgebrauch, und es entstand ein Markt für Softwareprodukte, insbesondere in den Bereichen Textverarbeitung, Tabellenkalkulation und Datenbankverwaltung. Ende der Achtzigerjahre wurde die textbasierte durch eine grafische Nutzeroberfläche verdrängt. Mikrochips kamen zunehmend außerhalb von Computern zum Einsatz – in Geldautomaten beispielsweise, aber auch in Barcodescannern, Digitaluhren und Arcade-Spielen.

Anfangs waren die einzelnen Computer noch voneinander isoliert, doch das änderte sich im Verlauf der Sechziger- und Siebzigerjahre. Zuerst entstand die Möglichkeit, über mehrere, mit einem Zentralcomputer verbundene Endgeräte innerhalb eines Universitätscampus hinweg zusammenzuarbeiten. Die nächste Stufe war das Netzwerk, bei dem sich die Computer entweder durch Kabel direkt vor Ort oder – unter Zuhilfenahme bestehender Telefonleitungen – quer über den Kontinent hinweg und darüber hinaus verbinden ließen. Sobald es standardisierte Protokolle für die Absicherung von Netzwerken und den Datenaustausch gab – was ab Mitte der Achtzigerjahre der Fall war –, verzeichneten kommerzielle Internetanbieter einen kometenhaften Aufstieg. 1990 waren knapp über 300 000 Computer an das Internet angeschlossen, ein Jahrzehnt später schon 100 Millionen.

In der Frühphase der Internetpopularisierung war die wichtigste Anwendung die E-Mail, dicht gefolgt vom World Wide Web und von Social-Media-Plattformen, die eine stetig wachsende Flut von nutzergenerierten Inhalten bereitstellten, sammelten, kategorisierten und durchsiebten. In den 2020er-Jahren fällt es schwer, sich eine gesellschaftliche oder wirtschaftliche Aktivität vorzustellen, die nicht online durchführbar ist: vom Einkaufen und Treffen von Bekannten bis zum Spielen oder dem Abwickeln von Bankgeschäften. Das Wachstum des Internets ging mit der Entwicklung immer neuer tragbarer Geräte wie Laptops, Tablets, Smartphones und Smartwatches einher und trieb die Nachfrage danach explosionsartig in die Höhe.

•

Science-Fiction-Schriftsteller ergehen sich schon seit den 1930er-Jahren in Spekulationen und Fantasien zum globalen Informationsaustausch, unter klangvollen Bezeichnungen wie »Weltgehirn«, »Memex« oder »Noosphäre«. Im ersten Jahrzehnt des einundzwanzigsten Jahrhunderts schien es, als seien diese Träume wahrgeworden, mit allen positiven und negativen Folgen. Einige betrachteten das Internet als radikal neue Kulturform, als »Konsens-Halluzination«, einen digitalen Spielplatz, auf dem individuelle Wahrnehmung, Teilhabe und Bricolage [Anm.: Ressourcennutzung außerhalb ihres Bestimmungszwecks] die alten Formen der Kulturproduktion ersetzen würden. Immer mehr kulturelle Artefakte entstanden jetzt entweder direkt digital oder wurden rasch in die digitale Form umgewandelt, um sie online verbreiten zu können. Online-Identitäten waren frei formbar, Online-Freiheiten unbegrenzt.

Gleichzeitig fiel bald auf, dass einige Komponenten der menschlichen Erfahrungswelt vernachlässigt wurden, weil sie sich nicht in Daten überführen ließen, und dass einige Menschen – genau genommen die meisten – durch zufällige Umstände wie einen Mangel an ökonomischen Ressourcen oder fehlendem Zugang zu Technologien von der digitalen Revolution ausgeschlossen blieben. Die neue, partizipative Online-Kultur war und ist selten – oder vielleicht sogar nie – so offen, nahbar und demokratisch, wie es anfangs den Anschein hatte. Außerdem fördert sie neben positiven Verhaltensweisen ebenso häufig negative wie Diebstahl, Lügen und Mobbing. Sie begünstigt Spionage, Nötigung und Kontrolle, zum Teil in neuen und erschreckend machtvollen Formen. Im modernen Reich der Onlinedaten hat man häufig das Gefühl, dass Aufgaben wie Orientierung oder Qualitätskontrolle an Endnutzerinnen und -nutzer ausgelagert werden, die schlecht dafür aufgestellt sind, und dass dort eine instabile, unzuverlässige postfaktische Gesellschaft entstanden ist, in der es nur darum geht, dass einem möglichst viele Follower glauben, nicht darum, ob die Aussagen in irgendeinem Verhältnis zur Offline-Realität stehen.

•

Mit der Geschichte des Zählens hat das gleichzeitig alles und nichts zu tun. Ist die Digitalisierung nicht in gewisser Weise ebenfalls eine Form des »Zählens«? (Dass »digit« – wortwörtlich *Finger* – die englische Bezeichnung für Ziffer ist, scheint auf das Fingerzählen im Römischen Reich und im Mittelalter zurückzugehen.) Ist die Online-Kultur etwas anderes als einfach eine überwältigende Fülle an modernen Zählweisen, das partizipatorische Spektakel einer Welt, die in reine Zahlen umgewandelt wurde? Computer waren schon in Zeiten der Elektronenröhren von Grund auf digital; sie bestanden aus elektronischen Komponenten, die entweder *an* oder *aus* waren – ein Zustand, der im Binärsystem für gewöhnlich mit 1 oder 0 bezeichnet wird.

Doch schon in den Anfangsjahren des zwanzigsten Jahrhunderts vollzogen Lochkartenmaschinen Aufgaben, die deutlich komplexer waren als ein schlichter Zählvorgang. Es wirkt konstruiert, wenn man die zur Mitte des Jahrhunderts zur Code-Entschlüsselung eingesetzten Geräte einfach »Zählmaschinen« nennt, und geradezu absurd, wenn man darauf beharrt, auch ein Smartphone so zu bezeichnen. Im Grunde gilt: Sobald die Funktion des Zählens nicht mehr darauf angewiesen ist, dass ein Mensch konsequent seine Aufmerksamkeit auf die Reihe von Objekten oder Ereignissen richtet und diesen Vorgang protokolliert, fühlt sich das maschinelle Zählen sehr schnell ganz anders an als jegliche andere Form des Zählens. Jetzt drehen sich die interessanten Diskussionen etwa um die Fragen, ob sich Menschen durch Computerprozesse in Datensätze verwandeln lassen, Gemälde in Online-Bilder, Videos in Werbeeinnahmen, und weniger darum, dass diese Verwandlungen mithilfe von Binärcodes erfolgen.

Dennoch erfüllen Mikrochip-Geräte auch Aufgaben, die dem altmodischen Zählen deutlich näher sind: Sobald die Frage *Wie viele?* gestellt wird, treten sie an die Stelle des Zählens mit Worten, Fingern oder anderen Hilfsmitteln. Zu den augenfälligsten Funktionen zählt das Zählen von Freunden, Likes, Followern und Aufrufen im Kontext von Social Media. Hier hat die digitale Welt nicht nur eine neue Technologie zum Zählen hervorgebracht, sondern auch neue Dinge, die gezählt werden müssen.

•

Auf individueller Ebene wirkt sich all das stark auf das Leben von Sia Yoon aus. Sie wohnt in Südkorea, einem Land, dessen Industrialisierung und Wirtschaftswachstum untrennbar mit den Erfolgen der Elektronikindustrie – von Halbleiterteilen bis zu Handys und Armbanduhren – sowie einem mehrere Phasen umfassenden Kulturexport verbunden sind. Ermöglicht und befeuert wurde diese sogenannte »koreanische Welle« durch Online-Marketing und eine starke Online-Präsenz.

Den Anfang machte der K-Pop, dessen beliebteste Performer und Videos im Internet unzählige Follower hinter sich versammelten. Im Dezember 2014 stand Psys Video zu »Gangnam Style« kurz davor, »YouTube zu sprengen«, da die Anzahl der Aufrufe auf die größte Zahl zulief, die sich mithilfe von 32 Stellen im Binärsystem ausdrücken lässt (etwas mehr als 2,1 Milliarden, wenn man die erste Stelle nutzt, um anzuzeigen, ob die Zahl positiv oder negativ ist) – eine treffende Veranschaulichung der Tatsache, dass jede Zählweise irgendwann an ihre Grenzen stößt. YouTube erweiterte den Aufrufzähler auf 64 Stellen, und das Problem war abgewendet. Auch koreanische Videospiele, Filme und Serien sowie natürlich Geräte von Samsung und LG sind Exporthits. Kaum ein Land der Welt ist besser mit Breitbandanschlüssen und WLAN-Abdeckung ausgestattet als Südkorea, und Smartphones, Digitalkameras und ähnliche Geräte sind allgegenwärtig.

Sia fand nach der Trennung relativ schnell einen neuen Freund und startete ein Vlog-Projekt, das sich darum drehte, ihn zu einem neuen Menschen zu machen. Minho (1,78 Meter, Blutgruppe AB, Geburtstag 17. August) war zu Beginn ein Nerd, der auf japanische Animes stand – übergewichtig, wenig charismatisch und mit einem ungesunden Lebensstil. Sein bester Freund fand schon die Vorstellung, sich in ein Mädchen »außerhalb des Monitors« zu verlieben, absolut schockierend. Aber Sia war davon überzeugt, sie könne ihrem wiederentdeckten Kindheitsschwarm zu einer Typveränderung verhelfen, und zwar in genau 100 Tagen – ein Countdown, den sie unablässig in jeden Beitrag für ihre Follower einblendete. In den sozialen Medien war das Projekt ein durchschlagender Erfolg: Die Ankündigung wurde am ersten Tag 1,59 Millionen Mal aufgerufen und erhielt 27 000 Likes. Es folgten detaillierte Vlog-Beiträge über Minhos neu auferlegtes Fitness- und Ernährungsprogramm (»W-warte mal … äh … das hier besteht ja nur aus Blättern und Süßkartoffeln …«).

Minhos erster Besuch im Fitnessstudio wurde innerhalb eines Tages 250 000 Mal aufgerufen, sein Gang auf die Waage sogar 880 000 Mal (begleitet von 3000 Kommentaren). Als sich sein Äußeres bereits zum Besseren verändert hatte, sammelte das erste Selfie der beiden zusammen 20 000 Likes ein, und ein Clip von einem gemeinsamen Skiurlaub ging viral und wurde 1,6 Millionen Mal angeschaut. So ging es immer weiter. Das Projekt war ein voller Erfolg, sowohl in Bezug auf Minhos Aussehen und Gesundheit (er schaffte es, sein Gewicht auf 76 Kilo zu reduzieren) als auch auf die Follower-Zahl, die auf mehr als 650 000 stieg. Wie es ein Fan formulierte: »Du bist zu einem Vorbild für harte Arbeit und echten Einsatz geworden, und alle lieben dich dafür.«

Trotzdem verlor Sia nie aus den Augen, was wirklich wichtig war: »die Aufrufzahlen«.

•

Sia ist keine reale Person (und das ist vielleicht auch gut so). Sie ist eine Figur aus dem Webtoon *My Dud-to-Stud Boyfriend* (Text von Yerang, Zeichnungen von Sutggi, neun Millionen Aufrufe zum Zeitpunkt der Entstehung dieses Buches).

Webtoons sind eine Weiterentwicklung der gedruckten Mangas und der Online-Fototagebücher der Neunzigerjahre. Ähnlich wie K-Pop haben sie in den ersten Jahrzehnten des neuen Jahrtausends enorm an Beliebtheit gewonnen, sowohl in als auch außerhalb von Korea: Bis 2018 wurden mehr als 35 Milliarden Folgen gelesen, und erfolgreiche Serien kamen nicht selten auf eine halbe Million Aufrufe pro Folge. Bezahlte und ehrenamtliche Übersetzer und Übersetzerinnen übertragen sie in bisher mehr als 30 Sprachen, und es gibt Spin-offs in Form von Filmen, Serien und Videospielen. Der Medienwissenschaftler Dal Yong Jin schreibt:

> *In der vollen U-Bahn auf dem Weg zur Arbeit sieht man nicht selten Menschen auf ihr Handy oder Tablet starren und rasch nach unten scrollen, um zu sehen, wie es weitergeht. Auf Gehwegen und in Cafés ist es das Gleiche. Wenn man ein Lächeln auf einem dieser Gesichter entdeckt, liegt die Vermutung nahe, dass sie womöglich einen ihrer Lieblings-Webtoons lesen.*

Webtoons, die von ihrem Format her auf das Lesen im Browser oder in einer entsprechenden App ausgelegt sind, bestehen aus 60 oder 80 vertikal angeordneten Panels pro Folge und enden oft mit einem Cliffhanger. Anders als gedruckte Mangas erscheinen sie in Farbe, manchmal ergänzt durch Sounds oder Animationen. Die Genres reichen von Biografien und Sportthemen bis hin zu düsteren Krimis und Fantasyerzählungen. Besonders beliebt sind Liebesgeschichten und bewusst banale Alltagsgeschichten, in denen es häufig zu einer selbstreferenziellen Verwendung von Technologien und sozialen Medien kommt: Die Figuren verfolgen die Anzahl an Beiträgen, Likes und Kommentaren auf dem Smartphone, überwachen mithilfe der Smartwatch ihren Herzschlag und ihre Trainingsfortschritte und nutzen ihre Tablets, um Musik zu hören, Videos zu schauen, sich über Nachrichten oder die Uhrzeit zu informieren, einzukaufen, ihren Kontostand zu prüfen, Webtoons zu lesen …

Das sogenannte »Artist Incubation System«, das Künstler und Künstlerinnen auf Webtoons-Plattformen um die Aufmerksamkeit der Leserschaft buhlen lässt, hat große Ähnlichkeit mit Social-Media-Plattformen wie YouTube (oder dem fiktionalen Gegenstück New-Tube, wo Sia ihre Erfolge feiert) – es gibt Kommentarbereiche, Likes, Aufrufzähler und Follower. Dieses Modell senkt die Zugangshürden – »Webtoon-Artist« ist Berichten zufolge einer der großen Traumberufe koreanischer Kinder –, zahlt sich gleichzeitig aber nur für einen sehr geringen Prozentsatz der Beitragenden aus und hat dadurch sowohl Lob als auch Kritik auf sich gezogen. Die wenigen Erfolgreichen, deren Ruhm oft eher auf Beliebtheit als auf Talent zurückzuführen ist, stehen unter enormem Druck, die Erwartungen des Publikums zu erfüllen und in zermürbend engen Intervallen neues Material zu liefern. Im Grunde genau wie Sia selbst.

In einer digitalen Welt, in der nur zählt, was man – oder eher: die Vielzahl an Geräten – zählen kann, in der sich Erfolg, Beliebtheit und Anerkennung aus automatisch ermittelten Aufruf-, Like- und Kommentarzahlen ableiten, wirkt Sias Geschichte absolut realistisch. Die Parallelen zwischen ihren Erlebnissen und der »Aufmerksamkeitsökonomie«, mit der die Webtoon-Artists selbst konfrontiert sind, verleihen der Figur eine zusätzliche Tiefe – und lösen vielleicht auch ein leichtes Unbehagen aus.

Sias Geschichte ist noch nicht zu Ende erzählt, und ihre vielen Fans – die realen und die fiktiven – warten gespannt darauf, wie es weitergeht. Jetzt, da sie ihren neuen Freund einer Typveränderung unterzogen hat, sind beide zu Ruhm gelangt und in ihrer Schule zu Vorbildern aufgestiegen. Dabei haben sie aber auch rasch gelernt, wie hoch der Preis dafür ist, wenn man die Sozialen Medien nutzt, um seine Feinde zu erniedrigen und bloßzustellen. Auch Werbepartnerschaften ändern nichts an gewissen Dilemmata, und ebenso wenig an der Leere, die Sia manchmal in ihrem digitalen Leben verspürt. Die Fotos von ihrer Geburtstagsfeier erhalten 10 000 Likes, doch in einem Kommentar beklagt sie: »Alle Geschenke, die ich kriege, sind Produkte von Sponsoren.« Laut Sias Schöpferinnen und Schöpfern reichen ihre Ideen noch für mehrere Jahre, und es besteht kein Zweifel daran, dass Sia weiterhin zwanghaft und mechanisch ihre Aufruf-, Like- und Follower-Zahlen überprüfen wird, protokolliert durch ihre Geräte und die Online-Plattformen, auf denen sie tätig ist. Sie ist – in mehr als nur einem Sinne – ein Produkt des digitalen Zeitalters.

•

Wird in einer digitalen Welt mehr gezählt oder weniger? Wie sieht die Zukunft aus, wenn die Menschheit immer größere Teile des alltäglichen Zählens (und Rechnens) an Maschinen auslagert? Ist es denkbar, dass das Rechnen und Zählen irgendwann ganz aus unserem praktischen Leben verschwinden, so wie beispielweise die Schönschrift für feierliche Anlässe? Vielleicht. Nur wenige Menschen mit Zugang zu digitalen Technologien lösen heute mehr als die einfachsten Rechenaufgaben im Kopf oder auf dem Papier, statt sie in ein Gerät einzugeben. Ebenso wenige zählen mehr als ein paar Dutzend Objekte, ohne die Aufgabe einer Maschine zu übertragen. Wann haben Sie zuletzt mehr als 100 von irgendetwas abgezählt? Mehr als zehn?

Vielleicht ist eines der möglichen Zukunftsszenarien für die Menschheit eine Welt *nach dem Zählen.*

7

Zählwörter und mehr: Der pazifische Raum

Auch Zählmaschinen sind ein Zweig in der Geschichte des Zählens, bei dem die Gefahr besteht, ihn für *die* Geschichte an sich zu halten. In ihrer heutigen Form sind sie so dominant, dass sie jede andere – frühere oder derzeitige – Form des Zählens in den Schatten stellen. Doch in Wahrheit handelt es sich nur um einen Zweig von vielen. Wenn wir unsere Reise rund um die Erde fortsetzen, stoßen wir im Pazifik und auf dem amerikanischen Doppelkontinent auf weitere Zählwelten – vielfältig, unverwechselbar und faszinierend.

•

Machen wir uns also auf den Weg nach Südosten, über die Grenzen des asiatischen Festlandes hinweg. Mithilfe von selbstgebauten Flößen und Kanus segeln oder paddeln wir über Wasserstraßen von Insel zu Insel, quer durch das indonesische Archipel, wo die Wege manchmal so kurz sind, dass man beim Verlassen der einen Insel bereits die nächste sieht. Auf den längeren Strecken liegt das Ziel zunächst verborgen – es ist eine Art Reise ins Unbekannte.

Wir fahren so weit, wie Wind und Wasser uns tragen, und entdecken Wälder, Wüsten, karge Felsatolle und vor Leben wimmelnde Riffe. Wir treffen auf neue Welten und ersinnen neue Formen, dort zu leben – auf dem großen Kontinent im Süden, auf den kleinen Eilanden, die dahinter verstreut liegen. Unsere Sprache und Kultur – unsere Zählweisen – bringen wir mit.

Insgesamt dauerte es mehr als 60 000 Jahre, bis die Menschheit den ganzen Pazifikraum besiedelt hatte.

•

Es ist kaum überraschend, dass in Ozeanien eine enorme Vielfalt unterschiedlicher Kulturen und damit auch Zählweisen beheimatet ist. Hier reicht die Menschheitsgeschichte außergewöhnlich weit zurück; es gab mehrere Migrationswellen über Zehntausende Jahre hinweg, was der Geschichte des Zählens eine ganz besondere Note verleiht. Die hier angesiedelten Kulturen setzten auf das gesprochene, nicht auf das geschriebene Wort. Daher ist die Geschichtsforschung nicht nur auf archäologische Funde, sondern auf das Gedächtnis lebendiger Gemeinschaften und Sprachen angewiesen. Zahlensymbole sucht man hier vergeblich, stattdessen gab es immer schon eine ungewöhnlich große Fülle an Zahlwörtern und -gesten, die von den einfachsten je dokumentierten Systemen bis hin zu den komplexesten reichten. Dieses Spektrum wird durch die heute gesprochenen Sprachen gut abgebildet. Die Sprachen Australiens, die von den Nachkommen der allerersten Pazifikbevölkerung verwendet werden, weisen in den meisten Fällen recht simple Zählsysteme auf, die zum Teil nur aus wenigen Worten bestehen. Die Völker der benachbarten Insel Neuguinea hingegen sind berühmt für ihre komplexen Kombinationen aus Worten und Gesten, die sich offenbar im Verlauf der letzten Jahrtausende *in situ* entwickelt haben. Und dann sind da noch die austronesischen Sprachen, deren Sprecherinnen und Sprecher sich in den vergangenen fünftausend Jahren in Mikronesien und Polynesien niedergelassen haben und mithilfe eines Dezimalsystems bis in extrem hohe Bereiche zählen können und das unter anderem zur Verteilung von Lebensmitteln nutzen. Keine Region der Welt stellt die Bandbreite und Macht von Zahlwörtern so eindrücklich zur Schau wie diese.

Ayangkidarrba: Eier zählen

Ayangkidarrba (Groote Eylandt), zu Beginn des zwanzigsten Jahrhunderts. Eine Frau sammelt Schildkröteneier in einem Korb aus Myrtenheidenrinde und kehrt am frühen Abend damit ins Lager zurück. Andere dort haben gejagt, gefischt oder Pflanzen gesammelt. Die Frau nimmt die Eier aus dem Korb und verteilt sie in Fünfergruppen: awilyaba, ambilyuma, abiyakarbiya, abiyarbuwa, amangbala …

Groote Eylandt liegt etwa fünfzig Kilometer vor der australischen Küste, im Westen des riesigen Golfs von Carpentaria. Die Insel existiert seit mindestens siebentausend Jahren, und die Ureinwohner der gut zweitausend Quadratkilometer sind die Anindilyakwa. Hügel, Quellen, Flüsse und natürlich die Küste bilden eine Fülle an Lebensräumen, von Wäldern bis zu Sanddünen. Früher lebten dort meist ein paar Hundert Menschen, was die Insel zu Zeiten der Aborigines zu einem der am dichtesten besiedelten Gebiete Australiens machte.

Die Insel war von einem dichten Netz aus Orten überzogen, die durch Namensgebung voneinander abgegrenzt waren. Einzelne Clans kontrollierten die dort vorhandenen Ressourcen und landschaftlichen Vorzüge. Die Welt der Menschen war durch ein ähnlich enges Netzwerk aus Verwandtschaftsbeziehungen zwischen den 14 Clans geprägt. Tiefreichende Kenntnisse der natürlichen Umgebung ermöglichten es den Anindilyakwa, sich aus der Natur zu ernähren – von Beeren, Wurzeln und Früchten, von wildem Honig und Kokosnüssen und je nach Saison auch von Wallabys, Dugong, Fischen und

Schildkröten. Speere, Harpunen, Taschen, Körbe, Schmuck, Musikinstrumente und sogar Kanus wurden ausschließlich aus lokal verfügbaren Materialien hergestellt, unter anderem Holz und Rinde.

Schildkröteneier, wie sie auf Groote Eylandt gezählt werden

Ein Ethnologe, der die Insel in den 1970er-Jahren besuchte, beschrieb einen Ausflug in den Busch – schon damals ein deutlich selteneres Ereignis als in früheren Generationen – mit folgenden Worten:

[Die Menschen] erwachten für gewöhnlich bei Sonnenaufgang, kochten Tee und aßen einen Happen von dem, was am Tag zuvor übrig geblieben war. Dann machten sie sich an die Arbeit und gingen fischen, jagen oder Nahrung sammeln, bis die Sonne hoch über den Köpfen stand. Um sich dabei bei Kräften zu halten, verspeisten sie ausreichend von dem, was sie unterwegs fanden. Während der Mittagshitze schliefen sie, nahmen die Arbeit aber am Nachmittag wieder auf, bevor sie am frühen Abend mit dem Großteil dessen, was sie gesammelt oder gefangen hatten, ins Lager zurückkehrten, um die Nahrungsmittel dort gemeinschaftlich zuzubereiten und zu verzehren. Anschließend liefen sie manchmal noch mit einem Licht durch das Flachwasser, um Fische aufzuspüren, oder sie ruh-

ten zu viert nebeneinander an den Feuerstellen, mit je einem Feuer zwischen einem Paar, das Geschichten erzählte. Nach einigen Stunden Schlaf wachten sie wieder auf, aßen noch etwas, liefen herum und erzählten einander vielleicht noch eine Geschichte, bevor sie sich erneut hinlegten und bis Sonnenaufgang schliefen.

Die Anindilyakwa pflegten gute Beziehungen zu ihren Nachbarn auf dem Festland und den kleineren Inseln rundherum; sie tauschten eigene Produkte gegen Materialien wie Feuerstein, Ocker, Emufedern und Bambus ein und vermählten sich untereinander. Außerdem erhielten sie rund 200 Jahre lang, bis ins frühe zwanzigste Jahrhundert hinein, jeden Dezember Besuch von den Makassaren-Fischern von der indonesischen Insel Sulawari, die an der australischen Nordküste entlangfuhren, um Seegurken zu fangen (gekocht, getrocknet und geräuchert waren diese ein beliebtes Heil- und Nahrungsmittel in Südostasien). Außerdem waren sie auf Schildkrötenpanzer und Perlmuscheln aus. Als Gegenleistung für die Unterstützung beim Seegurkenfang versorgten sie die Australier mit Waren wie Tamarinde und Chilis sowie Stoff- und Metallgegenstände. Darüber hinaus führten sie den Einbaum, einige Ortsbezeichnungen und rund 40 neue Wörter ein, vor allem für Dinge, die sie selbst mitgebracht hatten.

Die Sprache der Anindilyakwa selbst – Amamalya Ayakwa – wurde auf Groote Eylandt und den kleineren Inseln rundherum gesprochen und ist wahrscheinlich verwandt mit den Sprachen, die auf dem nahegelegenen Festland in Gebrauch waren. Durch die langjährige, isolierte Weiterentwicklung hat sie jedoch eine ganz eigene Form angenommen. Die Wörter sind sehr lang – bis zu 14 Silben –, und es gibt 32 verschiedene Konsonanten. Die Grammatik zählt zu den komplexesten, die je dokumentiert wurden, mit acht Substantivkategorien, die jeweils eigene Vorsilben an den dazugehörigen Verben und Adjektiven verlangen. Neben den üblichen Singular- und Pluralformen gibt es gesonderte Verb-, Nomen-, Pronomen- und Adjektivformen für den Dual (zwei Objekte) und den Trial (meist drei Objekte, manchmal vier).

Das Zahlwortsystem hingegen basiert auf der Zahl fünf, mit Begriffen für »eins«, »zwei«, »drei«, »vier«, »fünf«, »zehn«, »fünfzehn« und »zwanzig«. Diese werden genau wie die Adjektive um Vorsilben entsprechend der dazugehörigen Substantive ergänzt. Darüber hinaus gibt es Sonderformen für »einmal«, »zweimal«, »dreimal« usw. sowie für »einzeln«, »in Zweiergruppen«, »in Dreiergruppen« etc. Manchmal wird das verbale Zählen durch Gesten begleitet:

Die Hand hängt lose nach unten, mit der Handfläche in Richtung der zählenden Person. Die Finger werden nacheinander zusammengeführt – Zeigefinger zum Daumen, Mittelfinger zum Daumen, Ringfinger zum Daumen und kleiner Finger zum Daumen, bis alle Finger vereint sind. Für Zahlen größer als fünf hält man die Finger zusammen und zählt mit der anderen Hand weiter. Ab zehn werden nacheinander die Zehen berührt, erst die des einen Fußes, dann des anderen.

Ungeachtet dessen weisen die Zahlwörter keine erkennbare Verwandtschaft mit den Begriffen für Hand oder Fuß auf.

In welchen Zusammenhängen wurden die Zahlwörter eingesetzt? Einer war die Jagd: Man zählte die Anzahl der Jäger, die zur Verfügung standen, oder die Anzahl der erbeuteten Tiere. Außerdem wurde womöglich gezählt, wie viele Krieger in den Kampf zogen und wiederkehrten. Weitere Anwendungsfelder waren kalendarische Berechnungen und das Zählen von Lebensmitteln wie Eiern. Letzteres war besonders wichtig – am häufigsten gezählt wurde auf Amamalya Ayakwa offenbar, wenn man mittelgroße Nahrungsmittel wie Fische, Eier oder wilde Äpfel unter sich aufteilte.

Auf Groote Eylandt erzählt man sich die Geschichte eines geheimnisvollen Hundes, der zählen konnte. Es heißt, dass er auf die Jagd ging und anschließend mit den Schildkröteneiern, die er gefunden hatte, wieder zu seiner Familie zurückkehrte. Er zählte sie, um sie aufzuteilen (auch wenn im weiteren Verlauf der Geschichte klar wird, dass er betrog und einige Eier versteckte, was einen Streit auslöste!).

Laut Berichten aus der Mitte des zwanzigsten Jahrhunderts kamen manchmal mehr als 100 Schildkröteneier zusammen, und der Zählvorgang, der einem Besucher mal mithilfe kleiner Steine demonstriert wurde, lief so ab, dass sie entsprechend der Zahlwörter auf der Basis fünf zu Häufchen zusammengelegt wurden.

•

Die Anindilyakwa waren damit gleichzeitig typische und untypische Bewohner eines Kontinents, auf dem Wandel und Diversität an der Tagesordnung waren. Die Besiedelung Australiens erfolgte vor mindestens 55 000 Jahren, vielleicht sogar schon vor mehr als 65 000 Jahren, infolge einer rapiden Ausbreitung der Menschheit über Indonesien. Damals lag der Meeresspiegel deutlich niedriger als heute; große Teile der Inselwelt Südostasiens bildeten zusammen mit dem Festland die Landmasse Sunda, während Tasmanien, Australien, die Inseln in der Torres-Straße und Neuguinea zu Sahul verbunden waren. Trotzdem mussten beträchtliche Strecken über das offene Meer zurückgelegt werden, um nach Sahul zu gelangen – mindestens zwanzig Kilometer. Genfunde deuten darauf hin, dass es in geringem Maße zu Vermischungen mit den Hominiden kam, die bereits in Asien und Indonesien lebten. Außerdem legen die Untersuchungen nahe, dass die Besiedelung von Australien mehr oder weniger in einem Rutsch erfolgte; nach diesem ersten Ereignis scheint keine weitere Gruppe in die Aborigines-Bevölkerung eingewandert zu sein. Die australischen Kulturen und Sprachen existierten über Zehntausende Jahre hinweg weitgehend isoliert.

Das ist eine enorm lange Zeitspanne – mehr als ausreichend, um wie in der afrikanischen Steinzeit Wörter, Wortgruppen, Techniken und

Verhaltensweisen zu erfinden, zu vergessen und wieder neu zu erfinden, vielleicht sogar mehrfach. In einer durch mündliche Überlieferung geprägten Kultur braucht es nur wenige Generationen, bis ein Wort oder ein Konzept dem Vergessen anheimfällt, ohne die geringste Spur zu hinterlassen. Auch wenn man von einer gewissen gesellschaftlichen Stabilität ausgehen kann, gibt es keinerlei Hinweise darauf, dass Australien von einer statischen Umgebung oder von starren kulturellen Vorgaben geprägt gewesen wäre. Sich verschiebende Küstenlinien und Klimaveränderungen erzeugten kombiniert mit der Kreativität und der Rastlosigkeit der Menschen ein stets neues Mosaik aus verschiedenen Lebensweisen, vom tropischen Norden bis zu den trockenen Wüsten in der Mitte des Kontinents, von der gemäßigten Südküste bis zu den sinkenden Inseln und Landbrücken der Torres-Straße.

Was alle Völker des Kontinents verband, war das Jagen und Sammeln unterschiedlicher Tiere und Pflanzen, von Früchten, Samen und wildem Honig bis hin zu Wallabys, Fischen und Gänsen. Die verwendeten Werkzeuge reichten von Harpunen und Äxten über Angelschnüre und Köder bis hin zu Löffeln, Taschen und Umhängen. Man machte Feuer, um sich zu wärmen, Speisen zu kochen und die Tier- und Pflanzenwelt zu bändigen, wobei einige Pflanzenarten gezielt angebaut und neu ausgesät wurden.

Außerdem wurden überall auf dem Kontinent Felszeichnungen angefertigt, auch wenn sich der Stil von Region zu Region unterschied. Man trug Ketten aus Muscheln und Knochen, und jeder Stamm kannte Geschichten und Erzählungen, die über unermessliche Zeiträume weitergegeben wurden. Gleichzeitig spannte sich ein Netz aus Handelsrouten über Australien, da jeder Stamm direkt mit seinen Nachbarn und somit indirekt mit den Herkunfts- und Bestimmungsorten sämtlicher Güter, Geschichten und Ideen in Verbindung stand – selbst wenn diese so weit entfernt waren wie die Inseln in der Torres-Straße und Papua-Neuguinea nach der Ablösung vom Festland.

•

Im achtzehnten Jahrhundert gab es in Australien rund 500 Stämme, die auf diese Weise durch Handel und ihre Lebensweise miteinander verflochten waren. Sie sprachen insgesamt 240 oder 250 verschiedenen Sprachen, und viele der Menschen beherrschten mindestens zwei davon. Es ist wahrscheinlich, wenn auch nicht gesichert, dass fast alle dieser Sprachen aus einer Ausgangssprache hervorgegangen waren; seit der ersten Aufspaltung war eine enorme Zeit verstrichen, und in der Zwischenzeit hatte neben den normalen Weiterentwicklungen eine Vielzahl von wechselseitigen Entlehnungen in den Bereichen Wortschatz, Klang und Strukturen stattgefunden. Weltweit gibt es keine andere Sprache, die eine Verwandtschaft zu den australischen Sprachen aufweist.

Wie alle Sprachen der Erde haben auch die australischen eine Zehntausende Jahre andauernde Entwicklung hinter sich, deren Wurzeln in der Afrikanischen Steinzeit liegen. Und genau wie die dazugehörigen Kulturen sind diese Sprachen keinesfalls »primitiv«: Ihr Wortschatz ist genauso umfangreich wie der anderer Sprachen, ihre Grammatik sogar, wie gesagt, komplexer. Häufig verwenden sie viele unterschiedliche Konsonanten, aber nur wenige – üblicherweise drei – Vokale. Große und enorm differenzierte Systeme mit verschiedenen Substantivkategorien sind ebenso weit verbreitet wie bestimmte Fälle, die anderswo kaum zu finden sind.

Wenn man sich mit den Zählsystemen der Kulturen und Sprachen Australiens beschäftigt, muss man verstehen, dass sie keineswegs »rückständig« sind, sich aber dennoch von denen im Rest der Welt unterscheiden. Als die australischen Sprachen im neunzehnten und zwanzigsten Jahrhundert dokumentiert wurden, verfügten drei Viertel von ihnen nur über drei oder vier Zahlwörter. In fünf Prozent von ihnen wurde nur bis zwei gezählt. Bei den übrigen 20 Prozent lag die Grenze irgendwo zwischen fünf und 100. Diese Werte könnten allerdings zu niedrig sein – zum einen aufgrund der Voreingenommenheit der Beobachter, zum anderen, weil viele der Sprachen zum Zeitpunkt der Niederschrift bereits langsam in Vergessenheit gerieten. Generell neigen die australischen Sprachen verglichen mit anderen Weltgegenden zu einer eher geringen Abfolge von Zahlwörtern.

Die internen Strukturen der Zählwörter unterscheiden sich von Sprache zu Sprache auffällig stark. Während ein Teil der australischen Sprachen ein Zählsystem ohne Basis aufweist – in einem Fall lässt sich bei insgesamt neunzehn Zählwörtern keinerlei innere Struktur ausmachen –, stoßen die meisten in höhere Bereiche vor, indem sie die Wörter für kleinere Zahlenwerte mit größeren kombinieren. Doch ein Dezimalsystem ist die Ausnahme. Bei zwei, drei oder vier Zählwörtern ist diese Struktur schlicht unmöglich, aber auch australische Sprachen mit einer größeren Anzahl an Zählwörtern zeichnen sich durch die auffällige Abwesenheit von Dezimalsystemen aus. Am stärksten verbreitet ist die Basis zwei, es gibt jedoch auch Systeme mit der Grundzahl drei, vier oder – häufiger – fünf.

Eine letzte Besonderheit ist, dass einige der Sprachen mit sehr wenigen Zahlwörtern diese Begrenzung überwinden, indem sie auf Gesten, Zählsteine oder Strichlisten zurückgreifen und so Zahlen darstellen, festhalten und in Rechnungen verwenden können, für die ihre Sprache keine Worte kennt. Es gibt Berichte aus ganz Australien, dass bestimmte Zählvorgänge mit den Fingern durchgeführt wurden, so wie auf Groote Eylandt. In Sprachen, deren Zahlwortschatz bereits vor dem Erreichen der Fünf erschöpft war, konnte die Hand somit die Funktion eines fünften Zahlworts übernehmen.

Die Zahlen der Anindilyakwa sind nur ein Steinchen eines komplexen Mosaiks aus verschiedenen Zählweisen: kleine Zahlensysteme, große Zahlensysteme, Systeme mit oder ohne Basisstruktur, Systeme, die durch Gesten erweitert wurden, und solche ohne Gesten. Anderswo im pazifischen Raum spielte das Zählen mithilfe von Gesten eine noch viel größere Rolle – und lief deutlich komplexer ab.

Oksapmin: Zählen mit dem Körper

Mitten im Hochland von Papua-Neuguinea, 2012. Ein Mann betritt einen kleinen Laden, um Lebensmittel zu kaufen. Die Preise stehen in der lokalen Währung, kina *und* toea, *auf einer Tafel hinter dem Verkaufstresen angeschlagen.*

Der Ladenbesitzer und der Kunde nutzen Münzen und Zahlwörter, um die zu begleichende Summe auszuhandeln und das Wechselgeld zu benennen. Außerdem verwenden sie eine Reihe komplexer, schneller Gesten, bei denen sie auf eine festgelegte Abfolge von Körperteilen rund um die Hände, Arme und den Kopf deuten. Die Gesten sind ebenso wichtig wie die Wörter, vielleicht sogar wichtiger. Genau genommen handelt es sich bei den Wörtern schlicht um die Bezeichnungen der Körperteile.

Um zwei Zahlen zu addieren oder voneinander zu subtrahieren, ist es nötig, die Gesten auf eine Weise umzudeuten, die den Vorfahren der Beteiligten fremd gewesen wäre. Doch nach Abschluss der Transaktion sind beide Männer mit der Anzahl der gegebenen Münzen zufrieden.

Neuguinea – nördlich von Australien, südlich des Äquators gelegen – ist die zweitgrößte Insel der Welt und beherbergt eine Vielzahl verschiedener Arten, unter anderem den Menschen. Die Erstbesiedelung erfolgte vor vielen Tausend Jahren, als die Insel noch mit Australien verbunden war. Bis heute gibt es dort ein äußerst abgeschiedenes Terrain: das zentrale Hochland, mühselig zu erreichen über Fußwege oder per einmotorigen Flugzeugen, für die wenige verstreute Landepisten angelegt wurden. Die schroffe Landschaft aus

Bergen, Flüssen und Schluchten sowie eine Reihe von kriegerischen Auseinandersetzungen haben dazu geführt, dass die Menschen hier sehr isoliert leben.

Eines der hier ansässigen Völker ist das der Oksapmin. Ihr Lebensraum im Gebirge nahe der Inselmitte wird im Westen von der (lebensbedrohlich kalten) Victor Emanuel Range begrenzt, im Norden vom Ok-Om-Fluss (die Überquerung per Floß gilt als »äußerst riskant«) und im Süden und Osten von der Strickland-Schlucht, die gelegentlich mit dem Grand Canyon verglichen wird und deren stellenweise fast 500 Meter aufragende Felswand mithilfe von Kletterhilfen aus Holz erklommen werden muss. Die Landschaft ist wunderschön, mit funkelnden Tälern, sandigen Flüssen und Palmdachhäusern, aus denen Rauch aufsteigt. Dazwischen erstreckt sich ein Karomuster aus Gärten, und über den Baumwipfeln hängen Wolken. Das Klima ist tropisch, mit Regen- und Trockenphasen, und die Temperaturen sind typisch für das Hochland: In den kälteren Nächten sinken sie auf zehn Grad, an den heißesten Tagen knacken sie die 30-Grad-Marke.

Die traditionelle Lebensweise der Oksapmin ist geprägt von der Schweinehaltung, dem Taro- und Süßkartoffelanbau – wo Zäune repariert, Unkraut gejätet und Ernten eingebracht werden müssen – und der regelmäßigen Jagd auf Vögel und kleine Tiere im Wald. Die Werkzeuge, die sie verwenden, bestehen aus Holz, Knochen und Feuerstein, auch wenn in den letzten fünfzig Jahren Stahlmesser und Äxte hinzugekommen sind. Die Häuser, die in Zweier- oder Dreiergrüppchen in den Tälern stehen, werden aus Pandanusrinde gebaut und mit Blättern gedeckt. 1960 wurde die Anzahl der Oksapmin-sprechenden Menschen auf insgesamt rund viertausend geschätzt; heute könnten es mehr als doppelt so viele sein.

Der Handel war schon immer sehr wichtig für die Oksapmin, selbst in prähistorischen Zeiten: Sie bezogen Steinäxte, Muscheln, Jagdbögen, Salz und Trommeln von den benachbarten Stämmen in den Bergen; als Währung diente eine Art Molluskengeld. Manche

Güter wurden über Hunderte von Kilometern transportiert, ungeachtet aller geographischen und sprachlichen Hürden.

•

In der Zählfolge der Oksapmin wird nacheinander auf 27 Körperteile gezeigt. Für »eins« deutet man mit dem Zeigefinger der einen Hand auf den Daumen der anderen und arbeitet sich vor bis zum kleinen Finger (»fünf«). Dann geht es den Arm hinauf – Handgelenk, Unterarm, Ellbogen, Oberarm, Schulter, Hals, Ohr, Auge – bis zur Nase (»vierzehn«), der Mitte der Zählfolge. Hier wird die anzeigende Hand gewechselt und man zählt auf die gleiche Weise bis zum anderen Handgelenk hinab. Die letzten fünf Elemente, »dreiundzwanzig« bis »siebenundzwanzig«, werden vom Daumen bis zum kleinen Finger der zweiten Hand angezeigt – die Abfolge ist also nicht ganz spiegelsymmetrisch.

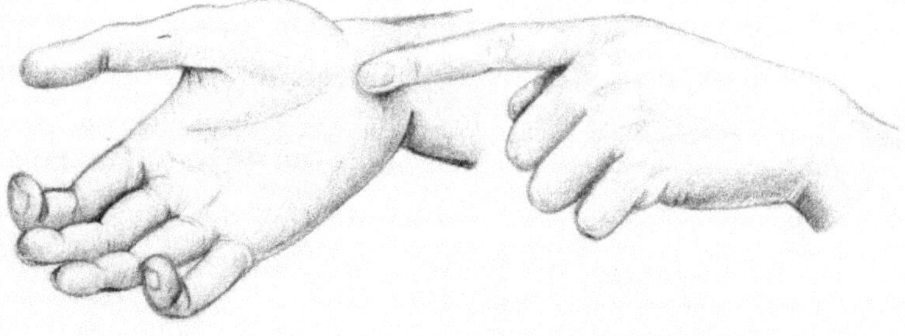

Geste zur Zahl 6 auf Oksapmin

Jedem Element dieser Abfolge ist ein Wort zugeordnet – *tipana, tipnarip, bumrip, hadrip, hatatah* –, das jeweils mit der Bezeichnung des entsprechenden Körperteils übereinstimmt. Ob der Sprechende das Körperteil oder die Zahl meint, muss in der jeweiligen Situation aus dem Kontext erschlossen werden. Auf der zweiten Körperseite wird den Wörtern eine Vorsilbe (*tan*) vorangestellt, um sie von den Zahlen der ersten Seite zu unterscheiden. Es gibt Berichte, laut denen die Wörter auch eigenständig als Zahlen verwendet werden können, doch in den meisten Beschreibungen gelten die Gesten als unverzichtbar.

Eine vollständige Runde endet bei 27 – zweiter kleiner Finger, *tanhatatah* – und kann als *fu* bezeichnet werden. Wenn es notwendig ist, noch etwas weiter zu zählen, lässt sich das System ausdehnen, allerdings nicht, indem man eine neue Runde beginnt, sondern durch einen Sprung vom kleinen Finger zum Handgelenk derselben Hand (»achtundzwanzig«) und von dort aus den Arm hinauf. Auch hier kommt es auf den Kontext an, die potenziell uneindeutigen Worte und Gesten richtig zu interpretieren.

Für die Zahlen von eins bis fünf gibt es zudem alternative Bezeichnungen, die sogenannten mündlichen Zählwörter, die nichts mit den Körperteilen zu tun haben. Sie lauten *tit, yota, yetir, yota yota* und *hanen* und können mit der Körperteil-Zählweise kombiniert werden, wenn weiter als bis zum Ende einer Runde gezählt werden soll: *tit fu* (ein Durchlauf), *yot fu* (zwei Durchläufe) usw.

Für die traditionelle Lebensweise der Oksapmin war dieses System völlig ausreichend. Es ließ sich in allen Alltagssituationen anwenden, in denen eine bestimmte Anzahl von Objekten angezeigt werden musste. Man konnte damit Wertgegenstände wie Muscheln oder Schweine zählen, selbstgeknüpfte Taschen ausmessen und eine Reihe von Punkten an einem Weg markieren. Es gibt keine Hinweise darauf, dass damit gerechnet wurde oder irgendjemand mithilfe der eigenen Körperteile und ihrer Bezeichnungen die Additions- und Multiplikationsreihen auswendig gelernt hätte. Genau genommen gibt es keine Anzeichen dafür, dass bei den Oksapmin traditionell überhaupt gerechnet wurde.

•

Obwohl Neuguinea weniger als zehn Millionen Einwohner hat, werden dort rund 850 Sprachen gesprochen, ein Sechstel aller Sprachen der Welt. Die linguistische Dichte ist enorm, und das Sprachengeflecht gehört zu den komplexesten überhaupt – eine Folge von Zehntausenden Jahren der Migration und Vermischung, seit sich die ersten Menschen in Neuguinea und Australien niederließen. In der Gebirgsregion, in der auch die Oksapmin leben, finden sich mehrere verschiedene Sprachgruppen, doch Oksapmin gilt als von diesen isoliert, da keine engere Verwandtschaft zu irgendeiner der lebenden Sprachen besteht.

Auch die Dichte der dokumentierten Zählsysteme ist in dieser Region wohl höher als überall sonst auf der Welt. Methoden wie die der Oksapmin, die sich den Körper zunutze machen, sind ganz typisch für Zentral-Neuguinea, vor allem für das Hochland. Etwa 15 Prozent der Zählsysteme der Insel fallen in diese Kategorie – das bedeutet mehrere Dutzend eigenständige Abfolgen von Gesten, jede etwas anders als die übrigen. Daneben existieren üblicherweise noch »mündliche Zahlwörter«, wie bei den Oksapmin. Die Zählgesten verwendet man zu traditionellen Zwecken, etwa bei Brautgaben oder zum Zählen von Wertgegenständen wie Muscheln, Schweinen und anderen Gütern. In einigen Sprachen werden sie nur zu ganz besonderen Anlässen eingesetzt, beispielsweise bei der Verhandlung über den Brautpreis oder bei Festen. Andere verwenden ihr Body Part Counting System jederzeit – es gibt sogar Berichte über Menschen, die Sammlungen von Gegenständen einfach aus Vergnügen zählten.

Jedes dieser Systeme besteht aus Gesten, die kreisförmig über den Körper wandern, angefangen bei den Fingern einer Hand über den Arm und manchmal den Kopf hin zum anderen Arm und von dort hinunter zu den Fingern der zweiten Hand. Manche Systeme sind symmetrisch aufgebaut, andere nicht. Einige verfügen über einen Mittelpunkt, etwa die Nase oder das Brustbein, sodass bei einem vollständigen Durchlauf eine ungerade Zahl herauskommt; anderen fehlt dieser Mittelwert, was eine gerade Gesamtzahl ergibt. Die untere

Körperhälfte wird für gewöhnlich ausgespart. Sämtliche dieser Systeme verwenden die Bezeichnungen für die Körperteile als Zahlwörter – zum Teil in angepasster Form –, auch wenn in einigen Fällen Unstimmigkeiten auftreten und hin und wieder Suffixe oder andere Abwandlungen vorgesehen sind, um die Zählwörter von den Körperteilbezeichnungen zu unterscheiden. In vielen Systemen existieren gesonderte Vor- und Nachsilben, um die erste Hälfte des Zähldurchlaufs von der zweiten abzusetzen.

Die Länge der Abfolge schwankt stark. Mindestens zwei der körperteilbasierten Zählsysteme reichen bis 47, und es gibt vereinzelte Berichte über Methoden, die noch höhere Zahlen abdecken. Die kürzeste Abfolge endet hingegen schon bei zehn und beschränkt sich auf eine Körperseite – durchaus möglich, dass es sich um eine gestutzte Version eines längeren Vorläufers handelt.

Wie kam diese Zählweise zustande? Im Rückblick wirkt es ganz natürlich, geradezu unvermeidlich, das gestische Zählen von den Fingern auf den ganzen Körper auszuweiten, und doch findet sich diese Methode nirgendwo anders auf der Welt als in Neuguinea, auf den Inseln der Torres-Straße und vereinzelt in Australien. Darüber hinaus ist diese Methode unbekannt. Sie scheint eine Erfindung der Region zu sein, die vermutlich im neuguineischen Hochland entstand.

Vermutungen zufolge ging diese Zählweise aus der Praxis hervor, Gegenstände wie Muschelketten oder Rattanstränge mithilfe von Körperteilen – etwa der Armlänge – zu vermessen. Höchstwahrscheinlich existierte ursprünglich ein einzelnes Vorgängersystem, das sich in diesem Teil der Welt ausgebreitet und lokal unterschiedliche Entwicklungen durchlaufen hat. Einige Forscher gehen davon aus, dass es neuntausend Jahren alt ist, doch es gibt auch gegenläufige Thesen – sicher ist nur, dass das Body Part Counting System schon in den Jahrhunderten oder Jahrtausenden vor Beginn der Geschichtsschreibung eine Reihe komplexer Modifikationen erfahren hat.

•

Im Juni 1938 kam das Volk der Oksapmin in Kontakt mit einem australischen Erkundungstrupp, der auf der Suche nach Mineralien und einem geeigneten Ort für ein Lager durch das zentrale Hochland Neuguineas streifte. Zehn Jahre später wurde in Telefomin, etwa zwölf Tage Fußmarsch von Oksapmin entfernt, eine Vertretung des australischen Staats eröffnet. Doch von einem regelmäßigen Kontakt zwischen den Oksapmin und den Australiern konnte erst in den Fünfzigerjahren die Rede sein. 1962 wurden dann ein Außenposten und eine Landepiste auf dem Territorium der Oksapmin errichtet. Zwei Jahre später ließen sich dort die ersten Missionare nieder. Ab den Sechzigerjahren eröffneten der australische Staat und die Missionare Schulen in der Gegend; diese – und die Arbeitsplätze am Außenposten – brachten die Ureinwohner mit den Sprachen Tok Pisin, der am weitesten verbreiteten Verkehrssprache in Papua-Neuguinea, und Englisch in Berührung.

Die kulturellen Auswirkungen waren enorm. Insbesondere das Zählsystem der Oksapmin erfuhr durch den zunehmenden Kontakt mit Fremden, durch das neue Staatssystem und die Einführung von Geld deutliche Veränderungen. Zu Beginn hatten die australischen Neuankömmlinge die Bevölkerung mit Salz oder Streichhölzern bezahlt, und es gibt Berichte darüber, dass in der Frühphase des Kontakts auch Kauri-Muscheln als Währung benutzt wurden. Bis zum Ende der Sechzigerjahre hatte der australische Schilling alle anderen Zahlungsmittel abgelöst (der Wechselkurs betrug etwa einen Schilling für eine Kauri-Muschel).

In dieser Zeit wurden viele Oksapmin-Artefakte nach Übersee verschifft; ein Journalist berichtete, dass er einen Pfeil der Oksapmin für fünfzehn Dollar in der Buchhandlung *Brentano's* in New York entdeckt habe. Die Landepiste, die Mission und der Außenposten sorgten für immer stabilere Beschäftigungsverhältnisse, und darüber hinaus gab es Arbeitsplätze auf den Plantagen und später in den Minen an anderen Orten der Insel. Ab den Sechzigerjahren entwickelte sich also eine bargeldbasierte Wirtschaft, in der mit Arbeitskraft, Bauholz und Gemüse gehandelt wurde.

1966 wurde die australische Währung auf ein Dezimalsystem umgestellt, ein Dollar entsprach jetzt 100 Cent. Später, im Vorfeld der eigenen Unabhängigkeit, führte Papua-Neuguinea eine eigene Währung ein, in der 100 *toea* ein *kina* ergaben, obwohl die Begriffe *Schilling* und *Pfund* noch lange nach der offiziellen Abschaffung weiter im Umlauf waren.

Gleichzeitig betrieben die Missionare ab 1964 ein kleines Geschäft, in dem man gegen Geld Äxte und Messer, westliche Kleidung, Streichhölzer, Bälle, Spiegel und Ähnliches erstehen konnte – »allerhand nutzloses und unnötiges Zeug«, wie es ein Regierungsbeamter ausdrückte. In diesem Laden setzten Lohnarbeiter ihre frisch erstandenen Reichtümer gern in Güter wie Reis und Dosenfisch um. Einige eröffneten eigene Geschäfte, sodass es in der Gegend 1980 bereits mehr als 100 solcher Läden gab, in denen man alles kaufen konnte – von Lebensmitteln und Kleidung bis hin zu Seife und Batterien.

Diese Veränderungen brachten nicht nur neue Objekte zum Zählen mit sich, sondern auch neue, durch die verschiedenen Währungen bedingte Zählstrukturen und die Notwendigkeit, Rechnungen durchzuführen, vor allem im Rahmen der Einkaufssituation. Im einfachsten Fall bedeutete das, Münzen so zu zählen, wie man traditionell andere Dinge gezählt hatte – indem man nacheinander auf eine Abfolge von Körperteilen zeigte. Zwei Anthropologen berichten: »1960, als in der Oksapmin-Region australische Schilling und Pfund verwendet wurden, konnte es vorkommen, dass eine Frau eine Verbindung zwischen einer (festgelegten) Abfolge aus sechs Körperteilen und sechs Schilling herstellte und dann erklärte, dass der Wert der Schillinge *Handgelenk* betrage, also den sechsten Körperteil in der Abfolge.« Additionsaufgaben ließen sich lösen, indem man zwei Gruppen von Münzen nacheinander abzählte; Subtraktionen, indem man die entsprechende Anzahl Münzen vom Stapel entfernte und das zählte, was übrig war.

Schwierig wurde es in den frühen Tagen dieser neu eingeführten Geldwirtschaft allerdings, wenn die Münzen nicht präsent waren. Es fiel den Menschen schwer, imaginäre Münzen zu zählen und die richtige Antwort zu ermitteln.

> *Einige der Personen, die (im Jahr 1980) nur eingeschränkt mit der Geldwirtschaft zu tun hatten, verfügten nicht über die Fähigkeit, bei arithmetischen Kompositionen mithilfe von Körperteilen den Überblick zu behalten. Wenn sie versuchten, fünf Münzen zu sieben Münzen hinzuzuzählen, ohne dass die Münzen vorlagen, starteten sie am Unterarm (7) und machten weiter mit dem Ellbogen (8) und dem Bizeps (9), wussten dann aber nicht, wo sie aufhören mussten.*

Erfahrenere Individuen hingegen schufen neue Strategien. Einige eröffneten eine Untergruppe, um sich die zweite Menge Münzen zu vergegenwärtigen – zählten also beispielsweise parallel vom kleinen Finger bis zum Daumen sowie vom Unterarm bis zum Ohr. Andere vereinfachten diesen Vorgang, indem sie die *Worte* für »kleiner Finger« bis »Daumen« mit den *Gesten* vom Unterarm bis zum Ohr verbanden. Zu guter Letzt kam, vor allem unter den Verkäufern selbst, die sogenannte »Halbierter-Körper«-Methode auf, bei der eine Seite des Körpers dazu diente, eine Zahl »festzuhalten«, und auf der anderen eine zweite angezeigt wurde. Wenn man nun die eine Zahl systematisch bei jedem Einerschritt von der einen auf die andere Seite übertrug, ließen sich Additionen und Subtraktionen mit Gesten lösen und das Ergebnis in die mittlerweile vorgeschriebene Dezimalform bringen.

Jüngste Forschungen zu den Zählgesten der Oksapmin offenbaren eine deutliche Tendenz, das Zählsystem auf zwanzig zu begrenzen, was die Bedeutung des zwanzig Schilling umfassenden Pfunds und des heute verwendeten Zwanzig-*kina*-Scheins bei geschäftlichen Transaktionen widerspiegelt. Das hatte auch eine Umdeutung von *fu*, dem traditionellen Begriff für »siebenundzwanzig« oder einen vollständigen Durchlauf, zur Folge: Er steht jetzt für »zwanzig« oder – im Zusammenhang mit Geld – »zwei *kina*« (also zwanzig Zehn-*toea*-

Münzen). Einige Sprecher haben die Bedeutung von zwei *kina* auf zwei im Allgemeinen erweitert, und mittlerweile kommt es sogar vor, dass das Wort als Vorsilbe verwendet wird, die jedes Zahlwort der traditionellen Körperzählweise verdoppelt. Die Möglichkeiten zum Wandel kennen offenbar keine Grenzen.

•

Die in Neuguinea angewandten Körperzählsysteme führen uns eindrücklich vor Augen, wie unterschiedlich gezählt werden kann – diese Methode wirkt wie eine natürliche Erweiterung des Fingerzählens, findet sich aber dennoch nirgendwo sonst auf der Welt. Und als die Notwendigkeit entstand, neue Dinge in neuen Situationen zu zählen, dauerte es nicht lange, bis die Oksapmin und ihre Nachbarn ihre Zählmethoden entsprechend veränderten. Sie lösten die Verbindung zwischen den Körperteilen und den Bezeichnungen und verliehen den alten Wörtern und Gesten eine neue Bedeutung. Das ist ein beeindruckendes Beispiel für die Anpassungsfähigkeit von Zählsystemen.

Tonga: Blätter zählen

Auf der Insel Tonga, 2007. Eine Frau sammelt Pandanusblätter, um daraus eine traditionelle Matte zu fertigen. Sie nimmt nur Blätter von einer bestimmten Art des Baums, des *kie*, und bearbeitet sie so, dass sie eine helle Farbe annehmen.

> *Die kie-Blätter werden zurechtgeschnitten, wenn sie noch grün sind, die scharfen Kanten an den Seiten und auf der Mittelrippe werden entfernt. Zudem wird das Blatt meist entlang der Mittelrippe in zwei Hälften geteilt. Dann werden die Blätter zusammengerollt einen Tag oder eine Nacht lang gekocht, bis sie weicher, aber immer noch braun sind. Anschließend bindet man sie zu Bündeln und bringt sie zum Meer.*

Die Anzahl der Blätter pro Bündel hat Tradition:

> *Obwohl es bei kleineren Mengen Abweichungen geben mag – manche Menschen zählen die Blätter einzeln ab, andere paarweise –, dreht sich bei den Bündeln alles um die Zahl zwanzig (*tekau*): Je zwanzig Pandanusblätter werden zu einem Bündel verschnürt und zum Meer transportiert. Dort zählt man sie zu* tefuhi *(»zehn Zwanziger«) – oder bei Bedarf auch mehr – ab.*

Anschließend geht der Bearbeitungsprozess weiter:

> *Nicht weit vom Strand entfernt wird eine Reihe Stöcke mit dem einen Ende in den Meeresboden gebohrt. Zwischen den anderen Enden spannt*

man eine Schnur. An dieser Schnur befestigt man die Bündel so, dass sie bei Flut im Wasser und bei Ebbe in der Sonne hängen. Nach etwa zehn Tagen nimmt man sie ab, wäscht sie aus und lässt sie spiralförmig aufgedreht in der Sonne trocknen. Wenn sie vollständig getrocknet sind, werden sie geglättet, meist mit einem Stück Metall, und in schmale Streifen geschnitten.

Trocknende Pandanusblätter auf Tonga

Aus diesen Streifen werden Matten für verschiedene Verwendungszwecke geflochten. Kleinere Exemplare können um die Hüfte getragen werden, mittlere dienen als Schlafunterlage. Die größten, prestigeträchtigsten Matten – etwa zwei Meter breit und zehn Meter lang – werden zu Hochzeiten oder Beerdigungen verschenkt oder auch verkauft. Eine solche Matte besteht aus vier- oder fünftausend Blättern und wird häufig von einer ganzen Gruppe von Frauen gemeinsam geflochten, die alle den gleichen Anteil an Streifen beisteuern. Die besten Matten vererbt man weiter; die Sammlung der aus besonders schmalen Streifen erschaffenen Matten im Palast wird manchmal als »Kronjuwelen von Tonga« bezeichnet und zu besonderen Anlässen öffentlich ausgestellt. Als Königin Salote Tupou III. von Tonga im Dezember 1953 Queen Elizabeth II. aus Großbritannien empfing, trug sie die gleiche 600 Jahre alte Matte um die Hüfte wie zu ihrer eigenen Krönung.

•

Das Königreich Tonga besteht aus mehr als 150 Inseln, die sich über rund 800 Kilometer im Pazifik verteilen. Sie liegen ungefähr auf einem Drittel der Strecke zwischen Neuseeland und Hawaii, am Westrand der Inselgruppen, die unter der Bezeichnung Polynesien zusammengefasst werden. Das tropische Klima bringt heiße, feuchte Sommer, kühle Winter und viel Niederschlag mit sich. Der Boden ist fruchtbar, das Meer reich an Fischen und Muscheln, die für die Menschen traditionell ebenso wichtig sind wie das Gemüse, das sie auf einer Vielzahl kleiner Felder anbauen. Landwirtschaft, Fischerei und Forstwirtschaft sorgen für einen Großteil der Arbeitsplätze, Exporteinnahmen und Nahrungsmittel der Inselbewohner. Landtiere haben es nur in geringer Anzahl bis hierher über den Ozean geschafft, und Fleisch wird traditionell nur zu besonderen Anlässen aufgetischt.

Trotz mehrerer Vereinnahmungsversuche im achtzehnten und neunzehnten Jahrhundert gelang es Tonga, politisch unabhängig zu bleiben und sich sein kulturelles Erbe zu bewahren; der Inselstaat ist bis heute eine konstitutionelle Monarchie – die letzte indigene Monarchie in der pazifischen Inselwelt. Die Stammeslinie der Tu'i-Tonga-Herrscher lässt sich tausend Jahre weit zurückverfolgen.

Die tongaische Sprache wird von rund 100 000 Menschen gesprochen und umfasst, wie viele ihrer polynesischen Verwandten, mehrere unterschiedliche Zählweisen. Den Zahlwörtern liegt ein regelmäßiges Dezimalsystem zugrunde, mit Bezeichnungen für die Zahlen von eins bis neun (*taha, ua, tolu, fā, nima* …) und für die Zehnerpotenzen bis 100 000 (heute ergänzt durch die englischen Wörter »million«, »billion« usw.). Bis zu dieser Grenze werden sämtliche Zahlen fast ausnahmslos durch Addition oder Multiplikation gebildet.

Außerdem verfügt das Tongaische über eine Reihe sogenannter »Nominalklassifikatoren«, die als Begleiter der Zahlwörter auftreten und darüber bestimmen, welche Art von Objekten hier gezählt wird. Dabei unterscheidet man grob gefasst vier verschiedene Nominalklassen: Menschen, Tiere, kleine oder handgefertigte Gegenstände sowie große oder natürliche Gegenstände. Die Klassifikatoren werden zudem gebeugt, um die grammatikalische Unterscheidung zwischen Dual und Plural – zwei Objekten bzw. mehr als zwei Objekten – zu markieren.

Noch komplizierter wird das System dadurch, dass es vier Möglichkeiten gibt, bestimmte Objekte zu zählen, und dabei unterschiedliche Bezeichnungen für die Zahlen verwendet werden. Zuckerrohrstücke werden paarweise gezählt, mit eigenen Begriffen für »Paar«, »zehn Paare« und »zwanzig Paare«. Kleinere Mengen an Kokosnüssen zählt man ebenfalls paarweise. Bei größeren Anzahlen steigt man jedoch auf ein Zwanzigersystem und irgendwann auf ein Zweihundertersystem um, mit gesonderten Ausdrücken für »Paar«, »Zwanziger« und »ein Paar Zwanziger« sowie »Zweihunderter« und »ein Paar Zweihunderter«. Bei Yamswurzeln und Pandanusblättern gilt die gleiche Zählweise wie bei Kokosnüssen, aber mit anderen Begriffen. Fische werden paarweise und in Zwanzigern, aber nicht in Zweihundertern gezählt.

All diese Sonderstrukturen werden zudem mit dem regulären Dezimalsystem kombiniert. Ein Effekt davon ist, dass bestimmte Wörter je nach Kontext unterschiedliche Bedeutungen annehmen. *Teau* beispielsweise steht für 100 normale Gegenstände, aber auch für 100 *Paar* Zuckerrohrblätter oder 100 *Zwanziger* Kokosnüsse, Yamswurzel oder Fisch. Es gibt in der tongaischen Sprache sogar unterschiedliche Bezeichnungen für die »allgemeine Zählweise« – das paarweise Zählen – und die »einzelne Zählweise«.

Auf den ersten Blick ist diese Vielfalt an Zählsystemen absolut verwirrend – und warum werden gewisse Objekte überhaupt anders gezählt als der Rest? Die fraglichen Gegenstände sind allesamt natürlich vorkommende Alltagsprodukte; was sie verbindet, sind nicht ihr Stellenwert oder die Häufigkeit ihres Vorkommens, sondern ihre kulturelle Bedeutung, insbesondere als Geschenk oder bei Festmahlen. Es handelt sich um Güter, die zu bestimmten traditionellen Anlässen in enormen Mengen zusammengetragen, an die Königin oder den Herrscher überreicht und von diesen auf die Anwesenden aufgeteilt wurden. Frühe Quellen berichten, dass am Königshof stetig Lebensmittel eingingen, die genauso regelmäßig zu besonderen Anlässen an die Bevölkerung ausgegeben wurden. In jüngerer Zeit werden auf diese Weise Geburtstage, Hochzeiten und Beerdigungen begangen – man tauscht Wertgegenstände aus. Bei der Übergabe bestimmter Lebensmittel an den König soll sogar im frühen einundzwanzigsten Jahrhundert noch auf die traditionellen Zählweisen zurückgegriffen worden sein.

> *Eine solche Übergabe fand Ende August 2004 statt, als Seine Majestät, König Taufa'āhau Tupou IV. und mehrere Mitglieder seiner Familie den Ort Pangai auf Lifuka, einer Insel der Inselgruppe Ha'apai, besuchten, um der dortigen Landwirtschaftsschau beizuwohnen. Die Darbietungen und Präsentationen im Rahmen dieser Schau wiesen eine ausgeprägte Ähnlichkeit zur Zeremonie der ersten Früchte,* inasi, *auf. Zu den Gaben zählen für gewöhnlich ganze Kava-Sträucher sowie Zuckerrohr, Yamswurzeln, Riesen-Taro und ausgewachsene Schweine (*puaka toho*). Fische, Schildkröten, Oktopusse und große Muscheln können ebenfalls Teil des* fakapangai *bilden, und manchmal sind auch Obstkörbe, geflochtene Matten aus Pandanusblättern und Tapamatten (*ngatu*) dabei.*
>
> *Während bei den größeren Objekten einzelne Exemplare genügen, [...] müssen andere Gegenstände in Zwanzigerbündeln dargeboten werden. Vor allem Yamswurzeln und Riesen-Taro werden ausschließlich in* kau *(zwanzig) überreicht und gezählt. Dementsprechend umfasst die kleinstmögliche Gabe zwanzig Stück, während es sich bei größeren Mengen um ein Vielfaches von zwanzig handeln muss.*

Die tongaische Sprache steht in dieser Hinsicht nicht allein da; vergleichbare Systeme finden sich in vielen der fast 30 polynesischen Sprachen, zu der unter anderem Samoanisch, Tahitianisch und Maori gehören. Häufig ähneln sich die konkreten Zahlwörter, was die gemeinsame linguistische Vergangenheit der Sprachen reflektiert. Die meisten von ihnen verwenden Dezimalsysteme, und ein großer Teil verfügt – oder verfügte – zudem über spezielle Zählverfahren für bestimmte Arten von Objekten, basierend auf unterschiedlichen Einheitsgrößen, etwa Gruppen von zwei, vier, zehn oder zwanzig Objekten. Bei den Gegenständen, für die besondere Zählgewohnheiten gelten, handelt es sich offenbar um solche, die in Verbindung mit traditionellen Formen der Nahrungszubereitung, Festmahlen oder Ritualen standen – Güter, die kulturell bedeutsam und gleichzeitig so reichlich vorhanden waren, dass man große Mengen davon zählen musste. Gängige Beispiele dafür sind Fische, Kokosnüsse und Wurzelknollen sowie die Rohmaterialien zur Herstellung von Textilien.

Auf Rennell beispielweise, einer der Salomon-Inseln, wird eine polynesische Sprache gesprochen, deren Zählvokabular spezielle Einheiten für Bananen, Yams, Brotfrüchte und Taro-Knollen umfasst. Bananen werden in Gruppen zu je vier Bündeln gezählt, Yams und Brotfrüchte in Paaren, wobei zehn Paare einen Korb füllen, Yams in Haufen von zehn (oder acht, wenn es sich um große Exemplare handelt), gestutzter Taro in Körben zu meist vier Stück, Taro-Stängel je nach Sorte in Fünfer-, Zwölfer- oder Zweiundzwanziger-Bündeln, Taro-Knollen in Säcken, Kokosnüsse in Zehnerbündeln. Pandanusblätter wurden zu Ballen aus je 60 oder 72 Stück zusammengerollt. Ein Bericht erwähnt 7600 Einheiten Bananen, was nach dieser Zählweise insgesamt rund 300 000 Bananen entsprochen haben dürfte.

Beispiele dieser Art gibt es viele. Auf Mangareva wurden

> *Brotfrüchte, Pandanusblätter, landwirtschaftliche Werkzeuge und Zuckerrohr paarweise gezählt (*tipau rua*), reife Brotfrüchte und Oktopusse in Vierergruppen und die ersten Brotfrüchte und Oktopusse der Saison, die als Abgabe an den Besitzer überreicht wurden, in Achtergruppen. Alle anderen Dinge (einschließlich Menschen, Säugetieren und Vögeln) zählte man einzeln (*tipau tahi*).*

Im Samoanischen gibt es besondere Einheiten für Fische, Ferkel und Kokosnüsse.

Dieses Phänomen zieht es sich durch die gesamte polynesische Sprachfamilie – genau wie durch die etwas entfernter verwandten Sprachen der mikronesischen Sprachfamilie: Dort nutzt man ein Dezimalsystem, in dem viele der Zahlwörter offenbar den gleichen Ursprung wie die der polynesischen Sprachen haben, in einigen Fällen ergänzt durch zusätzliche Zählsysteme, die Objekte zu Paaren oder anderen Konstellationen gruppieren.

Wie so viele der weltweiten Zählweisen sind auch die polynesischen Zahlwörter vom Aussterben bedroht, da immer mehr Lehnwörter aus anderen Sprachen wie dem Englischen in den Wortschatz Einzug halten und die Bezeichnungen für große Mengen ersetzen. Der Kontakt zu den Zahlensymbolen des Stellenwertsystems sorgt dafür, dass die Leute für die Zehnerpotenzen nicht mehr die traditionellen Begriffe ihres Dezimalsystems verwenden, sondern einfach Ziffern aneinanderreihen – statt »zweitausend-siebenhundert-dreiundvierzig« sagen sie »zwei sieben vier drei«. Auf diese Weise gehen die komplexeren Elemente des Ur-Systems verloren: Die Sonderformen werden nicht länger erlernt und es gibt immer weniger Menschen, die sie fließend beherrschen. Sprachforschende beobachten, dass diejenigen, die mit den alten Systemen an sich vertraut sind, sich nicht länger darüber einig sind, wie sie funktionieren: »Einige wenden die traditionellen Systeme überhaupt nicht mehr an oder erinnern sich gar nicht mehr an sie, während andere Zählstrategien verallgemeinern.« Doch wie die meisten Aktivitäten des Menschen waren auch die traditionellen polynesischen Zählsysteme genau auf die Zwecke abgestimmt, für die sie gebraucht wurden. Sie haben es verdient, verstanden zu werden und erhalten zu bleiben, selbst wenn sie in Zukunft keine Anwendung mehr finden.

•

Die komplexen Zählsysteme im Tongaischen und in den verwandten und benachbarten Sprachen werfen die Frage nach ihrer Entstehung auf. Archäologische Funde zeigen, dass vor etwa sechstausend Jahren eine Gruppe Seefahrer und -fahrerinnen aus Südchina ausschwärmte. Linguistische Untersuchungen der austronesischen Sprachfamilie bestätigen das. In ihren Booten gelangten sie erst nach Taiwan, dann auf die Philippinen, nach Malaysia, Indonesien und Madagaskar und fuhren dann weiter über den Pazifik nach Osten. Während sie Australien links liegen ließen (die moderne Bezeichnung »austronesische Sprachen« für die Sprachfamilie ist so gesehen irreführend) und sich in Neuguinea auf die Küstenbereiche beschränkten, wurden die kleineren Inseln allesamt von ihnen besiedelt. Vor etwa dreitausend Jahren begannen sie, sich Stück für Stück durch West- und Zentralpolynesien sowie die abgelegeneren Bereiche Ozeaniens zu arbeiten, bis nach Hawaii und Neuseeland. Das letzte größere Archipel wurde vor etwa 700 Jahren besiedelt. Eine Folge dieser rapiden Ausbreitung über unzählige Inseln war eine starke Diversifizierung der Sprache: Der austronesischen Sprachfamilie ist etwa ein Fünftel aller lebenden Sprachen zuzuordnen.

Diese Seefahrenden suchten das Abenteuer. Sie folgten dem Weg des Windes, um winzige Flecken Land in einem riesigen Ozean ausfindig zu machen. Sie betrieben Landwirtschaft und Handel und machten die Inseln bewohnbar, indem sie Pflanzen wie Taro, Yams, Süßkartoffeln, Bananen, Kokosnuss, Zuckerrohr und Kava anbauten. Außerdem führten sie neue Tierarten wie Schweine, Hunde und Geflügel ein. Und ihre Sprache.

Es lässt sich mit einiger Sicherheit rekonstruieren, wie die protoaustronesischen Zahlwörter lauteten, verwendet von denjenigen, die vor sechstausend Jahren das ostasiatische Festland hinter sich ließen: *a-sa, dusa, telu, sempat, lima …* Außerdem gilt als gesichert, dass sie ein Dezimalsystem bildeten. Unklar ist, wie weit man damit zählen konnte, doch die ersten Siedler Polynesiens verfügten definitiv über ein Wort für »hundert«, während der protopolynesische Wortschatz bis 10 000 reichte, wahrscheinlich sogar bis zu einer Million.

Ein umfassendes Dezimalsystem gibt es in diesem Teil der Welt also schon sehr lange, obwohl sich die Begriffe für die größten Zehnerpotenzen offenbar auf verschiedenen Inseln unabhängig voneinander entwickelt haben, als Bedarf danach bestand. Man kann davon ausgehen, dass diese hohen Zahlen beim Zusammentragen und Umverteilen von Grundlebensmitteln anlässlich von Festen und Ritualen entstanden – eine tief verwurzelte Tradition öffentlicher Großzügigkeit, der zufolge das Ansehen eines Herrschers davon abhing, wie viel er den Göttern und seinem Volk schenkte. »Auf Lamotrek und Fais, zwei Inseln der Karolinen, wurden beispielsweise regelmäßig große Mengen *til*-Fisch nach einem feststehenden Schlüssel unter den Dorfbewohnern verteilt, und auf Woleai ist ein Ereignis dokumentiert, bei dem bei einer Bestattung mehr als 12 000 Kokosnüsse ausgegeben wurden.« Es ist weniger die Anhäufung von Ressourcen als vielmehr ihre ordnungsgemäße Verteilung, die ein effizientes Zählen bis in große Höhen verlangt.

Was die Sonderzählsysteme für bestimmte Objekte angeht, so scheint ihre Entstehung mit der Verwendung von Klassifikatoren in diesen Sprachen zusammenzuhängen. Viele der mikronesischen und eine Reihe der polynesischen Sprachen, etwa das Tongaische, ordnen Substantive bis zu mehreren Dutzend Kategorien zu. Anders als das Tongaische mit seinen vier Nominalklassen weisen das Samoanische fünfzehn und die chuukesische und die kiribatische Sprache je 90 dieser Klassen auf, jeweils mit eigenen sprachlichen Klassifikatoren. Auch diese Eigenschaft der Sprachen lässt sich weit zurückverfolgen; sie existiert schon mindestens seit dem Protopolynesischen.

Einige der Klassifikatoren legen nicht nur fest, was gezählt wird, sondern auch, in welcher Einheit: nicht Bananen, sondern Bananenbüschel; nicht Kokosnüsse, sondern Kokosnussbündel. Es sieht stark danach aus, als sei dies der Ursprung der Sonderzählsysteme gewesen. In Situationen, in denen es notwendig war, große Mengen von Objekten akkurat zu erfassen, wurde die Aufgabe erleichtert, indem man einen Klassifikator einführte, der deutlich machte, dass man die Objekte nicht einzeln zählte, sondern gruppenweise – manchmal in Paaren, manchmal aber auch in Zehner- oder Zwanzigereinheiten. Auf diese Weise erweiterte man das Mengenspektrum, das sich mithilfe von Zahlwörtern abdecken ließ, ohne neue Zahlwörter finden zu müssen.

•

Bis auf Afrika hat kaum eine Region der Welt eine derart lange, komplexe und vielschichtige Besiedelungsgeschichte wie Ozeanien. Worte sind hier traditionell Vehikel für Ideen und Kulturformen, sodass die Inselwelt ein Paradebeispiel dafür ist, was Worte sein und bewirken können. Die Zählmethoden Ozeaniens sind raffiniert, kreativ und perfekt auf ihre Verwendungszwecke abgestimmt. Sie sind der beste Beweis dafür, was das Zählen mit Worten ausrichten und auf wie vielen unterschiedlichen Wegen man zum Ziel gelangen kann. Den polynesischen Sprachen wären – anders als YouTube – wohl nie die Zahlen ausgegangen. Als die Oksapmin Rechenverfahren finden mussten, um ihre Zählgesten mit den modernen Vorstellungen von Geld und Bezahlvorgängen in Einklang zu bringen, legten sie eine erstaunliche Erfindungsgabe und Flexibilität an den Tag. Und die Ureinwohner Australiens verfügten über alle Zahlwörter, die sie für ihre vielfältigen Lebensweisen benötigten – über Zehntausende Jahre hinweg.

Auf der Ostseite des Pazifiks sieht die Welt ganz anders aus. Der amerikanische Doppelkontinent wurde später besiedelt als alle anderen – doch die Bandbreite an Zählmethoden ist hier womöglich die größte von allen.

8

Panorama: Zählen in Nord- und Südamerika

Die ersten Menschen kamen nach Nordamerika, als das Eis zurückging – vielleicht vor 14 000 Jahren, vielleicht vor noch längerer Zeit. Zu Fuß (und wahrscheinlich mit Hilfe von Booten) gelangten sie dort, wo heute die Beringstraße verläuft, von Sibirien nach Alaska.

Vor ihnen erstreckte sich ein riesiger Kontinent – ein Viertel der bewohnbaren Landmasse der Erde; fast 16 000 Kilometer von Norden nach Süden. Über Hunderte oder sogar Tausende Jahre hinweg breiteten sich die Menschen an den Küsten und im Inland aus und besiedelten so Nord-, Mittel- und Südamerika. Bis dahin war der Doppelkontinent die letzte nicht dauerhaft bewohnte Landmasse gewesen – jetzt entstand dort ein buntes Mosaik aus Kulturen und Sprachen.

Um das Jahr 1500 wurden in Amerika tausend Sprachen gesprochen. Sie lassen sich nicht einer kleinen Anzahl großer Familien zuordnen, wie es in Afrika, Europa und Asien der Fall ist, sondern bilden ganz im Gegenteil eine große Anzahl kleiner, nicht miteinander verwandter Sprachfamilien. Das Gleiche gilt für die amerikanischen

Zählweisen. Fast alles, was es im Rest der Welt gibt, findet sich auch hier: von einfachen Zählsteinen und Ketten aus Muscheln oder Perlen bis hin zu ausgeklügelten Wort- und Symbolsystemen – ein dichtes Geflecht aus nicht (oder nur entfernt) miteinander verwandten Zählpraktiken.

Daher bilden die folgenden Seiten eine Art Zusammenfassung. In den letzten fünf Kapiteln haben wir eine Reise rund um die Erde gemacht und die verschiedenen Arten des Zählens betrachtet. Unserer Route führte uns von Afrika über den Fruchtbaren Halbmond durch Europa und Indien nach Ostasien und in den Pazifik. Jetzt begeben wir uns quer durch Amerika – von Alaska bis ins Amazonasgebiet. Das entspricht dem Weg von Norden nach Süden, den auch die Menschen hier gingen, und das Kapitel enthält nicht nur eine Geschichte, sondern viele. Denn auf diesem Kontinent, einer Art Mikrokosmos der kulturellen Vielfalt unseres Planeten, sind die Zählmethoden so vielfältig, unterschiedlich und überraschend wie im Rest der Welt zusammen.

Yup'ik: Zählspiele

Ein Bündel aus 38 identischen Holzstöcken, wahrscheinlich Zählhilfen für ein Spiel, ausgegraben aus der gefrorenen Erde in der Kuskokwim-Bucht im Westen Alaskas. Heute befindet es sich zusammen mit Tausenden am gleichen Ort geborgenen Fundstücken in einem Museum in Quinhagak.

Ein Bündel Zählhölzer aus Nunalleq

Der Fund erfolgte [...] in einem sehr dünnen, von Brandspuren übersäten Hausboden unter einer Wand. Unter dem Boden befindet sich natürlicher Grund, was darauf schließen lässt, dass hier vorher wohl keine menschlichen Aktivitäten stattgefunden hatten. Ganz in der Nähe der Stöcke lagen ein großer Holzlöffel und die Überreste eines großen Tontopfes. Dies und die Spuren des Feuers deuten darauf hin, dass es sich um einen Kochbereich gehandelt haben könnte – aber was machen die Spielbestandteile in der Küche?

Die amerikanische Arktis war über einen langen Zeitraum hinweg Schauplatz komplexer Bevölkerungsbewegungen, bedingt zumindest zum Teil durch die stetigen Klimaveränderungen. Vor etwa tausend Jahren tauchte an der Beringstraße in Nordalaska eine Gruppe auf, die heute als »Thule-Kultur« bezeichnet wird. Sie breitete sich entlang der Westküste bis zum Kodiak-Archipel und zum Golf von Alaska und Richtung Osten quer durch Nordkanada bis nach Grönland aus und vereinnahmte oder verdrängte dabei die vorherige Bevölkerung. Ihre Nachkommen leben bis heute in der Region und sind unter dem Namen Yup'ik bekannt.

Das Dorf Agaligmiut bestand ab Ende des vierzehnten Jahrhunderts, es lag in der Kuskokwim-Bucht in der Nähe des Meeres und des Flusses Arolik. Damals – während der Kleinen Eiszeit – war es etwas kälter als heute, doch hier herrschten keine klassisch arktischen Verhältnisse: Die Tage waren nie kürzer als fünf Stunden, und während der drei Sommermonate konnte das Thermometer auf über 25 Grad steigen.

Die Yukon-Kuskokwim-Region ist ein Delta von der Größe eines kleinen Landes: eine weitläufige Sumpflandschaft, durchzogen von einem Netz aus Bächen, Gräben und Wasserstraßen. Flussmündungen wandern, die Küste erodiert. Ein einziger Sturm reicht, um die Uferlinie bis zur Unkenntlichkeit zu verändern. Die Wasservogel- und Fischpopulationen dieser Tundralandschaft zählen zu den größten der Welt. An manchen Tagen fliegen hier so viele Gänse, dass sie die Sonne verdecken.

Die Fülle an natürlichen Ressourcen war auch der Grund für den Standort des Dorfes: Es gab Robben im Meer, Lachse im Fluss und Karibus an Land. Das Haupthaus von Agaligmiut wurde mehrfach erweitert, umgebaut und mit neuen Böden ausgestattet. Anfangs hatte es noch halb unter der Erde gelegen, doch in der letzten bewohnten Phase um 1670 verfügte es über mindestens drei separate Eingänge, mit langen Fluren und sechs oder mehr davon abgehenden Räumen.

Die Lebensweise der Menschen war an die lokalen Gegebenheiten angepasst. Sie verwendeten Holz und Geweihe, um daraus Werkzeug, Waffen, Spielfiguren, Masken, Kajakteile und Pfeile herzustellen. Körbe wurden aus Gras geflochten, Kleidung aus Fellen und Leder gefertigt, Behältnisse aus Ton gebrannt. Die Yup'ik erlegten ihre Beute mit Pfeil und Bogen, Harpunen und Netzen; ihr Hauptjagdgrund war die Küste, doch es ist möglich, dass sie zu bestimmten Jahreszeiten auch Lager im Landesinneren errichteten, um dort zu jagen und Fallen zu stellen. Ihre Schlitten ließen sie von Hunden ziehen.

Die Yup'ik pflegten einen vergleichsweise üppigen und flexiblen Lebensstil: Wenn es bei der Verfügbarkeit einer Ressource zu Schwankungen kam, konnten sie sich anpassen und auf andere Nahrungsmittel umsteigen. In der Kaltzeit ab dem vierzehnten Jahrhundert gingen die Fischbestände zurück, sodass die Menschen mehr Karibu-, Hunde- und Robbenfleisch verzehrten; es gibt keine Belege dafür, dass sie Hunger gelitten hätten, nicht einmal in den kältesten Jahren.

Andererseits existieren deutliche Hinweise darauf, dass es in vielen Regionen Alaskas im achtzehnten Jahrhundert – und teilweise auch schon deutlich früher – zu kriegerischen Auseinandersetzungen kam. Eine Erklärung dafür könnte Ressourcenmangel sowie eventuell der Kampf um die ertragreichsten Gebiete wie die Kuskokwim-Bucht sein. Zu dieser Zeit kam es zu Plünderungen, Überfällen und zur Zerstörung ganzer Dörfer. Agaligmiut selbst brannte bei einem Angriff irgendwann gegen Ende des siebzehnten Jahrhunderts ab.

Heute nennen die Menschen in dieser Gegend den verlassenen Ort »Nunalleq« – das alte Dorf. Und es ist durchaus möglich, dass auch

»Agaligmiut« nicht ursprünglich der Name der Ansiedlung war; einigen Stimmen zufolge ist »Agalik« das lokale Wort für Asche.

•

Eine Kombination aus Ethnografie und archäologischen Funden wie dem oben beschriebenen Bündel Stöcke zeigen, dass Zahlen und das Zählen tief in dieser Welt verankert waren. In Beschreibungen des Lebensalltags der Yup'ik werden häufig Geschicklichkeitsspiele wie ein Pfeilwurfspiel aus den 1890er-Jahren erwähnt. Für dieses brauchte man einen etwa fünfzehn Zentimeter langen Holzblock, der zu einem Kegelstumpf mit einer mehrere Zentimeter breiten Oberfläche geschnitzt war, in welche ein tiefes Loch gebohrt war. Der Kegel wurde auf den Boden gestellt. Zum Spielen setzte man sich im Schneidersitz drumherum und versuchte nacheinander, mit einem kleinen Holzpfeil das Loch in der Mitte zu treffen. Außerdem lag »ein Häufchen kurzer, gleich großer Stäbe« bereit, die »als Zählmarken dienten«. Wenn jemand das Ziel getroffen hatte, nahm er oder sie sich ein solches Stäbchen und durfte außerdem gleich noch einmal werfen. Waren alle Hölzer vergeben, endete das Spiel, und »die Spieler zählten ab – wer die meisten Stäbchen hatte, gewann«.

»Für gewöhnlich wird dieses Spiel von Männern, Frauen oder Kindern nur zum Zeitvertreib gespielt«, bemerkte ein Beobachter, »doch manchmal werden kleine Objekte auf das Ergebnis gewettet. Für die Spieler stellt das Ganze ein großes Vergnügen dar, sie johlen und spotten wie Schulkinder, wenn jemand schlecht wirft.« Gerüchten zufolge war das Niederbrennen von Agaligmiut ein Racheakt aufgrund einer Verletzung, die bei einer Partie Pfeilewerfen entstand.

Es gab auch andere Spiele mit Pfeilen, etwa das Abwerfen eines aufrecht in den Boden gebohrten Stocks. Dabei wurden zehn Zählhölzer verwendet, um den Spielstand festzuhalten und den Gewinner zu ermitteln. In einem weiteren Spiel dienten die Stäbe sowohl als Zählmarken als auch als Spielbestandteil:

Ein Bündel aus 50 bis 75 kleinen, viereckigen Holzstäbchen, etwa zehn Zentimeter lang und damit kaum größer als lange Streichhölzer, wird auf dem ausgestreckten rechten Handrücken eines Spielers aufgetürmt. Dann zieht der Spieler seine Hand rasch weg und versucht, die herunterfallenden Stäbchen mit der gleichen Hand – Handfläche nach unten – aufzufangen. Wenn eines oder mehr Stäbchen zu Boden fallen, hat er es nicht geschafft und der nächste Spieler ist dran. Jedes Mal, wenn es jemand schafft, alle Stäbchen zu fangen, legt er sich eines davon als Zählmarke beiseite, bis keines mehr übrig ist. Dann zählen die Spieler ihre Stäbchen, und wer die meisten hat, ist der Gewinner.

Außerdem ließ sich mit diesen Stäbchen eine Art Mikado spielen: Man warf sie kreuz und quer auf den Boden und forderte die Mitspieler dazu heraus, ein Stäbchen aus dem Haufen zu entfernen, ohne dass sich die anderen bewegten. Auch hier dienten die Stäbe als Zählmarken – wer am Ende des Spiels die meisten vor sich liegen hatte, war der Sieger. Natürlich ging es nicht bei allen Spielen ums Zählen: Bei Ballspielen gab es zwar Spielstände, aber auf Kraft ausgelegte Wettstreite wie Ringkämpfe oder Tauziehen kamen ohne aus, ebenso wie Wettläufe oder Kajak-Rennen.

Andersherum kam das Zählen nicht nur beim Spielen zum Einsatz. Die Anzahl der bei der Jagd erbeuteten Tiere wurde in Elfenbein oder Walzähne eingeritzt, entweder in Form einfacher Strichlisten oder durch eine schematische Zeichnung des entsprechenden Tieres – Walross, Bär, Gans … Ein wunderschönes, bis heute erhaltenes Artefakt ist eine Holzkiste mit mehreren geschnitzten Vogelköpfen, vermutlich ebenfalls eine Form der Jagddokumentation.

Einige Jäger gingen noch weiter und tätowierten sich die Anzahl erbeuteter Tiere auf den Körper. Dort prangten dann neben einer Vielzahl anderer Symbole und Bilder auch Karibus oder – in den Gemeinschaften, die sie jagten – Wale. Strichlisten, die erlegte Tiere darstellten, sollen selbst in die Schäfte von Harpunen eingeritzt worden sein – und laut einem Bericht aus einer Inuit-Gemeinschaft weiter nördlich wurde auf dieselbe Art das Vergehen der Zeit notiert. In einer Erzählung über eine Gruppe Inuit, die sich im ewigen Eis verirrte, heißt es:

> *»Wie viel Zeit verging von dem Augenblick, in dem sie aufs Meer hinaustrieben, bis zu ihrer Rückkehr nach Hause?«, fragte ich. »Zehn Sommer und zehn Winter bezeichnete die Anzahl der Kerben, die Comock in den Schaft seiner Harpune schnitzte«, antwortete Nanook.*

Darüber hinaus wurden Elfenbeinschnitzereien mit herausnehmbaren Elementen gefertigt, sodass man für jeden Tag der Woche eines davon einsetzen konnte – ein Abzählkalender.

•

Zudem kannten die Yup'ik auch Zahlwörter. In Agaligmiut sprach man das Zentral-Yup'ik des Yukon-Kuskokwim-Deltas. Es gehört zur Gruppe der fünf Yup'ik-Sprachen, die in Alaska und im äußersten Osten Russlands verbreitet sind, während die mit ihnen verwandten Inuit-Sprachen weiter nördlich in Nordalaska, Kanada und Grönland beheimatet sind. Die Yup'ik- und die Inuit-Sprachen bilden gemeinsam mit den auf den Aleuten gesprochenen Sprachen eine der wenigen größeren Sprachfamilien des nordamerikanischen Kontinents: die eskimo-aleutischen Sprachen.

Die Zahlwörter der Yup'ik verweisen deutlich auf das gestische Zählen an Händen und Füßen, vom linken Daumen zum linken kleinen Finger, vom rechten kleinen Finger zum rechten Daumen und dann das Gleiche noch einmal bei den Zehen, von rechts nach links. Der Ausdruck für »fünf«, *tallimat*, stammt von *taliq* (»Arm«), der für »zehn«, *qulit*, scheint »oben« zu bedeuten – damit dürften die Zahlen der oberen Körperhälfte gemeint sein. Das Wort für zwanzig, *yu-i'-nik*, heißt übersetzt »der Mensch ist vollständig«.

Bis zwanzig erfolgte das Zählen auf der Basis fünf, wenn auch mit leichten Abweichungen; die Begriffe für »neun« und »neunzehn« bedeuteten wörtlich übersetzt »fast zehn« und »fast zwanzig«. Zählbare Objekte wurden offenbar regelmäßig in Fünfergruppen unterteilt. Darüber hinaus handelte es sich um ein System mit der Basis zwanzig, wobei immer zuerst das entsprechende Vielfache von Zwanzig genannt wurde und dann der Rest. Diese größeren Zahlen waren besonders wichtig, wenn es um das Lagern und Zählen von Fischen ging.

Es dauerte nicht lange, bis durch den Kontakt mit der Außenwelt ein Wort für »tausend« dazukam: *tiisicaaq*, übernommen aus dem Russischen. 500 wurde als »die Hälfte von Tausend« ausgedrückt, was das System bei großen Zahlen weiter verkomplizierte. Außerdem erfuhren die Wortformen im zwanzigsten Jahrhundert eine Veränderung, die den Zusammenhang zwischen den Zahlwörtern und den Körperteilen verschleierte und für eine klarere Struktur im Aufbau sorgte. Von nun an galt für niedrige Zahlen die Basis fünf, für höhere zwanzig. Heute hat Zentral-Yup'ik mehr als 25 000 Sprecher, und es ist durchaus wahrscheinlich, dass die Zahlwörter in dieser Form fortbestehen werden.

•

Obwohl Agaligmiut abgebrannt und unter der Erdoberfläche verschwunden war, wurde das Dorf irgendwann wiederentdeckt. Verschiebungen der Küstenlinie hatten zur Folge, dass die Überreste von den Wellen weggespült und viele Gegenstände an den Strand geschwemmt wurden: »geschnitzte Holzstückchen, angespitzte Pfähle und zurechtgeschnittene Buchenrinde, die überall zwischen dem modernen Strandgut entlang der Flutlinie verstreut lagen«. Das einstige Dorf kam in kleinen Teilen wieder zum Vorschein: »Aus der dunklen Erde ragten halbe Schäfte, zerbrochene Schüsseln aus gebogenem Holz und die Stützbalkenstummel kollabierter Erdhütten hervor«. 2009 begannen Archäologenteams – mit Zustimmung und Unterstützung durch die Lokalbevölkerung in Quinhagak –, dort Ausgrabungen durchzuführen. Durch die kalten, trockenen Verhältnisse waren viele Artefakte aus Holz, Knochen, Geweihen – und sogar aus geflochtenem Gras – erhalten geblieben. Auf einigen davon waren noch Reste von Farbe zu erkennen, obwohl sie sich jahrhundertelang unter der Erde befunden hatten.

Das Bündel aus 38 Zählhölzern wurde im Juli 2018 ausgegraben. Wozu waren die Stöckchen verwendet worden? Auf diese Frage gibt es viele mögliche Antworten. Vielleicht hatte man sie für ein Pfeilwurfspiel benutzt – oder um die Anzahl der bei der Jagd erbeuteten Tiere oder das Verstreichen der Tage zu markieren. Womöglich wandelte sich ihr Verwendungszweck auch im Lauf der Zeit. Denn diese Zählhölzer sind Zeugnisse einer arktischen Welt, in der das Zählen zum Alltag gehörte, in der Zahlen – wie an anderen Orten und zu anderen Zeiten – auf verschiedene Weise erfasst, angewendet und benutzt wurden.

Pomo: Zählen, um zu zahlen

Nehmen wir eine große, flächige Muschelschale (eine leere), kratzen das raue Äußere ab und schlagen das, was übrig bleibt, mithilfe eines Steins in kleine Plättchen. Diese glätten wir anschließend mit einer Klinge aus Quarz. Die Scheiben haben einen Durchmesser von vielleicht einem Zentimeter, und mit etwas Geschicklichkeit lassen sich bis zu 40 davon aus einer einzigen Muschel gewinnen.

Als Nächstes bohren wir Löcher in die Plättchen. Bei dem Werkzeug, das wir dafür benutzen, handelt es sich um eine Art Fiedelbohrer: Ein hölzerner Schaft mit Spitze aus Quarz oder Feuerstein wird mithilfe einer darum geschlungenen straff gespannten Sehne in Bewegung versetzt. Das ist der Teil der Arbeit, der am meisten Können voraussetzt, und diejenigen, die diese Technik ausüben, haben sich an strenge Regeln zu halten.

Anschließend sortieren wir die so entstandenen Perlen nach Größe, stecken je ein halbes Dutzend ungefähr gleich großer Exemplare auf einen Weidenzweig und rollen sie mit der Hand über eine feuchte Sandsteinplatte, um die verbliebenen Ecken und Kanten abzuschleifen. (Auf den Handflächen allerdings erzeugt die Kombination aus Kalk und Wasser Furchen und Runzeln, sodass Perlenhersteller auf einen Blick zu erkennen sind.) Eventuell folgt ein abschließender Poliervorgang mit Hirschleder.

Als Letztes fädeln wir die Perlen auf Rispengrashalme, sodass lange Ketten von bis zu 200 Stück entstehen. Diese werden in Körben oder Lederbeuteln deponiert oder sogar vergraben, um sie sicher aufzubewahren.

Die Pomo lebten im heutigen Nordkalifornien, an der Pazifikküste und bis zu 150 Kilometer landeinwärts. Die Landschaft dort war und ist sehr facettenreich; neben ebenen Fächen am Meer gibt es waldbestandene Berge, spärlich bewachsene Täler und Seen. Da diese Gegend dreitausend Kilometer näher am Äquator liegt als die arktische Heimat der Yup'ik, hielt sie noch mehr natürliche Ressourcen bereit – ideal für ein Volk von Jägern und Sammlern. Das Klima war insgesamt sehr mild, und es gab regelmäßigen, aber nicht übermäßig starken Niederschlag. Dürren und Hungersnöte kamen nur selten vor, und in früheren Zeiten ernährte die Region mehr als achttausend Menschen. Schätzungen zufolge könnte die Erstbesiedelung schon vor neuntausend Jahren erfolgt sein.

Das Muschelgeld der Pomo

Der Name »Pomo« bezeichnet die Sprecher und Sprecherinnen von sieben verschiedenen, miteinander verwandten Sprachen. Sie lebten in kleinen Gruppen oder Verbänden zusammen und bewohnten mehrere hundert Dörfer, ergänzt durch mehr oder weniger temporäre Lager zum Jagen und Fischen. Ihr Speiseplan umfasste Eichelbrot, Nüsse, Körner, Wurzeln und Knollen sowie Vögel und Säugetiere. Rotwild und andere größere Tiere jagte man mit Pfeil und Bogen, Kaninchen und Eichhörnchen mithilfe von Fallen. An der Küste gab es auch Meeresfrüchte: Lachse und Forellen wurden mit Speeren und Netzen aus den Flüssen und Seen geholt, Muscheln im Meer gesammelt.

Holz spielte im Leben der Pomo eine große Rolle: Röcke bestanden aus schmalen Rindenstreifen, Flöße aus Baumstämmen. Für den Hausbau verwendete man große Stücke Rinde und Bretter vom Mammutbaum. Die geflochtenen Körbe der Pomo sind bis heute berühmt. Als Schmuck dienten – neben Federn und Tätowierungen – Muschelperlen.

Letztere wurden in diesem Teil Kaliforniens schon hergestellt, seit sich die ersten Menschen hier niedergelassen hatten. Im Lauf der Zeit nutzten verschiedene Gruppen dafür unterschiedliche Muschelsorten, unter anderem Abalone, Venusmuscheln, Kahnfüßer und die sogenannten Zwergolivenschnecken. Größere Mengen Perlen erschufen als Erste die Chumash auf den Inseln im Santa-Barbara-Kanal, während die Stämme auf dem Festland sie ihnen zunächst abkauften. Die aus Olivenschnecken angefertigten Perlen zählten zu den ersten Objekten, die in Nordamerika über weite Distanzen hinweg gehandelt wurden; darauf weisen frühe Funde in der Mojave-Wüste hin. Doch mit der Zeit lernten auch die Inlandsbewohner, wie man Perlen herstellte. Anfangs beschafften sie sich die Rohmaterialien durch Handel:

> *Wokox, ein Mitglied der südöstlichen Pomo, berichtete, dass sie die Muscheln ursprünglich hauptsächlich durch Handel erlangten. Einzelpersonen machten sich allerdings nur selten auf den Weg, aus Angst vor den*

Stämmen, auf die man unterwegs stieß. [...] Die in der Bodega-Bucht ansässigen Coast-Miwok verkauften ihre Muscheln an die Stämme am Russian River, die sie wiederum an die Wappo aus der Region um Middletown weitergaben, durch die sie zu den Lake-Miwok im Coyote-Tal gelangten, welche sie dann den südöstlichen Pomo anboten.

Doch nachdem die Coast-Miwok durch den gewaltsamen Kontakt mit Weißen stark dezimiert worden waren, machten sich Delegationen von Pomo-Stämmen ein- oder zweimal im Jahr selbst auf den Weg in die Bodega-Bucht, um sich mit Muscheln (sowie Algen, Salz und Meerestieren) zu versorgen. Die Wanderung, an der die meisten oder alle Erwachsenen des Stammes teilnahmen, war mehr als 100 Kilometer lang und nahm drei bis vier Tage in Anspruch. Die Muschelernte lief so ab, dass man mit einem Stock einen Hohlraum in den steinigen Boden bohrte und die Muschel dann per Hand pflückte; pro Person konnten knapp fünfzig Kilo davon transportiert werden.

Im späten neunzehnten Jahrhundert waren die Pomo die wichtigsten Perlenproduzenten in Zentralkalifornien; sie belieferten die Yuki, die Lake-Miwok, die Wappo und die Wintu, entweder gegen Bezahlung oder gratis. Die Perlenherstellung war jetzt ein richtiges Handwerk – die meisten Männer fertigten zumindest ein paar davon an, und manche taten kaum etwas anderes. Einigen Berichten zufolge galt für diejenigen, die die Löcher in die Muscheln bohrten, ein strenger Verhaltenskodex: Sie mussten frühmorgens aufstehen, ihre Arbeit fernab der Behausung verrichten oder auf den Konsum von Fleisch verzichten.

•

Anfangs nutzten diese Stämme Kaliforniens die Muschelperlen als Schmuckobjekte, vor allem in Form von Armbändern, Anhängern, Ketten und Ohrringen. In historischen Berichten ist von breitem Armschmuck aus einer Vielzahl kleiner Perlen die Rede, von kunstvollen Ketten mit Anhängern, die bis zu den Knien reichten. Es gab aus Muscheln geflochtene Gürtel, die bis zu zwanzig Zentimeter breit und einen Meter lang waren. Auch an durch die Nase gestochenen Stäben konnten Seeohrenperlen hängen. Außerdem nutzte man Muschelperlen dazu, Gegenstände wie Körbe und Taschen zu verzieren, etwa in Kombination mit leuchtend roten Spechtfedern. Bei Feierlichkeiten kamen besonders viele Perlenschmuckstücke zum Einsatz, unter anderem speziell dekorierte Gürtel und Haarnetze. Die traditionelle Figur des »bear doctor« trug Perlenschnüre und -gürtel als Teil ihrer rituellen Bekleidung.

Hinzu kam, dass Muschelperlen auch als Statussymbole dienten – je mehr Muschelperlen, desto höher das Ansehen. Es heißt, dass ein Pomo-Stammesführer seinen Nachfolger bestimmen konnte, indem er ihm eine bestimmte Anzahl an Muschelperlen überreichte. In einigen Teilen Kaliforniens galten die Perlen als wichtiges Erbe. In manchen Fällen sammelten sich gewaltige Mengen an; auf Fotos aus dem neunzehnten Jahrhundert sind einzelne Mitglieder des Bear-River-Stammes zu sehen, die mindestens zehn Meter lange Muschelperlenketten tragen, insgesamt weit über tausend Perlen.

Mehrere Quellen aus jener Zeit deuten darauf hin, dass die Pomo und ihre Nachbarn die Muschelperlen damals generell als Tauschmittel verwendeten. Diese Nutzung war weder an den Stand noch an das Geschlecht gebunden, und es gab auch keine Beschränkungen, welche Gegenstände oder Dienstleistungen damit veräußert und erstanden werden konnten. Man setzte die Perlen ein, um damit Lebensmittel und Alltagsgegenstände zu kaufen, Ärzte, Schamanen und Sänger zu entlohnen sowie Brautgelder und Blutschulden zu begleichen. Ein Hirsch kostete 1200 Perlen, ein handgefertigter Jagdbogen mindestens zweitausend.

Das bedeutete, dass die Muschelperlen zu einem Zahlungsmittel geworden waren. Kalifornien ist einer der wenigen Orte der Welt, wo ohne äußeren Einfluss Geld entstand – also Artefakte, die benutzt wurden, um Wert zu speichern und einzutauschen –, auch wenn nicht ganz klar ist, wann oder unter welchen Umständen das genau geschah. Schätzungen zufolge dürfte es vor 800 bis zweitausend Jahren passiert sein, und es gibt mehrere Theorien dazu, welche Kombination von Faktoren die Entwicklung von Geld an genau diesem Ort und zu dieser Zeit begünstigte. Eine Überlegung lautet, dass die zunehmende Bevölkerungsdichte – und womöglich auch eine wachsende Umweltvariabilität – es den Menschen dort erschwerte, die benötigten Ressourcen direkt oder durch Tauschhandel mit den Nachbarn zu erlangen. In diesem Szenario ermöglichte das Geld also einen Ressourcentransfer zwischen Gruppen, die nicht willens waren, beim Gegenüber in der Schuld zu stehen. Der durch Zahlungsmittel erleichterte Austausch sorgte für eine effizientere Ressourcengewinnung. Und da die Muschelperlen bereits in großer Menge existierten – und darüber hinaus sowohl transportfähig als auch haltbar waren –, scheint es ganz natürlich, dass die Wahl auf sie fiel.

Zeitweilig kam es in einzelnen Dörfern zu einem Nahrungsmittelüberschuss, dem man mit einem Tausch gegen Muschelperlen begegnete. Diese sogenannten »Handelsfeste« illustrieren, wie sich Geld dazu nutzen ließ, die zeitlich und räumlich schwankende Verfügbarkeit von Ressourcen auszugleichen. Hatte eine Dorfgemeinschaft beispielsweise Fische oder Eicheln übrig, konnte sie andere zu einem Handelsfest einladen, bei dem sie selbst sämtliche Bedingungen für einen möglichen Tausch festsetzte. Die Gäste hatten keinerlei Mitspracherecht beim Preis. Im Anschluss an die Auftaktfeierlichkeiten präsentierten die Gäste einen Vorschuss an Muschelperlen. Dann

> *teilte das Oberhaupt der Gastgeber die dargebotenen [Perlen] in Stränge zu jeweils 100 auf. Diese platzierte er an einer vereinbarten Stelle auf dem Boden, nachdem sich die Ältesten darüber beraten hatten, welche Menge an Waren sie pro Strang zu geben bereit waren. […] Anschließend begaben sich die Vertreter der einzelnen Familien zu ihren jeweiligen Lagern und holten die Menge an Waren herbei, die dem Wert eines Strangs entsprach. Dann nahm sich [jeder von ihnen] einen Strang mit 100 Perlen, wie es ihm zustand.*

Dieser Vorgang wiederholte sich, bis der Überschuss – oder die Perlenstränge – zur Neige gingen. Dann teilte das Oberhaupt der Gäste die erhaltenen Nahrungsmittel in seiner Gemeinschaft auf.

Das Muschelgeld selbst ließ sich zwei oder drei Kategorien zuordnen. Den geringsten Wert hatten die gewöhnlichen Scheiben aus Muschelschale. Darüber standen die Perlen, die aus dem dickeren Teil der Muschel gefertigt waren und etwa den gleichen Durchmesser hatten, aber länger und zylindrisch geformt waren. Von ihnen ließen sich pro Muschel nur etwa vier Stück erschaffen, und eine von ihnen war so viel wert wie 20 bis 40 der dünnen Scheibenperlen. Am oberen Ende der Skala standen Perlen aus Magnesit, einem Mineral, das geschürft werden musste und zwischen den Stämmen gehandelt wurde. Die Herstellung von Magnesitperlen lief ähnlich ab wie die von Muschelperlen, war aber deutlich aufwendiger: Das Mineral wurde erhitzt, zerkleinert, durchbohrt und schließlich erneut gebrannt und poliert. Ein einziges Exemplar konnte 800 Muschelscheibchen wert sein. Zudem hatten die roten und gelben Perlen – genau wie die aus Muscheln gefertigten – neben ihrer Tauschfunktion auch als Schmuck einen Wert.

Viele kalifornische Stämme maßen das Muschelgeld lieber ab, statt es zu zählen. Die Zentral-Miwok beispielsweise gaben die Länge der Perlenstränge in *lua* an, einem Längenmaß, das dem Abstand zwischen der Brustwarze und dem zusammengelegten Daumen und Zeigefinger des ausgestreckten Armes entsprach. Andere verwendeten auf den Körper tätowierte Markierungen zum Ausmessen. Die Pomo jedoch – und auch einige andere Stämme in Zentralkalifornien – zählten die Perlen verbal. Das hatte zur Folge, dass sie dafür bekannt waren, bis in die Zehntausender hinein zählen zu können.

Tatsächlich hatten die Pomo sogar eigene Zahlwörter nur für die Muschelperlen. Normalerweise nutzten sie ein Dezimalsystem, aber Perlen wurden in Vierergruppen gezählt; zwei Vierer hießen (in der Sprache der östlichen Pomo) *wedi*, und zehn *wedi* wurden »eine

Wertigkeit« genannt (diese Anzahl wurde manchmal durch die Zuhilfenahme eines kleinen Zählholzes markiert). Acht »Wertigkeiten« bildeten die nächsthöhere Einheit, *dan ba'a.* Bei zwanzig *dan ba'a* – 12 800 Perlen oder *ethekai ba'a* – stieß das Zählsystem an seine Grenzen. Wenn noch mehr Perlen gezählt werden mussten, ging es ab da wieder von vorn los.

•

Obwohl Berichten zufolge Tausende über Tausende von Muschelperlen existierten und getauscht, gezählt und abgemessen wurden, sind davon heute erstaunlich wenige erhalten. Es gab eine ganze Reihe von Anlässen, zu denen die Perlen geopfert und zerstört wurden – besonders bei Bestattungen. Während einige Pomo-Gemeinschaften zuließen, dass Eigentum vererbt wurde, bestanden andere darauf, den halben – oder sogar den ganzen – Besitz des Verstorbenen zu verbrennen, was in manchen Fällen sogar das Haus samt Einrichtung betraf. Außerdem steuerten viele Verwandte und Freunde Grabbeigaben bei, häufig in Form von Perlen.

Für gewöhnlich wurden Verstorbene mit dem Gesicht nach unten auf einem Scheiterhaufen in einer flachen Grube verbrannt. Der genaue Ablauf dieses Rituals konnte im Detail variieren, aber es war nicht unüblich, dass der Leichnam vor dem Verbrennen mit Perlenketten umwickelt oder mit losen Perlen überschüttet wurde. In einigen Gemeinschaften wurden zum Abschied nach dem Verbrennen Muschelperlen auf die Asche gestreut. Ein Stammesmitglied berichtet: »Zwei Bestattungen in einem Monat, in aufeinanderfolgenden Wochen. Da schwinden meine ganzen schönen Perlen dahin.«

•

Die Pomo und ihre Nachbarn verwendeten selbst dann noch Muschelgeld, als sie schon Zugang zur amerikanischen Währung Dollar hatten. Der Wechselkurs schwankte zwischen fünf und zehn Dollar pro Meter Muschelkette, lag manchmal aber auch darunter.

Um das Jahr 1920 verloren die Muschelperlen schließlich ihre Funktion als Zahlungsmittel. Sie wurden aber trotzdem noch hergestellt, und die Technik entwickelte sich sogar stetig weiter. Man verwendete jetzt Schleifsteine mit Fuß- und Bohrer mit Schwungradantrieb. Später wurden die Steinbohrer durch solche aus Metall ersetzt. Im einundzwanzigsten Jahrhundert stiegen einige Perlenhersteller auf Elektroantrieb um. Seitdem nutzen sie moderne Bohrmaschinen, um die Perlen mit Löchern zu versehen, und leistungsstarke Pressen, um sie zu formen.

Wie die Yup'ik hoch im Norden bauten auch die Pomo das Zählen in ihr Alltagsleben ein – durch Zählmethoden, die Worte mit konkreten Zählhilfen kombinierten. So ausgeklügelt waren sowohl die Herstellungs- als auch die Tauschprozeduren für die Zählhilfen, dass diese zum generellen Zahlungsmittel für allerlei unterschiedliche Zwecke taugten. In dieser Form war das an nur wenigen anderen Orten der Welt zu finden.

Waxaklahun-Ubah-K'awil: Die lange Zählung

Oxwitik, 9.15.5.0.0 10 Ahau *8* Ch'en *(22. Juli 736). Waxaklahun-Ubah-K'awil, Erbe von 300 Jahren Stadtgeschichte, dreizehntes Oberhaupt, göttlicher Herrscher, verfolgt die Einweihung eines neuen Monuments. Das Prunkstück am Nordende eines 300 Meter großen Platzes, auf dem bereits ein erster Kreis aus Säulen aufragt, bildet den Auftakt zu einer neuen Reihe, die eine Verbindung zwischen Himmel und Erde schaffen, einen Keil in den Strom der Zeit schlagen und die Macht des Königs über ebendiese demonstrieren soll.*

Das Monument ist vier Meter hoch und wird in der Inschrift aus bis zu 30 Zentimeter breiten Glyphen als »Baumstein« bezeichnet. Zur Datierung heißt es, dass bisher neun baktun, *15* katun, *fünf* tun, *null* uinals *und null* kin *verstrichen seien, dass es sich laut dem Almanach um Tag zehn* Ahau *handele und ein bestimmter Gott die Herrschaft über die Nacht innehabe, während die Position innerhalb des Jahres acht* Ch'en *laute.*

Diese Inschrift ist mehr als nur ein Text – das Datum kommt in Form einer höchst komplexen bildlichen Darstellung daher, in der jede Zahl durch eine menschenähnliche Gestalt und jede Zeiteinheit durch ein von dieser Gestalt getragenes Tier repräsentiert wird: drei Vögel, eine Kröte, ein Affe. Die personifizierten Zahlen tragen ihre Last mithilfe um den Kopf gebundener Stoffstreifen, wodurch sie wie Gepäckträger in einer Karawane aussehen – Händler oder Pilger. Hier ist die Zeit eine Bürde, die von den Zahlengöttern mühsam durch die Geschichte geschleppt werden muss; der Stein ist der Rastplatz, wo sie sich ihrer Last entledigen können.

Zumindest einige von ihnen. Nummer fünf wird im großen Staffellauf der Zeit nach dem heutigen Tag von Nummer sechs abgelöst werden, doch die Figuren, die fünfzehn und neun repräsentieren, haben noch einen weiten Weg vor sich, bevor ihre Nachfolger für sie übernehmen. Die einander überlappenden Zyklen der Zeit sind wirklich groß.

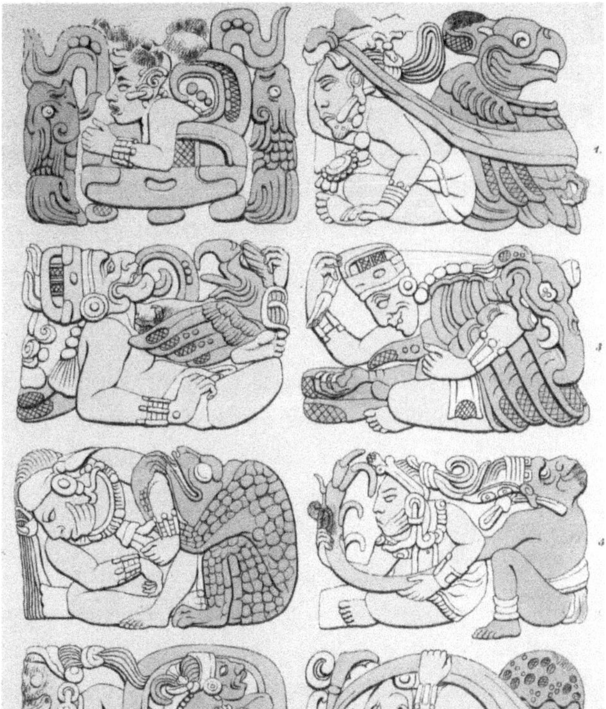

Die »lange Zählung« in Copán

Die Stadt Oxwitik war Teil des Maya-Reiches, eines Netzwerks aus Stadtstaaten im Hoch- und Tiefland, verbunden durch Handel, Wettbewerb und Konflikte, durch die gleichen oder verwandte Sprachen und gemeinsame religiöse Vorstellungen und Rituale. Die Sprecher der Maya-Sprachen lebten auf der Yucatán-Halbinsel, im heutigen Guatemala und Belize sowie in Teilen von Honduras und El Salvador. Auch hier war die Landschaft von Vielfalt und Fülle geprägt, und es handelt sich um eine der wenigen Regionen der Welt, wo die Menschen ohne äußere Einwirkung begannen, Landwirtschaft zu betreiben. Die Besiedelung fand vor etwa 12 000 Jahren statt, und bis zum Beginn unserer Zeitrechnung hatte sich eine komplexe, streng hierarchische Gesellschaft herausgebildet.

Außerdem war die Maya-Kultur eine der wenigen, die unabhängig vom Rest der Welt eine Schrift erfand. In den letzten Jahrhunderten v. u. Z. existierten in Mesoamerika mindestens drei unterschiedliche logografische Systeme, deren Beziehung zueinander bisher kaum erforscht ist. Im dritten Jahrhundert u. Z. versahen die Maya ihre Monumente und Bauwerke bereits mit immer detaillierteren Inschriften. Schrift wurde in diesem Reich hauptsächlich für das verwendet, was wir heute als Propaganda oder Eigenwerbung der herrschenden Elite bezeichnen würden; Aufzeichnungen zu Verwaltungs- und Buchhaltungsvorgängen gibt es hier keine (im Gegensatz zu den frühen schriftlichen Zeugnissen aus dem Nahen Osten und Ostasien). Die Botschaften der Maya wurden nicht nur in öffentliche Denkmäler eingemeißelt, sondern auch auf Wände gemalt, in Stuck festgehalten oder in Töpferwaren und sogar Schmuck eingeritzt. Sie nennen Schlüsseldaten im Leben von Herrschern und in der Geschichte von Städten: Geburt, Tod, Eroberungen, Gründungszeitpunkt. Schriftzüge, die auch der Dekoration dienten, kamen stets in vielfältigen Formen daher, und die künstlerische Ausführung sorgte dafür, dass die Anzahl an Glyphen stetig wuchs. Es gab Zeiten, in denen fast 400 von ihnen in Gebrauch waren – einige standen für ganze Wörter, andere für bestimmte Laute.

Faszinierende archäologische Funde legen nahe, dass es damals auch Bücher gab, hergestellt aus Rinde oder Tierhaut, die wie ein Akkordeon gefaltet wurden. Sie sind auf Töpferwaren abgebildet, und gelegentlich werden Überreste aus der klassischen Periode des Maya-Reichs in Gräbern entdeckt, allerdings zerfallen und unleserlich.

Neben den Wortsymbolen verfügten die Maya auch über Symbole für Zahlen und sind zu Recht berühmt für ihre geradezu besessen anmutenden, verschachtelten Datumsangaben, die sich in einer ganzen Reihe von Inschriften wiederfinden. Wenngleich viele Kulturen die Tage zählten, entwickelten nur wenige dafür ein derartig extravagantes und komplexes System wie die Maya in der klassischen Periode.

•

Die Maya-Sprachen kannten Bezeichnungen für die Zahlen von eins bis zwölf, aus denen sich zusammengesetzt mit dem Wort für »zehn« auch die Zahlen 13 bis 19 bilden ließen. Im modernen Yucatec, das mit den historischen Sprachen verwandt ist, lauten die Zahlen von eins bis fünf *hun, caa, ox, can* und *hu*, während »zehn« *lahun* heißt und 13 demzufolge *oxlahun*. Jenseits der Zwanzig wurden die Zahlen konsequent auf der Basis zwanzig gebildet, und es ist wahrscheinlich, dass eigene Begriffe für »vierhundert« und »achttausend« existierten. Es gibt Hinweise darauf, dass sich das Wort für Zwanzig vom Wort für »Mensch« ableitete und das für achttausend von »Sack«, was auf die Summe sämtlicher Finger und Zehen sowie die Anzahl der Kakaobohnen in einem Sack hindeuten könnte. Es ist denkbar, dass solche Bohnen – oder kleine Steine – auch auf den Rechenbrettern, die deutlich später in spanischen Quellen erwähnt werden, zum Einsatz kamen, doch archäologische Funde, die das belegen, fehlen bisher.

Außerdem gehörten zur Maya-Schrift natürlich Zahlensymbole. Ein Punkt stand für »eins« und konnte bis zu viermal wiederholt werden. Ein Strich bedeutete »fünf« und durfte bis zu dreimal verwendet werden. Demzufolge ließen sich mithilfe der Punkte und Striche Zahlen bis 19 darstellen. (Wie schon in den Zähltechniken anderer Kulturen tauchte auch hier kein Element häufiger als viermal nebeneinander auf – die Subitisationsgrenze wurde nicht überschritten.) Wie andere Logogramme konnten die Zahlensymbole für Silben stehen und tauchen zudem in den Namen von Gottheiten auf: »neun Schritte«, »zehn Himmel«. Diese Doppelbedeutung führte übrigens dazu, dass der Name Waxaklahun-Ubah-K'awil von Archäologen eine Zeit lang als »achtzehn Kaninchen« gelesen wurde.

Der wichtigste Verwendungszweck der Zahlen war jedoch der Maya-Kalender – oder besser gesagt: *die* Maya-Kalender, denn es gab mehrere davon, die miteinander verzahnt waren und die gewaltigen Ausmaße der Zeit dadurch auf unvergleichliche Weise zum Ausdruck brachten. Es existierten zwanzig Bezeichnungen für die Tage – *imix, ik, akbal* … –, was jeweils in Kombination mit den Zahlen von eins bis 13 einen Zyklus von 260 Tagen ergab, von denen jeder einer bestimmten Konstellation aus Name und Zahl entsprach. Dieses sogenannte Almanach-System findet sich bereits in Quellen aus der Prä-Maya-Zeit im ersten Jahrtausend v. u. Z., und es gibt verschiedene Erklärungsversuche für die ungewöhnliche Zykluslänge – von astronomischen Phänomenen über die Dauer einer Schwangerschaft bis hin zur mutmaßlichen Länge der mesoamerikanischen Anbausaison.

Daneben – und völlig unabhängig vom 260-Tage-Kalender – wurde das Jahr in 18 einzeln benannte Monate zu je 20 Tagen plus einem Zusatzzeitraum von fünf Tagen unterteilt, was in der Summe 365 ergibt. Durch dieses System, das ebenfalls schon sehr alt war, ergab sich eine zweite Bezeichnung für jeden Tag innerhalb des Zyklus.

Als drittes und letztes diente ein verkürztes Jahr, das nur aus den 18 Monaten – insgesamt 360 Tagen – bestand, unter der Bezeichnung *tun* als Grundlage zur Ermittlung des Datums gemäß der sogenannten »langen Zählung«. Zwanzig *tun* bildeten ein *katuun*, zwanzig *katuun* wiederum ein *baktun*. Ausgehend von einem Zeitpunkt irgendwann in der mythischen Vergangenheit konnten die Maya jeden einzelnen Tag benennen, indem sie die entsprechende Anzahl an *baktun, katuun, tun*, Monaten und Tagen angaben, die seitdem verstrichen waren. Dieses System ist so nur von den Maya bekannt und wird in erster Linie mit der klassischen Periode von etwa 300 bis 900 u. Z. (oder, wie sie es formuliert hätten: von 8 *baktun* 12 *tun* bis 10 *baktun* 4 *tun*) in Verbindung gebracht.

Viele Maya-Inschriften begannen mit der Nennung des Datums nach allen drei Kalendersystemen, so wie auf der Stele in Oxwitik, eingeweiht an einem Tag, der nach der langen Zählung als 9.15.5.0.0, nach der Almanach-Rechnung als 10 *Ahau* und nach der Jahresrechnung als 8 *Ch'en* identifiziert wurde. Durch die drei unterschiedlichen Zyklen – 260 Tage, 360 Tage und 365 Tage – gab es viele verschiedene Möglichkeiten, Jahres- und Gedenktage zu begehen. Beispielsweise stellte sich heraus, dass 52 lange Jahre exakt 73 Durchgängen des Almanach-Zyklus entsprachen, und jedes Ende dieser sogenannten »Kalenderrunde« wurde feierlich begangen. Von besonderer Bedeutung war es, wenn die Almanach-Zeitrechnung einen Tag erreichte, an dem es in vergangenen Durchläufen ein besonderes Ereignis gegeben hatte. Außerdem wurden der Beginn und das Ende eines *katuun* oder *baktun* gefeiert (ungefähr so wie neue Jahrzehnte oder Jahrhunderte in der westlichen Zeitrechnung), und in einigen Städten sogar das Verstreichen der Hälfte oder eines Viertels eines *katuun*.

Zu Beginn eines Zyklus blieben die letzten zwei oder drei »Stellen« der langen Zählung zwangsläufig frei. Um das zu markieren, verwendeten die Maya ihr Zeichen für das Adjektiv »kein«: An dem Tag, an dem beispielsweise ein neues *tun* anfing, »waren 9 *baktun*, 15 *katuun*, 5 *tun*, kein Monat und kein Tag vergangen«. Dieses Zeichen diente also als eine Art Null im System – die Maya zählten zu den wenigen Kulturen auf der Welt, die eigenständig ein Symbol für die Leerstelle ersannen.

•

Die Kombination aus verschiedenen Zählsystemen verlieh dem Maya-Kalender etwas Überbordendes, und in vielen Inschriften wurde die Fülle an numerischen Angaben noch durch weitere Informationen ergänzt, die über die drei Zählweisen hinausgingen: In einigen wurde der jeweilige Tage innerhalb des neuntägigen Zyklus des »Herren der Nacht« verortet, andere benannten die Mondphase und die Länge des aktuellen Mondmonats – entweder 28 oder 29 Tage. Wieder andere erwähnten eine alternative Zeitrechnung, in der ein Zyklus 819 Tage umfasste, und manche Inschriften nahmen Bezug auf Daten in der mythischen Vergangenheit noch vor dem Tag Null der langen Zählung, also zu Zeiten einer mutmaßlichen vorherigen langen Zählung, die 13 *baktun* umfasst hatte. Einige richteten den Blick weit in die Zukunft und enthielten seltene Glyphen für Zeiträume wie *pictun* (8000 *tun*), *calabtun* (160 000 *tun*), *kinchiltun* (3 200 000 *tun*) und *alautun* (64 000 000 000 *tun*). Auf einer Stele wird diese Reihe anwachsender Zeitspannen bis zur vierundzwanzigsten Iteration fortgeführt – einer Zahl, die im Dezimalsystem 31 Stellen hätte.

Dass wir in der Gegenwart so viel über historische Stätten wie Oxwitik – heute Copán – wissen, haben wir eben dieser Versessenheit nach Datieren und Widmen, nach Gedenken und Zählen zu verdanken. Die Stadt schmiegte sich auf etwa 900 Metern Höhe zwischen die Bergwände. Der Fluss Copán versorgte sie mit Wasser und machte diesen Flecken Erde überaus fruchtbar. Man lebte hier hauptsächlich vom Maisanbau. Besiedelt war die Gegend schon um 1400 v. u. Z., doch im Jahr 426 kam ein fremder Herrscher in die Stadt und unterwarf sie sich – ein Maya, der aus der nicht weit gelegenen Stadt Tikal hierher entsandt worden war. Der Neuankömmling ließ fleißig Gebäude und Monumente errichten und gründete eine Dynastie, die über 17 Generationen fortbestehen sollte und zu Glanzzeiten über etwa 20 000 Menschen herrschte.

Seine Nachfolger bauten Tempel, Plätze, Freiluftaltäre, Ballspielplätze und einen Palastkomplex – monumentale Bauwerke mit spektakulärer Wirkung. Die Maya leiteten den Fluss um und ließen einige der herausragendsten Skulpturen ihrer Kultur erschaffen. Wie in anderen Städten des Reiches bildeten sich verschiedene soziale Schichten und spezialisierte Berufsgruppen heraus, die nicht nur regen Handel mit den Pflanzen, Tieren, Bäumen und Mineralien der Umgebung trieben, sondern auch Raubbau daran begingen. Als Zahlungsmittel dienten mal Muscheln, mal grüne Schmucksteinperlen, Kakaobohnen oder Kupferglocken. Die Töpferwaren der Stadt waren Exportschlager.

Waxaklahun-Ubah-K'awil (sein Name könnte »Achtzehn ist die Anzahl der Bilder des K'awil« bedeuten) bestieg den Thron im Juli 695 – genauer gesagt am 9.13.3.6.8, 7 *Ahau,* 1 *Mol.* Über mehrere Jahrzehnte hinweg baute er Tempel, ein Mausoleum für seinen Vorgänger und Vater sowie eine riesige Anlage für das zeremonielle Ballspiel der Maya. Außerdem ließ er auf dem Hauptplatz von Oxwitik eine bemerkenswerte Reihe von Stelen errichten. Jede von ihnen bildete ihn selbst, den König, bei der Durchführung eines Rituals ab, möglicherweise in Trance, umgeben von übernatürlichen Wesen, und war mit einer Inschrift versehen, die das Aufstellungsdatum sowie die Daten bedeutender Handlungen der Vorfahren und Gottheiten enthielt, an die die Stele erinnern sollte. Gemeinsam verwandelten diese Stelen den großen Platz in eine Art heilige Stätte.

Die ersten sechs Stelen wurden am Tag 9.15.0.0.0 (22. August 731) fertiggestellt, und fünf Jahre später begannen die Arbeiten an einem zweiten Satz. Die neue Stele an der Nordseite des Platzes enthielt in den Stein gemeißelte Szenen von fantastischer Schönheit und Komplexität: Sie zeigten den König maskiert und ausgestattet für ein Ritual, flankiert von acht Erscheinungsformen eines einzigen Gottes. Auf der Seite mit der Inschrift war das Datum diesmal nicht in der üblichen Punkt-und-Strich-Notation angegeben, sondern auf andere Weise: Die Zahlen bis zwölf (einschließlich null) waren mit den Gottheiten verbunden, nach denen die jeweiligen Tage im Almanach-Kalender benannt waren. Für Zahlen zwischen 13 und 19 wurden die Zehn und die kleinere Zahl zu einer Einheit verschmolzen – eine schriftliche Nachbildung der Struktur, wie sie in den Zahlwörtern der Maya zu finden war.

Diese Aneinanderreihung von Gottheiten (insbesondere ihrer Köpfe) war nach der Punkt-und-Strich-Notation die gängigste Form der Zahlendarstellung. Sie bot viel Spielraum für künstlerisches Können, und gelegentlich wurden die Gottheiten vollständig anthropomorphisiert abgebildet – wie eben auf dieser Stele. Gemeinsam mit den Gottheiten in Tiergestalt, die mit den verschiedenen Zeiteinheiten assoziiert wurden, entstand eine komplexe, naturalistische Parade von Zahlengöttern, die Zeiteinheiten trugen. Die Stele ist ein Meisterwerk der Maya-Bildhauerkunst und eine der glanzvollsten und prächtigsten Darstellungen des Zählens überhaupt.

•

Der König hatte nicht nur die Verfügungsgewalt über die Zeit und die Rituale inne, sondern auch über die Körper seiner Untertanen – sowohl, was die schwere Arbeit anging, die nötig war, um Tempel, Monumente und andere Bauwerke zu errichten, als auch im Zusammenhang mit den Kriegszügen gegen die Nachbarvölker, mit denen er sich in einem ständigen Wettstreit um Ressourcen, Handel, Anerkennung und Macht befand. Die verschiedenen Maya-Königreiche wurden nie zu einem einheitlichen Staat vereint, sondern bekriegten sich die meiste Zeit über.

Fünfzig Kilometer nördlich von Oxwitik lag Quiriguà, offensichtlich eine Art Klientelstaat. Im Jahr 724 wurde dort ein neuer König gekrönt, unter den Augen von Waxaklahun-Ubah-K'awil. Im folgenden Jahrzehnt scheint sich das Verhältnis zerrüttet zu haben, sei es durch Aggressionen von der einen oder anderen Seite oder aber durch ein Unabhängigkeitsstreben seitens des Herrschers von Quiriguà. Jedenfalls gelang es König K'ak' Tilos Chan Yopaat von Quiriguà – möglicherweise mit Unterstützung eines größeren Stadtstaates in der

Region –, Waxaklahun-Ubah-K'awil gefangen zu nehmen und ihn am 3. Mai 738 enthaupten zu lassen.

Natürlich gibt es in beiden Städten Monumente, die an dieses Datum erinnern. In Oxwitik ist einer Inschrift zu entnehmen, dass der König »seinen Atem im Krieg ausgehaucht« habe und die Stadt jetzt beklagenswerterweise »keine Pyramide, keinen Altar, keine Grotte« habe, dass sämtliche Bauarbeiten zum Erliegen gekommen seien und es keinen rituellen Zugang zur Unterwelt gebe. Die Niederlage wurde fast wie eine kosmische Katastrophe empfunden.

Es sollten noch vier weitere Könige in Oxwitik regieren, doch im neunten Jahrhundert war das gesamte Maya-Reich im Niedergang begriffen. Gründe dafür waren wahrscheinlich sowohl interne Konflikte als auch der Raubbau an der Umwelt. Die Bevölkerungszahlen schrumpften, Dynastien gingen unter, Städte verwaisten. Oxwitik erholte sich nie so richtig von der Katastrophe, und der letzte König starb im Jahr 820. Bauwerke verfielen, und der Fluss bahnte sich einen neuen Weg zwischen den Ruinen hindurch. Ab dem zehnten Jahrhundert war das Tal vollständig verlassen.

•

Einige wenige Schriften der Maya aus dem zehnten bis zwölften Jahrhundert existieren bis heute, und sie machen deutlich, dass die astronomischen und kalendarischen Berechnungen noch mehrere hundert Jahre nach dem Höhepunkt der Kultur Anwendung fanden. Der 260 Tage umfassende Almanach-Zyklus hielt sich (und wird angeblich noch heute benutzt), doch die lange Zählung geriet irgendwann in Vergessenheit. Daten wurden in vereinfachter Form angegeben; man vermerkte die Anzahl der *katun*, ließ aber die größte Einheit, *baktun*, weg. Auf diese Weise wiederholten sich die Bezeichnungen alle 256 Jahre.

Auch die Punkt-und-Strich-Notation wurde aufgegeben, obwohl die Mixteken und die Azteken artverwandte Systeme übernehmen und an ihre eigenen Zwecke anpassen sollten. Eine Auswirkung dieser Veränderungen ist, dass bis heute nicht endgültig geklärt ist, wie genau der klassische Maya-Kalender in andere Zeitrechnungen der Welt umzurechnen ist – welcher Tag des westlichen Kalenders dem Ausgangstag, dem Tag null, entsprach. Er dürfte irgendwo um den 11. August 3114 v. u. Z. gelegen haben, doch das genaue Datum musste bereits mehrmals um ein oder zwei Tage korrigiert werden, und Gewissheit herrscht bis heute noch nicht.

Die Maya dachten und rechneten in größeren Zeiträumen als jede andere Kultur vor und nach ihnen, und ihre Kunstfertigkeit und Fantasie können wir dank der bildhauerischen Werke bis heute bewundern. Die Welt der Maya war durchsetzt von Zahlen in Form von Daten, Zeitspannen und Gedenktagen – und in Form von Göttern. Mit der großen Stele in Oxwitik haben sie nicht nur auf herausragende Weise ihrem König und ihrer Stadt ein Denkmal gesetzt, sondern auch der Macht und Bedeutung des Zählens.

Pirahã: Leben ohne Zählen

Xagiopai, ein Dorf am Ufer des Flusses Maici im Amazonas-Becken, 2004.

Ein Stammesmitglied der Pirahã sitzt vor einem Anthropologen. Dieser Anthropologe platziert mehrere Batterien in einer Reihe und bittet sein Gegenüber, genauso eine Reihe zu legen.

Was wohl passiert?

Mitten in Südamerika, 10 000 Kilometer von Agaligmiut und dreitausend Kilometer von Copán entfernt, lebt – heute – das Volk der Pirahã, an einem Nebenfluss eines Nebenflusses des Amazonas. Die etwa 400 Mitglieder des Stammes sind Jäger und Sammler. Ihre Dörfer, in denen jeweils zehn bis fünfzehn Erwachsene leben, werden hin und wieder von spanischsprachigen Händlern besucht, und darüber hinaus hat das Volk seit mehr als 200 Jahren Kontakt zu den Brasilianern und zum Nachbarstamm, den Kawahiv. Der Anpassung an das moderne brasilianische Leben haben sich die Pirahã aber immer verwehrt, und sie sprechen ausschließlich ihre eigene Sprache. Der Linguist Daniel L. Everett, der mehr als sechs Jahre bei ihnen verbracht hat, schreibt:

Die Pirahã zählen zu den klügsten, freundlichsten, lebenslustigsten Menschen, die ich kenne. Das Fehlen formalisierter Geschichten, Mythen etc. bedeutet nicht, dass sie keine Witze machen oder nicht lügen könnten, wie sie nur zu gern auf meine Kosten beweisen – allerdings stets auf gutmütige Art und Weise.

Die Pirahã-Sprache ist die letzte Überlebende ihrer Familie. Sie ist bekannt für eine Reihe von Eigenschaften, die gleich mehreren Annahmen über die universellen Strukturen menschlicher Sprachen entgegenstehen. Einerseits handelt es sich um eine komplexe Sprache mit einer differenzierten Verbmorphologie und fünf verschiedenen Silbentypen, die sich durch ihre jeweilige Länge unterscheiden. Andererseits ist das Phonem-Inventar so gering wie in kaum einer anderen Sprache der Welt – Pirahã-Frauen verwenden nur 17 Konsonanten und drei Vokale, Männer einen Konsonanten mehr. Es ist die einzige bekannte Sprache, die keine Bezeichnungen für Farben kennt, die Anzahl der Zeitbegriffe ist sehr begrenzt und die Auswahl an Pronomen maximal gering (und zudem offenbar einer anderen Sprache entlehnt). Es gibt kein Perfekt, keine grammatikalische Möglichkeit, die Vollendung einer beschriebenen Handlung zu markieren.

Kulturell gesehen sind diese sprachlichen Merkmale wohl darauf zurückzuführen, dass sich die Pirahã ausschließlich über Dinge in ihrer unmittelbaren Erfahrungswelt austauschen, darüber, was von jetzt lebenden Menschen gesehen oder erzählt wurde. Abstrakta oder Berichte aus zweiter Hand werden gemieden. Everett nennt ein Beispiel:

> *»Ich mag lieber ganze Tiere als Teile von Tieren.« (Wörtlich übersetzt: »Ich wünsche (ein) ganze/s Tier/e, nicht Teil/e.«) Sätze wie dieser sind nicht zulässig, wenn man nicht gerade zwei Tiere vor sich liegen hat oder einem bestimmten Jäger Anweisungen zu einem bestimmten Tier gibt. Anders ausgedrückt: Wenn solche Sätze geäußert werden, beziehen sie sich auf einen konkreten Umstand und sind keine allgemeine Aussage.*

Daraus folgt auch, dass abstrakte Strukturen wie lange Ahnenreihen oder komplexe Familienbeziehungen in der Kultur der Pirahã keine Rolle spielen. Verwandtschaftsbezeichnungen werden nur für Menschen benutzt, die man kennt, niemals für die, die bereits vor der eigenen Geburt gestorben sind. Everett »konnte niemanden ausfindig machen, der oder die in der Lage war, die Namen seiner/ihrer Urgroßeltern zu nennen, und nur sehr wenige erinnerten sich an die Namen aller vier Großeltern«. Außerdem gibt es keine fiktionalen Erzählungen, keine Schöpfungsgeschichte, keine Mythen oder ähnliche Legenden über die weit zurückliegende Vergangenheit.

Und: Die Pirahã kennen keine Zahlen.

•

Erstens sieht die Pirahã-Sprache keine Unterscheidung zwischen Singular und Plural vor. Es gibt keine sprachliche Markierung für »eins« oder »viele«, sodass man sich – anders als in den meisten Sprachen – nicht bei jeder Aussage festlegen muss, ob man von einem oder mehreren Objekten spricht – im Gegenteil, es ist sogar unmöglich.

Zweitens kennen die Pirahã keine Zählvorgänge, keine Zählmethoden; sie haben nicht die Gewohnheit, Objekte als Reihe zu betrachten. Das Zählen mit Fingern oder Zählsteinen ist hier unbekannt. Zudem existieren keine Zahlwörter. In frühen Untersuchungen hieß es, dass *hói, hoí und bá a gi so* in etwa die Bedeutung »eins«, »zwei« und »viele« hätten, doch spätere Forschungen ergaben, dass diese Begriffe keine Zählfolge bilden und auch gar keine Zahlwörter sind; sie bezeichnen »eine kleine Anzahl oder Menge«, »eine etwas größere Anzahl oder Menge« und »Anlass zur Versammlung« oder »viele«. Keiner von ihnen wird verlässlich in Bezug auf eine bestimmte Anzahl verwendet. Andere Mengenbezeichnungen, etwa für »alle«, »jedes«, »die meisten« und »einige«, gibt es in der Sprache gar nicht, und auch keine Ausdrücke für Objekte in einer bestimmten Abfolge, wie »das erste« oder »das letzte«. *Hói* steht zwar häufig für ein einzelnes Objekt, aber nicht immer – es kann auch bis zu sechs von ihnen bezeichnen. Und auch *hoí* kann sich auf Gruppen von zwei bis zehn Objekten beziehen, je nach Kontext.

Während der Paranusssaison, in der die Männer Nüsse ernten und sie in den Siedlungen sammeln, um sie zu verkaufen, erhalten die

Pirahã regelmäßig Besuch von Händlern in Booten, und das vermutlich seit mehr als 200 Jahren. Doch das Geschäft läuft ohne Zahlen ab. Obwohl der Kontakt schon so lange besteht, haben die Pirahã nie die portugiesischen Zahlwörter gelernt und schenken der Warenmenge beim Verhandeln – Berichten zufolge – kaum Beachtung. »Manchmal verlangt jemand eine ganze Rolle harten Tabak für einen kleinen Sack Nüsse, manchmal gibt es einen großen Sack für ein kleines Bröckchen Tabak. [...] In dieser ›Handelsbeziehung‹ gibt es keinerlei Hinweise darauf, dass die Pirahã Mengen abschätzen, zählen oder die Grundlagen des Handels erlernen würden.«

•

2004 führte der Anthropologe Peter Gordon eine Reihe von Experimenten mit einigen Pirahã durch, um mehr darüber zu erfahren, wie sie Mengen wahrnahmen – oder eben nicht.

Ich setzte mich dem Versuchsteilnehmer gegenüber und legte einen Stock als Trennlinie zwischen uns. Dann platzierte ich eine Reihe von Gegenständen auf meiner Seite des Stockes [...] und mein Gegenüber reagierte, indem es eine entsprechende Anzahl von AA-Batterien (5,0 mal 1,4 Zentimeter groß) auf seiner Seite aufreihte.

Er betonte dabei, dass die Pirahã die Aufgabe offensichtlich verstanden und sich große Mühe gaben, sie richtig zu lösen.

Bei geringen Anzahlen – zwei oder drei Gegenständen – gelang den Versuchsteilnehmern häufig eine exakte Entsprechung oder etwas, das dem sehr nahekam. Bei größeren Mengen wurde es ungenauer; je größer die Anzahl an Gegenständen, desto häufiger lagen die Versuchsteilnehmenden falsch. Offenbar sahen die Pirahã zwar einen Unterschied zwischen neun und zehn Gegenständen, aber nur gerade so – in etwa drei Vierteln der Fälle.

Nach den einfachen Batteriereihen ging Gordon zu schwierigeren

Aufgaben über: »Häufchen aus Nüssen, deren Anzahl mit einer Reihe Batterien abzugleichen war, rechtwinklig angeordnete Reihen aus Batterien, Reihen, in denen die Abstände zwischen den einzelnen Batterien unterschiedlich groß waren, und Striche, die nachgezeichnet werden mussten«. Zum Abschluss wurden vor den Augen der Pirahã einige Nüsse in eine Dose gelegt und dann einzeln wieder herausgeholt. Nach jeder Nuss fragte Gordon, ob die Dose jetzt leer sei.

Bei diesen komplexeren Aufgabenstellungen, die zum Teil einen Transfer des Zählergebnisses über Zeit oder Raum hinweg verlangten, waren die Ergebnisse weiterhin ungenau – gerade bei größeren Mengen kamen die Pirahã nie oder fast nie auf die richtige Antwort. Die Streuung wurde immer stärker – ein Ergebnis, wie es typisch ist für die approximative Mengenrepräsentation.

Später führte ein Kollege ein ganz ähnliches Experiment durch: Er legte den Pirahã zwei Reihen an Gegenständen vor und fragte, ob beide die gleiche Anzahl enthielten. Die Ergebnisse bestätigten noch einmal in aller Deutlichkeit, dass geringe Unterschiede einfach nicht gesehen, nicht wahrgenommen wurden. Die Pirahã konnten genaue Mengen offenbar weder erfassen noch benennen, *exakte Zahlen* als Konzept waren für sie einfach nicht greifbar.

Wie alle Menschen können die Pirahã Mengen ungefähr abschätzen, aber die Unterschiede zwischen benachbarten Zahlen verblassen, je größer diese Zahlen sind. Anders als bei den allermeisten Erwachsenen wird diese Fähigkeit bei ihnen jedoch nicht mal im Ansatz durch eine Zählmethode kompensiert.

•

Die Pirahã und ihre bemerkenswerte Sprache sorgten für einiges Aufsehen, als die ersten Berichte darüber in anthropologischen und sprachwissenschaftlichen Fachzeitschriften erschienen. Auch wenn die Debatten darüber, was genau bestimmte Wörter der Pirahã-Sprache bedeuten oder nicht bedeuten, zweifellos anhalten werden, bleibt es dabei, dass kein Besucher des Stammes je gesehen hätte, wie ein Mitglied irgendetwas zählt. Ein Teil der Zahlenreihen-Übungen wurde später von zwei weiteren Anthropologen-Teams wiederholt.

In der Folge äußerten einige Pirahã den Wunsch, Zahlwörter zu lernen. Everett kam der Bitte nach und erklärte ihnen, wie man auf Portugiesisch zählt, berichtete aber, dass selbst nach acht Monaten täglichen Übens keine einzige beteiligte Person bis zehn zählen könne. Ein zweiter Versuch verlief erfolgreicher. Ein Forscher, der mehrere Monate in der Siedlung Xagiopai verbrachte, übte mit den Pirahã, Reihen von Gegenständen nachzubilden und erfand Pirahã-ähnliche Begriffe für die Zahlen bis zehn. Das Ergebnis: Gegen Ende des Forschungszeitraums verzeichnete er in diesem Dorf – und nur hier – bei einigen der Entsprechungsaufgaben eine deutlich höhere Trefferquote. Das bestätigte, dass die Pirahã durchaus in der Lage sind, zählen zu lernen; es hat nichts mit angeborenen Fähigkeiten zu tun. Das ändert aber nichts daran, dass Mengen in ihrer Sprache und Kultur ursprünglich nur annäherungsweise erfasst werden. Wie selten diese Wahrnehmungsweise unter Menschen ist, bleibt offen: Von einer Reihe anderer Völker, insbesondere aus dem Amazonasbecken, heißt es, dass ihre Sprachen ebenfalls keine Zahlwörter aufweisen. Doch keines von ihnen ist bisher so systematisch erforscht worden wie die Pirahã.

•

Die Pirahã sind ein besonderer Fall innerhalb der verschiedenen Ausprägungen menschlicher Sprachen und Kulturen – und sie stehen für einen wirklich erstaunlichen Zweig der Geschichte des Zählens. Der Fakt, dass ein bis heute existierendes Volk keine Zahlen kennt, macht uns bewusst, dass das Zählen – im Sinne der wiederholten, protokollierten Aufmerksamkeit – für Menschen keineswegs unumgänglich ist. Es ist noch ungeklärt, welches Zusammenspiel aus Ereignissen dazu führte, dass es im Amazonasbecken ein Volk gibt, dem das Zählen fremd ist, doch die allgemeine Verbreitung von Zahlwörtern auf dem amerikanischen Doppelkontinent lässt es unwahrscheinlich erscheinen, dass die Pirahã von einem Teil der Menschheit abstammen, der niemals zu zählen gelernt hat. Man kann mit einiger Gewissheit davon ausgehen, dass ihre Vorfahren durchaus zählen konnten.

Darauf deutet beispielsweise die Tatsache hin, dass der mittlerweile ausgestorbene, eng mit dem Pirahã verwandte Dialekt Mura über mehrere Kulturgüter verfügte, die den Pirahã fehlen: Mythen, Legenden und andere fiktionale Erzählungen über die ferne Vergangenheit. Vielleicht kannte diese Sprache – oder ein gemeinsamer Vorfahr – ja auch Zahlwörter.

Sollten die Pirahã tatsächlich aus Völkern hervorgegangen sein, die zählen konnten, lässt das einen schwindelerregenden Schluss zu. Denn dann handelt es sich beim Zählen nicht nur um ein Kulturgut, um eine Erfindung, die nicht obligatorisch ist, da nicht jede Gemeinschaft eine Lebensweise pflegt, die das Zählen notwendig macht – dann kann das Zählen auch aussterben, wenn der Bedarf danach schwindet. Einer der Zweige am Baum des Zählens endet – zumindest aktuell – in einem Raum ohne Zählen. Daraus können wir folgern: Es ist in der Zukunft eine Welt *nach dem Zählen* möglich, eine Welt, in der diese Fähigkeit – trotz ihrer Bandbreite, ihrer Macht und ihres hohen Alters – in Vergessenheit geraten ist. Eine Welt, in der die Zahlwörter verstummt, die Zählgesten verlernt, Strichlisten verschwunden und Perlen wieder einfach nur Perlen sind.

Fazit

Die Anzahl der Finger, Körper, Lippen und Gehirne, die schon am Zählen beteiligt waren, ist gewaltig – auswendig, mit den Händen, mit Hilfsmitteln, mit Wörtern, Strichen, Symbolen und Maschinen. Es wurden Menschen gezählt, Besitztümer, Nahrungsmittelvorräte, Freunde und Feinde, Wählerstimmen, Jahre, Tage, Eier, Bäume und Münzen. Es wurde gezählt, um Steuern zu entrichten, um zu überleben, um Städte zu verwalten, Betriebe zu führen, den eigenen Wert zu quantifizieren, der Vorfahren zu gedenken, um zu kaufen, zu verkaufen oder zum reinen Vergnügen. Dem Zählen wohnt immer etwas Magisches inne, das ohne Rast und Ruh eine Sache in eine andere überführt: Tage in Strichlisten, Menschen in Zählsteine, Bücher in Magnetbänder.

Dieses Buch hat einen Teil dieser Vorgänge beleuchtet, doch es gibt noch Tausende weitere, in Tausenden lebenden und ausgestorbenen Sprachen, in Tausenden Kulturen und Hunderten Schriften. Nicht zwei davon sind identisch. Die wahre Magie besteht vielleicht darin, all diese Vorgänge zu einem Ganzen zu verschmelzen und es »Zählen« zu nennen.

•

Zählen ist – so ist es in diesem Buch definiert – wiederholte Aufmerksamkeit kombiniert mit einem Verfahren, den Vorgang zu protokollieren. Dabei haben die unterschiedlichen Objekte, denen man Aufmerksamkeit schenken kann, zusammen mit den mannigfaltigen Protokollierweisen, zu verschiedenen Zeiten und an verschiedenen Orten ein geradezu unvorstellbar komplexes und vielfältiges Geflecht aus Zählmethoden hervorgebracht.

Die Basis des Zählens bilden angeborene Eigenschaften: die Fähigkeit, die relative Größe von Mengen einzuschätzen, sowie (möglicherweise) das zusätzliche Vermögen, Mengen von ein, zwei, drei oder vier Objekten unwillkürlich zu erfassen. Zumindest die erste Fähigkeit ist unter Primaten, aber auch unter einigen anderen Säugetieren und Vögeln durchaus verbreitet; eventuell sogar bei weiteren Tieren. Doch keine Tierart ist in der Lage, exakt zu zählen. Noch nie ist ein frei lebendes Tier dabei beobachtet worden, wie es spontan Zählsteine benutzte oder Strichlisten anfertigte; keines schafft es, mehr als ein paar Zahlwörter oder -symbole zu erlernen. Das Zählen findet in erster Linie in dem Bereich des Gehirns statt, in dem die approximative Mengenrepräsentation angesiedelt ist. Je nachdem, mit welchem Hilfsmittel die zählende Person den Vorgang protokolliert, sind auch andere Gehirnregionen involviert, unter anderem diejenigen, die gesprochene oder geschriebene Sprache verarbeiten oder aber für die Feinmotorik zuständig sind.

Schon in der Steinzeit waren Ressourcen verfügbar, die sich anboten, um einen Zählvorgang zu protokollieren – und zwar beständig und dauerhaft. Archäologen haben Markierungen gefunden, die vor bis zu 3,2 Millionen Jahren durch das systematische Bewegen eines Steines auf einem Stück Knochen entstanden sind; die ersten Artefakte, die wirklich als Strichlisten gedeutet werden können, entstanden vor rund 70 000 Jahren. Die ältesten aufgefädelten Perlen, die bei Ausgrabungsarbeiten in Ostafrika gefunden wurden, sind ebenfalls mindestens 70 000 Jahre alt, und wahrscheinlich gab es sie sogar schon länger. Die ältesten Darstellungen von ausgestreckten oder abgeknickten Fingern sind erst 27 000 Jahre alt und wurden in Europa entdeckt, aber man kann davon ausgehen, dass in Afrika bereits Zehntausende Jahre zuvor mit den Fingern gezählt wurde. Gesprochene Sprache hinterlässt keine ausgrabbaren Spuren, doch vermutlich gab es schon früh in der Sprachgeschichte konventionalisierte Lautkombinationen, die mit wiederholten Handlungen einhergingen. Es ist allerdings unmöglich zu sagen, wann sie in die Sprache aufgenommen und in Kardinalzahlen – oder Ordnungs-, Distributiv-, Multiplikativzahlen usw. – überführt wurden. So gut wie jede dokumentierte Sprache kennt Zahlwörter, und die Betrachtung dessen, was diese gemeinsam haben, kann uns eine allererste Vorstellung (mehr aber auch nicht) davon vermitteln, wie die frühesten Zahlwörter geklungen haben könnten.

Zahlensymbole – ebenfalls ein Hilfsmittel, um zu zählen, aber vor allem nützlich, um Ergebnisse von Zählvorgängen festzuhalten und zu kommunizieren – tauchten parallel zu den frühesten schriftlichen Darstellungen gesprochener Sprache auf, im Nahen Osten, Ostasien und Zentralamerika. Wenn ein fester Satz an Symbolen konkrete Zahlen unzweideutig wiedergeben soll, müssen für seine Strukturen gewisse Beschränkungen gelten; was das angeht, sind sämtliche der relevanten Möglichkeiten über lange Perioden und große räumliche Entfernungen hinweg erfolgreich und stabil angewandt worden. Insgesamt sind auf der ganzen Welt etwa 100 verschiedene Zahlenschreibweisen belegt.

Ausgehend von diesen Ursprüngen haben sich die Zählmethoden zu verschiedenen Zeiten und an verschiedenen Orten in verschiedene Richtungen entwickelt – aus den Wurzeln spross eine Vielzahl von Ästen und Zweigen. Immer wieder waren Menschen mit neuen Zählobjekten und neuen Gründen für das Zählen konfrontiert, und stets haben sie kreative, neue Zählweisen ersonnen oder alte Methoden angepasst. So entstanden neue Zählpraktiken in Reaktion auf bestimmte Bedürfnisse an bestimmten Orten und zu bestimmten Zeiten; und immer ging es dabei um eine konkrete Interaktion zwischen

Menschen und der sie umgebenden Welt. Einige Zählarten wurden an benachbarte Kulturen oder nachfolgende Generationen weitergegeben, doch der Großteil von ihnen erwies sich als eher kurzlebig und wurde schnell von Weiterentwicklungen oder durch neue Experimente oder Erfindungen verdrängt. Oft kam es zu einem Wechselspiel: Sobald Menschen eine neue Technologie – eine neue Zählweise – ersannen, fanden sie unweigerlich neue Anwendungen dafür, vielleicht sogar solche, nach denen sie bis dahin gar kein Bedürfnis verspürt hatten. Manchmal brachten diese neuen Funktionen wiederum Innovationen rund um das Zählen hervor.

In vielen Situationen, in denen Menschen zählen wollten, strebten sie zugleich danach, zumindest einfache Rechnungen durchzuführen. Daher gibt es große Überschneidungen zwischen Techniken, die dem Zählen dienen, und solchen, mit denen man rechnen kann. Ein Großteil der Instrumente, die uns dabei helfen, den Zählvorgang zu protokollieren, sind auf mehr oder weniger drastische Weise so adaptiert worden, dass sie auch dem Rechnen dienlich sind. Zumindest in manchen Fällen haben Erwägungen rund um ein möglichst effizientes und effektives Rechnen Auswirkungen darauf gehabt, welche Technologie für das Zählen selbst verwendet wird. Einen solchen Fall stellt die Ablösung des Rechenbretts und der römischen Zahlen durch das Papier und die arabischen Ziffern im Europa des Mittelalters dar; ein weiterer ist der Aufstieg des *suanpan* und des *soroban* in Ostasien. Andererseits wurden an vielen Orten und zu vielen Zeiten einfach unterschiedliche technische Hilfsmittel für das Zählen und Rechnen verwendet.

Im Verlauf der Zeit sind manuelle und verbale Zählweisen immer wieder durch neue ersetzt worden, gesprochene und geschriebene Zahlen haben an Bedeutung gewonnen und verloren, so wie sich konkretere oder eher im Kopf angesiedelte Rechen- und Zählweisen ausbreiteten oder zurückgingen. Die Wechselfälle der Menschheitsgeschichte haben mal die eine, mal die andere Zählmethode nach oben geschwemmt. Die einfachsten Verfahren – mit den Fingern oder mithilfe von Perlen – sind nie ganz verschwunden, genauso wenig wie die angeborene Fähigkeit, Mengen abzuschätzen. Das gilt ebenso für die Beschränkung der Subitisation auf vier (oder maximal fünf) sowie deren Auswirkungen auf die Geräte, die Menschen erfinden, und die Schreibweisen, die sie ersinnen.

•

Die Geschichte des Zählens ist wie ein stattlicher Baum mit mehreren Wurzeln und geradezu unendlich vielen Ästen. Deren Spitzen bilden – Stand heute – komplexe Prozeduren: unmarkierte Zählsteine auf markierten Oberflächen, hoch entwickelte Zahlwortsysteme, erfolgreiche – und erfolgreich exportierte – Zahlensymbole und elektronische Maschinen, deren interne Prozesse zu bestimmten Zwecken in Form von Zahlenreihen wiedergegeben werden. Daneben finden sich Inventare an Begriffen, die in einigen Fällen von Gesten, Zählhölzern oder niedergeschriebenen Zahlwörtern begleitet werden – und eine Welt, in der überhaupt nicht gezählt wird.

Wie wird das Zählen in der Zukunft aussehen? Der Baum wird weiterwachsen und sich dabei verändern. Einige Äste werden sprießen, andere verdorren. Mit der Zeit werden die Methoden einen Wandel durchlaufen – der menschliche Erfindergeist ist, was das Zählen angeht, sicher noch nicht am Ende angelangt. Detaillierte Voraussagen darüber, welche Formen das Zählen in Zukunft annehmen wird, sind so gut wie unmöglich. Doch sie werden weiterhin vielfältig, variantenreich, überraschend und faszinierend sein; die Geschichte des Zählens wird neben dem Alten immer auch Neues hervorbringen.

Dank

Mein Dank gilt der verstorbenen Felicity Bryan, deren Interesse und Begeisterung dieses Projekt in der frühen Phase mitgeprägt haben. Meine jetzige Agentin Carrie Plitt hat während der späteren Phase der Entstehung ebenfalls wertvolle Unterstützungsarbeit geleistet.

Außerdem danke ich Arabella Pike und ihrem Team bei William Collins, einschließlich Sam Harding und Alex Gingell.

Christopher Hollings hat das Buch schon im Entwurfsstadium gelesen, ebenso wie meine Eltern Moira und Tony Wardhaugh; ihre Hinweise und Vorschläge waren überaus hilfreich.

Den größten Dank schulde ich wie immer meiner Frau Jessica und unseren drei Söhnen, deren Beistand, Rat und praktische Unterstützung in allen Phasen des Projekts unbezahlbar waren.

Bildnachweis

Seite 28: kristof lauwers / Alamy Stock Photo.

Seite 35: imageBROKER.com GmbH & Co. KG / Alamy Stock Photo.

Seite 42: Heritage Image Partnership Ltd / Alamy Stock Photo.

Seite 51: agefotostock / Alamy Stock Photo.

Seite 55: Musée d'Aquitaine, Bordeaux, Gironde. Japhotos / Alamy Stock Photo.

Seite 57: SOPA Images Limited / Alamy Stock Photo.

Seite 88: Metropolitan Museum of Art, 1988.433.2. Lizenzfrei.

Seite 103: Ninive, Südwestpalast, Irak / British Museum. Lanmas / Alamy Stock Photo.

Seite 108: British Museum, EA 10529 (Recto). ©The Trustees of the British Museum. Alle Rechte vorbehalten.

Seite 120: Wikimedia Commons. CC BY-SA 2.5.

Seite 130: British Library, Royal 13 A. XI, f.33v. Mit Genehmigung der British Library.

Seite 140: The Morgan Library and Museum, MS M.240, fol. 8r. incamerastock / Alamy Stock Photo.

Seite 143: H. de La Tour, *Catalogue de la collection Rouyer* (Paris 1899), Bildtafel 6, Abb. 1. Lizenzfrei.

Seite 145: Jacob Köbel, *Ain New geordnet Rechen biechlin auf den linien mit Rechen pfeningen*, Titelseite. München, Bayerische Staatsbibliothek, 4 Math.p. 175 va. CC BY-NC-SA 4.0.

Seite 147: Deutsches Museum, 1987–178. CC BY-SA 4.0.

Seite 164: Columbia University Library, Smith Indic MS 3.

Seite 165: Wellcome Collection, MS OR Indic beta 249. CC BY 4.0.

Seite 175: University of Pennsylvania Library, LJS 464, fol. 2v. Lizenzfrei.

Seite 183: München, Bayerische Staatsbibliothek Clm 14733, fol 32v. CC BY-NC-SA 4.0.

Seite 188: Saint Louis Art Museum, Objektnr. 72:1950. Lizenzfrei.

Seite 201: National Meteorological Library and Archive C_1825–1832. Open Government Licence v3.0.

Seite 215: Nachbildung von Zählstäbchen aus der Han-Dynastie im Nationalen Museum für Naturwissenschaften in Taiwan. Wikimedia Commons. CC BY-SA 3.0.

Seite 221: Dexter Mikami / Alamy Stock Photo.

Seite 229: IPSJ Computer Museum / Sammlung des Statistikmuseums Tokio.

Seite 234: *Scientific American*, 30. August 1890, Titelseite. Lizenzfrei.

Seite 241: webtoon.com.

Seite 255: Sabena Jane Blackbird / Alamy Stock Photo.

Seite 264: J. Wardhaugh.

Seite 273: Juergen Freund / Nature Picture Library.

Seite 285: Richard Knecht / nunalleq.wordpress.com.

Seite 294: MoneyMuseum Zürich.

Seite 303: A. P. Maudslay, *Archaeology-Biologia Centrali-Americana* (London 1889–1902), Bd. 1, Bildtafel 48. Lizenzfrei.

Zu den Quellen

Dieses Buch stellt eine Synthese bestehenden Wissens dar; es basiert größtenteils auf Übersichtsaufsätzen und Überblickswerken vom Typ Handbuch, in konkreten Fällen ergänzt durch Publikationen, die die jeweiligen Themen erörtern und/oder wiedergeben. Die folgenden Seiten enthalten eine Auflistung der wichtigsten Fachliteratur, die in die einzelnen Kapitel und Unterkapitel des Buches eingeflossen ist, sowie die Quellen aller direkten Zitate. Nicht aufgeführt sind die Vielzahl der nachrangigen oder ergänzenden Werke, die ich zurate gezogen habe, oder die konkreten Namen, die hinter einzelnen Aussagen und Überlegungen stehen.

Ein großer Teil der hier thematisierten Fragen hat in der Fachwelt intensive Debatten ausgelöst, die zum Teil bis heute andauern. In diesen Fällen habe ich versucht, die aktuell vorherrschende Meinung abzubilden – das heißt, ich habe nicht wissentlich überholte oder nur von Minderheiten befürwortete Ansichten dargestellt. In einigen Fällen werden die abweichenden Thesen auf den folgenden Seiten erwähnt.

Fehler und Unklarheiten im Text sind natürlich mir anzulasten, nicht den genannten Wissenschaftlern, Wissenschaftlerinnen und Forschenden, denen ich zu Dank verpflichtet bin und die ich um Nachsicht bitte. Bei einem Projekt dieser Art lässt es sich nicht vermeiden, die Grenzen des eigenen Wissens zu überschreiten, sie womöglich sogar weit hinter sich zu lassen; doch das ändert nichts daran, dass die Arbeit des Zusammenführens trotzdem einen Wert hat.

Abkürzungen:

CEWAL	Woodard, Roger D. (Hg.), *Cambridge Encyclopedia of the World's Ancient Languages* (Cambridge 2004).
CWP	Bahn, Paul / Renfrew, Colin (Hg.), *Cambridge World Prehistory* (Cambridge 2014).
DNP	Cancik, Hubert / Schneider, Helmuth (Hg.), *Der Neue Pauly. Enzyklopädie der Antike* (Stuttgart 1996 ff.)
EHAS	Rashed, Roshdi (Hg.), *Encyclopedia of the History of Arabic Science, Band 2: Mathematics and the Physical Sciences* (New York 1996).
HMC	Campbell, Jamie I. D. (Hg.), *Handbook of Mathematical Cognition* (New York 2005).
OCD	Hornblower, Simon / Spawforth, Antony (Hg.), *Oxford Classical Dictionary* (3. Ausgabe, Oxford 2005).
OHHM	Robson, Eleanor / Stedall, Jacqueline (Hg.), *Oxford Handbook of the History of Mathematics* (Oxford 2009).
OHNC	Kadosh, Roi Cohen / Dowker, Ann (Hg.), *Oxford Handbook of Numerical Cognition* (Oxford 2015).
WALS	Dryer, Matthew S. / Haspelmath, Martin (Hg.), *The world atlas of language structures online*, München: Max Planck Digital Library, http://wals.info.
WWS	Daniels, Peter T. / Bright, William (Hg.), *The World's Writing Systems* (Oxford 1996).

Einleitung: Was ist Zählen?

Die Definition von Leibniz findet sich in *Confessio philosophi. Das Glaubensbekenntnis des Philosophen*, S. 125.

Die Anzahl der an ein allgemeines Publikum gerichteten Veröffentlichungen über Zahlen und ihre Geschichte ist zu groß, um sie hier alle nennen zu können; viele von ihnen enthalten inhaltliche Überschneidungen mit diesem Buch. Neben den Texten, die auf den folgenden Seiten zu konkreten Themen genannt sind, habe ich einige Werke als besonders hilfreich empfunden, um mir ein generelles Bild von der Geschichte (oder Geschichten) des Zählens zu machen. Diese sind: Scriba/Ellis 1969, Flegg 1983, Crump 1990, Ifrah 1986, Chrisomalis 2020.

1 Vor dem Zählen: Der Zahlensinn

Die Forschungsliteratur zum angeborenen Zahlensinn ist sehr umfangreich, und es werden immerzu neue Erkenntnisse publiziert. Hilfreiche Überblickswerke sind das HMC, das OHNC und Butterworth et al. 2018. Zusammenfassungen der Studien mit Tieren finden sich im Kapitel von Brannon im HMC und im Kapitel von Agrillo im OHNC. Dort wird auf sehr viele Publikationen referiert, aber ich gehe hier konkret auf die Forschungsergebnisse von Ditz/Nieder 2016 (zu Krähen), Benson-Amram et al. 2017 (zu Fleischfressern), Hauser et al. 2000 (S. 829 zu den Rhesusaffen auf Cayo Santiago), Uller et al. 2001, Cantlon/Brannon 2007a, 2007b und Beran et al. im OHNC (zu Primaten) ein.

Die Ergebnisse der fMRT-Untersuchungen werden in Nieders Aufsatz im OHNC, Amalric/Dehaene 2017, Hyde 2011, Anobile et al. 2016, Roggemann et al. im OHNC, Salillas/Semenza im OHNC und Nieder 2016 erörtert. Über die wegweisende Entdeckung der Zahlenneuronen berichten unter anderem Nieder/Miller 2003, Nieder et al. 2004 (Affen; siehe auch Nieder 2013), Nieder et al. 2006, Ditz/Nieder 2015 (Krähen) und Kutter et al. 2018 (Menschen); siehe auch Dehaene et al. im HMC, Piazza et al. 2004, Nieder/Dehaene 2009, Hyde 2011, Anobile et al. 2016, Gallistel 2017, Burr et al. 2017, Amalric/Dehaene 2017.

Die Simulation neuronaler Netzwerke ist (unter anderem) Thema in Verguts/Fias 2004, Zorzi et al. im HMC, Stoianov/Zorzi 2012, Miller 2013, Hannagan et al. 2017 und Zorzi/Testolin 2017.

Die Evolutionsgeschichte des Zahlensinns behandeln Beller/Bender 2008, Hubbard et al. 2008, Nieder 2018 und Brannon/Park im OHNC.

Die Subitisation ist Gegenstand mehrerer der oben genannten Publikationen sowie von Clements 2019. Die Formulierung »Pattsituation in der Forschung« stammt von Agrillo im OHNC, S. 226.

2 Vor dem Schreiben: Das Zählen

Als Quelle, aus der sich ein Großteil der allgemeinen Abhandlungen über die Geschichte der Zahlen speist, einschließlich ihrer Ursprünge in der Vorgeschichte der Menschheit, ist Dantzig 1930 zu nennen, auch wenn der überwiegende Teil der Erkenntnisse – wenn nicht sogar alle – heute als überholt gelten müssen. In eine ähnliche Richtung gehen Boyer 1944 und Scriba/Ellis 1969, und eine gute jüngere Abhandlung über die Grundlagen der Zahlen bietet Kapitel 6.1 im OHHM (Autor: Chrisomalis).

Blombos: Zählen mit Schneckenhausperlen

Die Schneckenhäuser aus der Blombos-Höhle sind Thema in d'Errico 2005; siehe auch d'Errico et al. 2015. Weitere Funde von dort behandeln beispielsweise Henshilwood et al. 2001, d'Errico et al. 2001, Vanhaeren et al. 2013. Um vergleichbare Artefakte geht es in Vanhaeren et al. 2006, Bouzouggar et al. 2007, d'Errico et al. 2008 und d'Errico et al. 2009; siehe auch Álvarez-Fernández 2019. Sie bilden einen beliebten Anknüpfungspunkt für breiter angelegte Erörterungen zum verkörperten oder handlungsorientierten mathematischen Denken wie bei Damerow 2007, Carey 2009 (Kapitel 4 und 7), Núñez 2009, De Cruz et al. 2010, Malafouris 2010, Overmann et al. 2011, Coolidge/Overmann 2012, Overmann 2013, 2016c, 2017a, 2017b, 2019, d'Errico et al. 2017 sowie Wynn et al. 2017 (dazu passende Erkenntnisse aus experimentellen Studien bieten Zhang/Wang 2005 und Lindemann et al. 2007) sowie für generelle Betrachtungen über die Entwicklung des (»modernen«) Denkens wie bei Balme/Morse 2006, Kuhn/Stiner 2007, Henshilwood 2007 (sowie weitere Aufsätze in Mellars et al. 2007), Botha 2008, 2016 (Kapitel 3), Bednarik 2008 und Jeffares 2010. (Zudem habe ich Berichte aus der Zeit vor diesem konkreten Fund konsultiert, unter anderem Klein 2000, McBrearty/Brooks 2000, d'Errico 2003 und d'Errico et al. 2003). Für allgemeine konzeptionelle Grundlagen der dargelegten Erkenntnisse siehe Kirsh 1996, Dartnall 2005, Rowlands 2010, Barrett 2011 und insbesondere Clark/Chalmers 1998, Shapiro 2019 und Malafouris 2013. Der Begriff »wilder Zahlenstrahl« findet sich u. a. bei Overmann et al. 2011, S. 143, und Wynn et al. 2013, S. 128.

Vom Rutanzige-See nach Laussel: Zählen mit Strichlisten

Zu den relevanten Studien über die eingekerbten Knochen zählen Jones 1873, Davis 1974, d'Errico/Cacho 1994, d'Errico 1995, d'Errico et al. 2001, Coinman 1996, Reese 2002, Majkić et al. 2018; siehe auch Robinson 1993, Cain 2006, d'Errico/Cacho 1994. Zu den Funden von Blombos siehe oben unter »Zählen mit Schneckenhausperlen« sowie Heshilwood et al. 2009. Bullington/Leigh 2002 halten die Ockerstücke für Strichlisten.

Zum Ishango-Knochen siehe de Heinzelin 1957 und 1962, Brooks/Smith 1987, Pletser/Huylebrouck 1999 sowie Huylebrouck 2008 und 2019.

Die Frau von Laussel ist Thema bei Duhard 1988 und insbesondere

1989; mit Frauendarstellungen in der Kunst jener Zeit im Allgemeinen, oft mit konkretem Bezug zu den Reliefs von Laussel, befassen sich Duhard 1990, 1991, 1993 und 1994. Das Zitat »Bedauerlicherweise wird uns die tiefere Bedeutung dieses Kunstwerks wohl immer verborgen bleiben« stammt von der Homepage www.musee-aquitaine-bordeaux.fr/en/laussel-venus.

Cosquer: Zählen mit der Hand

Einen hilfreichen Überblick zur zeitlichen Einordnung des Auszugs des Menschen aus Afrika bietet Groucutt et al. 2015.

Mit der Rolle von Gesten in der Entstehung und Entwicklung des Zahlenkonzepts befassen sich unter anderem Fischer 2012, Carey 2009, Gibson 2017 und Malafouris 2010.

Die Cosquer-Höhle wird beschrieben in Clottes et al. 1992a, 1992b, Clottes/Courtin 1995, Collina-Girard 1995 und Sartoretto et al. 1995 (dort finden sich auch Details zur Überflutung). Den zweiten Forschungstauchgang schildern Clottes et al. 2005a (meine Hauptquelle) und 2005b.

Andere Handnegative besprechen Leroi-Gourhan 1967, Lorblanchet 1980, Groenen 1988, Barrière/Suères 1993, Delluc/Delluc 1993, Garcia/Duday 1993, Pettitt et al. 2015 und García-Diez et al. 2015. Deutungen dazu enthalten Walsh 1979, Groenen 1990 und 2011, Gilligan 2010, Cohen 2012, Culley 2016 und McCauley et al. 2018 sowie – speziell in Bezug auf eine mögliche Funktion als Hilfsmittel zum Zählen – Rouillon 2006 und Overmann 2014. Das Zitat »ungeladener Gast …« stammt aus Houston 2004, S. 223.

Zählen mit Wörtern

Zum Ursprung der Sprache habe ich die Übersichtswerke Botha/Knight 2009a und 2009b konsultiert; was den Nutzen eines Massenvergleichs und weitere Versuche der Rekonstruktion jenseits der bekannten Sprachfamilien angeht, folge ich Campbell/Poser 2008.

Wichtige Werke zum Thema Sprache und Zahlen sind Hurford

1987 und Wiese 2003, wobei letzteres Werk von einem rein linguistischen Ursprung des Zählens ausgeht; siehe auch Gelman/Butterworth 2005, Wiese 2007, Chrisomalis 2010a und Wynn et al. 2013.

Die aktuell beobachtbaren Universalien oder Quasi-Universalien der Zahlwörter sind dokumentiert in Greenberg 1978, Corbett 1978, Gvozdanović 1999, Hammarström 2008a und 2008b, Donohue 2008, WALS unter dem Stichwort »Numeral bases« (Autor: Comrie), Comrie 2020 und Epps et al. 2012; zu Ordnungszahlen, Distributiva etc. siehe WALS unter den Stichworten »Ordinal Numerals« (Autoren: Stolz/Veselinova), »Distributive Numerals« und »Numeral Classifiers« (Autor beider Texte: Gil). Zu bestimmten selten auftretenden Phänomenen und ihren Auswirkungen auf die Universalien siehe Plank 2009 und Hammarström 2010.

Die Analogie, dass die Entwicklung der prähistorischen Kunst eher einem Busch gleiche als einer Linie oder Leiter, stammt aus Bahn 1988, S. 65.

Zwischenspiel: Die Zahlen

Eine hilfreiche Einführung in die Frage, was Zahlen eigentlich sind, bieten die Artikel zu den Stichworten »Philosophy of mathematics«, »Fictionalism«, »Formalism«, »Intuitionism«, »Nominalism«, »Structuralism« und »Platonism« in der *Stanford Encyclopedia of Philosophy* (https://plato.stanford.edu). Die jüngere Forschungsliteratur zu diesem Thema ist umfangreich; ich habe Badiou 2008, De Cruz/De Smedt 2010, De Cruz 2016, Giaquinto 2017 und Overmann 2016b konsultiert und verweise zudem auf Benacerraf 1973.

3 Der Fruchtbare Halbmond: Zählen mit Wörtern und Symbolen

Sumer: Das Zählen mit Symbolen

Dieses Kapitel folgt in erster Linie den Vorgaben von Nissen et al. 1990 und Robson 2008; siehe auch Chrisomalis 2010b (Kapitel 7) und 2014. Meine Darstellung der späteren Entwicklung der mathematischen Schreibweise stützt sich insbesondere auf Robson 2008 und Englund 2004; siehe auch die übrigen Beiträge in Hudson/Wunsch 2004, Katz 2007 (Kapitel 2, Autorin: Robson) sowie Valério/Ferrara 2020.

Weitere Informationen zur Entstehung der Schrift in dieser Region entstammen Liebermann 1980, Walker 1987, WWS (Abschnitt 3, S. 37–56, Autoren: Michalowski/Cooper) und Overmann 2016a. Meine Darstellung orientiert sich an dem, was ich für die aktuell vorherrschende Forschungsmeinung halte; eine abweichende Deutung der Funde und Zeitabläufe findet sich in Schmandt-Besserat 1992 sowie in ihren zahlreichen weiteren Publikationen. Das Zitat »Die Menschen müssen verstanden haben …« findet sich in Van De Mieroops Kapitel in Hudson/Wunsch 2004, S. 61.

Weiterführende Informationen zur Geschichte der Region bieten Kuhrt 1995, Van De Mieroop 2004 und CWP (Kapitel 3.7 und 3.8, Autorin: Oates). Zu den dort gesprochenen Sprachen siehe CEWAL (Kapitel 2, Autor: Michalowski, und 8, Autoren: Huehnergard/Woods) sowie zum Akkadischen auch Goldenberg 2013.

Tiglath-Pileser I.: Das Zählen der Beute

Als wichtigste Quelle für dieses Kapitel diente mir De Odorico 1995 (siehe S. 125 zur Stadt Katmuhu), ergänzt durch Robson 2008 (Kapitel 5). Dort finden sich auch die Zitate »die Schätzwerte kamen in erster Linie …« (S. 69) und »Für gewöhnlich hält ein glattrasierter Schreiber …« (S. 141). Weitere Informationen zu der Zeit und der Region sind Kuhrt 1995 (S. 81–108, 348–365, 473–546), Van De Mieroop 2004 (S. 89–98, 169–174, 216–252) und CWP (Kapitel 3.8, Autorin: Oates, Zitat »wie auf einen Fußhocker«: S. 1503, sowie Kapitel 3.10, Autorin: Özyar, S. 1545–1547) entnommen. Zu Tiglath-Pileser I. im Speziellen siehe Grayson et al. 1987, S. 5–84; das Zitat »In der Schlacht nahm ich …« findet sich dort auf S. 7, »Länder, Berge, Städte und Könige« auf S. 6 (deutsche Fassung: Schrader 1899, S. 19).

Die Details zur assyrischen Sprache stammen aus der CEWAL (Kapitel 8, Autoren: Huehnergard/Woods) und Goldenberg 2013, die Informationen zu den assyrischen Zahlwörtern aus Goetze 1946, Huehnergard 2011 (S. 235–238) und Goldenberg 2013 (S. 10f, 30f, 110). Die Schrift wird in WWS S. 37–56 (Autor: Cooper) beschrieben.

Teianti: Das Zählen von Münzen

Was die Geschichte Ägyptens in dieser Zeit angeht, stütze ich mich vor allem auf Bagnall 1993, CWP Kapitel 1.16 (Autor: Hendrickx) sowie 1.17 (Autorin: Ikram) und Erskine 2003 Kapitel 7 (Autorin: Thompson) und 15 (Autorin: Rowlandson); siehe auch Rowlandson 1998. Sprache und Schrift werden einerseits in der CEWAL (Kapitel 7, Autor: Loprieno) und andererseits in WWS (Abschnitt 4, S. 73–83, Autor: Ritner) behandelt (siehe auch Millet 1990 und Dreyer 1992); mit den Zahlen und der Mathematik befassen sich Katz 2007 (Kapitel 1, Autorin: Imhausen), Imhausen 2016 (Zitat »Wehe deinen Körpergliedern«: S. 144) sowie Chrisomalis 2010b (Kapitel 2).

Eine Abbildung, Transkription und englische Übersetzung des hier besprochenen Dokuments enthält Glanville 1993, S. 43–45 (Zitat: S. 43); weitere Erwägungen zum Archiv finden sich in Pestman 1989 (S. 14–23) und ausführlicher in Depauw 2000. Siehe auch www.trismegistos.org, Eintrag 43769, für eine abweichende Datierung.

4 Von Athen bis zum Atlantik: Zählen mit Steinen und Marken

Philokleon: Stimmen zählen

Generell folgt meine Darstellung in diesem Kapitel Netz 2002 (eine in weiten Teilen ähnliche Interpretation römischer – insbesondere pompejischer – Quellen findet sich in Bailey 2013). Weitere Informationen zu den Rechenkenntnissen der alten Griechen bieten das OHHM (Kapitel 2.1, Autor: Asper) sowie Cuomo 2001, 2012, 2019 (siehe auch van Berkel 2017 und Sing et al. 2021).

Die griechischen Zahlwörter behandelt Keyser 2015; zu den Zahlwörtern der indogermanischen Ursprache siehe zudem Szemerényi 1960, Gvozdanović 1992, Mallory/Adams 2006, S. 61 f. und Beekes/de Vaan 2011 (Kapitel 16). Mit der rhetorischen Verwendung von Zahlen in der griechischen Antike befasst sich Hawke 2008; siehe auch Rubincam 1991, 2001 und 2003. Das Zitat von Demosthenes (27.9–11) stammt aus Schaps 2004, S. 18 f., die deutsche Fassung aus Demosthenes 1868, S. 99.

Die griechische Zahlenschreibweise behandelt Tod 1911–1912, 1913, 1926–1927, 1936–1937, 1950, 1954 (alle erneut abgedruckt in Tod 1979), dessen Überlegungen den Ausgangspunkt für die meisten späteren Erörterungen bilden. Zu den jüngeren Texten zählen Verdan 2017 und Keyser 2018; in Bezug auf die römische Schreibweise muss auch Keyser 1988 erwähnt werden. Was das Verhältnis des griechischen Zahlenalphabets zu ägyptischen Modellen angeht, folge ich in erster Linie Chrisomalis 2003; für weiterführende Informationen siehe Chrisomalis 2010b (S. 140–143).

Den Ablauf von Gerichtsverhandlungen in der attischen Demokratie schildert Boegehold 1995, das Wechselspiel mit den Zählsteinen und Plaketten Boegehold 1963; das *kleroterion* beschreiben zudem Bishop 1970, Staveley 1972 und Hansen 1995. Viele der dargestellten Details rund um Philokleons Tagesablauf bei Gericht finden sich in Aristoteles' *Der Staat der Athener* wieder; sein Name ist aus Aristophanes' *Die Wespen* entliehen. Weitere Abstimmungsmethoden wie die, die bei der Volksversammlung angewendet wurde, sind in Kroll 1972, Staveley 1972, Lang 1990 und Hansen 1995 dargelegt.

Die Menge an Literatur zum Thema griechische Münzen ist immens; ich habe mich an Price 1983, Howgego 2000 (Kapitel 1), von Reden 1997 und Schaps 2004 gehalten; siehe auch Haselgrove/Krmnicek 2012. Das Zitat »Feigen, Aufseher …« ist Schaps 2004, S. 113, entnommen, dort zitiert nach Athenaios XIV 640b-c (deutsche Fassung: Athenaios 2001, S. 411). Zum Thema Buchhaltung in Athen und im übrigen Griechenland stütze ich mich auf die Artikel von Davies, Harris, Kallet-Marx und Langdon in Osborne/Hornblower 1994 sowie auf Cuomo 2013.

Mark Aurel: Jahre zählen

Die Anekdote über Mark Aurel stammt aus Cassius Dio 1987, S. 272. Bedas Ausspruch »sehr nützlich und einfach« findet sich in Wallis 1999, S. 9. Das römische System ist Thema in Froehner 1884, Friedlein 1869, Bechtel 1909, Richardson 1916, Cordoliani 1942 und 1961, Turner 1951 (S. 69), Marrou 1958, Alföldi-Rosenbaum 1971, Williams/Williams 1995, Minaud 2006, Weddell 2012 und DNP (unter dem Stichwort »digitorum computatus«); um Bedas Beschreibung im Speziellen geht es in Jones 1937 und 1943 (S. 329–331) sowie in Cordoliani 1948. Zu den Erwähnungen bei den alten Griechen siehe Schöll 1830 (S. 345 ff.), Liddell/Scott 1996 (unter dem Stichwort »πεμπάζω«), Marrou 1958 und Arias/Hirmer 1960, S. 41 f., 54 f.; zu Rabanus Maurus siehe Tannery 1886 und Stevens 1968. Das System im arabischen Umfeld behandeln Rödiger 1846, Palmer 1869, Lemoine 1932, Welborn 1932 und Saidan 1978, S. 349 f.

»Gib der Küsse mir tausend« stammt aus Catull 5, 7–8 (deutsche Fassung: Catull 2000, S. 13); siehe dazu auch Minaud 2006. Eine Interpretation der Passage in Hinblick auf das Rechenbrett bieten Levy 1941 und Turner 1951 (wo sich auch der Verweis auf den »unzüchtigen« Finger findet).

Blanka von Kastilien: Zählen mit Silber

Die führende Quelle zu Rechenbrettern im Allgemeinen und zu Jetons im Speziellen ist bis heute Barnard 1916 (siehe auch Jack 1967). Zudem stütze ich mich auf Sugden 1981, Schärlig 2006 sowie das OCD und DNP (unter dem Stichwort »abacus«). In Letzterem werden auch die griechischen Rechenbretter erörtert, ebenso wie in Liddell/Scott 1996 (unter dem Stichwort »ἄβαξ«) und in Schärlig 2001a und 2001b. Die Kontroverse rund um eine Reihe angeblicher griechischer Abaki beleuchten Lang 1957, 1964, 1968 und Pritchett 1965, 1968. Die Aussage »eher um eine Geisteshaltung als um ein Artefakt« stammt aus Netz 2002, S. 327.

Zur möglichen Existenz mesopotamischer Rechenbretter siehe Woods/Feliu 2017. Römische Rechenbretter sind Thema in Levy 1941, Wyatt 1964 und Fellman 1983 sowie in Schärlig 2006, die damalige Buchhaltung in Scheidel 1996, Cuomo 2011 und Bailey 2013.

Als Quelle für die mittelalterlichen Rechenbretter dienen neben Barnard 1916 auch Haskins 1912, Baxter 1989, Schärlig 2003 und Periton 2015. Außerdem stütze ich mich hier auf das *Oxford English Dictionary*, namentlich die Einträge zu »chess« und »exchequer«. Meine Erklärungen zu Köbel 1514 basieren auf dem Originaltext selbst. Chaucer erwähnt das Rechenbrett in »The Shipman's Tale«, Zeile 83; »Rechenknecht« als Beleidigung aus Shakespeares Feder findet sich in *Othello* 1.1.31 (deutsche Übersetzung von Schlegel/Tieck).

Was die Jetons angeht, stütze ich mich auf Turckheim-Pey 1997, Barnard 1920, Smith 1921, Freeman 1946, McLellan 2020 und Sarmant/Ploton-Nicollet 2010.

Die Informationen über Blanka von Kastilien stammen in erster Linie aus Grant 2016. Das Zitat »Erstaunlich geschickt darin ...« findet sich dort auf S. 11, »Herausforderungen und Widerstand ...« auf S. 104, und »voller Modebewusstsein und Charme« auf S. 319. Blankas Finanzen werden auch in Bougenot 1889 erörtert.

Zahlensymbole aus Indien

Zur Bezeichnung dieser Symbole verweise ich auf Chrisomalis 2010b, S. 1, Anmerkung 1; ich habe mich bemüht, die Brahmi-/indischen/Toledaner/arabischen Ziffern nach Möglichkeit so zu nennen, wie es die vorkommenden Personen zu ihrer jeweiligen Zeit taten.

Bhaskara II: Die Brahmi-Ziffern

Allgemeinere Informationen über die Schrift in Südasien finden sich in WWS (Abschnitt 30, Autor: Salomon) und in der CEWAL (Kapitel 26, Autorin: Jamison). Die Erkenntnisse von Smith/Karpinski 1911 und Ginsburg 1917 zu den arabischen Ziffern sind bis heute von großem Wert; meine Hauptquelle ist Chrisomalis 2010b (Kapitel 6).

Beim Thema Mathematik in Indien stütze ich mich auf Katz 2007 (Kapitel 4, Autorin: Plofker) und Plofker 2009. Das Zitat »Du, schön von Aussehen« findet sich in Plofker 2009, S. 13 (Quelle: *Rg-veda* 2.1.8, deutsche Fassung: Geldner 1951), »Gegrüßet sei die Hundert! …« auf S. 14 (Quelle: *Yajur-veda* 7.2.20) und »das Universum entsteht und vergeht …« auf S. 53. *Lilavati* wird dort unter anderem auf S. 182–191 besprochen, siehe auch Plofker 2009b. Die Zitate »Oh Lilavati, kluges Mädchen …«, »Nenn mir, scharfsinniges Mädchen …« und »Am Fuß einer neun *hastas* hohen Säule …« stammen aus Katz 2007 (Kapitel 4, Autorin: Plofker), S. 449, 454 und 459; »Ein Pilger spendete …« aus Plofker 2009, S. 185.

Detaillierte Informationen über die sanskritischen Zahlwörter und ihre Nachkommen liefert die CEWAL (Kapitel 26, Autorin: Jamison).

Ibn Mun'im: Ziffern im Staub

Die Informationen über die Zeit und die Region sind Bennison 2016, Abun-Nasr 1987 und Fleet et al. (unter dem Stichwort »Almohads«) entnommen, beim Thema Wissenschaften in der arabischsprachigen Welt stütze ich mich auf Katz 2016 (Kapitel 3, Autor: Berggren), OHHM Kapitel 4.1 (Autorin: Brentjes) und Brentjes 2018. Das Zitat zur Vorgehensweise, »die kein Material benötigt …« (Quelle: Muhammad ibn Yahya al-Sali, *Adab al-kuttab*) findet sich in Kunitzsch 2003, S. 5, die Aussage über die »fehlgeleiteten« Menschen in Katz 2016 (Kapitel 3, Autor: Berggren), S. 532.

Die Zahlensymbole erörtern die EHAS unter dem Stichwort »Numeration and arithmetic« (Autor: Saidan), Kunitzsch 2003 und Burnett 2002a, 2005 und 2006; siehe auch den »Klassiker« Gandz 1931. Das Zitat zu den »scharfsinnigen Entdeckungen« stammt aus Burnett 2006, S. 15, »Die Kenntnisse der Inder sind höchst scharfsinnig …« von S. 17, Anmerkung 4.

Mit Ibn Mun'ims Kombinatorik befasst sich Djebbar 1985; dort ist auch eine französische Übersetzung des Textes enthalten. Siehe auch Djebbar n.d., EHAS (unter dem Stichwort »Numeration and arithmetic«, Autor: Saidan), Katz 2007 (Kapitel 5, Autor: Berggren), S. 660–665, sowie Katz 2016 (Kapitel 3, Autor: Berggren), S. 427–446.

Hugo von Lerchenfeld: Die Toledaner Ziffern

Zu Gerberts Rechenbrett siehe Evans 1977a, 1977b, 1979. Die spätere Verbreitung der arabischen Ziffern in der westlichen Welt erörtern Lemay 1982, Burnett 1997 (S. 48–53 sowie Abb. 23–25), EHAS (unter dem Stichwort »The influence of Arabic mathematics in the medieval West«, Autor: Allard), Berggren 2002, Kunitzsch 2005, Burnett 2002b, Chrisomalis 2010b (Kapitel 6), Wedell 2015 und Burnett 2020; siehe auch Katz 2016 (Kapitel 1, Autoren: Folkerts/Hughes). Was den spanischen Einfluss angeht, siehe Lemay 1977, zu den griechischen Beispielen Allard 1977 und Wilson 1981 und zur Verbreitung über Antiochien Burnett 2000 (S. 65 f.) und 2003.

Zu den Rechenmethoden mit den Ziffern siehe auch Allard 1990 sowie Folkerts 1970 (Kapitel 9–12) und 2001.

Der konkrete Fall, den ich im Text schildere, findet sich in Arrighi 1968 und Nothaft 2014 (vgl. Herreman 2001). Weiterführende Informationen zu Hugo von Lerchenfeld und den Regensburger Annalen liefern Fichtenau 1937 (siehe insbesondere S. 321–324) und die *Geschichtsquellen des deutschen Mittelalters* (www.geschichtsquellen.de) unter den Stichworten »Annales Ratisponenses« und »Wolfgerus monachus Prufeningensis«.

Die Erkenntnisse zur Verbreitung der Ziffern in der westlichen Welt stammen aus Mercier 1987, Schärlig 2010, Crossley 2013 und Danna 2019. Das Zitat »Argus, der edle Zähler« ist Chaucers Werk *The Book of the Duchess* (Zeile 435) entnommen. Mit dem angeblichen Widerstand gegen die Ziffern befasst sich Nothaft 2020.

Die Buchhalterin: Zählen auf Papier

Zu Nicolaes Maes siehe Suchtelen et al. 2019; *Die Buchhalterin* wird auf S. 92–95 und außerdem in Rathbone 1951 besprochen. Siehe zudem Watkins et al. 1984, S. 218 f. (Autor: Robinson), Robinson 1996 und Eikemeier 1984 sowie die Beschreibung des Bildes unter www.slam.org/collection/objects/38142/.

Die wichtigsten Studien der »cyphering books« sind Ellerton/Clements 2012 und 2014. »Verteile zwölf Pfund …« und die zwei folgenden Zitate stammen aus einem US-amerikanischen Rechenheft aus den 1770er-Jahren, das in Ellerton/Clements 2014 beschrieben ist; siehe S. 67, 73, 77. Weitere Informationen zu dieser Gattung bieten Denniss 2012 und Wardhaugh 2012 (Kapitel 3).

Caroline Molesworth: Das Wetter zählen

Einen Überblick über die tabellarische Aufbereitung von Daten und Zahlen bieten Campbell-Kelly et al. 2003. Wichtige Quellen zu den neuen Zähl- und Quantifizierungsmethoden jener Zeit sind Otis 2013, Porter 1995 und Poovey 1998 sowie für den amerikanischen Bereich Cohen 1982.

Die wichtigste Untersuchung der Wettertagebücher stellt Golinski 2007 dar. Konkrete Beispiele werden in Golinski 2001, Brázdil et al. 2008, Lee et al. 2010, Lorrey 2012, Zhang 2013, Domínguez-Castro et al. 2015, Lorrey et al. 2016, Thornton et al. 2018, Sanderson 2018, Silva 2020 und O'Connor et al. 2021/2022 erörtert.

Als Sekundärliteratur zu Molesworth gibt es nur Ormerod 1880. Die Zitate »brüsk und eigenwillig« und »überaus freundlich zu den Armen …« stammen von S. viii, »Miss Molesworths Bemühungen …« von S. xxi-xxii. Die Tagebücher selbst sind online unter https://digital.nmla.metoffice.gov.uk/IO_3246bc57-dc56-4ac9-a372-9e5e439a3768/ einsehbar.

Zwischenspiel: Zahlensymbole

Die Geschichte der Zahlensymbole wird in Menninger 1957/1958, Flegg 1983, Guitel 1975 und (zusammengefasst) in Ifrah 1986 erläutert; Chrisomalis 2014 enthält eine hilfreiche Abhandlung dessen, was wir nicht wissen. Die versuchte Klassifizierung auf diesen Seiten folgt Chrisomalis 2010b (S. 9–14). Das Zitat »Es gibt keine ideale Zahlenschreibweise …« findet sich in Chrisomalis 2010b, S. 19; »Wir stehen nicht am Endpunkt …« auf S. 434.

6 Maschinen, die zählen: Eine Rundreise durch Ostasien

Hong Gongshou: Zählen mit Stäbchen

Die Hintergrundinformationen zur Geschichte Chinas sind Mote/Twitchett 2008 entnommen, die zur Sprache der CEWAL (Kapitel 41, Autor: Peyraube) und die zum Schriftsystem Abschnitt 14 in WWS (Autor: Boltz). Die Zahlennotation erörtert Chrisomalis 2010b (Kapitel 8); siehe auch Chemla/Ma 2015 und Chemla 2019.

Zu den staatlichen und wirtschaftlichen Strukturen in der Ming-Periode habe ich Mote/Twitchett 2008 (Kapitel 1, Autor: Hucker) und Ma/von Glahn 2022 (Kapitel 9, Autoren: Lamouroux/von Glahn) zurate gezogen, zum Steuersystem der Zeit Huang 1974 und

Mote/Twitchett (Kapitel 2, Autor: Huang) und zu den Volkserhebungen insbesondere Rhee 2005 und Zhang 2008. Die in diesem Zusammenhang zitierte Quelle findet sich in Rhee 2005; die Zitate »die Umsiedlung eines bestimmten Amts für Unternehmenssteuern …« und »Noch 1578 erhielt die Reichsuniversität …« stammen aus Huang 1974, S. 176 bzw. 5. »eine Arbeitskraftbezahlung von 0,0147445814487 *tael* Silber …« und »ein Paradies für Steuereintreiber« sind Mote/Twitchett 2008 (Kapitel 2, Huang), S. 149, entnommen.

Mit den Zählstäbchen und der daraus abgeleiteten Zahlenschreibweise befassen sich Volkov 1994, 2002 und 2018; die klassischen mathematischen Texte erörtern zudem Liebbrecht 1973 (Zitat »Bauer A überträgt 407 *mu* Reisfelder …«: S. 447), Martzloff 1997, Kapitel 7.1 des OHHM (Autor: Cullen), Katz 2007 (Kapitel 3, Autor: Dauben), Dauben 2019 und Yiwen 2020. Das Zitat »Einer sind senkrecht, Zehner waagerecht …« ist Chrisomalis 2010b, S. 264, entnommen; »konnte seine Zählstäbchen bewegen …« stammt aus Needham/Wang 1959, S. 72, und »Die Methode ist kompliziert …« aus Katz 2007 (Kapitel 3 von Dauben), S. 376.

Kiyoshi Matsuzaki (und Thomas Wood): Zählen mit Kugeln

Die relevantesten Quellen für den Wettkampf sind Anon 1946 und Kojima 1954; die Zitate über den Rückschritt für das »Maschinenzeitalter« und die Zivilisation, die »ins Wanken geraten« sei, finden sich beide auf S. 12. Weitere Hintergrundinformationen liefert Duus 2008 (insbesondere Kapitel 4, Autor: Fukui, Kapitel 7, Autor: Coox und Kapitel 10, Autoren: Kōsai/Goble); Chrisomalis 2020 (S. 74) erwähnt, dass es bereits vorher solche Wettkämpfe gab. Eine wichtige Quelle für die Verwendung des *soroban* Mitte des zwanzigsten Jahrhunderts stellt Kojima 1963 dar; nützliche Hinweise enthalten auch Pullan 1968 und Schärlig 2006. Das Zitat »Die Kinder kommen nach der Schule her …« stammt aus Stigler et al. 1986, S. 454.

Die Aussage »Das Zeichen für ›Suan‹ …« ist Dauben 1998, S. 1348, Anmerkung 12 entnommen. Die kognitiven Aspekte des *suanpan* und des *soroban* werden in Hatano et al. 1977, Stigler et al. 1986, Hatta et al. 1989, Hishitani 1990, Miller/Stigler 1991, Yujie et al. 2020 und Wang 2020 erörtert. Damit verwandte, aber eher allgemeine Überlegungen rund um das Thema visuelle Verarbeitung finden sich in Alvarez/Cavanagh 2005, Halberda et al. 2006 und Feigenson 2008. Spezifisch zum »geistigen Abakus« siehe Stigler et al. 1982, Stigler 1982 und 1984, Hatano/Osawa 1983, Hatano et al. 1987, Frank/Barner 2011, Kim 2016, Barner et al. 2016, Cho/So 2018, Brooks et al. 2018 und Cheng et al. 2021.

Herman Hollerith und Kawaguchi Ichitaro: Zählende Maschinen

Ein Bild sowie eine Beschreibung von Kawaguchis elektrischer Tabelliermaschine finden sich unter https://museum.ipsj.or.jp/en/computer/dawn/0056.html und https://museum.ipsj.or.jp/en/heritage/denkishukeiki.html. Zur japanischen Volkszählung siehe Matsuda 1981.

Was die US-amerikanische Volkszählung 1890 angeht, sind die wichtigsten Quellen Walker 1888, Wright 1889, Anon 1890 (Zitat »Die ausgefüllten Vordrucke wurden aufgestapelt …«: S. 132) sowie Porter 1891 und 1894. Zu den historischen Betrachtungen aus der Zeit kurz nach der Volkszählung gehören Hunt 1899, Wright 1900 (S. 69–79), SHCA 1903 (siehe S. 173 f.) und Wilcox 1914. Die Zitate »sehr geräumigen und ordentlichen Maschinenhalle …« und »die Trommelfelle klingeln …« sind Austrian 1982, S. 60 f. entnommen und waren ursprünglich im *Washington Star* vom 26. Juni 1890 bzw. im *Saginaw (Michigan) Weekly* vom 23. Oktober 1890 zu lesen.

Das Zitat »in den unbesiedelten Raum« des amerikanischen Kontinents stammt aus Turner 1947, S. 11. An modernen historischen Abhandlungen über den Zensus habe ich Anderson 1988, USCB 2002, Schor 2017 und Ruggles/Magnuson 2020 zurate gezogen. Der Verlust der Unterlagen von 1890 wird in O'Mahony 1991, Blake

1996 und Dorman 2008 erörtert, das Zitat »Selbst wenn sie restlos verbrennen würden …« stammt aus Martin 1891, S. 525.

Hollerith beschreibt seine Erfindungen unter anderem in Hollerith 1889a, 1889b, 1894. Weitere (relativ) technische Darlegungen aus jener Zeit sind Martin 1891, Newcomb 1913 (»fast jedes zivilisierte Land«: S. 82) sowie Felt 1916. Aus der Fülle an jüngerer Sekundärliteratur stütze ich mich auf Truesdell 1965, Bashe 1986 (hier findet sich eine der umfassendsten Beschreibungen der eigentlichen Funktionsweise des Apparats), Reid-Green 1989, Campbell-Kelly 1989, Norberg 1990, Kistermann/Reston 1991, USCB 1991 und Campbell-Kelly et al. 2014. Zur Person Hollerith habe ich zudem Austrian 1982 und die *American National Biography* (www.anb.org) hinzugezogen.

Zu den weiteren Entwicklungen des Lochkartensystems habe ich Lubar 2004 sowie Heide 2008 und 2009 zurate gezogen.

Sia Yoon: Likes zählen

Was die Geschichte des Computers angeht, stütze ich mich auf Akera/Nebeker 2002, Haigh/Ceruzzi 2021, O'Regan 2008 und Campbell-Kelly et al. 2014, rund um die digitale Revolution auf Hobart/Schiffman 1998, Deuze 2006, Gere 2008, Clarke 2012 und George 2020. Der Begriff »Konsens-Halluzination« stammt aus William Gibsons *Neuromancer*, S. 22.

Zur koreanischen Geschichte siehe Connor 2002, Kim 2017 (insbesondere das Kapitel von Zur) und Seth 2020; zur technologischen Entwicklung des Landes Choi 2017. Die Informationen zu K-Pop und koreanischen Mangas stammen aus Lie 2014, Pasfield-Neofitou et al. 2016 und Jin 2016, die zum Phänomen Webtoons aus Jin 2015 (»In der vollen U-Bahn …«: S. 193), Kim/Yu 2019, Yecies et al. 2020, Shim et al. 2020 und Cho 2021. Sias Geschichte findet sich im Internet unter www.webtoons.com/en/drama/my-dud-to-stud-boyfriend/list?title_no=4353.

7 Zählwörter und mehr: Der pazifische Raum

Ayangkidarrba: Eier zählen

Zur australischen Archäologie habe ich CWP (Kapitel 1.35, Autor: White, und Kapitel 1.37, Autorin: Bird) sowie Cochrane/Hunt 2018 (die Kapitel von Cochrane/Hunt und O'Connor) zurate gezogen. Eine wichtige jüngere Publikation zu den frühen archäologischen Funden auf dem Kontinent stellt Clarkson et al. 2017 samt der dazugehörigen Kommentare und Antworten darauf (Clarkson et al. 2018) dar.

Eine wesentliche anthropologische Quelle für dieses Kapitel bildet Keen 2004. Was die Sprachen des Kontinents angeht, ist es wichtig, einerseits Dixon 1980 und 2002, andererseits Darstellungen wie die von Bowern/Koch 2004, Campbell/Poser 2008 (S. 318–325) und Kapitel 1.42 in CWP (Autoren: Heggarty/Renfrew) zu kennen. Weitere Informationen finden sich in Hale 1975, Evans 2003, Cunningham et al. 2006 (Kapitel 5 und 12), Miyaoka et al. 2007 (Kapitel 12, Autor: Walsh) und Leitner/Malcolm 2007. Was das Zählen in den australischen Sprachen angeht, habe ich Harris 1982 und 1987, Sayers 1982, McRoberts 1990, Bowern/Zentz 2012, Epps et al. 2012, Treacy et al. 2015 und Zhou/Bowern 2015 konsultiert.

In Bezug auf das Thema Groote Eylandt und die Anindilyakwa stütze ich mich auf Worsley 1954, Turner 1974 (»erwachten für gewöhnlich bei Sonnenaufgang …«: S. 165); was den Kontakt mit den Makassaren betrifft, auf May et al. 2009. Meine Quellen zum Thema Sprache sind Leeding 1989 und van Egmond/Baker 2020, zum Thema Zählen Stokes 1982 – meine Darstellung folgt seinen Ausführungen über die Zahlwörter und das Zählen, einschließlich der Zurückweisung eines makassarischen Ursprungs der Lexeme und des auf der Basis fünf aufbauenden Zählsystems. Die Zitate »Die Hand hängt lose nach unten …« und »Auf Groote Eylandt erzählt man sich« stammen aus Stokes 1982, S. 43 bzw. 39. Butterworth et al. 2008 stellen die Situation der Zahlwörter in dieser Sprache anders dar und erklären, dass sie Kindern nicht (mehr) beigebracht werden, mutmaßlich eine Entwicklung der jüngsten Vergangenheit.

Oksapmin: Zählen mit dem Körper

Die Ausführungen zur Ethnografie und Geschichte Papua-Neuguineas basieren auf Brongersma/Venema 1961 und Gammage 1998, während ich mich in Bezug auf die Sprachen der Region auf Kapitel 1.42 in CWP (Autoren: Heggarty/Renfrew), Dixon 2002 und Campbell/Poser 2008 sowie insbesondere auf Lean 1992 und Owens et al. 2018 stütze. Die Informationen über die Oksapmin selbst stammen aus Perey 1973 (»äußerst riskant«: S. 27). Zu ihrer Sprache siehe zudem Loughnane/Fedden 2011.

Was das Zählen in Neuguinea angeht, gelten die Studien von Lean 1992 und Owens 2001 (zusammengefasst in Owens et al. 2018) als Standardwerke. Ich stütze mich darüber hinaus auf Laycock 1975, De Vries 2014 und Dwyer/Minnegal 2016 sowie auf den »Klassiker« Mimica 1988. Zu den kognitiven und pädagogischen Aspekten enthalten auch Matang 2005 und Matang/Owens 2014 wertvolle Informationen.

Insbesondere die Zählweise der Oksapmin ist in Saxe 1981, 1982, 1999, Saxe/Esmonde 2005 und im Überblickswerk Saxe 2012 eingehend erforscht worden; siehe auch https://culturecognition.com. Die Zahlwörter »*tipana, tipnarip, bumrip, hadrip, hatatah*« werden in dieser Form in Saxe 2012, S. 271 genannt; siehe auch S. 45 mit einer leicht abgewandelten Transkription. Das Zitat »allerhand nutzloses und unnötiges Zeug« stammt aus Saxe 2012, S. 51. Die Informationen über einen Wandel im Zählsystem der Oksapmin sind in erster Linie Saxe 1982, 2012 und (insbesondere zum Thema *fu*) Saxe/Esmonde 2005 entnommen. Die Quelle für das Zitat »1960, als in der Oksapmin-Region …« ist Saxe/Esmonde 2005, S. 209 f., die für »Einige der Personen, die (im Jahr 1980) …« Saxe 2012, S. 30.

Tonga: Blätter zählen

In Bezug auf die Prähistorie der pazifischen Inseln stütze ich mich auf den bewährten Bericht von Terrell 1986 sowie auf Kirch 2000 (daraus stammt auch die Formulierung »dem Weg des Windes folgen«), Oppenheimer 2004, CWP Kapitel 1.31 (Autor: Tanudirjo) und Hunt/Cochrane 2018 (Beiträge von Cochrane/Hunt, Terrell, Rieth/Cochrane und Burley/Addison, wobei letztere besonderes Augenmerk auf die Insel Tonga legen). Wichtige Quellen zur tongaischen Kultur jener Periode stellen Mariner 1818, Gifford 1929 und Bott/Tavi 1982 dar; an jüngeren Texten habe ich insbesondere Rutherford 1977, Petersen 2000, Campbell 2001 und Evans 2001 zurate gezogen.

Was die austronesische Sprachfamilie angeht, folge ich Lynch 2018 sowie Kapitel 1.33 in CWP (Autoren: Heggarty/Renfrew). Die Zahlwörter in den ozeanischen Sprachen erörtern Harrison/Jackson 1984, Bender et al. 2006, Bender 2013 und Bender/Beller 2006a, 2006b (insbesondere hinsichtlich der komplexen Geschichte der polynesischen und mikronesischen Nominalklassifikatoren und Zählsysteme), 2014, 2018 und 2021. Konkret mit den tongaischen Zahlwörtern befassen sich Bender/Beller 2007 (»Die *kie*-Blätter werden zurechtgeschnitten …« und die beiden folgenden Zitate: S. 230, »Eine solche Übergabe …«: S. 231, »Einige wenden die traditionellen Systeme überhaupt nicht mehr an …«: S. 229). Das Zitat »Auf Lamotrek und Fais …« findet sich in Bender/Beller 2006b auf S. 400, »Brotfrüchte, Pandanusblätter …« auf S. 385.

8 Panoroma: Zählen in Nord- und Südamerika

Zur Archäologie auf dem Doppelkontinent siehe CWP, Kapitel 2.14 (Autor: Collins), und Meltzer 2021. Allgemeine Informationen zu den amerikanischen Sprachen liefern Mithun 1999, Kapitel 2.36 in CWP (Autoren: Heggarty/Renfrew) und Miyaoka et al. 2007, zu den

Rechenkenntnisse der indigenen Stämme Chrisomalis 2010b, Kapitel 9, Closs 1986 und DeCesare 1999.

Yup'ik: Zählspiele

Zu den archäologischen Untersuchungen rund um die Yup'ik siehe Shaw 1998 und Masson-MacLean et al. 2020, zur Region Kapitel 2.15 in CWP (Autor: Anderson). Die fortlaufende Ausgrabung von Nunalleq ist unter nunalleq.word-press.com dokumentiert, wo auch das Bündel Zählhölzer besprochen wird (nunalleq.wordpress.com/2018/07/23/artfact-of-the-day-20-july/). Weitere verwendete Quellen sind Knecht/Jones 2019, Mossolova/Knecht 2019 (zum Thema Masken) und Sloan 2021. Die Zitate »geschnitzte Holzstückchen, angespitzte Pfähle …« und »Aus der dunklen Erde ragten halbe Schäfte …« stammen aus Knecht/Jones 2019, S. 28.

Eine historische Darstellung des Lebens in dieser Region enthält Nelson 1899; die Beschreibung der Spiele einschließlich der drei Zitate findet sich dort auf S. 332; siehe auch Funk 2010 zum »Bow and Arrow War«. Zu den ethnographischen Quellen, die ich konsultiert habe, zählen Fienup-Riordan 1990, Barker/Barker 1993, www.yupikscience.org, Williams 2009, Fienup-Riordan/Rearden 2012 und Jolles/Oozeva 2002.

Die Zählweise der Yup'ik behandeln insbesondere Koo/Bartman 1980; siehe zudem (und zu den verwandten Sprachen) Baillargeon et al. 1977 (»›Wie viel Zeit verging zwischen dem Augenblick‹«: S. 126), Closs 1986 (S. 129–180, Autor: Denny), Lipka 1994 und Corbett/Mithun 1996. Den per Tätowierung festgehaltenen Jagderfolg erwähnt Carrillo 2014 auf S. 65; weitere Objekte mit Strichlisten finden sich online auf der Seite des National Museum of the American Indian der Smithsonian Institution (americanindian.si.edu).

Pomo: Zählen, um zu zahlen

Als historische und ethnografische Quellen zu den Pomo habe ich unter anderem Powers 1877, Barrett 1908, Loeb 1926, Stewart 1943,

Barrett 1952 und Colson 1974 konsultiert; zu den Zahlwörtern in den sieben Pomo-Sprachen siehe Dixon/Kroeber 1907 (insbesondere S. 676, 685, 686).

Zu den historischen Quellen zum Muschelgeld in der Region zählen Stearns 1869 und 1877; die Perlenherstellung wird in Loeb 1926 (unter anderem auf S. 176 ff., 191–195 und 229 f.) sowie in Hudson 1897 und Gifford 1926 (S. 329, 377 f., 386 f.; »Wokox, ein Informant von den südöstlichen Pomo«: S. 378) erörtert. Hilfreiche Quellen zu den dortigen Handelspraktiken im Allgemeinen stellen Davis 1961 und Vayda 1967 dar; das Zitat »teilte das Oberhaupt der Gastgeber« stammt aus Loeb 1926, S. 193, »Zwei Bestattungen in einem Monat« aus Colson 1974, S. 205. Zur jüngeren Forschungsliteratur rund um das Geld der Pomo und dessen Geschichte zählen Heizer 1975, Arnold/Munns 1994, Parker 2010, Burns 2019, Trubitt 2003 und Gamble 2020.

Waxaklahun-Ubah-K'awil: Die lange Zählung

Zur Geschichte der Maya im Allgemeinen habe ich Sharer/Traxler 2006 zurate gezogen; zu den Maya-Sprachen Kapitel 2.36 in CWP (Autoren: Heggarty/Renfrew) sowie die CEWAL (Kapitel 43, Autorin: Bricker) und zu ihren Schriftsystemen WWS, Abschnitt 12 (Autorin: Macri). Mathematische Notationen werden zudem in Closs 1986 (S. 291–370) und in Chrisomalis 2010b (Kapitel 9) erörtert. Die von den Maya erfundene Null ist Thema in Justeson 2010 und Blume 2011 sowie in Chrisomalis 2010b, dessen Darstellung ich in Bezug auf die Frage, ob und in welchem Sinne die Maya-Schreibweise als Stellenwertsystem betrachtet werden kann, folge.

Auf die Maya-Kalender gehen mehrere der oben genannten Werke sowie Gillispie et al. 2008 (unter dem Stichwort »Maya Numeration«), Aveni 2001, Jones 2005 (unter dem Stichwort »Calendars: Mesoamerican Calendars«), Pharo 2014, Normark 2016 und Milbrath 2017 ein. Zu Copán im Speziellen stütze ich mich auf Fash/Fash 1991/2001, Schele/Mathews 1998 (Kapitel 4), Wyllys/Fash

2005 und insbesondere Newsome 1991. Das Zitat »seinen Atem im Krieg ausgehaucht« stammt aus Blume 2011, S. 51. Mit der Stele D befasst sich zudem Pineda De Carías et al. 2017.

Pirahã: Leben ohne Zählen

Der erste Bericht über den Zahlenmangel der Pirahã war Gordon 2004, das Zitat »Häufchen aus Nüssen, deren Anzahl …« stammt von S. 498, »Ich setzte mich dem Versuchsteilnehmer gegenüber …« von S. 497. Auch Pica et al. 2004 befassen sich mit dem Thema, während Everett 2005 weitere Experimente beschreibt. Das Zitat »Die Pirahã zählen zu den klügsten …« stammt von S. 621, »konnte niemanden ausfindig machen …« von S. 632, »Manchmal verlangt jemand eine ganze Rolle …« von S. 626 und »›Ich mag lieber ganze Tiere als Teile von Tieren.‹ …« von S. 625.

Frank et al. 2008 stellt die ursprünglichen Beobachtungen in Frage; für eine Reaktion darauf siehe Everett/Madora 2012.

Ausgewählte Literatur

Abun-Nasr, Jamil M., *A History of the Maghrib in the Islamic Period* (Cambridge, 1987).

Akera, Atsushi und Frederik Nebeker, *From 0 to 1: An Authoritative History of Modern Computing* (Oxford, 2002).

Alföldi-Rosenbaum, Elisabeth, »The finger calculus in antiquity and in the Middle Ages«, *Frühmittelalterliche Studien* 5 (1971), S. 1–9.

Allard, André, »Le premier traité byzantin de calcul indien: classement des manuscrits et édition critique du texte«, *Revue d'histoire des textes* 7 (1977), S. 57–107.

Allard, André, »La formation du vocabulaire latin de l'arithmétique médiévale«, in: Olga Weijers (Hg.), *Méthodes et instruments du travail intellectuel au moyen âge: études sur le vocabulaire* (Turnhout, 1990), S. 137–181.

Alvarez, George A. und Patrick Cavanagh, »Independent resources for attentional tracking in the left and right visual hemifields«, *Psychological Science* 16 (2005), S. 637–643.

Álvarez-Fernández, Esteban (Hg.), *Special Issue: Personal Ornaments in Early Prehistory: A Review of Shells as Personal Ornamentation during the African Middle Stone Age, PaleoAnthropology* (2019).

Amalric, Marie und Stanislas Dehaene, »Cortical circuits for mathematical knowledge: evidence for a major subdivision within the brain's semantic networks«, *Philosophical Transactions B* 373 (2017).

Anderson, Margo J., *The American Census: A Social History* (New Haven, 1988).

Anobile, Giovanni et al., »Number as a primary perceptual attribute: a review«, *Perception* 45 (2016), S. 5–31.

Anon., »To think or not to think?«, *Time* (25. November 1946), S. 35.

Anon., »The Census of the United States«, *Scientific American* 63 (30. August 1890), S. 132.

Arias, Paolo E. und Max Hirmer, *Tausend Jahre griechische Vasenkunst* (München, 1960).

Arnold, Jeanne E. und Ann Munns, »Independent or attached specialization: the organization of shell bead production in California«, *Journal of Field Archaeology* 21 (1994), S. 473–489.

Arrighi, Gino, »La numerazione ›arabica‹ degli Annales Ratisbonenses«, *Physis* 10 (1968), S. 243–257.

Athenaios, *Das Gelehrtenmahl Buch XI-XV, Zweiter Teil*, übers. v. Claus Friedrich (Stuttgart 2001).

Austrian, Geoffrey, *Herman Hollerith: Forgotten Giant of Information Processing* (New York, 1982).

Aveni, Anthony, »Time, number, and history in the Maya world«, *KronoScope: Journal for the Study of Time* 1 (2001), S. 29–61.

Badiou, Alain, *Number and Numbers* (Cambridge, 2008).

Bagnall, Roger S., *Egypt in Late Antiquity* (Princeton, 1993).

Bahn, Paul G., *Images of the Ice Age* (Oxford, 1988).

Bailey, Melissa, »Roman money and numerical practice«, *Revue belge de Philologie et d'Histoire* 91 (2013), S. 153–186.

Baillargeon, Richard et al., »Aspects sémantiques et structuraux de la numération chez les Inuit«, *Etudes Inuit* 1 (1977), S. 93–128.

Balme, Jane und Kate Morse, »Shell beads and social behaviour in Pleistocene Australia«, *Antiquity* 80 (2006), S. 799–811.

Barker, James H. und Robin Barker, *Always Getting Ready / Upterrlainarluta: Yup'ik Eskimo Subsistence in Southwest Alaska* (Seattle, 1993).

Barnard, Francis P., *The Casting-Counter and the Counting-Board* (Oxford, 1916).

Barnard, Francis P., »Italian jettons«, *Numismatic Chronicle* 20 (1920), S. 216–272.

Barner, David et al., »Learning mathematics in a visuospatial format: a randomized, controlled trial of mental abacus instruction«, *Child Development* 87 (2016), S. 1146–1158.

Barrett, Louise, *Beyond the Brain: How Body and Environment Shape Human and Animal Minds* (Princeton, 2011).

Barrett, Samuel Alfred, *The Ethno-geography of the Pomo and Neighboring Indians* (Berkeley, CA, 1908).

Barrett, Samuel Alfred, *Material Aspects of Pomo Culture* (Milwaukee, 1952).

Barrière, Claude und Michel Suères, »Les mains de Gargas«, *Les Dossiers d'Archéologie* 178 (1993), S. 46–55.

Bashe, Charles J., *IBM's early computers* (Cambridge, MA, 1986).

Baxter, William T., »Early accounting: the tally and checkerboard«, *The Accounting Historian's Journal* 16 (1989), S. 43–83.

Bechtel, Edward A., »Finger-counting among the Romans in the fourth century«, *Classical Philology* 4 (1909), S. 25–31.

Bednarik, Robert G., »Beads and cognitive evolution«, *Time and Mind: The Journal of Archaeology, Consciousness and Culture* 1 (2008), S. 285–318.

Beekes, Robert S. P. und Michiel Arnoud Cor de Vaan, *Comparative Indo-European Linguistics: An Introduction* (2. Ausgabe, Amsterdam, 2011).

Beller, Sieghard und Andrea Bender, »The limits of counting: numerical cognition between evolution and culture«, *Science* 319 (2008), S. 213–215.

Benacerraf, Paul, »Mathematical truth«, *Journal of Philosophy* 70 (1973), S. 661–679.

Bender, Andrea, »Two accounts of Mangarevan counting … and how to evaluate them«, *Journal of the Polynesian Society* 122 (2013), S. 275–287.

Bender, Andrea et al., »The cognitive advantages of counting specifically: a representational analysis of verbal numeration systems in Oceanic languages«, *Topics in Cognitive Science* 7 (2006), S. 552–569.

Bender, Andrea und Sieghard Beller, »›Fanciful‹ or genuine? Bases and high numerals in Polynesian number systems«, *The Journal of the Polynesian Society* 115 (2006a), S. 7–46.

Bender, Andrea und Sieghard Beller, »Numeral classifiers and counting systems in Polynesian and Micronesian languages: common roots and cultural adaptations«, *Oceanic Linguistics* 45 (2006b), S. 380–403.

Bender, Andrea und Sieghard Beller, »Counting in Tongan: The traditional number systems and their cognitive implications«, *Journal of Cognition and Culture* 7 (2007), S. 213–239.

Bender, Andrea und Sieghard Beller, »Mangarevan invention of binary steps for easier calculation«, *Proceedings of the National Academy of Sciences of the United States of America* 111 (2014), S. 1322–1327.

Bender, Andrea und Sieghard Beller, »Numeration systems as cultural tools for numerical cognition«, in: Daniel B. Berch et al. (Hg.), *Mathematical Cognition and Learning: Language and Culture in Mathematical Cognition* (Cambridge, MA, 2018), S. 297–320.

Bender, Andrea und Sieghard Beller, »Ways of counting in Micronesia«, *Historia Mathematica* 56 (2021), S. 40–72.

Bennison, Amira K., *The Almoravid and Almohad Empires* (Edinburgh, 2016).

Benson-Amram, Sarah et al., »Numerical assessment in the wild: insights from social carnivores«, *Philosophical Transactions B* 373 (2017).

Berggren, J. Lennart, »Medieval arithmetic: Arabic texts and European motivations«, in: John J. Contreni and Santa Casciani (Hg.), *Word, Image, Number: Communication in the Middle Ages* (Florenz, 2002), S. 351–365.

Bishop, J. David, »The Cleroterium«, *Journal of Hellenic Studies* 90 (1970), S. 1–14.

Blake, Kellee, »›First in the path of the firemen‹: The fate of the 1890 population census«, *Prologue Magazine* 28 (Frühjahr 1996), Teil 1–2.

Blume, Anna, »Maya concepts of zero«, *Proceedings of the American Philosophical Society* 155 (2011), S. 51–88.

Boegehold, Alan L., »Toward a study of Athenian voting procedure«, *Hesperia* 32 (1963), S. 366–374.

Boegehold, Alan L., *The Lawcourts at Athens* (Princeton, 1995).

Botha, Rudolf, »Prehistoric shell beads as a window on language evolution«, *Language & Communication* 28 (2008), S. 197–212.

Botha, Rudolf, *Language Evolution: The Windows Approach* (Cambridge, 2016).

Botha, Rudolf, und Chris Knight, *The Prehistory of Language* (Oxford, 2009a).

Botha, Rudolf und Chris Knight, *The Cradle of Language* (Oxford, 2009b).

Bott, Elizabeth mit Unterstützung von Tavi, *Tongan Society at the Time of Captain Cook's Visits: Discussions with Her Majesty Queen Salote Tupou* (Wellington, 1982).

Bougenot, Etienne Symphorien, »Comptes de dépenses de Blanche de Castille«, *Bulletin du Comité des travaux historiques et scientifiques: section d'histoire et de philologie* (1889), S. 86–91.

Bouzouggar, Abdeljalil et al., »82,000-year-old shell beads from North Africa and implications for the origins of modern human behavior«, *Proceedings of the National Academy of Sciences of the United States of America* 104 (2007), S. 9964–9969.

Bowern, Claire, und Harold Koch, *Australian Languages: Classification and the Comparative Method* (Amsterdam, 2004).

Bowern, Claire und Jason Zentz, »Diversity in the Numeral Systems of Australian Languages«, *Anthropological Linguistics* 54 (2012), S. 133–160.

Boyer, Carl B., »Fundamental steps in the development of numeration«, *Isis* 35 (1944), S. 153–165.

Brázdil, Rudolf et al., »Weather information in the diaries of the Premonstratensian Abbey at Hradisko, in the Czech Republic, 1693–1783«, *Weather* 63 (2008), S. 201–207.

Brentjes, Sonja, *Teaching and Learning the Sciences in Islamicate Societies (800–1700)* (Turnhout, 2018).

Brongersma, Leo D. und Gerard F. Venema, *Das weiße Herz von Neu-Guinea. Mit der niederländischen Expedition in das Sternengebirge*, übers. v. W. Boedeker (Berlin/Frankfurt a. M./Wien, 1961).

Brooks, Alison S. und Catherine C. Smith, »Ishango revisited: new age determinations and cultural interpretations«, *The African Archaeological Review* 5 (1987), S. 65–78.

Brooks, Neon B. et al., »The role of gesture in supporting mental representations: The case of mental abacus arithmetic«, *Cognitive Science* 42 (2018), S. 554–575.

Bullington, Jill und Steven R. Leigh, »Rock art revisited« [Brief], *Science* 296 (2002), S. 468.

Burnett, Charles, *The Introduction of Arabic Learning into England* (London, 1997).

Burnett, Charles, »Antioch as a link between Arabic and Latin culture in the twelfth and thirteenth centuries«, in: Anne Tihon et al. (Hg.), *Occident et Proche-Orient: contacts scientifiques au temps des croisades* (Louvain-la-Neuve, 2000), S. 1–78.

Burnett, Charles, »Indian numerals in the Mediterranean Basin in the twelfth century, with special reference to the ›Eastern forms‹«, in: Yvonne Dold-Samplonius et al. (Hg.), *From China to Paris: 2000 years' transmission of mathematical ideas* (Stuttgart, 2002a), S. 237–288.

Burnett, Charles, »The abacus at Echternach in ca. 1000 A.D.«, *SCIAMVS* 3 (2002b), S. 91–108.

Burnett, Charles, »The use of Arabic numerals among the three language cultures of Norman Sicily«, *Römisches Jahrbuch der Bibliotheca Hertziana* 35 (2005), S. 39–48.

Burnett, Charles, »The semantics of Indian numerals in Arabic, Greek and Latin«, *Journal of Indian Philosophy* 34 (2006), S. 15–30.

Burnett, Charles, »The Palaeography of Numerals«, in: Frank T. Coulson und Robert G. Babcock (Hg.), *The Oxford Handbook of Latin Palaeography* (Oxford, 2020), S. 25–36.

Burns, Gregory, »Evolution of Shell Bead Money in Central California: An Isotopic Approach«, unveröffentlichte Dissertation, University of California, 2019.

Burr, David C. et al., »Psychophysical evidence for the number sense«, *Philosophical Transactions B* 373 (2017).

Butterworth, Brian et al., »Numerical thought with and without words: evidence from indigenous Australian children«, *Proceedings of the National Academy of Sciences* 105 (2008), S. 13 179–13 184.

Butterworth, Brian et al. (Hg.), »Discussion meeting issue ›The origins of numerical abilities‹«, *Philosophical Transactions B* 373 (2018).

Cain, Chester R., »Implications of the marked artifacts of the Middle Stone Age of Africa«, *Current Anthropology* 47 (2006), S. 675–681.

Campbell, Ian C., *Island Kingdom: Tonga Ancient and Modern* (Christchurch, 2001).

Campbell, Lyle und William J. Poser, *Language Classification: History and Method* (Cambridge, 2008).

Campbell-Kelly, Martin, »Punched-card machinery«, in: William Aspray (Hg.), *Computing before Computers* (Ames, 1989), S. 122–155.

Campbell-Kelly, Martin et al., *Computer: A History of the Information Machine* (3. Ausgabe, Boulder, Colorado, 2014).

Campbell-Kelly, Martin et al. (Hg.), *The History of Mathematical Tables: From Sumer to Spreadsheets et al.* (Oxford, 2003).

Cantlon, Jessica F. und Elizabeth M. Brannon, »Basic math in monkeys and college students«, *PLoS biology* 5 (2007a), e328.

Cantlon, Jessica F. und Elizabeth M. Brannon, »How much does number matter to a monkey (Macaca mulatta)?«, *Journal of Experimental Psychology: Animal Behavior Processes* 33 (2007b), S. 32–41.

Carey, Susan, *The Origin of Concepts* (New York, 2009).

Carrillo, Mariah, »Transformative skin: the ongoing legacy of Inuit and Yupik women's tattoos«, unveröffentlichte Masterarbeit, University of New Mexico, 2014.

Cassius Dio, *Römische Geschichte, Band V: Epitome der Bücher 61–80*, übers. v. Otto Veh (Zürich, 1987).

Catull, *Gedichte*, übers. v. Werner Eisenhut (Zürich, 2000).

Chemla, Karine, »Different clusters of text from ancient China, different mathematical ontologies«, *HAU: Journal of Ethnographic Theory* 9 (2019), S. 99–112.

Chemla, Karine und Biao Ma, »How do the earliest known mathematical writings highlight the state's management of grains in early imperial China?«, *Archive for History of Exact Sciences* 69 (2015), S. 1–53.

Cheng, Dazhi et al., »Chinese kindergarteners skilled in mental abacus have advantages in spatial processing and attention«, *Cognitive Development* 58 (2021).

Cho, Heekyoung, »The platformization of culture: webtoon platforms and media ecology in Korea and beyond«, *The Journal of Asian Studies* 80 (2021), S. 73–93.

Cho, Philip S., und Wing Chee So, »A feel for numbers: the changing role of gesture in manipulating the mental representation of an abacus among children at different skill levels«, *Frontiers in Psychology* 9 (2018), Art. 1267.

Choi, Hyungsub, »The Social Construction of Imported Technologies: Reflections on the Social History of Technology in Modern Korea«, *Technology and Culture* 58 (2017), S. 905–920.

Chrisomalis, Stephen, »The Egyptian origin of the Greek alphabetic numerals«, *Antiquity* 77 (2003), S. 485–496.

Chrisomalis, Stephen, »Indiscrete infinities: numerical representations and the evolution of language«, Aufsatz zum 40. Jahrestreffen der Michigan Linguistics Society (Flint, Michigan, 2010a).

Chrisomalis, Stephen, *Numerical Notation: A Comparative History* (Cambridge, 2010b).

Chrisomalis, Stephen, »Six Unresolved Questions in the Early History of Numeration«, Aufsatz zur Konferenz »Signs of Writing: The Cultural, Social, and Linguistic Contexts of the World's First Writing Systems Neubauer Collegium for Culture and Society« (Chicago, Illinois, 2014).

Chrisomalis, Stephen, *Reckonings: Numerals, Cognition, and History* (Cambridge, Mass., 2020).

Clark, Andy und David Chalmers, »The extended mind«, *Analysis* 58 (1998), S. 7–19.

Clarke, Michael, »The digital revolution«, in: Robert Campbell et al. (Hg.), *Academic and Professional Publishing* (Oxford, 2012), S. 79–98.

Clarkson, Chris et al., »Human occupation of northern Australia by 65,000 years ago«, *Nature* 547 (2017), S. 306–325.

Clarkson, Chris et al., Antwort auf Anmerkungen zu Clarkson et al. (2017), »Human occupation of northern Australia by 65,000 years ago«, *Australian Archaeology* 84 (2018), S. 84–89.

Clements, Douglas H., »Subitizing: The neglected quantifier«, in: Anderson Norton und Martha W. Alibali (Hg.), *Constructing Number* (Cham, 2019).

Closs, Michael (Hg.)., *Native American Mathematics* (Austin, Texas, 1986).

Clottes, Jean und Jean Courtin, *Grotte Cosquer. Eine im Meer versunkene Bilderhöhle*, übers. v. Kathrin Wüst (Sigmaringen, 1995).

Clottes, Jean et al., »The Cosquer Cave on Cape Morgiou, Marseilles«, *Antiquity* 66 (1992a), S. 583–598.

Clottes, Jean et al., »La grotte Cosquer datée«, *Bulletin de la Société préhistorique française* 89 (1992b), S. 230–234.

Clottes, Jean et al., *Cosquer redécouvert* (Paris, 2005a).

Clottes, Jean et al., »Nouvelles recherches a la Grotte Cosquer (Marseille)«, *Munibe Antropologia-Arkeologia* 57 (2005b), S. 9–22.

Cochrane, Ethan E. und Terry L. Hunt, *The Oxford Handbook of Prehistoric Oceania* (Oxford, 2018).

Cohen, Patricia Cline, *A Calculating People: The Spread of Numeracy in Early America* (Chicago, 1982).

Cohen, Claudine, »Symbolique de la main dans l'art pariétal paléolithique«, *Académie des beaux-arts* (2012), S. 61–73.

Coinman, Nancy R., »Worked bone in the Levantine Upper Paleolithic: Rare examples from the Wadi al-Hasa, West-Central Jordan«, *Paléorient* 22 (1996), S. 113–121.

Collina-Girard, Jacques, »La Grotte Cosquer et les sites paléolithiques du littoral marseillais (entre Carry le Rouet et Cassis)«, *Méditerranée* 3 (1995), S. 7–19.

Colson, Elizabeth, *Autobiographies of Three Pomo Women* (Berkeley, Kalifornien, 1974).

Comrie, Bernard, »Revisiting Greenberg's ›Generalizations about Numeral Systems‹ (1978)«, *Journal of Universal Language* 21 (2020), S. 43–84.

Connor, Mary E., *The Koreas: A Global Studies Handbook* (Santa Barbara, Kalifornien, 2002).

Coolidge, Frederick L. und Karenleigh A. Overmann, »Numerosity, Abstraction, and the Emergence of Symbolic Thinking«, *Current Anthropology* 53 (2012), S. 204–225.

Corbett, Greville G., »Universals in the syntax of cardinal numerals«, *Lingua* 46 (1978), S. 355–368.

Corbett, Greville G. und Marianne Mithun, »Associative Forms in a Typology of Number Systems: Evidence from Yup'ik«, *Journal of Linguistics* 32 (1996), S. 1–17.

Cordoliani, Alfred, »Etudes du comput I: Note sur le manuscrit 7418 de la Bibliotheque Nationale«, *Bibliothèque de l'École des chartes* 103 (1942), S. 61–65.

Cordoliani, Alfred, »A propos du Chapitre premier du De Temporum ratione, de Bede«, *Le Moyen Age* 54 (1948), S. 209–223.

Cordoliani, Alfred, »Les manuscrits de comput des bibliotheques d'Utrecht«, *Scriptorium* 15 (1961), S. 76–85.

Crossley, John N., »Old-fashioned versus newfangled: reading and writing numbers, 1200–1500«, *Studies in Medieval and Renaissance History* 10 (2013), S. 79–109.

Crump, Thomas, *The Anthropology of Numbers* (Cambridge, 1990).

Culley, Elisabeth V., »A Semiotic Approach to the Evolution of Symboling Capacities During the Late Pleistocene with Implications for Claims of ›Modernity‹«, unveröffentlichte Dissertation, Arizona State University, 2016.

Cunningham, Dennis et al., *Language Diversity in the Pacific: Endangerment and Survival* (Clevedon, 2006).

Cuomo, Serafina, *Ancient Mathematics* (London, 2001).

Cuomo, Serafina, »All the proconsul's men: Cicero, Verres, and account-keeping«, in: Amneris Roselli (Hg.), *L'insegnamento delle technai nelle culture antiche* (Pisa, 2011), S. 165–188.

Cuomo, Serafina, »Exploring ancient Greek and Roman numeracy«, *BSHM Bulletin: Journal of the British Society for the History of Mathematics* 27 (2012), S. 1–12.

Cuomo, Serafina, »Accounts, numeracy and democracy in classical Athens«, in: Markus Asper (Hg.), *Writing Science: Medical and Mathematical Authorship in Ancient Greece* (Berlin, 2013), S. 255–278.

Cuomo, Serafina, »Mathematical traditions in Ancient Greece and Rome«, *HAU Journal of Ethnographic Theory* 9 (2019), S. 75–85.

d'Errico, Francesco, »A new model and its implications for the origin of writing: The La Marche antler revisited«, *Cambridge Archaeological Journal* 5 (1995), S. 163–206.

d'Errico, Francesco, »The invisible frontier: a multiple species model for the origin of behavioural modernity«, *Evolutionary Anthropology* 12 (2003), S. 182–202.

d'Errico, Francesco und Carmen Cacho, »Notation versus decoration in the Upper Paleolithic: A case-study from Tossal de la Roca, Alicante, Spain«, *Journal of Archaeological Science* 21 (1994), S. 185–200.

d'Errico, Francesco et al., »An engraved bone fragment from c. 70,000-year-old Middle Stone Age levels at Blombos Cave, South Africa: implications for the origin of symbolism and language«, *Antiquity* 75 (2001), S. 309–318.

d'Errico, Francesco et al. »Archaeological evidence for the emergence of language, symbolism, and music: an alternative multidisciplinary perspective«, *Journal of World Prehistory* 17 (2003), S. 1–70.

d'Errico, Francesco et al., »Nassarius kraussianus shell beads from Blombos Cave: Evidence for symbolic behaviour in the Middle Stone Age«, *Journal of Human Evolution* 48 (2005), S. 3–24.

d'Errico, Francesco et al., »Possible shell beads from the Middle Stone Age layers of Sibudu Cave, South Africa«, *Journal of Archaeological Science* 35 (2008), S. 2675–2685.

d'Errico, Francesco et al., »Additional evidence on the use of personal ornaments in the Middle Paleolithic of North Africa«, *Proceedings of the National Academy of Sciences* 106 (2009), S. 16 051–16 056.

d'Errico, Francesco et al., »Assessing the accidental versus deliberate colour modification of shell beads: a case study on perforated Nassarius kraussianus from Blombos Cave Middle Stone Age levels«, *Archaeometry* 57 (2015), S. 51–76.

d'Errico, Francesco et al., »From number sense to number symbols: An archaeological perspective«, *Philosophical Transactions B* 373 (2017).

Damerow, Peter, »The material culture of calculation: A theoretical framework for a historical epistemology for the concept of number«, in: Uwe Gellert und Eva Jablonka (Hg.), *Mathematisation and Demathematisation: Social, Philosophical and Educational Ramifications* (Rotterdam, 2007), S. 19–56.

Danna, Raffaele, »Figuring out: the spread of Hindu-Arabic numerals in the European tradition of practical mathematics (13th–16th centuries)«, *Nuncius* 36 (2021), S. 5–48.

Dantzig, Tobias, *Number: The Language of Science* (London, 1930).

Dartnall, Terry, »Does the World Leak Into the Mind? Active Externalism, ›Internalism‹ and Epistemology«, *Cognitive Science* 29 (2005), S. 135–143.

Dauben, Joseph W., »Ancient Chinese mathematics: the (Jiu Zhang Suan Shu) vs Euclid's Elements. Aspects of proof and the linguistic limits of knowledge«, *International Journal of Engineering Science* 36 (1998), S. 1339–1359.

Dauben, Joseph W., »The evolution of mathematics in ancient China: from the newly discovered Shu and Suan Shu Shu bamboo texts to the Nine Chapters on the Art of Mathematics«, *Revista Brasileira de História da Matemática* 19 (2019), S. 25–78.

Davis, James T., *Trade Routes and Economic Exchange among the Indians of California* (Berkeley, 1961).

Davis, Simon J. M., »Incised bones from the Mousterian of Kebara cave (Mount Carmel) and the Aurignacian of Ha-Yonim cave (Western Galilee), Israel«, *Paléorient* 2 (1974), S. 181–182.

De Cruz, Helen, »Numerical cognition and mathematical realism«, *Philosophers' Imprint* 16 (2016).

De Cruz, Helen und Johan De Smedt, »The innateness hypothesis and mathematical concepts«, *Topoi* 29 (2010), S. 3–13.

De Cruz, Helen et al., »The cognitive basis of arithmetic«, in: Benedikt Löwe und Thomas Müller (Hg.), *Philosophy of Mathematics: Sociological Aspects and Mathematical Practice* (London, 2010), S. 59–106.

de Heinzelin, Jean, *Les Fouilles d'Ishango* (Brüssel 1957).

de Heinzelin, Jean, »Ishango«, *Scientific American* 206 (1962), S. 105–118.

De Odorico, Marco, *The Use of Numbers and Quantifications in the Assyrian Royal Inscriptions* (Helsinki, 1995).

De Vries, Lourens, »Numerals in Papuan languages of the Greater Awyu family«, in: Anne Storch und Gerrit J. Dimmendaal (Hg.), *Number – Constructions and Semantics: Case Studies from Africa, Amazonia, India and Oceania* (Amsterdam, 2014), S. 329–354.

DeCesare, Richard Patrick, »Indigenous mathematics of Native North Americans: A sourcebook for educators«, unveröffentlichte Dissertation, Columbia University, 1999.

Delluc, Brigitte und Gilles Delluc, »Images de la main dans notre préhistoire«, *Les Dossiers d'Archéologie* 178 (1993), S. 32–45.

Demosthenes, *Demosthenes' ausgewählte Reden, verdeutscht von Dr. A. Westermann*, Bd. 4 (Stuttgart, 1868).

Denniss, John, *Figuring It Out: Children's Arithmetical Manuscripts, 1680–1880* (Oxford, 2012).

Depauw, Mark, *The Archive of Teos and Thabis from Early Ptolemaic Thebes: P. Brux. Dem. Inv. E. 8252–8256* (Brüssel, 2000).

Deuze, Mark, »Participation, remediation, bricolage: considering principal components of a digital culture«, *The Information Society* 22 (2006), S. 63–75.

Ditz, Helen M. und Andreas Nieder, »Neurons selective to the number of visual items in the corvid songbird endbrain«, *Proceedings of the National Academy of Sciences* 112 (2015), S. 7827–7832.

Ditz, Helen M. and Andreas Nieder, »Numerosity representations in crows obey the Weber–Fechner law«, *Proceedings of the Royal Society B* 283 (2016).

Dixon, Robert M. W., *The Languages of Australia* (Cambridge, 1980).

Dixon, Robert M. W., *Australian Languages: Their Nature and Development* (Cambridge, 2002).

Dixon, Roland B. und Alfred L. Kroeber, »Numeral systems of the languages of California«, *American Anthropologist* 9 (1907), S. 663–690.

Djebbar, Ahmed, *L'Analyse combinatoire au Maghreb: L'Exemple d'Ibn Mun'im (XIIe–XIIIe s.)* (Orsay, 1985).

Djebbar, Ahmed, »Les pratiques combinatoires au Maghreb à l'époque de Raymond Lulle«, *Quaderns de la Mediterrània* 9 (n.d.), S. 85–91.

Domínguez-Castro, Fernando et al., »An early weather diary from Iberia (Lisbon, 1631–1632)«, *Weather* 70 (2015), S. 20–24.

Donohue, Mark, »Complexities with restricted numeral systems«, *Linguistic Typology* 12 (2008), S. 423–429.

Dorman, Robert L., »The creation and destruction of the 1890 Federal Census«, *The American Archivist* 71 (2008), S. 350–383.

Dreyer, Günter, »Recent discoveries at Abydos cemetery U«, in: Edwin C. M. van den Brink (Hg.), *The Nile Delta in Transition: 4th-3rd Millennium BC* (Tel Aviv, 1992), S. 293–299.

Duhard, Jean-Pierre, »Le calendrier obstétrical de la femme à la corne en bas-relief de Laussel«, *Bulletin de la société historioue et archéologique du Périgord* 115 (1988), S. 23–39.

Duhard, Jean-Pierre, »Etude morphologique de la Femme à la corne en bas-relief de Laussel«, *Bulletin de la Société Historique et Archéologique du Périgord* 116 (1989), S. 257–275.

Duhard, Jean-Pierre, »Le corps féminin et son langage dans l'art paléolithique«, *Oxford Journal of Archaeology* 9 (1990), S. 241–255.

Duhard, Jean-Pierre, »The shape of Pleistocene women«, *Antiquity* 65 (1991), S. 552–561.

Duhard, Jean-Pierre, »The Upper Palaeolithic figures as a reflection of human morphology and social organization«, *Antiquity* 67 (1993), S. 83–91.

Duhard, Jean-Pierre, »L'identité physiologique, un élément d'interprétation des figurations féminines paléolithiques«, *Trabajos de Prehistoria* 51 (1994), S. 39–53.

Duus, Peter, *The Cambridge History of Japan: Volume 6, The Twentieth Century* (Cambridge, 2008).

Dwyer, Peter und Monica Minnegal, »Counting systems of the Strickland-Bosavi languages, Papua New Guinea«, *Language and Linguistics in Melanesia* 34 (2016), S. 1–36.

Eikemeier, Peter, »von Frans Hals bis Vermeer«, *Kunstchronik* 37 (1984), S. 444–448.

Ellerton, Nerida und McKenzie. A. (Ken) Clements, *Rewriting the History of School Mathematics in North America 1607–1861: The Central Role of Cyphering Books* (Dordrecht, 2012).

Ellerton, Nerida und McKenzie A. (Ken) Clements, *Abraham Lincoln's Cyphering Book and Ten Other Extraordinary Cyphering Books* (New York, 2014).

Englund, Robert K., »Proto-cuneiform account books and journals«, in: Michael Hudson und Cornelia Wunsch (Hg.), *Creating Economic Order: Record-keeping, Standardization and the Development of Accounting in the Ancient Near East* (Bethesda, Maryland, 2004), S. 23–46.

Epps, Patience et al., »On numeral complexity in hunter-gatherer languages«, *Linguistic Typology* 16 (2012), S. 41–109.

Erskine, Andre (Hg.), *A Companion to the Hellenistic World* (Oxford, 2003).

Evans, Gillian R., »Difficillima et Ardua: theory and practice in treatises on the abacus 950–1150«, *Journal of Medieval History* 3 (1977a), S. 21–38.

Evans, Gillian R., »From abacus to algorism: theory and practice in medieval arithmetic«, *The British Journal for the History of Science* 10 (1977b), S. 114–131.

Evans, Gillian R., »Schools and scholars: the study of the abacus in English schools c.980–c.1150«, *The English Historical Review* 94 (1979), S. 71–89.

Evans, Mike, *Persistence of the Gift: Tongan Tradition in Transnational Context* (Waterloo, 2001).

Evans, Nicholas (Hg.), *The Non-Pama-Nyungan Languages of Northern Australia: Comparative Studies of the Continent's Most Linguistically Complex Region* (Canberra, 2003).

Everett, Caleb und Keren Madora, »Quantity recognition among speakers of an anumeric language«, *Cognitive Science* 36 (2012), S. 130–141.

Everett, Daniel L., »Cultural constraints on grammar and cognition in Pirahã«, *Current Anthropology* 46 (2005), S. 621–646.

Fash, William Leonard und Barbara W. Fash, *Scribes, Warriors, and Kings: The City of Copán and the Ancient Maya* (London, 1991/2001).

Feigenson, Lisa, »Parallel non-verbal enumeration is constrained by a set-based limit«, *Cognition* 107 (2008), S. 1–18.

Fellmann, Rudolf, »Römische Rechentafeln aus Bronze«, *Antike Welt* 14 (1983), S. 36–40.

Felt, Dorr E., *Mechanical Arithmetic, or, The History of the Counting Machine* (Illinois, 1916).

Fienup-Riordan, Ann, *Eskimo Essays: Yup'ik Lives and how We See Them* (New Brunswick, 1990).

Fienup-Riordan, Ann und Alice Rearden, *Ellavut / Our Yup'ik World and Weather: Continuity and Change on the Bering Sea Coast* (Seattle, 2012).

Fischer, Martin H., »A hierarchical view of grounded, embodied and situated numerical cognition«, *Cognitive Processing* 38 (2012).

Fleet, Kate et al. (Hg.), *Encyclopaedia of Islam* (3. Ausgabe, brill.com).

Flegg, Graham, *Numbers, Their History and Meaning* (New York, 1983).

Folkerts, Menso (Hg.), »Boethius« Geometrie II: Ein mathematisches Lehrbuch des Mittelalters (Wiesbaden, 1970).

Folkerts, Menso, »Early texts on Hindu-Arabic calculation«, *Science in Context* 14 (2001), S. 13–38.

Frank, Michael C. und David Barner, »Representing exact number visually using mental abacus«, *Journal of Experimental Psychology* 141 (2011), S. 134–149.

Frank, Michael C. et al., »Number as a cognitive technology: Evidence from Pirahã language and cognition«, *Cognition* 108 (2008), S. 819–824.

Freeman, Sarah E., »The jetons of the deans of the old faculty of medicine in Paris«, *Bulletin of the History of Medicine* 19 (1946), S. 48–95.

Friedlein, Gottfried, *Die Zahlzeichen und das elementare Rechnen* (Erlangen, 1869).

Froehner, Wilhelm, »Le Comput digital«, *Annuaire de la Société Française de numismatique et d'archéologie* 8 (1884), S. 232–238.

Funk, Caroline, »The Bow and Arrow War Days on the Yukon-Kuskokwim Delta of Alaska«, *Ethnohistory* 57 (2010), S. 523–569.

Gallistel, Charles R. »Finding numbers in the brain«, *Philosophical Transactions B* 373 (2017).

Gamble, Lynn H., »The origin and use of shell bead money in California«, *Journal of Anthropological Archaeology* 60 (2020).

Gammage, Bill, *The sky travellers: Journeys in New Guinea 1938–1939* (Victoria, 1998).

Gandz, Solomon, »The Origin of the Ghubar Numerals, or the Arabian Abacus and the Articuli«, *Isis* 16 (1931), S. 393–424.

Garcia, Michel A. und Henri Duday, »Les empreintes de mains dans l'argile des grottes ornées«, *Les Dossiers d'Archéologie* 178, (1993), S. 56–59.

García-Diez, Marcos et al., »The chronology of hand stencils in European Palaeolithic rock art: implications of new U-series results from El Castillo Cave (Cantabria, Spain)«, *Journal of Anthropological Sciences* 93 (2015), S. 1–18.

Geldner, Karl Friedrich, *Der Rig-Veda* (Cambridge, Mass., 1951), abgerufen auf vedaweb.uni-koeln.de.

Gelman, Rochel und Brian Butterworth, »Number and language: How are they related?«, *Trends in Cognitive Sciences* 9 (2005), S. 6–10.

George, Éric (Hg.), *Digitalization of Society and Socio-Political Issues 1: Digital, Communication, and Culture* (Newark, 2020).

Gere, Charlie, *Digital Culture* (London, 2008).

Giaquinto, Marcus, »Cognitive access to numbers: the philosophical significance of empirical findings about basic number abilities«, *Philosophical Transaction B* 373 (2017).

Gibson, Dominic, »Gesture's Role in Bridging Symbolic and Nonsymbolic Representations of Number«, unveröffentlichte Dissertation, University of Chicago, 2017.

Gibson, William, *Neuromancer*, übers. v. Reinhard Heinz/Peter Robert (Berlin, 2021).

Gifford, Edward W., *Clear Lake Pomo Society* (California, 1926).

Gifford, Edward W., *Tongan Society* (Honolulu, 1929).

Gilligan, Ian, »The prehistoric development of clothing: archaeological implications of a thermal model«, *Journal of Archaeological Method and Theory* 17 (2010), S. 15–80.

Gillispie, Charles Coulston et al. (Hg.), *Complete Dictionary of Scientific Biography* (Detroit, 2008).

Ginsburg, Jekuthial, »New light on our numerals«, *Bulletin of the American Mathematical Society* 23 (1917), S. 366–369.

Glanville, Stephen R. K., *Catalogue of Demotic Papyri in the British Museum. Volume 1, A Theban Archive of the Reign of Ptolemy I, Soter* (London, 1939).

Goetze, Albrecht, »Number Idioms in Old Babylonian«, *Journal of Near Eastern Studies* 5 (1946), S. 185–202.

Goldenberg, Gideon, *Semitic Languages: Features, Structures, Relations, Processes* (Oxford, 2013).

Golinski, Jan, »›Exquisite Atmography‹: theories of the world and experiences of the weather in a diary of 1703«, *The British Journal for the History of Science* 34 (2001), S. 149–171.

Golinski, Jan, *British Weather and the Climate of Enlightenment* (Chicago, 2007).

Gordon, Peter, »Numerical Cognition Without Words: Evidence from Amazonia«, *Science* 306 (2004), S. 496–499.

Grant, Lindy, *Blanche of Castile: Queen of France* (New Haven, 2016).

Grayson, Albert Kirk et al., *Assyrian Rulers of the Third and Second Millennia BC (to 1115 BC)* (Toronto, 1987).

Greenberg, Joseph H., »Generalizations about numeral systems«, in: Joseph H. Greenberg (Hg.), *Word Structure: Vol. 3. Universals of Human Language* (Stanford, 1978), S. 249–295.

Groenen, Marc, »Les représentations de mains négatives dans les grottes de Gargas et de Tibiran (Hautes-Pyrénées). Approche méthodologique«, *Bulletin de la Société royale belge d'Anthropologie et de Préhistoire* 99 (1988), S. 81–113.

Groenen, Marc, »Quelques problèmes à propos des mains négatives dans les grottes paléolithiques. Approche épistémologique«, *Annales d'Histoire de l'art et d'Archéologie* 12 (1990), S. 7–29.

Groenen, Marc, »Images de mains dans la préhistoire. La part de l'œil«, *Revue de pensée des arts plastiques* (2011), S. 56–69.

Groucutt, Huw S. et al., »Rethinking the dispersal of Homo sapiens out of Africa«, *Evolutionary Anthropology: Issues, News, and Reviews* 24 (2015), S. 149–164.

Guitel, Geneviève, *Histoire comparée des numérations écrites* (Paris, 1975).

Gvozdanović, Jadranka (Hg.), *Indo-European Numerals* (Berlin, 1992).

Gvozdanović, Jadranka (Hg.), *Numeral Types and Changes Worldwide* (Berlin, 1999).

Haigh, Thomas und Paul E. Ceruzzi, *A New History of Modern Computing* (Cambridge, Mass., 2021).

Halberda, Justin et al., »Multiple spatially overlapping sets can be enumerated in parallel«, *Psychological Science* 17 (2006), S. 572–576.

Hale, Kenneth L., »Gaps in Grammar and Culture«, in: M. Dale Kinkade et al. (Hg.), *Linguistics and Anthropology: In honour of C. F. Voegelin* (Lisse, 1975), S. 295–315.

Hammarström, Harald, »Numerals in the World's Languages: An Update on Status and Interpretation« (2008a), https://lingvistkredsen.ku.dk/pdf/Oplaeg_Hammerstroem_08.pdf

Hammarström, Harald, »Complexity in numeral systems with an investigation into pidgins and creoles«, in: Matti Miestamo et al. (Hg.), *Language Complexity: Typology, Contact, Change* (Amsterdam, 2008b), S. 287–304.

Hammarström, Harald, »Rarities in numeral systems«, in: Jan Wohlgemuth und Michael Cysouw (Hg.), *Rethinking Universals: How Rarities Affect linguistic Theory* (Berlin, 2010), S. 11–60.

Hannagan, Thomas et al., »A randommatrix theory of the number sense«, *Philosophical Transactions B* 373 (2017).

Hansen, Mogens H., *Die Athenische Demokratie im Zeitalter des Demosthenes*, übers. v. Wolfgang Schuller (Berlin, 1995).

Harris, John, »Facts and Fallacies of Aboriginal Number Systems«, *Language and Culture, Work Papers of SIL-AAB, Series B, Vol. 8* (Darwin, 1982), S. 153–176.

Harris, John, »Australian Aboriginal and Islander Mathematics«, *Australian Aboriginal Studies* 2 (1987), S. 29–37.

Harrison, Sheldo und Frederick H. Jackson, »Higher numerals in several Micronesian languages«, in: Byron W. Bender (Hg.), *Studies in Micronesian Linguistics* (Canberra, 1984), S. 59–78.

Haselgrove, Colin und Stefan Krmnicek, »The Archaeology of Money«, *Annual Review of Anthropology* 41 (2012), S. 235–250.

Haskins, Charles H., »The Abacus and the King's Curia«, *English Historical Review* 27 (1912), S. 101–106.

Hatano, Giyoo und Keiko Osawa, »Digit memory of grand experts in abacus-derived mental calculation«, *Cognition* 15 (1983), S. 95–110.

Hatano, Giyoo et al., »Performance of expert abacus operators«, *Cognition* 5 (1977), S. 47–55.

Hatano, Giyoo et al., »Formation of a mental abacus for computation and its use as a memory device for digits: A developmental study«, *Developmental Psychology* 23 (1987), S. 832–838.

Hatta, Takeshi et al., »Digit memory of soroban experts: evidence of utilization of mental imagery«, *Applied Cognitive Psychology* 3 (1989), S. 23–33.

Hauser, Marc D. et al., »Spontaneous number representation in semi-free-ranging rhesus monkeys«, *Proceedings of the Royal Society B* 267 (2000), S. 829–833.

Hawke, Jason, »Number and Numeracy in Early Greek Literature«, *Syllecta Classica* 19 (2008), S. 1–76.

Heide, Lars, »Punched cards for professional European offices: revisiting the dynamics of information technology diffusion from the United States to Europe, 1889–1918«, *History and Technology* 24 (2008), S. 307–320.

Heide, Lars, *Punched-Card Systems and the Early Information Explosion*, 1880–1945 (Baltimore, 2009).

Heizer, Robert F., »Counterfeiters and shell currency manipulators among California Indians«, *Journal of California Anthropology* 2 (1975), S. 108–110.

Henshilwood, Christopher, »Fully symbolic sapiens behaviour: Innovation in the Middle Stone Age at Blombos Cave, South Africa«, in: Paul Mellars et al. (Hg.), *Rethinking the Human Revolution: New Behavioural and Biological Perspectives on the Origin and Dispersal of Modern Humans* (Cambridge, 2007), S. 123–132.

Henshilwood, Christopher et al., »An early bone tool industry fron the Middle Stone Age, Blombos Cave, South Africa: implications for the origins of modern human behaviour, symbolism and language«, *Journal of Human Evolution* 41 (2001), S. 631–678.

Henshilwood, Christopher et al., »Engraved ochres from the Middle Stone Age levels at Blombos Cave, South Africa«, *Journal of Human Evolution* 57 (2009), S. 27–47.

Herreman, Alain, »La mise en texte mathématique: une analyse de l'›Algorisme de Frankenthal‹«, *Methodos* 1 (2001).

Hishitani, Shinsuke, »Imagery experts: How do expert abacus operators process imagery?«, *Applied Cognitive Psychology* 4 (1990), S. 33–46.

Hobart, Michael E. und Zachary Sayre Schiffman, *Information Ages: Literacy, Numeracy, and the Computer Revolution* (Baltimore, 1998).

Hollerith, Herman, »An Electric Tabulating System«, *The School of Mines Quarterly* 10 (1889a), S. 238–255.

Hollerith, Herman, »Art of Compiling Statistics«, US-Patent Nr. 395 781 (1889b).

Hollerith, Herman, »The Electrical Tabulating Machine«, *Journal of the Royal Statistical Society* 57 (1894), 678–689.

Houston, Stephen D., »The Archaeology of Communication Technologies«, *Annual Review of Anthropology* 33 (2004), S. 223–250.

Howgego, Christopher, *Geld in der antiken Welt. Eine Einführung* (Darmstadt, 2000).

Huang, Ray, *Taxation and Governmental Finance in Sixteenth-Century Ming China* (Cambridge, 1974).

Hubbard, Edward M. et al., »The evolution of numerical cognition: from number neurons to linguistic quantifiers«, *The Journal of Neuroscience* 28 (2008), S. 11819–11824.

Hudson, John W., »Pomo Wampum Makers«, *Overland Monthly* 30 (1897), S. 101–108.

Hudson, Michael und Cornelia Wunsch (Hg.), *Creating Economic Order: Record-keeping, Standardization and the Development of Accounting in the Ancient Near East* (Bethesda, 2004).

Huehnergard, John, *A Grammar of Akkadian* (3. Ausgabe, Winona Lake, 2011).

Hunt, William C., »The Scope and Method of the Federal Census«, *Publications of the American Economic Association* 2 (1899), S. 466–494.

Hurford, James, *Language and Number* (Oxford, 1987).

Huylebrouck, Dirk, »The ISShango project«, *Journal of Mathematics and the Arts* 2 (2008), S. 145–152.

Huylebrouck, Dirk, *Africa and Mathematics: From Colonial Findings Back to the Ishango Rods* (Cham, 2019).

Hyde, Daniel C., »Two systems of non-symbolic numerical cognition«, *Frontiers in Human Neuroscience* 5 (2011).

Ifrah, Georges, *Universalgeschichte der Zahlen* (Frankfurt am Main/New York, 1986).

Imhausen, Annette, *Mathematics in Ancient Egypt: A Contextual History* (Princeton, 2016).

Jack, Sybil M., »A Note on F. P. Barnard, The casting counter and the counting board: A Chapter in the History of Numismatics and Early Arithmetic«, *Abacus* 3 (1967), S. 80–82.

Jeffares, Ben, »The co-evolution of tools and minds: Cognition and material culture in the hominin lineage«, *Phenomenology and the Cognitive Sciences* 9 (2010), S. 503–520.

Jin, Dal Yong, »Digital convergence of Korea's webtoons: transmedia storytelling«, *Communication Research and Practice* 1 (2015), S. 193–209.

Jin, Dal Yong, *New Korean Wave: Transnational Cultural Power in the Age of Social Media* (Baltimore, 2016).

Jolles, Carol Zane und Elinor Mikaghaq Oozeva, *Faith, Food, and Family in a Yupik Whaling Community* (Seattle, 2002).

Jones, T. Rupert, »On Some Implements Bearing Marks Referable to Ownership, Tallies, and Gambling, from the Caves of Dordogne, France«, *The Journal of the Anthropological Institute of Great Britain and Ireland* 2 (1873), S. 362–365.

Jones, Charles W., »The ›Lost‹ Sirmond Manuscript of Bede's ›Computus‹«, *English Historical Review* 52 (1937), S. 204–219.

Jones, Charles W. (Hg.), *Bedae Opera de temporibus* (Cambridge, Mass., 1943).

Jones, Lindsay (Hg.), *Encyclopedia of Religion* (2. Ausgabe, Detroit, 2005).

Justeson, John, »Numerical cognition and the development of ›zero‹ in Mesoamerica«, in: Colin Renfrew und Iain Morley (Hg.)., *The Archaeology of Measurement: Comprehending Heaven, Earth and Time in Ancient Societies* (Cambridge, 2010), S. 43–53.

Kadosh, Roi Cohen und Ann Dowker (Hg.), *The Oxford Handbook of Numerical Cognition* (Oxford, 2015).

Katz, Victor J. (Hg.), *The Mathematics of Egypt, Mesopotamia, China, India, and Islam: A Sourcebook* (Princeton, 2007).

Katz, Victor J. (Hg.), *Sourcebook in the Mathematics of Medieval Europe and North Africa* (Princeton, 2016).

Keen, Ian, *Aboriginal Economy and Society: Australia at the Threshold of Colonisation* (Oxford, 2004).

Keyser, Paul, »The Origin of the Latin Numerals 1 to 1000«, *American Journal of Archaeology* 92 (1988), S. 529–546.

Keyser, Paul, »Compound Numbers & Numerals in Greek«, *Syllecta Classica* 26 (2015), S. 113–175.

Keyser, Paul, »Numismatic Evidence for Compound Numbers Written in Greek Alphabetic Numerals«, in: Nathan T. Elkins und Jane DeRose Evans (Hg.), *Concordia Disciplinarum: Essays on Ancient Coinage, History, and Archaeology in Honor of William E. Metcale* (New York, 2018) S. 51–85.

Kim, Ji-Hyeon und Jun Yu, »Platformizing Webtoons: The Impact on Creative and Digital Labor in South Korea«, *Social Media + Society* 5 (2019).

Kim, Soomi, »A Comparative Study of Korean Abacus Users' Perceptions and Explanations of Use: Including a Perspective on Stigler's Mental Abacus«, unveröffentlichte Dissertation, Columbia University, 2016.

Kim, Youna (Hg.), *The Routledge Handbook of Korean Culture and Society* (London, 2017).

Kirch, Patrick K., *On the Road of the Winds: An Archaeological History of the Pacific Islands Before European Contact* (Berkeley, 2000).

Kirsh, David, »Adapting the environment instead of oneself«, *Adaptive Behavior* 4 (1996), S. 415–452.

Kistermann, Friedrich W., »The Invention and Development of the Hollerith Punched Card: In Commemoration of the 130th Anniversary of the Birth of Herman Hollerith and for the 100th Anniversary of Large Scale Data Processing«, *Annals of the History of Computing* 13 (1991), S. 245–259.

Klein, Richard G., »Archaeology and the evolution of human behavior«, *Evolutionary Anthropology* 9 (2000), S. 17–36.

Knecht, Rick und Warren Jones, »›The Old Village‹: Yup'ik Precontact Archaeology and Community-Based Research at the Nunalleq Site, Quinhagak, Alaska«, *Études Inuit Studies* 43 (2019), S. 25–52.

Köbel, Jacob, *Ain new geordnet Rechenbiechlin auf den linien mit Rechen pfeningen* (Augsburg, 1514).

Kojima, Takashi, *The Japanese Abacus: Its Use and Theory* (Rutland, VT, 1954).

Kojima, Takashi, *Advanced Abacus* (Rutland, VT, 1963).

Koo, John H. und Gust Bartman, »The number system in Yupik Eskimo«, *Proceedings of the American Philosophical Society* 124 (1980), S. 48–51.

Kroll, John H., *Athenian Bronze Allotment Plates* (Cambridge, MA, 1972).

Kuhn, Steven und Mary Stiner, »Body ornamentation as information technology: towards an understanding of the significance of early beads«, in: Paul Mellars et al. (Hg.), *Rethinking the Human Revolution: New Behavioural and Biological Perspectives on the Origins and Dispersal of Modern Humans* (Cambridge, 2007), pp. 45–54.

Kuhrt, Amélie, *The Ancient Near East: c.3000–330 B.C.* (London, 1995).

Kunitzsch, Paul, »The transmission of Hindu-Arabic numerals reconsidered«, in: Jan P. Hogendijk und Abdelhamid I. Sabra (Hg.), *The Enterprise of Science in Islam: New Perspectives* (Cambridge, MA, 2003), S. 3–21.

Kunitzsch, Paul, *Zur Geschichte der ›arabischen‹ Ziffern* (München, 2005).

Kutter, Esther F. et al., »Single Neurons in the Human Brain Encode Numbers«, *Neuron* 100 (2018), S. 753–761.

Lang, Mabel L., »Herodotus and the abacus«, *Hesperia* 26 (1957), S. 271–287.

Lang, Mabel L., »The abacus and the calendar«, *Hesperia* 33 (1964), S. 146–167.

Lang, Mabel L., »Abaci from the Athenian Agora«, *Hesperia* 37 (1968), S. 241–243.

Lang, Mabel L., *Ostraka* (Princeton, 1990).

Laycock, Donald, »Observations on number systems and semantics«, *New Guinea Area Languages and Language Study* 1 (1975), S. 219–233.

Lean, Glendon, »Counting systems of Papua New Guinea and Oceania«, unveröffentlichte Dissertation, Papua New Guinea University of Technology, 1992.

Lee, Deborah S. et al., »Trans-hemispheric effects of large volcanic eruptions as recorded by an early 19th century diary«, *International Journal of Climatology* 30 (2010), S. 2217–2228.

Leeding, Velma, »Anindilyakwa phonology and morphology«, unveröffentlichte Dissertation, University of Sydney, 1989.

Leibniz, Gottfried Wilhelm, *Confessio philosophi. Das Glaubensbekenntnis des Philosophen*, übers. v. Otto Saame (Frankfurt a. M., 1994).

Leitner, Gerhard und Ian G. Malcolm (Hg.), *The Habitat of Australia's Aboriginal Languages: Past, Present and Future* (Berlin, 2007).

Lemay, Richard, »The Hispanic origin of our present numeral forms«, *Viator* 8 (1977), S. 435–477.

Lemay, Richard, »Arabic numerals«, in: Joseph R. Strayer (Hg.), *Dictionary of the Middle Ages* (New York, 1982), Bd. 1, S. 382–398.

Lemoine, Jean-Gabriel, »Les anciens procedes de calcul sur les doigts en Orient et Occident«, *Revue des études islamiques* 6 (1932), S. 1–56.

Leroi-Gourhan, André, »Les mains de Gargas. Essai pour une étude d'ensemble«, *Bulletin de la Société préhistorique française* 64 (1967), S. 107–122.

Levy, Harry L., »Catullus, 5, 7–11 and the Abacus«, *The American Journal of Philology* 62 (1941), S. 222–224.

Libbrecht, Ulrich, *Chinese Mathematics in the Thirteenth Century: The Shu-shu chiu-chang of Ch'in Chiu-shao* (Cambridge, Mass., 1973).

Liddell, Henry George und Robert Scott et al., *A Greek-English Lexicon* (9. Ausgabe, Oxford, 1996).

Lie, John, *K-pop: Popular Music, Cultural Amnesia, and Economic Innovation in South Korea* (Berkeley, 2014).

Lieberman, Stephen J., »Of clay pebbles, hollow clay balls, and writing: a Sumerian view«, *American Journal of Archaeology* 84 (1980), S. 339–358.

Lindemann, Oliver et al., »Getting a grip on numbers: Numerical magnitude priming in object grasping«, *Journal of Experimental Psychology: Human Perception and Performance* 33 (2007), S. 1400–1409.

Lipka, Jerry, »Culturally Negotiated Schooling: Toward a Yup'ik Mathematics«, *Journal for American Indian Education* 33 (1994), S. 14–30.

Loeb, Edwin M., *Pomo Folkways* (Berkeley, 1926).

Lorblanchet, Michel, »Peindre sur les parois des grottes«, *Les Dossiers de l'Archéologie* 46 (1980), S. 32–39.

Lorrey, Andrew, »Late Little Ice Age climate variability in New Zealand documented by the Reverend Davis ›Dirty Weather‹ diaries«, *Quaternary International* 279–280 (2012), S. 290.

Lorrey, Andrew et al., »The ›dirty weather‹ diaries of Reverend Richard Davis: insights about early colonial-era meteorology and climate variability for northern New Zealand, 1839–1851«, *Climate of the Past* 12 (2016), S. 553–573.

Loughnane, Robyn und Sebastian Fedden, »Is Oksapmin Ok? A Study of the Genetic Relationship between Oksapmin and the Ok Languages«, *Australian Journal of Linguistics* 31 (2011), S. 1–42.

Lubar, Steven, »Do Not Fold, Spindle or Mutilate: A Social History of the Punch Card«, *The Journal of American Culture* 15 (2004), S. 43–56.

Lu, Yujie et al., »Can abacus course eradicate developmental dyscalculia«, *Psychology in the Schools* 58 (2021), S. 235–251.

Lynch, John, *Pacific Languages: An Introduction* (Honolulu, 2018).

Ma, Debin und Richard von Glahn (Hg.), *The Cambridge Economic History of China, Volume 1: To 1800* (Cambridge, 2022).

Majkić, Ana et al., »Sequential Incisions on a Cave Bear Bone from the Middle Paleolithic of Pešturina Cave, Serbia«, *Journal of Archaeological Method and Theory* 25 (2018), S. 69–116.

Malafouris, Lambros, »Grasping the concept of number: How did the sapient mind move beyond approximation?«, in: Colin Renfrew und Iain Morley (Hg.), *The Archaeology of Measurement: Comprehending Heaven, Earth and Time in Ancient Societies* (Cambridge, 2010), S. 35–42.

Malafouris, Lambros, *How Things Shape the Mind* (Cambridge, Mass., 2013).

Mallory, James P. und Douglas Q. Adams, *The Oxford Introduction to Proto-Indo-European and the Proto-Indo-European World* (Oxford, 2006).

Mariner, William, *An Account of the Natives of the Tonga Islands* (2. Ausgabe, London, 1818).

Marrou, Henri I., »L'Evangile de vérité et la diffusion du comput digital dans l'antiquité«, *Vigiliae Christianae* 12 (1958), S. 98–103.

Martin, Thomas C., »Counting a Nation by Electricity«, *Electrical Engineer* (11. November 1891), S. 525.

Martzloff, Jean-Claude, *A History of Chinese Mathematics* (Berlin, 1997).

Masson-MacLean, Edouard et al., »Pre-Contact Adaptations to the Little Ice Age in Southwest Alaska: New Evidence from the Nunalleq Site«, *Quaternary International* 549 (2020), S.130–141.

Matang, Rex, »Formalising the role of Indigenous counting systems in teaching the formal English arithmetic strategies through local vernaculars: An example from Papua New Guinea«, in: Philip Clarkson et al. (Hg.), *28th Conference of Mathematics Education Research Group of Australasia* (Adelaide, 2005), S. 505–512.

Matang, Rex und Kay Owens, »The role of indigenous traditional counting systems in children's development of numerical cognition: Results from a study in Papua New Guinea«, *Mathematics Education Research Journal* 26 (2014), S. 531–553.

Matsuda, Yoshiro, »Formation of the census system in Japan: 1871–1945 – development of the statistical system in Japan proper and her colonies«, *Hitotsubashi Journal of Economics* 21 (1981), S. 44–68.

May, Sally K. et al., »Boats on Bark: an Analysis of Groote Eylandt Aboriginal Bark-Paintings featuring Macassan Praus from the 1948 Arnhem Land Expedition, Northern Territory, Australia«, *International Journal of Nautical Archaeology* 38 (2009), S. 369–385.

McBrearty, Sally und Alison S. Brooks, »The revolution that wasn't: a new interpretation of the origin of modern human behavior«, *Journal of Human Evolution* 39 (2000), S. 453–563.

McCauley, Brea et al., »A Cross-cultural Perspective on Upper Palaeolithic Hand Images with Missing Phalanges«, *Journal of Paleolithic Archaeology* 1 (2018), S. 314–333.

McLellan, James E., *Old Regime France and its Jetons: Pointillist History and Numismatics* (New York, 2020).

McRoberts, Robert, »Counting at Pularumpi: A Survey of a Traditional Mathematics and Its Implications for Modern Learning«, *Aboriginal Child at School* 18 (1990), S. 19–43.

Mellars, Paul et al. (Hg.), *Rethinking the Human Revolution: New Behavioural and Biological Perspectives on the Origins and Dispersal of Modern Humans* (Cambridge, 2007).

Meltzer, David J., *First Peoples in a New World: Populating Ice Age America* (2. Ausgabe, Cambridge, 2021).

Menninger, Karl, *Zahlwort und Ziffer: Eine Kulturgeschichte der Zahl* (Göttingen, 1957/1958).

Mercier, Raymond, »Astronomical tables in the twelfth century«, in: Charles Burnett (Hg.), *Adelard of Bath* (London, 1987), S. 87–118.

Milbrath, Susan, »The role of solar observations in developing the preclassic Maya calendar«, *Latin American Antiquity* 28 (2017), S. 88–104.

Miller, Kevin und James Stigler, »Meanings of Skill: Effects of Abacus Expertise on Number Representation«, *Cognition and Instruction* 8 (1991), S. 29–67.

Miller, Paul, »Stimulus number, duration and intensity encoding in randomly connected attractor networks with synaptic depression«, *Frontiers in Computational Neuroscience* 7 (2013).

Millet, Nicholas B., »The Narmer macehead and related objects«, *Journal of the American Research Center in Egypt* 27 (1990), S. 53–59.

Mimica, Jardin, *Intimations of Infinity: The Mythopoeia (Cultural Meanings) of the Iqwaye Counting and Number Systems* (Oxford, 1988).

Minaud, Gérard, »Des doigts pour le dire: Le comput digital et ses symboles dans l'iconographie romaine«, *Histoire & Mesure* 21 (2006), S. 3–34.

Mithun, Marianne, *The Languages of Native North America* (Cambridge, 1999).

Miyaoka, Osahito et al. (Hg.), *The Vanishing Languages of the Pacific Rim* (Oxford, 2007).

Mossolova, Anna und Rick Knecht, »Bridging Past and Present: A Study of Pre-Contact Yup'ik Masks from the Nunalleq Site, Alaska«, *Arctic Anthropology* 56 (2019), S. 18–38.

Mote, Frederick W. und Denis C. Twitchett, *The Cambridge History of China: Volume 8, The Ming Dynasty, Part 2, 1368–1644* (Cambridge, 2008).

Needham, Joseph und Ling Wang, *Science and Civilisation in China. Vol. 3, Mathematics and the Sciences of the Heavens and the Earth* (Cambridge, 1959).

Nelson, Edward W., »The Eskimo about Bering Strait«, *Eighteenth Annual Report of the Bureau of American Ethnology* 1896–97 (Washington, DC, 1899).

Netz, Reviel, »Counter culture: towards a history of Greek numeracy«, *History of Science* 40 (2002), S. 319–332.

Newcomb, Harry T., »The Development of Mechanical Methods of Statistical Tabulation in the United States, with Especial Reference to Population and Mortality Data«, in: *Transactions of the Fifteenth International Congress on Hygiene and Demography, Washington, September 23–28, 1912: Section IX: Demography* (Washington, DC, 1913), S. 73–83.

Newsome, Elizabeth A., »The Trees of Paradise and the Pillars of the World: Vision Quest and Creation in the Stelae Cycle of 18-Rabbit-God K, Copán, Honduras«, unveröffentlichte Dissertation, University of Texas, 1991.

Nieder, Andreas, »Coding of abstract quantity by number neurons of the primate brain«, *Journal of Comparative Physiology A* 199 (2013), S. 1–16.

Nieder, Andreas, »The neuronal code for number«, *Nature Reviews: Neuroscience* 17 (2016), S. 366–382.

Nieder, Andreas, »Evolution of cognitive and neural solutions enabling numerosity judgements: lessons from primates and corvids«, *Philosophical Transactions B* 373 (2018).

Nieder, Andreas und Stanislas Dehaene, »Representation of number in the brain«, *Annual Review of Neuroscience* 32 (2009), S. 185–208.

Nieder, Andreas und Earl K. Miller, »Coding of cognitive magnitude: Compressed scaling of numerical information in the primate prefrontal cortex«, *Neuron* 37 (2003), S. 149–157.

Nieder, Andreas et al., »A Parieto-Frontal Network for Visual Numerical Information in the Monkey«, *Proceedings of the National Academy of Sciences* 101 (2004), S. 7457–7462.

Nieder, Andreas et al., »Temporal and spatial enumeration processes in the primate parietal cortex«, *Science* 313 (2006), S. 1431–1435.

Nissen, Hans J. et al., *Frühe Schrift und Techniken der Wirtschaftsverwaltung im alten Vorderen Orient. Informationsspeicherung und -verarbeitung vor 5000 Jahren* (Bad Salzdetfurth, 1990).

Norberg, Arthur L., »High-Technology Calculation in the Early 20th Century: Punched Card Machinery in Business and Government«, *Technology and Culture* 31 (1990), S. 753–779.

Normark, Johan, »Multi-scalar cognitive time: Experiential time, known time, and Maya calendars«, *Quaternary International* 405 (2016), S. 52–60.

Nothaft, C. Philipp E., »The reception and application of Arabic science in twelfth-century computistics: new evidence from Bavaria«, *Journal for the History of Astronomy* 45 (2014), S. 35–60.

Nothaft, C. Philipp E., »Medieval Europe's satanic ciphers: on the genesis of a modern myth«, *British Journal for the History of Mathematics* 35 (2020), S. 107–136.

Núñez, Rafael E., »Numbers and arithmetic: Neither hardwired nor out there«, *Biological Theory* 4 (2009), S. 68–83.

O'Connor, Stephen et al., »A weather diary from Donegal, Ireland, 1846–1875«, *Weather* 76 (2021–2), S. 385–391.

O'Mahony, Daniel P., »Lost But Not Forgotten: The U.S. Census of 1890«, *Government Publications Review* 18 (1991), S. 331–337.

O'Regan, Gerard, *A Brief History of Computing* (London, 2008).

Oppenheimer, Stephen, »The ›express train from Taiwan to Polynesia‹: on the congruence of proxy lines of evidence«, *World Archaeology* 36 (2004), S. 591–600.

Ormerod, Eleanor Anne (Hg.), *The Cobham Journals, abstracts and summaries of meteorological and phenological observations* (London, 1880).

Osborne, Robin und Simon Hornblower, *Ritual, Finance, Politics: Athenian Democratic Accounts Presented to David Lewis* (New York, 1994).

Otis, Jessica Marie, »By the Numbers: Understanding the World in Early Modern England«, unveröffentlichte Dssertation, University of Virginia, 2013.

Overmann, Karenleigh A., »Material Scaffolds in Numbers and Time«, *Cambridge Archaeological Journal* 23 (2013), S. 19–39.

Overmann, Karenleigh A., »Finger-Counting in the Upper Palaeolithic«, *Rock Art Research* 31 (2014), S. 63–80.

Overmann, Karenleigh A., »Beyond Writing: The Development of Literacy in the Ancient Near East«, *Cambridge Archaeological Journal* 26 (2016a), S. 285–303.

Overmann, Karenleigh A., »Number Concepts Are Constructed Through Material Engagement: A Reply to Sutliff, Read, and Everett«, *Current Anthropology* 57 (2016b), S. 352–356.

Overmann, Karenleigh A., »The role of materiality in numerical cognition«, *Quaternary International* 405 (2016c), S. 42–51.

Overmann, Karenleigh A., »Thinking Materially: Cognition as Extended and Enacted«, *Journal of Cognition and Culture* 17 (2017a), S. 354–373.

Overmann, Karenleigh A., »Materiality and Numerical Cognition: A Material Engagement Theory Perspective«, in: Thomas Wynn und Frederick L. Coolidge (Hg.), *Cognitive Models in Palaeolithic Archaeology* (Oxford, 2017b), S. 89–112.

Overmann, Karenleigh A., *The Material Origin of Numbers: Insights from the Archaeology of the Ancient Near East* (Piscataway, 2019).

Overmann, Karenleigh A. et al., »The Prehistory of Number Concept«, *Behavioral and Brain Sciences* 34 (2011), S. 142–144.

Owens, Kay, »The work of Glendon Lean on the counting systems of Papua New Guinea and Oceania«, *Mathematics Education Research Journal* 13 (2001), S. 47–71.

Owens, Kay et al., *History of Number: Evidence from Papua New Guinea and Oceania* (Cham, 2018).

Palmer, Edward H., »Explanation of a difficult passage in Firdausi«, *Journal of Philology* 2 (1869), S. 247.

Parker, Wendy, »A study of shell bead context, distribution, and use within Northern California«, unveröffentlichte Master-Arbeit, California State University, 2010.

Pasfield-Neofitou, Sarah E. et al., *Manga Vision: Cultural and Communicative Perspectives* (Clayton, 2016).

Perey, Arnold, »Oksapmin society and world view«, unveröffentlichte Dissertation, Columbia University, 1973.

Periton, Cheryl, »The medieval counting table revisited: a brief introduction and description of its use during the early modern period«, *Bulletin of the British Society for the History of Mathematics* 30 (2015), S. 35–49.

Pestman, Pieter W., *Familiearchieven uit het land van Pharao: een bundel artikelen samengesteld naar aanleiding van een serie lezingen van het Papyrologisch Instituut van de Rijksuniversiteit van Leiden in het voorjaar van 1986* (Zutphen, 1989).

Petersen, Glenn, »Indigenous island empires: Yap and Tonga considered«, *Journal of Pacific History* 35 (2000), S. 5–27.

Pettitt, Paul B. et al., »Are hand stencils in European cave art older than we think? An evaluation of the existing data and their potential implications«, in: Primitiva Bueno Ramírez und Paul G. Bahn (Hg.), *Prehistoric Art as Prehistoric Culture: Studies in Honour of Professor Rodrigo de Balbin-Behrmann* (Oxford, 2015), S. 31–43.

Pharo, Lars Kirkhusmo, *The Ritual Practice of Time: Philosophy and Sociopolitics of Mesoamerican Calendars* (Leiden, 2014).

Piazza, Manuela et al., »Tuning curves for approximate numerosity in the human intraparietal sulcus«, *Neuron* 44 (2004), S. 547– 555.

Pica, Pierre et al., »Exact and approximate arithmetic in an Amazonian indigene group«, *Science* 306 (2004), S. 499–503.

Pineda De Carías, María C. et al., »Stela D: A sundial at Copan, Honduras«, *Ancient Mesoamerica* 28 (2017), S. 543–557.

Plank, Frans, »Senary summary so far«, *Linguistic Typology* 13 (2009), S. 337–345.

Pletser, Vladimir und Dirk Huylebrouck, »The Ishango Artifact: The Missing Base 12 Link«, *Forma* 14 (1999), S. 339–346.

Plofker, Kim, *Mathematics in India* (Princeton, 2009).

Plofker, Kim, »Spoken Text and Written Symbol: The Use of Layout and Notation in Sanskrit Scientific Manuscripts«, *Digital Proceedings of the Lawrence J. Schoenberg Symposium on Manuscript Studies in the Digital Age* 1 (2009b), Artikel 3.

Poovey, Mary, *A History of the Modern Fact: Problems of Knowledge in the Sciences of Wealth and Society* (Chicago, 1998).

Porter, Robert P., »The Eleventh Census«, *Publications of the American Statistical Association* 2 (1891), S. 330, 339.

Porter, Robert P., ›The Eleventh United States Census‹, *Journal of the Royal Statistical Society* 57 (1894), S. 643–677.

Porter, Theodore M., *Trust in Numbers: The Pursuit of Objectivity in Science and Public Life* (Princeton, 1995).

Powers, Stephen, *Tribes of California* (Washington, DC, 1877).

Price, Martin J., »Thoughts on the beginnings of coinage«, in: Christopher Brooke et al. (Hg.), *Studies in Numismatic Method presented to Philip Grierson* (Cambridge, 1983), S. 1–10.

Pritchett, W. Kendrick, »Gaming tables and IG 12 324«, *Hesperia* 34 (1965), S. 131–147.

Pritchett, W. Kendrick, »›Five lines‹ and IG 12 324«, *California Studies in Classical Antiquity* 1 (1968), S. 187–215.

Pullan, J. M., *The History of the Abacus* (London, 1968).

Rathbone, Perry T., »The Housekeeper by Nicolaes Maes«, *Bulletin of the City Art Museum of St Louis* 36 (1951), S. 42–45.

Reese, David S., »On the incised cattle scapulae from the East Mediterranean and Near East«, *Bonner Zoologische Beiträge* 50 (2002), S. 183–198.

Reid-Green, Keith S., »The History of Census Tabulation«, *Scientific American* 260 (1989), S. 98–103.

Rhee, Younghoon, »A comparative historical study of the census registers of early Choson Korea and Ming China«, *International Journal of Asian Studies* 2 (2005), S. 25–55.

Richardson, Leon J., »Digital Reckoning among the Ancients«, *American Mathematical Monthly* 23 (1916), S. 7–12.

Robinson, Judith E., »Neither Use nor Ornament: A Consideration of the Evidence for the Existence of a System of Communication and Notation in the European Upper Palaeolithic«, unveröffentlichte Dissertation, University of Durham, 1993.

Robinson, William Walker, »The early works of Nicolaes Maes, 1653 to 1661«, unveröffentlichte Dissertation, Harvard University, 1996.

Robson, Eleanor, *Mathematics in Ancient Iraq: A Social History* (Princeton, 2008).

Rödiger, Emil, »Ueber die im Orient gebräuchliche Fingersprache für den Ausdruck der Zahlen«, *Jahresbericht der deutschen morgenländischen Gesellschaft 1845* (1846), S. 111–129.

Rouillon, André, »Au Gravettien, dans la grotte Cosquer (Marseille, Bouches-du-Rhône), l'Homme a-t-il compté sur ses doigts?«, *Anthropologie* 110 (2006), S. 500–509.

Rowlands, Mark, *The new science of the mind: From extended mind to embodied phenomenology* (Cambridge, Mass., 2010).

Rowlandson, Jane, *Women and Society in Greek and Roman Egypt: a Sourcebook* (Cambridge, 1998).

Rubincam, Catherine, »Casualty Figures in the Battle Descriptions of Thucydides«, *Transactions of the American Philological Association* 121 (1991), S. 181–198.

Rubincam, Catherine, »The topography of Pylos and Sphakteria and Thucydides' measurements of distance«, *The Journal of Hellenic studies* 121 (2001), S.77–90.

Rubincam, Catherine, »Numbers in Greek Poetry and Historiography: Quantifying Fehling«, *Classical Quarterly* 53 (2003), S. 448–463.

Ruggles, Steven und Diana L. Magnuson, »Census Technology, Politics, and Institutional Change, 1790–2020«, *The Journal of American history* 107 (2020), S. 19–51.

Rutherford, Noel (Hg.), *Friendly Islands: A history of Tonga* (Melbourne, 1977).

Saidan, Ahmad Salim, *The Arithmetic of Al-Uqlidisi* (Dordrecht 1978).

Sanderson, Michael G., »Daily weather in Dublin 1716–1734: the diary of Isaac Butler«, 73 (2018), S. 179–182.

Sarmant, Thierry und François Ploton-Nicollet, *Jetons des institutions centrales de l'ancien régime* (Paris, 2010).

Sartoretto Stéphane et al., »Quand la Grotte Cosquer a-t-elle été fermée par la montée des eaux?«, *Revue Méditerranée* 82 (1995), S. 21–24.

Saxe, Geoffrey B., »Body Parts as Numerals: A Developmental Analysis of Numeration among the Oksapmin in Papa New Guinea«, *Child Development* 52 (1981), S. 306–316.

Saxe, Geoffrey B., »Developing Forms of Arithmetic Operations Among the Oksapmin of Papua New Guinea«, *Developmental Psychology* 18 (1982), S. 583–594.

Saxe, Geoffrey B., »Cognition, development, and cultural practices«, in: Elliot Turiel (Hg.), *Development and cultural change: Reciprocal processes* (San Francisco, 1999), S. 19–35.

Saxe, Geoffrey B. und Indigo Esmonde, »Studying cognition in flux: a historical treatment of fu in the shifting structure of Oksapmin mathematics«, *Mind, Culture and Activity* 12 (2005), S. 171–225.

Saxe, Geoffrey B., *Cultural development of mathematical ideas: Papua New Guinea Studies* (Cambridge, 2012).

Sayers, Barbara, »Aboriginal mathematical concepts: a cultural and linguistic explanation for some of the problems«, *Language and Culture: Work papers of SIL-AAB* 8 (1982), S. 183–200.

Schaps, David M., *The Invention of Coinage and the Monetization of Ancient Greece* (Ann Arbor, 2004).

Schärlig, Alain, »Les deux types d'abaques des anciens grecs et leurs jetons quinaires«, *Archives des Sciences* 54 (2001a), S. 69–75.

Schärlig, Alain, *Compter avec des cailloux: Le calcul élémentaire sur L'abaque chez les anciens Grecs* (Lausanne, 2001).

Schärlig, Alain, *Compter avec des jetons: Tables à calculer et tables de compte du Moyen Age à la Révolution* (Lausanne, 2003).

Schärlig, Alain, *Compter du bout des doigts – Cailloux, jetons et bouliers, de Périclès à nos jours* (Lausanne, 2006).

Schärlig, Alain, *Du zéro à la virgule: les chiffres arabes à la conquête de l'Europe: 1143–1585* (Lausanne, 2010).

Scheidel, Walter, »Finances, Figures and Fiction«, *Classical Quarterly* 46 (1996), S. 222–238.

Schele, Linda und Peter Mathews, *The Code of Kings. The Language of Seven Sacred Maya Temples and Tombs* (New York, 1998).

Schmandt-Besserat, Denise, *Before writing: From counting to cuneiform* (Austin, Texas, 1992).

Schöll, Friedrich, *Geschichte der griechischen Litteratur* III (Berlin, 1830).

Schor, Paul, *Counting Americans: How the US Census Classified the Nation* (New York, 2017).

Schrader, Eberhard (Hg.), *Sammlung von assyrischen und babylonischen Texten in Umschrift und Übersetzung*, Bd. 1, übers. v. Hugo Winckler (Berlin 1889).

Scriba, Christoph J. und M. E. Dormer Ellis, *The concept of number. A chapter in the history of mathematics* (Mannheim, 1969).

Seth, Michael J., *A Concise History of Modern Korea: From the Late Nineteenth Century to the Present* (3. Ausgabe, Lanham, 2020).

Shapiro, Lawrence, *Embodied Cognition* (2. Ausgabe, London, Routledge, 2019).

Sharer, Robert J. und Loa P. Traxler, *The Ancient Maya* (6. Ausgabe, Stanford, 2006).

Shaw, Robert D., »An Archaeology of the Central Yupik: A Regional Overview for the Yukon-Kuskokwim Delta, Northern Bristol Bay, and Nunivak Island«, *Arctic Anthropology* 35 (1998), S. 234–246.

SHCA (Subcommittee of House Committee on Appropriations), Sundry Civil Appropriation Bill for 1903.

Shim, Aegyung et al., »Cultural intermediation and the basis of trust among webtoon and webnovel communities«, *Information, Communication & Society* 23 (2020), S. 833–848.

Silva, Luis Pedro, »Climate and crops in northwest Portugal (1798–1830): A glimpse into the past by the light of two Benedictine diaries«, *Historia Agraria* 82 (2020), S. 99–139.

Sing, Robert et al. (Hg.), *Numbers and Numeracy in the Greek Polis* (Leiden, 2021).

Sloan, Anna C., »Gender, Identity, and Belonging: A Community-Based Social Archaeology of the Nunalleq Site in Quinhagak, Alaska«, unveröffentlichte Dissertation, University of Oregon, 2021.

Smith, David Eugene, *Computing Jetons* (New York, 1921).

Smith, David Eugene und Louis Charles Karpinski, *The Hindu-Arabic Numerals* (Boston, 1911).

Staveley, E. Stuart, *Greek and Roman Voting and Elections* (London, 1972).

Stearns, Robert E. C., »Shell-money«, *The American Naturalist* 3 (1869), S. 1–5.

Stearns, Robert E. C., »Aboriginal Shell Money«, *The American Naturalist* 11 (1877), S. 344–350.

Stevens, Wesley, »Hrabanus Maurus on reckoning«, unveröffentlichte Dissertation, Emory University, 1968.

Stewart, Omer C., *Notes on Pomo Ethnogeography* (Berkeley, 1943).

Stigler, James W., »Abacus skill in Chinese children: Imagery in mental calculation«, unveröffentlichte Dissertation, University of Michigan, 1982.

Stigler, James W., »›Mental abacus‹: the effect of abacus training on Chinese children's mental calculation«, *Cognitive Psychology* 16 (1984), S. 145–176.

Stigler, James W. et al., »Motor and mental abacus skill: A preliminary look at an expert«, *Quarterly Newsletter of the Laboratory of Comparative Human Cognition* 4 (1982) S. 12–14.

Stigler, James W. et al., »Consequences of skill: The case of abacus training in Taiwan«, *American Journal of Education* 94 (1986), S. 447–479.

Stoianov, Ivilin und Marco Zorzi, »Emergence of a ›visual number sense‹ in hierarchical generative models«, *Nature. Neuroscience* 15 (2012), S. 194–196.

Stokes, Judith, »A description of the mathematical concepts of Groote Eylandt Aborigines«, *Language and Culture, Work Papers of SIL-AAB, Series B*, Bd. 8 (Darwin, 1982), S. 33–152.

Suchtelen, Ariane van et al., *Nicolaes Maes* (Den Haag, 2019).

Sugden, Keith F., »A history of the abacus«, *Accounting Historians Journal* 8 (1981), S. 1–22.

Szemerényi, Oswald, *Studies in the Indo-European System of Numerals* (Heidelberg, 1960).

Tannery, Paul, »Notice sur les deux lettres arithmétiques de Nicolas Rhabdas«, *Notices et Extráits des Manuscripts de la Bibliothèque Nationale* 32 (1886), S. 121–252.

Terrell, John Edward, *Prehistory of the Pacific Islands* (Cambridge, 1986).

Thornton, Ken et al., »Algernon Henry Belfield and the Eversleigh weather diaries, 1877–1922«, *Journal of Australian Colonial History* 20 (2018), S. 139–154.

Tod, Marcus Niebuhr, »The Greek numeral notation«, *Annual of the British School at Athens* 18 (1911–12), S. 98–132.

Tod, Marcus Niebuhr, »The Greek numeral systems«, *Journal of Hellenic Studies* 33 (1913), S. 27–34.

Tod, Marcus Niebuhr, »Further notes on the Greek acrophonic numerals«, *Annual of the British School at Athens* 28 (1926–27), S. 141–157.

Tod, Marcus Niebuhr, »The Greek acrophonic numerals«, *Annual of the British School at Athens* 37 (1936–37), S. 236–257.

Tod, Marcus Niebuhr, »The alphabetic numeral system in Attica«, *Annual of the British School at Athens* 45 (1950), S. 126–139.

Tod, Marcus Niebuhr, »Letter-labels in Greek inscriptions«, *Annual of the British School at Athens* 49 (1954), S. 1–8.

Tod, Marcus Niebuhr, *Ancient Greek Numerical Systems* (Chicago, 1979).

Treacy, Kaye et al., »Starting points and pathways in Aboriginal students' learning of number: recognising different world views«, *Mathematics Education Research Journal* 27 (2015), S. 263–281.

Trubitt, Mary Beth D., »The production and exchange of marine shell prestige goods«, *Journal of Archaeological Research 11* (2003), S. 243–277.

Truesdell, Leon E., *The Development of Punched Card Tabulation in the Bureau of the Census 1890–1940* (Washington, DC, 1965).

Turckheim-Pey, Sylvie de, *Le jeton au Moyen Âge: vers 1250–1498* (Paris, 1997).

Turner, David H., *Tradition and Transformation: A Study of the Groote Eylandt Area Aborigines of Northern Australia* (Canberra, 1974).

Turner, Frederick Jackson, *Die Grenze. Ihre Bedeutung in der amerikanischen Geschichte*, übers. v. Ch. von Cossel (Bremen, 1947).

Turner, J. Hilton, »Roman Elementary Mathematics: The Operations«, *The Classical Journal* 47 (1951), S. 63–74, 106–108.

Uller, Claudia et al., »Spontaneous representation of number in cotton-top tamarins (Saguinus oedipus)«, *Journal of Comparative Psychology* 115 (2001), S. 248–257.

USCB (US Census Bureau), *100 Years of Data Processing: The Punchcard Century* (Washington, DC, 1991).

USCB (US Census Bureau), *Measuring America: The Decennial Censuses from 1790 to 2000* (Washington, DC, 2002).

Valério, Miguel und Silvia Ferrara, »Numeracy at the dawn of writing: Mesopotamia and beyond«, *Historia Mathematica* 59 (2020), S. 35–53.

van Berkel, Tazuko A., »Voiced Mathematics: Orality and Numeracy«, in: Niall Slater (Hg.), *Voice and Voices in Antiquity: Orality and Literacy in the Ancient World*, Bd. 11 (Leiden, 2017), S. 321–350.

Van De Mieroop, Marc, *A History of the Ancient Near East, ca. 3000–323 BC* (Oxford, 2004).

van Egmond, Marie-Elaine und Brett Baker, »The genetic position of Anindilyakwa«, *Australian Journal of Linguistics* 40 (2020), S. 492–527.

Vanhaeren, Marian et al., »Middle Paleolithic shell beads in Israel and Algeria«, *Science* 312 (2006), S. 1785–1788.

Vanhaeren, Marian et al., »Thinking strings: Additional evidence for personal ornament use in the Middle Stone Age at Blombos Cave, South Africa«, *Journal of Human Evolution* 64 (2013), S. 500–517.

Vayda, Andrew P., »Pomo Trade Feasts«, in: George Dalton (Hg.), *Tribal and Peasant Economies: Readings in Economic Anthropology* (Garden City, New York, 1967).

Verdan, Samuel, »Counting on Pots? Reflections on Numerical Notations in Early Iron Age Greece«, in: Jenny Strauss Clay et al. (Hg.), *Graphê in Late Geometric and Protoarchaic Methone, Macedonia (ca. 700 BCE)* (Berlin, 2017), S. 105–122.

Verguts, Tom und Wim Fias, »Representation of number in animals and humans: a neural model«, *Journal of Cognitive Neuroscience* 16 (2004), S. 1493–1504.

Volkov, Alexei, »Large numbers and counting rods«, in: Alexei Volkov (Hg.), *Sous les nombres, le monde* (Paris, 1994), S. 71–91.

Volkov, Alexei, »Le bacchette«, in: Karine Chemla (Hg.), *Enciclopedia Italiana, vol. II: La Scienza in Cine, India, Americhe, section I: Storia della Scienza* (Rom, 2002), S. 125–133.

Volkov, Alexei, »Chinese Counting Rods: Their History, Arithmetic Operations, and Didactic Repercussions«, in: Alexei Volkov und Viktor Freiman (Hg.), *Computations and Computing Devices in Mathematics Education Before the Advent of Electronic Calculators* (Cham, 2018), S. 137–188.

von Fichtenau, Heinrich, »Wolfger von Prüfening«, *Mitteilungen des österreichischen Instituts für Geschichtsforschung* 51 (1937), S. 313–357.

von Reden, Sitta, »Money, Law and Exchange: Coinage in the Greek Polis«, *Journal of Hellenic Studies* 127 (1997), S. 154–176.

Walker, Christopher B. F., *Cuneiform* (London, 1987).

Walker, Francis A., »The Eleventh Census of the United States«, *Quarterly Journal of Economics* 2 (1888), S. 135–161.

Wallis, Faith, *The Reckoning of Time* (Liverpool, 1999).

Walsh, Grahame L., »Mutilated hands or signal stencils? A consideration of irregular hand stencils from central Queensland«, *Australian Archaeology* 9 (1979), S. 33–41.

Wang, Chunjie, »A Review of the Effects of Abacus Training on Cognitive Functions and Neural Systems in Humans«, *Frontiers in Neuroscience* 14 (2020).

Wardhaugh, Benjamin, *Poor Robin's Prophecies: A Curious Almanac, and the Everyday Mathematics of Georgian Britain* (Oxford, 2012).

Watkins, Jane Iandola et al., *Masters of Seventeenth-Century Dutch Genre Painting* (Philadelphia, 1984).

Weddell, Moritz, »Actio – loquela digitorum – computatio: Zur Frage nach dem numerus zwischen Ordnungsangeboten, Gebrauchsformen und Erfahrungsmodalitäten«, in: Moritz Weddell, *Was zählt: Ordnungsangebote, Gebrauchsformen und Erfahrungsmodalitäten des »numerus« im Mittelalter* (Köln, 2012), S. 15–63.

Wedell, Moritz, »Numbers«, in: Albrecht Classen (Hg.), *Handbook of Medieval Culture: Fundamental Aspects and Conditions of the European Middle Ages* (Berlin, 2015), S. 1205–1260.

Welborn, Mary Catherine, »Ghubar numerals« [Brief], *Isis* 37 (1932), S. 260–263.

Wiese, Heike, *Numbers, Language, and the Human Mind* (Cambridge, 2003).

Wiese, Heike, »The co-evolution of number concepts and counting words«, *Lingua* 117 (2007), S. 758–772.

Wilcox, Walter F., »The Development of the American Census Office since 1890«, *Political Science Quarterly* 29 (1914), S. 438–459.

Williams, Burma P. und Richard S. Williams, »Finger numbers in the Greco-Roman world and the Early Middle Ages«, *Isis* 86 (1995), S. 587–608.

Williams, Maria Sháa Tláa, *The Alaska Native Reader: History, Culture, Politics* (Durham, North Carolina, 2009).

Wilson, Nigel G., »Miscellanea Palaeographica«, *Greek, Roman and Byzantine Studies* 22 (1981), S. 395–404.

Woods, Christopher und Lluís Feliu, »The abacus in Mesopotamia: considerations from a comparative perspective«, in: Lluís Feliu et al. (Hg.), *The First Ninety Years: A Sumerian Celebration in Honor of Miguel Civil* (Berlin, 2017), S. 416–478.

Worsley, Peter, »The Changing Social Structure of the Wanindiljaugwa«, unveröffentlichte Dissertation, Australian National University, 1954.

Wright, Carroll D., »How a Census Is Taken«, *North American Review* 148 (1889), S. 727–737.

Wright, Carroll D., *The History and Growth of the United States Census, prepared for the Senate Committee on the Census* (Washington, DC, 1900).

Wyatt, William F., »Fractional Quantities on the Abacus«, *The Classical Journal* 59 (1964), S. 268–271.

Wyllys Andrews, Edward und William Leonard Fash, *Copán: The History of an Ancient Maya Kingdom* (Santa Fe, 2005).

Wynn, Thomas et al., »The archaeology of number concept and its implications for the evolution of language«, in: Rudolf Botha und Martin Everaert (Hg.), *The Evolutionary Emergence of Human Language: Evidence and Inference* (Oxford, 2013), S. 118–138.

Wynn, Thomas et al., »Bootstrapping Ordinal Thinking«, in: Thomas Wynn und Frederick L. Coolidge (Hg.), *Cognitive Models in Palaeolithic Archaeology* (Oxford, 2017), S. 197–213.

Yecies, Brian et al., »Global transcreators and the extension of the Korean webtoon IP-engine«, *Media, Culture and Society* 42 (2020), S. 40–57.

Yiwen, Zhu, »On Oin Jiushao's writing system«, *Archive for History of Exact Sciences* 74 (2020), S. 345–379.

Zhang, Jiajie und Hongbin Wang, »The effect of external representations on numeric tasks«, *The Quarterly Journal of Experimental Psychology A: Human Experimental Psychology* 58 (2005), S. 817–838.

Zhang, Wenxian, »The Yellow Register Archives of Imperial Ming China«, *Libraries & the Cultural Record* 43 (2008), S. 148–175.

Zhang, Xue-Zhen, »Precipitation variations in Beijing during 1860–1897 AD revealed by daily weather records from the Weng Tong-He Diary«, *International Journal of Climatology* 33 (2013), S. 568–576.

Zhou, Kevin und Claire Bowern, »Quantifying uncertainty in the phylogenetics of Australian numeral systems«, *Proceedings of the Royal Society B: Biological Sciences* 282 (2015).

Zorzi, Marco und Alberto Testolin, »An emergentist perspective on the origin of number sense«, *Philosophical Transactions B* 373 (2017).